KB149267

중국 문명의 기원

-중국고대사의 진실을 찾아-

중국문명의 기원

-중국고대사의 진실을 찾아-

申東埈 저

인간사랑

단군조선檀君朝鮮은 신화인가 아니면 역사인가. 한국 고대사학계의 최대 논쟁 중 하나이다. 중국에서도 유사한 논쟁이 벌어진 바 있다. 중국 학계는 20세기 초에 과연 황제를 실존 인물로 볼 것인가 하는 문제를 놓고 치열한 논쟁을 전개했다.

당초 중국의 전역사를 통틀어 신화의 세계에 있던 황제를 역사 속으로 끌어들인 최초의 인물은 『사기』를 쓴 사마천司馬遷이었다. 그는 『사기』의 맨 앞에 「오제본기五帝本紀」를 두고 황제를 역사상 실존 인물로 단정해 놓았다. 이는 고려조 때 권신 김부식이 중국 최초의 정사正史인 『사기』를 흉내내 『삼국사기』를 저술하면서 단군에 관한 얘기를 신화로 간주해 아예 생략한 것과 좋은 대조를 이루고 있다. 이에 반해 중국은 사마천 이래 신화시대를 역사 속으로 편입하는 작업을 꾸준히 전개했다.

대표적인 인물로 당제국 때의 장수절張守節을 들 수 있다. 그는 『사기정의史記正義』에서 사마천이 3황5제三皇五帝 중 '3황'을 신화로 간주하여 '5제'만을 역사적 인물로 간주한 것을 질타하면서 스스로 「3황본기三皇本紀」를 짓는 열성을 보였다. 이어 그는 중국문명이 시작된 3

황의 기원년을 찾는 데 노력을 경주했다. 그의 주장에 따르면 중국문
명은 전설적인 황제黃帝에서부터 시작되었고, 황제가 수레와 의복 등
의 문명을 열기 시작한 해는 기원전 2510년에 해당케 된다. 물론 이
는 장수절의 주장일 뿐이다. 그럼에도 장수절의 이같은 주장은 1천
여 년 동안 아무런 이의 없이 그대로 받아들여졌다.

　신해혁명을 주도한 손문孫文은 멸만흥한滅滿興漢의 기치를 내세우고
일본 도쿄에서 「민보民報」를 창간하면서 청나라의 연호인 광서光緒 3
년1905 대신 '황제개국기원 4603년' 이라는 황제기년黃帝紀年을 사용했
다. 이는 우리가 1960년대 초까지 단군의 고조선을 세운 개국원년을
기준으로 한 '단기檀紀'를 쓴 것에 비유할 수 있다. 당시 손문은 한족
의 조상인 황제를 부각시키기 위해 「민보」의 1면에 황제의 초상화를
크게 게재했다. 손문은 1911년의 신해혁명辛亥革命으로 청조가 무너지
자 곧 민국의 임시 총통이 되어 「민보」에서 추산한 황제기년을 공식
적으로 사용하기 시작했다. 이에 신해혁명이 일어난 1911년은 '황제
기원 4609년' 으로 공식 확정되었다. 모든 신문과 잡지 등이 이를 좇
은 것은 말할 것도 없었다.

　그러나 얼마 후 사학자 황조黃藻가 『황제혼黃帝魂』이라는 저서를 통
해 황제기원의 연도를 13년이나 더 소급하고 나서자 문제가 심각해
졌다. 황조의 문제 제기 이후 우후죽순격으로 수많은 사람들이 서로
다른 황제기원의 연도를 주장하고 나선 것이다. 그 기원을 정확히 추
정할 수 없는 상황에서 누구의 주장이 옳은지 도무지 알 길이 없었
던 민국 정부는 이내 황제기년을 폐기하고 말았다. 그러나 그 후유증
은 간단치 않았다. 얼마 후 황제와 전설적 왕조인 하夏왕조는 말할

것도 없고 심지어는 은殷왕조와 그 뒤를 이은 주周왕조의 초기 역사
까지도 믿을 수 없다는 충격적인 주장이 연이어 쏟아져 나와 중국인
들을 경동驚動시켰다.

도대체 어떻게 하여 이같은 일이 벌어지고 만 것일까. 사실 이같
은 주장은 이때 처음 제기된 것도 아니었다. 그 기원이 무려 수천 년
전까지 거슬러 올라가는 해묵은 논쟁이 20세기에 들어와 다시 터져
나온 것으로 보는 것이 옳다. 그렇다면 수천 년 전까지 소급하는 논
쟁의 발단은 무엇일까. 그것은 바로 '위서僞書논쟁'이었다. 수천 년
동안 사대부들이 금과옥조로 여긴 유가의 경전에 실린 내용을 신뢰
할 수 없다는 이 논쟁은 왕조의 정통성을 뒤흔들 수 있는 엄청난 폭
발력을 지닌 사안이었다. '위서논쟁'이 빚어진 단초는 무엇일까. 그
것은 바로 진시황秦始皇 때에 일어난 소위 '분서갱유焚書坑儒' 사건이었
다.

진시황은 기원전 221년에 6국을 멸하고 천하를 통일한 뒤 천하의
지배방식을 놓고 크게 고민했다. 주왕조의 봉건정封建政을 선호한 대
부분의 신하들은 분봉제分封制의 실시를 강력히 주장했다. 이는 시대
의 흐름과 완전히 역행하는 것이었다. 이때 이를 강력히 저지하고 나
선 사람이 있었다. 그가 바로 승상 이사李斯였다.

이사는 사상 최초로 이룬 천하통일의 대업을 만세에 이르도록 전
하기 위해서는 반드시 천하를 제왕의 단일한 법령 하에 다스려야 한
다고 주장하면서 중앙에서 파견된 관원이 다스리는 군현제郡縣制의
실시를 강력히 주장했다. 그는 신분세습에 기초한 봉건정 대신 능력
에 따른 중앙집권적 관료국가 체제인 제왕정帝王政을 사상 최초로 주

장하고 나섰던 것이다. 이는 한미한 가문 출신으로 오직 자신의 능력만으로 진제국의 승상 자리까지 오르게 된 그의 인생역정과 결코 무관치 않았다.

승상 이사는 주장을 관철시키기 위해 진시황에게 '분서갱유'를 적극 건의했다. 진시황이 마침내 이사의 건의를 받아들임에 따라 전국에 걸쳐 분서焚書의 광풍이 휘몰아쳤다. 얼마 후 진제국이 멸망하자 새로 들어선 한제국은 사라진 경전을 복원키 위한 많은 노력을 기울였다. 이에 사라진 경전의 내용을 암송하고 있던 일부 선비들이 자신의 기억을 더듬어 경전을 펴내기 시작했다.

마침내 한문제漢文帝 때에 들어와 홀연 산동의 제남 땅에서 90세가 넘은 노인이 자신의 집에 소장하고 있던 『상서』를 가르치고 있다는 소식이 황제의 귀에 들어왔다. 한문제가 크게 기뻐하며 즉시 태상장고太常掌故 조조晁錯를 보내 가르침을 받게 했다. 그 노인의 이름은 복생伏生이었다. 그는 진제국 때 함양의 궁궐에서 박사를 지낸 까닭에 『상서』에 정통했다. 당시 복생은 한혜제漢惠帝 때에 이르러 금서령이 해제되자 즉시 감춰두었던 『상서』를 찾아내 이를 가지고 고향에서 제자들을 가르치고 있었던 것이다.

『상서』는 하·은·주 3대三代의 역사를 담은 중국 최초의 역사 문헌집이자 유가 유일의 상고시대 사서이기도 했다. 『상서』는 전국시대까지만 하더라도 단순히 『서書』로 불리다가 한제국 때에 들어와 비로소 『상서』로 통칭되었다. 이는 '상고시대의 역사를 담은 숭고한 역사서'라는 뜻을 담고 있다. 유가사상을 통치이념으로 채택한 한무제 이후 『상서』는 유생들의 필독서가 됨에 따라 『서경』으로 불리게

되었다. 이는『상서』가『역경』및『시경』등과 더불어 소위 육경六經
의 기본 경전으로 편입된 데 따른 것이었다.

　『상서』에는 오제五帝의 일원인 요堯·순舜 이래 서주西周시대에 이
르기까지 대략 1천5백여 년 동안의 역사가 담겨져 있다. 그 내용은
하·은·주 3대三代에 등장한 역대 제왕들이 펴낸 공문서와 군신 간
에 이뤄진 대화가 주종을 이루고 있다. 후세인들은 모두 공자가『상
서』를 세심하게 정리한 것으로 믿었다. 이로 인해『상서』는 신화 및
전설의 시대에 불과한 삼황오제와 하왕조의 시대를 역사시대로 둔
갑시키는 데 결정적인 근거가 되었다.

　그러나 당시 복생이 가르친『상서』는 매우 불완전했다. 우선 그가
가르친『상서』는 전편全篇의 5분의 3인 29편만 남아 있는 결본缺本이었
다. 그가 감춰두었던『상서』를 찾아냈을 때 이미 수십 편이 유실되어
있었다. 더구나 당시 복생은 매우 연로했던 탓에 발음 또한 정확치
못했다. 이에 그의 딸이 옆에서 이를 통역해 주지 않으면 안 되었다.
한문제의 명으로 복생으로부터 직접 가르침을 받은 조조는 이같이
불완전한『상서』를 습득했던 것이다. 그러나 더 큰 문제는 조조가 글
자를 잘 모른다는 데 있었다. 어떻게 이런 일이 생긴 것일까.

　중국은 갑골문자를 사용한 이래 수천 년에 걸쳐 전국시대 말기에
이르기까지 지역마다 각기 다른 문자를 쓰고 있었다. 진시황이 천하
를 통일한 이후에 비로소 문자가 하나로 통일되었다. 진시황의 문자
통일은 엄청난 역사적 사건이었다. 그가 문자를 통일한 이래 중국문
명은 온갖 지식과 정보를 수천 년에 걸쳐 체계적으로 온축蘊蓄할 수
있었기 때문이다.

당시 진제국이 사용한 공식문자를 소전小篆, 그 이전에 사용된 문자를 흔히 대전大篆 또는 '주문籀文 : 과두문자'이라고 했다. 복생이 가르친 『상서』가 바로 '주문'으로 되어 있었던 것이다. 당시 한문제가 파견한 조조를 비롯한 복생의 제자들은 '주문'을 제대로 알 수 없었다. '주문'은 거의 갑골문자와 흡사해 이를 습득키가 쉽지 않았다. 당시 조조를 비롯한 생도들은 복생의 딸이 통역해 주는 불완전한 말을 한제국 때의 공용문자인 예서체隸書體로 받아 썼다. 복생만이 온전히 이해하고 있는 '주문'은 예서체만을 알고 있는 그의 제자들에게 일종의 암호나 다름없었던 셈이다. 복생이 알고 있는 『상서』의 원형이 훼손되는 것은 불가피한 일이기도 했다.

이는 비단 『상서』의 경우에 그친 것이 아니었다. 당시 모든 경전이 이와 유사한 경로로 복원되었다. 복생의 제자들이 예서체로 스승인 복생의 기억을 받아 쓴 교재가 바로 『금문상서今文尚書』였다. 이같이 '주문'을 예서체로 바꿔 복원된 '금문경전'을 기본서로 하여 경문해석을 시도하는 학문을 소위 '금문경학今文經學'이라고 했다. 원래의 경전이 발견되지 않은 당시 상황에서는 '금문경학'을 통해 유가의 통치사상을 습득할 수밖에 없었다. 복생의 경우를 통해 알 수 있듯이 '금문경학'이 원전과 여러 모로 차이가 나는 것은 피할 수 없는 일이었다.

'금문경학'이 어느 정도 궤도에 오르자 마침내 한무제漢武帝가 유가사상을 유일한 통치이념으로 내세운 소위 '독존유술獨存儒術'을 선포하고 나섰다. 한무제는 '독존유술'의 취지를 살리기 위해 장안의 태학太學에 5경五經의 강좌를 개설하고 이를 가르치는 교원으로 소위

'오경박사五經博士'를 두었다. 이에 관원이 되고자 하는 자는 반드시 박사 밑에서 제자원弟子員이 되어 유가의 통치이념을 익혀야만 했다. '오경박사'는 모두 '금문경학'을 가르쳤다. 오경박사가 설치된 후 '금문경학'은 각 경전마다 그 해석을 둘러싸고 여러 학파로 분화되었다.

『역경』은 시수施讐와 맹희孟喜, 양구하梁丘賀, 경방京房 등 4가家로 나뉘었다. 『서경』은 구양생歐陽生과 하후승夏侯勝, 하후건夏侯建 등의 3가로 갈렸다. 『예기』는 대덕戴德과 대성戴聖의 2가로 나뉘었다. 『춘추공양전』도 엄팽조嚴彭祖와 안안락顏安樂의 2가로 갈렸다. 『시경』은 제시齊詩, 노시魯詩, 한시韓詩 등의 3가로 나뉘어졌다. 당시 '오경박사' 밑에서 경전을 배운 제자원 모두 스승의 가법을 지키는 것을 전통으로 삼았던 까닭에 학파의 구분은 더욱 엄격해졌다.

오경박사들이 금문경학을 가르친 지 얼마 안 되었을 때 뜻밖의 일이 벌어졌다. 당시 공자의 고향인 산동성의 곡부에서 노공왕魯恭王의 궁실을 확장하는 공사가 있었다. 인부들이 공자의 집 가운데에 있던 한 고택을 허물던 중 뜻밖에 벽에 몰래 숨겨둔 고서들이 쏟아져 나왔다. 이들 고서 중에는 『금문상서』보다 16편이 많은 『상서』 45편이 포함되어 있었다. 그 중 29편은 복생의 것과 완전히 일치했다. 후세 인들은 이를 『고문상서』라고 칭했다. 이 『고문상서』가 바로 공자가 편수한 것으로 알려진 원본이었다.

몇 해 후 공자의 후손인 공안국孔安國이 이를 조정에 바쳤다. 『사기』를 쓴 사마천은 공안국의 제자였다. 그는 일찍이 공안국의 지도 아래 공자 집에서 발견된 『고문상서』를 공부한 적이 있었다. 사마천이 『사기』를 저술하면서 공안국의 『고문상서』를 많이 참고한 것은 말할 것도 없다. 이 일이 있은 후 고문경전이 잇달아 발견되었다. 이로 인해 태학을 중심으로 '금문경전'을 배우는 자들과 사적으로 고문경전을 배우는 자들 사이에 갈등이 빚어졌다. 이것이 바로 수천 년 동안 계속된 소위 '위서논쟁'의 발단이다.

당시 '오경박사'가 가르치는 금문경학을 배우지 않는 사람은 출사出仕할 기회가 없었다. 이에 고문경전은 사실상 사라질 운명에 처할 수밖에 없었다. 그럼에도 고문경학은 수백 년간에 걸쳐 결코 없어지지 않았다. 이는 출사를 마다하고 평생을 고문경전의 연구에 바친 재야 학자들의 덕분이었다. 이들의 노력으로 훗날 후한 말기에 이르러서는 마침내 고문경학이 금문경학보다 우위를 점하게 되었다.

고문경학이 이같은 위치에 올라서기까지는 많은 우여곡절이 있었다. 고문경학이 처음 태동할 당시 한성제漢成帝 때에 이르러 희귀한 일이 빚어졌다. 산동의 동래東萊에 장패張霸라는 사람이 나타나 자신이 완전한 『고문상서』를 발견해 이를 조정에 바칠 예정이라고 떠들고 다녔다. 이로 인해 조야가 매우 소란스러워졌다. 그러나 장패가 발견했다는 『고문상서』는 복생의 『금문상서』와 공안국의 『고문상서』, 『춘추좌전』의 일부 내용을 교묘히 섞어 만든 위작僞作이었다. 얼마 후 장패가 바친 것이 위작이라는 사실이 밝혀지자 이에 대노한 한성제가 좌우에 명하여 장패를 참수케 했다.

이같은 일이 빚어진 것은 기본적으로 공자가 생존했을 당시의 진본眞本 『고문상서』를 본 사람이 거의 존재하지 않은 데 따른 것이었다. 원래 한제국 초기에 유행한 『금문상서』와 『고문상서』 모두 편수와 글자체를 제외하고는 근본적인 차이가 없었다. 그저 두 종류의 다른 판본에 불과했다. 그러다가 전승과정이 달라지게 되자 각기 금문경학과 고문경학을 숭상하는 2개의 학파가 자연스럽게 형성되었다.

초기만 하더라도 고문경학은 태학을 중심으로 5경에 모두 14명의 박사를 두고 관학을 독점하고 있었던 금문경학을 당할 길이 없었다. 그러다가 전한제국 말기에 이르러 고문경전에 특별한 애정을 가지고 있던 유흠劉歆이 등장하면서 상황이 역전되었다. 그는 실권을 장악한 왕망王莽의 위세를 빌려 고문경전을 모두 관학으로 삼는 데 성공했다. 이로써 재야 학문으로만 남아 있던 『춘추좌전』과 『모시毛詩』, 『일례逸禮』, 『고문상서』 등이 일시에 관학의 반열에 오르게 되었다. 이 일이 바로 이후 2천여 년 동안 간단없이 이어진 '금고문논쟁今古文論爭'의 단초가 되었던 것이다. 이는 '위서논쟁'의 변형이기도 했다.

왕망이 세운 신新나라가 복멸된 후 고문경학은 약세를 면치 못했다. 후한제국은 왕망이 고문경학을 관학으로 삼은 것에 대한 반발로 금문경학을 숭상했다. 그러나 동탁의 난을 계기로 촉발된 삼국시대를 거쳐 서진西晉제국의 영가永嘉의 난이 일어나는 사이에 고문경전은 말할 것도 없고 금문경전조차 대부분 산실되고 말았다. 복생의 『금문상서』와 공안국이 헌납한 『고문상서』도 예외가 아니었다. 이는 1백여 년 넘게 지속된 난세의 와중에서 금문과 고문을 막론하고 경전을 배우려는 자들이 점차 사라진 데 따른 것이었다.

그러던 중 동진東晉 원제元帝 때에 이르러 문득 예장내사豫章內史 매색梅賾이 공안국의 『고문상서』를 재현한 것이라고 주장하며 조정에 서책을 헌납했다. 그가 헌납한 책에는 복생이 전한 『금문상서』뿐만 아니라 25편의 '일문佚文'도 들어 있었다. 이는 사실 매색이 교묘히 짜깁기한 위서였으나 당시만 하더라도 사람들 모두 그가 바친 『고문상서』를 진본으로 여겼다. 후세인들은 이를 『위공전僞孔傳』이라고 불렀다. 『위공전』은 남북조시대로 들어와 남조에서 크게 유행했다. 그러나 북조에서는 후한 말기의 대학자 정현鄭玄이 주석을 단 책이 유행했다. 후세인들은 이를 『위고문상서僞古文尙書』라고 불렀다.

당제국 때에 이르러 국자감좨주國子監祭酒 공영달孔穎達이 당태종의 명을 받아 오경五經에 완전히 새로운 주석을 가했다. 이를 '오경정의五經正義'라고 한다. 이때 공영달은 주석을 달면서 정현의 『위고문상서』대신 매색의 『위공전』을 취했다. 이를 소위 『상서정의』라고 한다. 역사상 처음으로 과거제를 도입한 당제국은 『상서정의』의 해석을 모범답안으로 하여 과거시험을 시행했다. 이때 이후 『상서정의』는 국가 공인의 주석서가 되었다. 그러나 『상서정의』는 위서에 불과한 매색의 『위공전』에 나오는 주석을 대거 취한 까닭에 사실 적잖은 문제가 있었다.

마침내 남송 때에 이르러 오역吳棫이 처음으로 매색이 바친 『위공전』의 문제점을 지적하고 나섰다. 얼마 후 성리학을 완성시킨 당대의 거유巨儒 주희朱熹가 오역을 공개적으로 지지하고 나섰다. 이때 주희의 제자이자 사위인 채침蔡沈은 주희의 명을 받아 『서집전書集傳』을 펴냈다. 채침은 성리학의 관점에서 『상서』를 완전히 새롭게 해석했다. 그는 공영달과 달리 『상서』에 주석을 가하면서 정현의 주석을 대거 취했다. 그러나 채침의 『서집전』역시 적잖은 문제가 있었다. 그는 기본 텍스트가 확연치 않은 상황에서 지나치게 도학적 이념에 치우친 주석을 가한 것이다.

청대에 이르러 고증학考證學이 성행하면서 마침내 『위공전』등이 도마 위에 오르게 되었다. 마침내 강희康熙 연간에 들어와 1천여 년 넘게 진행된 『상서』의 진위 논란은 뛰어난 고증학자에 의해 종지부를 찍게 되었다. 이같은 쾌거를 이룬 인물이 바로 염약거閻若璩였다. 그는 『고문상서소증古文尚書疏證』에서 모두 128개의 항목에 걸쳐 매색의 『위공전』이 위서라는 사실을 정밀하게 분석해냈다. 이로써 기존의 경전에 대한 회의가 일순간 거세게 일게 되었다.

원래 청대의 고증학자들은 고문경학을 관학으로 끌어올린 전한제국 말기의 유흠을 매우 비루하게 보았다. 이는 유흠이 왕망에 기대어 '고문경전'을 관학으로 이끈 소행에 대한 저항감에서 비롯된 것이었다. 일부 고증학자는 심지어 유흠이 고문경전에 대해 멋대로 가필 내지 날조하는 만행을 저질렀다고 강조하면서 일체의 고문경전은 믿을 수 없다는 극단적인 주장까지 내놓았다.

그 대표적인 인물이 바로 고증학자 유봉록劉逢祿이었다. 그는 춘추시대에 관한 최고의 고서인 『춘추좌전』에 조예가 깊었다. 유봉록은 자신의 『좌씨춘추고증左氏春秋考證』에서 유흠이 금문경전인 『춘추공양전』을 폄하하여 왕망의 찬탈을 옹호하기 위해 『좌씨춘추』를 『춘추좌전』으로 날조했다고 비판했다. 그의 이같은 주장은 사실 억단臆斷에 불과했으나 학계에 엄청난 파장을 불러일으켰다. 이로 인해 모든 경전에 대한 불신이 열병처럼 번져갔다. 유봉록의 극단적인 주장에 적극 동조하고 나선 사람이 바로 청대 말기의 풍운아 강유위康有爲였다.

그는 『신학위경고新學僞經考』에서 전한제국 당시 고문경전은 아예 존재하지도 않았고 당시에 나온 고문경전은 모두 유흠의 위작이라는 주장을 펼쳤다. 그의 이같은 주장은 무슨 확실한 근거 위에서 나온 것은 아니었다. 그 역시 유봉록과 마찬가지로 유흠을 비루한 인물로 간주해 고문경전 자체를 인정치 않으려는 입장에서 이같은 주장을 전개했던 것이다. 그러나 당시 무술변법戊戌變法을 계기로 세인들 사이에서 가장 명망이 높았던 그의 이같은 주장은 정계 및 학계에 커다란 충격을 안겨주었다. 마침내 그의 글은 세 번에 걸쳐 청나라 조정으로부터 폐기명령을 받게 되었다. 그러나 이로 인해 오히려 그의 주장은 당시 지식인들 내에서 더욱 큰 반향을 불러일으켰다.

1920-1930년대에 학계를 풍미한 소위 '고사변파古史辨派'는 바로 강유위의 주장을 더욱 극단적으로 이끌고 갔다. 당시 이들 '고사변파'는 3황5제와 하왕조는 말할 것도 없고 은왕조와 주왕조 초기의 얘기까지 믿을 바가 못 된다고 단정했다. 2천여 년 가까이 금문경학파와 고문경학파 사이에서 전개되었던 '위서논쟁'이 20세기에 들어와 이들 '고사변파'에 의해 '사실史實논쟁'으로 부활한 셈이다. 역사시대마저 신화 및 전설시대로 치부한 이들의 행보는 신화 및 전설의 시대를 역사시대에 편입시킨 사마천 및 장수절의 행보에 대한 반동의 성격을 띠고 있었다.

그렇다면 당시 이들 '고사변파'들로 하여금 이같이 무지막지한 주장을 펼치게 만든 주역은 누구였을까. 그 장본인은 바로 1917년에 27세의 나이로 미국에서 학업을 마치고 귀국해 북경대 교수에 취임한 호적胡適이었다. 그는 미국 유학 시절 소위 '프로그래머티즘Programmatism : 실용주의'을 제창한 존 듀이John Dewey 밑에서 공부하면

16

서 실용주의와 실증주의 사조를 깊숙이 흡입했다. 그는 스승인 듀이의 실증주의를 '대담한 가설과 조심스런 고증'으로 요약하면서 '고사변파'를 적극 고취하고 나섰던 것이다.

그는 북경대에서 중국철학사를 강의하면서 3황5제와 하 · 은 두 왕조를 건너뛴 채 곧바로 서주시대 말기에 등장하는 주선왕周宣王 이후부터 얘기를 시작했다. 이는 그의 저서 『중국철학사대강中國哲學史大綱』의 체계와 동일한 것으로, 이는 그가 주선왕 이전에 관한 모든 사서의 기록을 신화 및 전설시대의 기록으로 치부한 데 따른 것이었다. 당시 호적은 무엇을 근거로 이토록 무지막지한 행보를 보이고 나선 것일까.

당초 사마천은 『사기』의 「12제후연표」를 작성하면서 주여왕周厲王이 백성들의 폭동으로 쫓겨나면서 중국의 전역사를 통틀어 전무후무하게 등장했던 '공위시대空位時代'를 '공화시대共和時代'로 규정했다. 이에 그는 '공화시대'가 개막하는 공화 원년B.C. 841부터 연대를 기입하기 시작했다. 주여왕의 아들인 주선왕은 부왕인 주여왕이 망명지에서 죽은 공화 14년B.C. 828에 즉위했다. 호적은 『사기』의 「12제후연표」를 근거로 즉위 연대를 확실히 알 수 있는 주선왕 때부터 역사가 시작되었다는 주장을 펼치고 나섰던 것이다. 서구 제국주의의 막강한 과학문명 앞에 압도된 나머지 자국의 유구한 역사마저 스스로 반토막내고야 만 당시 중국 지식인의 일그러진 자화상이 아닐 수 없다.

당시 중국 최고의 지성을 자랑하던 호적의 이같은 주장은 핵폭탄의 투하에 비유할 만큼 그 위력이 심대했다. 이로 인해 중국 인민들 사이에서는 '동주 이전에는 역사가 없다'는 자조적인 탄식이 절로

새어나오게 되었다. 이는 일응 사마천 이래 수천 년간에 걸쳐 신화와 전설시대를 역사시대로 간주한 데 따른 반동으로 볼 수 있다. 그러나 반동치고는 그 결과가 너무나 가혹했다고 해석할 수밖에 없다.

당초 사학자 고힐강顧頡剛은 1920년부터 호적과 더불어『변위총간辨僞叢刊』을 기획하면서 언어학자 겸 역사학자인 전현동錢玄同을 가담시켜 고대사 고증운동의 서막을 열었다. 이때 고힐강은 그간 고대사 논쟁에서 제시된 일체의 문장과 서한들을 모아『고사변古史辨』을 만들기 시작했다.『고사변』1권이 세상에 나오자 '고사변파'에 공명하는 수많은 학자들이 이 대열에 합류했다.『고사변』은 1941년에 종간될 때까지 모두 7권이 나왔다. 당시 '고사변파'들의 눈부신 활약으로 인해 3황5제와 하·은·서주의 시대는 역사시대가 아닌 신화와 전설의 시대로 전락되고 말았다. 반만년의 역사를 자랑하던 중국의 역사가 졸지에 반토막이 나고 만 것이다.

그러나 당시 '고사변파'의 이같은 주장에 결정적인 반격을 가하기 위해 차분히 자료를 수집하며 대응책 마련에 부심한 인물들이 있었다. 이들은 훗날 중국 고고학계 및 사학계를 대표하는 인물로 성장했다. 그 대표적인 인물이 바로 왕국유王國維였다. 그는 1925년 9월에『고사신증古史新證』이라는 제목 하에 청화대 국학연구원에서 행한 연설을 통해 고고학적 증거가 뒷받침되지 않는 변증은 하나의 주장에 불과할 뿐이라며 '고사변파'를 통박하고 나섰다. 당시 그가 고사변증의 핵심적인 방안으로 제시하고 나선 것이 바로 '이중증거법二重證據法'이었다. 이는 고대사에 관한 사서의 기록을 무조건 신화 및 전설시대로 치부하는 것은 잘못이고, 고고학적 발굴조사를 통해 그 진실

성을 얼마든지 뒷받침할 수 있다는 평소의 소신에서 나온 것이었다.

그러나 왕국유의 이같은 주장은 별다른 주목을 받지 못했다. 제국주의 열강의 약탈대상이 되어 있던 당시 중국의 상황에서 발굴조사를 통한 고대사의 고고학적 확신은 비현실적인 것으로 여겨질 수밖에 없었다. 그러나 왕국유의 '이중증거법'을 추종하는 일군의 학자들은 1950년대 이후 중국 정부의 강력한 지원 하에 본격적인 활동을 펼치기 시작했다. 당시 중국 정부는 고고학자 및 사학자들로 구성된 대규모 조사단을 구성해 이들의 발굴조사 작업을 적극 지원하고 나섰다.

왕국유를 추종하는 일군의 학자들은 극히 열악한 상황에서 '고사변파'의 횡론橫論을 뒤엎기 위해 수십 년간에 걸쳐 체계적인 발굴조사 활동을 꾸준히 전개해 나갔다. 이들의 헌신적인 노력으로 마침내 하夏왕조는 중국 최초의 청동기문화인 '이리두二里頭문화'가 꽃피울 때 등장한 추방사회酋邦社會였다는 사실이 밝혀졌다. 하왕조의 뒤를 이어 B.C. 18세기경부터 B.C. 11세기경까지 존재했던 은殷왕조를 포함해 뒤이어 나타난 주周왕조도 그 전모를 소상히 드러내게 되었다.

이로써 은·주왕조에 관한 『사기』 및 『춘추좌전』 등의 기록이 고고학적 조사결과와 완전히 일치한다는 사실이 분명히 확인되었다. 사서의 기록에 따르면 은왕조는 여러 차례에 걸친 천도 끝에 지금의 하남성 안양현 일대에 자리를 잡은 것으로 되어 있다. 섬서성 서안시 서쪽에 있는 호경鎬京을 도성으로 삼은 주왕조는 경수涇水와 위수渭水의 하류유역을 주요 활동무대로 삼았다. 주왕조는 지금의 낙양시를 관통하는 낙수의 서부지역에 있었던 낙읍雒邑을 제2의 도성인 동도東

都로 삼고 이수伊水와 낙수洛水 하류유역을 또 하나의 중심지로 삼았다. 일련의 고고학적 발굴조사 결과 이같은 기록이 모두 사실로 판명되었다.

원래 주왕조가 터를 잡았던 호경의 경위평원涇渭平原과 낙읍의 이락평원伊洛平原은 땅이 기름지고 기후가 온화해 농경에 매우 유리했다. 이 지역이 9세기 말에 이르기까지 근 2천 년간에 걸쳐 수많은 왕조의 도성으로 자리잡으면서 중국역사의 중심무대가 된 이유가 바로 여기에 있었다. 왕국유를 비롯한 일군의 고고학자들이 이룬 업적은 가히 전세계의 고고학계를 경동시킬 만한 것이었다. 20세기 후반기를 '중국 고고학의 시대'로 칭하게 된 이유가 바로 여기에 있었다. 이들의 영웅적인 활약으로 인해 중국의 역사를 반토막으로 만들었던 '고사변파'의 억설臆說은 일거에 자취를 감추고 말았다.

왕국유 등이 이뤄놓은 업적은 이루 형언할 수 없는 것이었다. 중국의 역사문화를 언급할 때 이들의 성과를 자세히 검토치 않고는 전혀 설득력을 지닐 수 없는 지경에 이르게 된 것이다. 그럼에도 우리나라에서는 아직도 이같은 성과가 일반인들에게 전혀 알려지지 않고 있다. 특히 유림儒林의 경우는 근 1세기 가까이 치열하게 전개된 중국 고대사 논쟁에 주의를 기울이기는커녕 위서에 불과한 『서경』의 내용을 마치 역사적 사실인 양 인용하는 한심한 모습만 보여주고 있다. 학계 역시 『산해경山海經』 등의 내용을 과대평가한 나머지 고대신화에 대한 역사적 분석을 생략한 채 오직 신화학 차원의 접근에 머무는 한계를 노정하고 있다.

그러나 사실 엄밀히 따지면 중국의 사학계는 이보다 더욱 심각한

문제점을 안고 있다. 중국의 사학계는 고고학계의 놀라운 성과에도
불구하고 중국의 고대사를 맑시즘의 유물사관에 꿰어맞추는 구태에
서 전혀 벗어나지 못하고 있기 때문이다. 이들은 하왕조에 대해 생산
력이 낮아 조직적인 착취가 나타나지 못한 나머지 생산수단을 공동
으로 소유하는 원시공산사회 단계에 머물러 있었다고 평가하고 있
다. 이들은 또 은왕조에 대해서도 노예주가 생산수단을 독점함으로
써 계급착취를 기반으로 하는 노예제 사회로 이행되었다는 주장을
펼치고 있다.

후술하는 바와 같이 하왕조는 비록 왕조국가의 통치체제를 구축
하지는 못했으나 여러 부족이 연합한 추방사회의 모습을 띠고 있었
다. 추방사회는 나름대로 일정한 수준의 지배질서가 존재한 까닭에
유물사관에서 얘기하는 원시공산사회와는 현격한 차이가 있다. 은왕
조 때 역시 순장殉葬이 광범위하게 행해지면서 많은 노비들이 희생된
것이 사실이나 이들 노비들의 신분은 서양의 노예와 질적으로 달랐
다. 노비의 대종은 전쟁포로였다. 전쟁포로가 되는 순간 이전의 신분
과는 상관없이 노비의 신세로 전락해 순장에 동원되었던 것이다. 당
연한 결과로 노비 중에는 적국의 지배층도 다수 포함되어 있었다. 이
는 주왕조 때에도 별반 차이가 없었다.

나아가 은왕조 때 이미 주왕조의 기반이 된 봉건제적 특징이 나타
나고 있다. 주왕조는 종법제宗法制를 기반으로 하는 봉건제를 완성시
켰다는 점에서 은왕조와 분명한 차이를 보이고 있다. 그러나 이것이
본질적인 차이를 의미하는 것은 아니었다. 두 왕조의 이동異同에 관
한 정밀한 고찰을 생략한 채 두 왕조를 각기 노예제 사회와 봉건제

사회로 확연히 구분짓고 나서는 것은 잘못이다.

주공周公 단旦에 의해 주왕조 성립 초기에 완성된 봉건제는 춘추시대 초기에 무너져 내리기 시작해 전국시대에 들어와서는 이미 사실상 붕괴되어 껍떼기만 남은 상황이었다. 주왕조 초기에 형성된 봉건제 사회가 청대 말까지 지속되었다는 주장을 포함해 전국시대 때 형성된 봉건제 사회가 명청대에 들어와 쇠퇴하고 자본주의의 맹아가 나타났다는 주장 등은 서구 제국주의자들의 광론狂論에서 비롯된 것이다. 그 주범은 헤겔이었다. 그는 『역사철학강의』에서 이같이 주장한 바 있다.

> 동양인은 자유라는 것을 알지 못하며, 자유라는 것을 알지 못하기 때문에 자유롭지 못하다. 중국에서는 황제의 의사가 법률이며, 개인의 주관적인 또는 내면적인 자유는 배후로 밀려나 개인의 밖에 있으면서 개인을 지배하고 있다. 국가의 고유한 토대인 자유의 원리가 완전히 결여되어 있으므로 진정한 의미의 국가가 존재하지 않았다.

헤겔은 중국이 비록 역사상 처음으로 국가를 형성했음에도 불구하고 인간의 자유를 억압하고 자유를 오직 황제 한 사람의 전유물로 귀착시킨 정체된 국가였다고 규정하고 나선 것이다. 여기서 바로 '동양적 전제oriental despotism'라는 해괴한 입론立論이 나타나게 되었다. 그의 이같은 입론은 동양에 대한 천박한 이해 위에서 성립된 것임은 말할 것도 없다. 그럼에도 그의 이같은 입론은 서양의 지식인들이 동양을 이해하는 준거틀로 고정되었다. 그의 동양관을 그대로 이어받은 것은 맑스였다. 그는 일찍이 1853년에 『뉴욕데일리 트리뷴』 지에 기고한 글에서 영국의 인도 경영을 당연시하며 이같이 주장한 바 있다.

> 영국은 인도에서 이중적 사명을 수행하지 않으면 안 된다. 이는 파괴와 재생의 사명을 말한다. 낡은 아시아 사회를 멸망시키는 것과 서구적 사회의 물질적 기초를 아시아에 뿌리내리게 하는 것이 바로 그 요체이다.

헤겔이 세계사적 전개의 필연성을 갖지 못한 동양을 '동양적 전제'로 규정한 데 반해, 맑스는 자본주의 사회로 발전해 가는 필연성을 내포하지 않은 동양을 '아시아적 생산양식'이라는 이름으로 파악한 것이다. 두 사람 모두 서구의 역사만을 세계사로 간주하여 동양의 역사는 정체된 것으로 파악한 점에서 하등 차이가 없었던 것이다. 이를 통해 중국에 대한 헤겔의 편견이 맑스에 의해 더욱 확대재생산되었음을 쉽게 확인할 수 있다.

1930년대에 일본의 좌파 지식인들은 '아시아적 생산양식'을 둘러싸고 격론을 전개하며 엄청난 양의 논저를 쏟아냈다. 당시 이들은 '아시아적 생산양식'을 역사적 발전단계를 나타내는 하나의 역사적 생산양식으로 볼 것인지, 아니면 유럽과는 이질적인 사회구조가 빚어낸 일종의 구조론적 생산양식으로 볼 것인지 여부를 놓고 격론을 벌였다. 이들은 '아시아적 생산양식' 자체를 불변의 진리로 전제한 가운데 일제의 침략을 정당화하는 괴론怪論을 펼쳤다. 헤겔과 맑스에 의해 고정된 동양에 대한 무지막지한 편견은 훨씬 정제된 이론으로 무장한 막스 베버Max Weber에 의해 더욱 교묘하면서도 설득력 있게 전파되었다. 베버는 『유교와 도교』에서 중국인의 생활양식을 다음과 같이 비판했다.

> 원래 중국인에게는 모범적인 퓨리턴과 같이 내면으로부터 발하는 종교적으로 제약된 합리적인 생활방법론이 존재하지 않았다. 유교도가 엄격하게 극기(克己)를 추구한 것은 외면적인 몸가짐이나 예법의 권위, 즉 체면을 지키기 위한 것에 불과했다.

서구주의에 함몰된 베버의 한계가 극명히 드러난 대목이 아닐 수 없다. 흔히 자본주의는 사회주의 계획경제에 대칭되는 개념으로 풀이되고 있다. 일본의 저명한 경제학자 무라카미 야스스케村上泰亮는 『반고전反古典의 경제학』에서 자본주의는 시장경제를 핵심으로 하는 경제체제를 나타내는 비역사적인 개념으로, 인류 역사에는 여러 차례에 걸쳐 다양한 자본주의가 등장한 바 있다고 주장했다. 그는 구체적인 실례로 로마시대 말기와 중국의 송대 등을 들었다.

그의 주장에 따르면 중국의 송왕조는 세계에서 전례가 없을 정도로 자본주의의 극성을 이룬 때였다. 당왕조의 붕괴 이후 토지는 사유가 되고 강남의 쌀농사가 크게 발전하면서 부유한 신흥 지주세력인 형세호形勢戶가 나타났다. 과거제에 의해 관료로 진출한 자들 대부분이 이들의 자제였다. 비단과 면직물, 도자기, 칠기, 차 등의 산업이 전례없이 발전하고 세계 최초의 지폐가 발행되었다. 산업혁명 당시 영국의 공업자본주의 못지 않은 자본주의가 동서고금을 통해 수차례 등장했던 것이다. 자본주의는 일정한 조건 하에서 시와 때를 불문하고 출현하는 하나의 시스템에 불과할 뿐이라는 것이 무라카미의 주장이다.

무라카미는 또 청교도가 많았던 스코틀랜드에서 오히려 경제발전이 더뎠던 점 등을 들어 청교도적 근검절약의 전통을 지닌 유럽의 기독교 사회만이 자본주의를 발전시킬 수 있다고 강조한 베버의 주장을 반박했다. 그는 청교도주의와 자본주의의 상관관계에 관해 〈청교도주의→자본주의〉가 아니라 오히려 〈자본주의→청교도주의〉로 진행됐다고 주장했다. 무라카미의 이같은 주장은 말할 것도 없이 헤겔과 맑스, 베버에 의해 거론된 '동양적 전제' 및 '아시아적 생산양식', '유교문화의 비자본주의론' 등의 허구성을 통찰한 데서 비롯된 것이다.

서구의 동양, 특히 중국에 대한 편견은 통치사상사적으로 볼 때 '제왕정帝王政'의 특징을 제대로 간취하지 못한 데서 비롯된 것이다. 진秦제국의 성립으로 역사상 최초로 등장해 수천 년간 유지된 제왕정은 기본적으로 학행學行과 덕행德行을 습득한 지식인들이 위국위민爲國爲民의 이념 하에 나라를 다스린 중앙집권적 관료국가를 그 본질로 하고 있다. 제왕정은 '공의公議'로 상징되는 '열린 언론言論'과 '군신공치君臣共治'로 상징되는 '개방형정권'에서 그 특징을 찾아야만 한다. 동양의 제왕정은 서구에서 발달한 민주공화정보다 일면 우수한 점이 있었기 때문에 수천 년 동안 유지된 것이다. 이는 결코 헤겔과 맑스 등이 파악한 바와 같이 역사가 정체된 데 따른 부작용이 아니다. 제왕정은 생산양식에 불과한 자본주의와는 하등 관계없는 것으로, 독서를 한 엘리트 사대부들이 관원이 되어 나라를 다스리는 동아시아 특유의 중앙집권적 통치체제일 뿐이다.

　그럼에도 현재 유물사관에 얽매인 중국의 학자들은 이에 대한 천착도 없이 자신들의 역사마저 유물사관의 틀에 억지로 꿰어맞추는 어리석음을 범하고 있는 것이다. 봉건제 사회인 조선조 후기에 자본주의의 맹아가 나타나기 시작해 일제 때 자본주의가 꽃을 피우게 되었다는 황론荒論을 펼치는 일부 사회경제학자들의 주장 역시 유물사관의 틀에서 벗어나지 못하고 있기는 마찬가지이다. 조선조 사회는 결코 신분세습을 본질로 하고 있는 봉건제 사회가 아니었다. 조선조는 독서를 통한 지식을 무기로 삼은 사대부 관료들이 군권君權을 압도하며 나라를 다스린 엘리트 지식인 사회였다. 이는 사대부 세력이 가장 극성했던 중국의 송왕조 때에도 볼 수 없었던 것으로 인류 역사상 전무후무한 일이었다. 조선조 때 2명의 왕이 신하들의 반정反正으로 보위에서 강제로 퇴위당한 사실이 이를 극명하게 보여주고 있다.

　주지하다시피 인류 초기의 문명은 크게 이집트문명과 메소포타미아문명, 인도문명, 중국문명 등 소위 4대 문명으로 나뉜다. 이 가운데 이집트문명이 가장 오래 되었고 그 다음은 인도와 메소포타미아문명이라는 데 별다른 이견이 없는 상황이다. 중국문명은 대략 기원전 20세기경부터 시작되었다는 것이 학계의 통설이다. 중국 정부는 20세기 말에 소위 '단대공정斷代工程'이라는 이름 아래 전설시대로 알려진 하夏왕조의 유적에 대해 대대적인 발굴작업을 시도했으나 그 시기를 기껏 수백 년 단위밖에 소급시키지 못했다.

　현대 인류가 10여 만 년 전에 아프리카에서 출현한 단일한 조상에서 분화되었다는 고고인류학계의 최신 학설을 받아들일 경우 가장 먼 동쪽 끝에서 발아한 중국문명이 가장 늦게 개화한 것을 이상하게 생각할 것도 없다. 그렇다면 가장 늦게 개화한 중국문명의 특징은 과연 무엇일까. 크게 3가지로 나눌 수 있다.

첫째, 수천 년 전의 문자가 지금까지 그대로 사용되고 있는 점을 들 수 있다. 인류의 지식이 누적된 정보에 토대한다고 볼 때 이는 전무후무한 일이다. 모든 문명의 초기 문자는 말할 것도 없이 상형문자였다. 이후 점차 표음문자로 진화되었다. 그러나 유독 중국문명만이 원래의 상형문자 체계를 수천 년 동안 그대로 간직하고 있는 것이다. 이는 수천 년 전의 선인들의 지혜를 그대로 읽을 수 있다는 점에서 뛰어난 강점이 아닐 수 없다.

둘째, 다른 문명과 달리 황하를 중심으로 한 소위 중원문화中原文化와 4방의 주변문화가 종합적으로 어우러진 소위 다문화多文化를 토대로 성장했다는 점을 들 수 있다. 한동안 중원문화만을 중국문화의 원류로 생각하는 중화주의中華主義로 인해 주변의 문화는 중원문화가 일방적으로 흘러간 부속문화로 간주하는 흐름이 주류를 이뤘다. 그러나 현재는 놀라운 고고학적 성과로 인해 중원문화 역시 주변의 문화가 직간접적으로 흘러들어가 형성된 것이라는 설이 주류를 이루고 있다. 주변문화 중 중원문화와 가장 밀접한 관계를 맺고 끊임없이 상호 영향을 주고 받은 것은 한반도를 포함한 동이문화東夷文化였다. 중원문화에 대한 새로운 인식이 절실히 필요한 시점이 아닐 수 없다.

셋째, 이미 기원전에 신분세습적 봉건제를 타파하고 능력위주의 중앙집권적 관료국가를 형성해 수천 년간 이를 정치하게 다듬어 왔다는 점을 들 수 있다. 중국문명의 키워드는 바로 독서인인 사대부

관료와 중앙집권적 통치체제, 덕치를 기반으로 한 통치문화 등에 있다. 이는 다른 문명에서는 전혀 찾아볼 수 없는 중국문명만의 특징이라고 할 수 있다. 그럼에도 중국의 학계는 유물사관에 매몰된 나머지 자신들의 역사가 어떤 특징을 지니고 있는지조차 제대로 파악치 못하고 있는 것이다.

21세기 동북아시대의 개막은 중국문명의 기원과 특징에 대한 정확한 통찰이 전제되어야 한다. 그래야만 중국문명권에서 수천 년간 제왕정이 지속된 근원을 정확히 파악할 수 있다. 신화의 전설 속에 감춰진 역사적 실체를 제대로 가려내는 안목을 지니는 것이야말로 중국문화의 요체를 파악하는 지름길이 아닐 수 없다. 필자가 본서를 집필한 이유가 바로 여기에 있다.

본서는 기본적으로 『서경』, 『시경』, 『역경』, 『예기』, 『주례』 등의 경전과 『춘추좌전』, 『사기』, 『국어』 등의 사서, 『초사』, 『산해경』, 『목천자전』, 『신이경』 등의 고문헌의 기록을 토대로 역사적 실체를 찾아내고자 한 것이다. 역사적 실체를 찾아내기 위해 『논어』와 『맹자』, 『노자』, 『관자』, 『순자』, 『장자』, 『묵자』 등의 제자백가서를 두루 검토한 것은 물론이다. 문헌학적 접근이 불가능한 고고학 분야에 대해서는 『중국통사中國通史』中國史學會, 海燕出版社, 2001를 많이 참조했다.

본서의 집필에는 은사인 서울대 정치학과 최명 교수의 지도편달이 결정적인 도움이 되었다. 은사는 바쁜 와중에도 세심한 지도와 성원을 아끼지 않았다. 맹파강원의 송산松山 김홍기와 소평素平 이인한, 일곡逸谷 김성섭 제씨諸氏의 성원 역시 본서의 저술에 큰 도움이 되었다. 본서는 동양고전에 깊은 관심을 갖고 있는 여국동 인간사랑 사장의 적극적인 지원과 홍성례 주간의 세심한 교정이 뒷받침되지 않았다면 출판 자체가 불가능했을 것이다. 본서가 중국 고대문명의 역사적 실체를 파악하는 데 다소나마 도움이 될 수 있다면 필자로서는 더 이상 바랄 게 없다.

2005년 11월, 정릉 수공재(隨空齋)에서

저자 識

목차

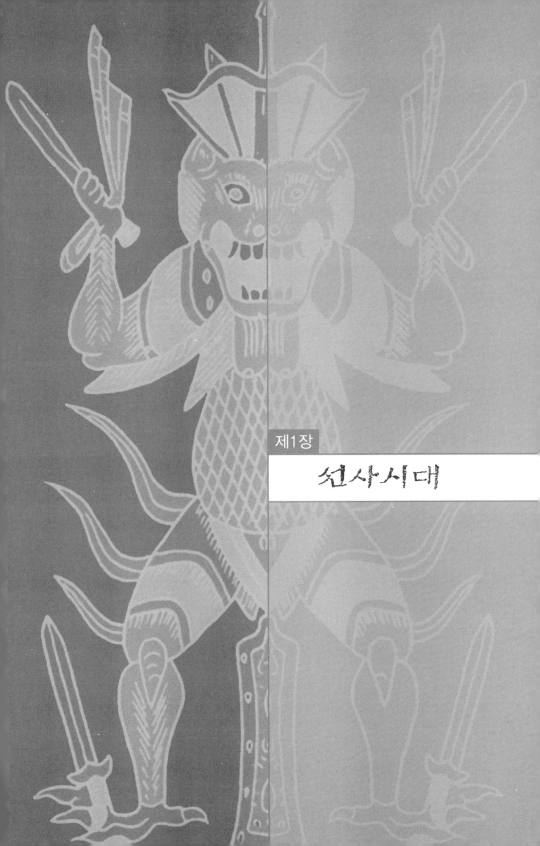

제1장

선사시대

1
문명론
【주변문화의 영향이 컸다】

중국 땅에 인류가 최초로 등장한 시기는 언제일까. 중국 학계에서는 소위 원모인元謀人이 살았던 기원전 170만 년 전으로 상정하고 있다. 원모인은 대략 2백만 년 전의 호모 하빌리스Homo habilis : 능력을 가진 사람가 등장한 때와 비슷한 시기에 출현한 셈이다. 그러나 호모 하빌리스는 직립보행을 한 데 반해 원모인의 경우는 직립보행 여부가 분명치 않다. 원모인을 과연 동북아시아 지역에 최초로 등장한 인류로 볼 수 있는지는 논란의 여지가 남아 있는 것이다.

중국 사학계가 최근에 발간한 『중국통사中國通史』에 따르면 약 80만 년 전에 등장한 남전인藍田人이 최초로 직립보행한 인류이고, 약 50만 년 전에 등장한 북경인北京人이 최초로 도구를 이용한 인류라고 한다. 그렇다면 중국 땅에 출현한 최초의 직립보행인은 남전인이 되는 셈이다. 우리의 경우는 지난 1980년대 평안도 상원군 용곡리 동굴에서 발견된 고인류 인골이 가장 오래된 것으로 알려져 있다. 북한 학자들은 그 시기를 1백만 년 전까지 소급하고 있으나 연대추정을 둘러싸고 이견이 분분한 실정이다.

중국에서 문명의 시작을 상징하는 농경이 시작된 신석기시대는 언제쯤 개시된 것일까. 중국 학계는 대략 기원전 6천 년으로 상정하고 있다. 서양에서는 대략 기원전 1만 년까지 소급하고 있다. 우리나라의 경우는 한동안 기원전 3천 년 정도로 상정했으나 지난 1980년대 초 강원도 양양군 오산리 유적이 출토된 이후 기원전 6천 년 전까지 소급하고 있다. 한반도의 신석기시대를 기원전 6천 년 전까지 소급시킬 수 있다는 것은 매우 특기할 만한 일이다.

이를 토대로 보면 중국문명에 나타나는 구석기시대의 상한은 매우 높고 신석기시대의 상한은 상대적으로 매우 낮은 편이다. 중국 학계는 왜 구석기시대의 상한을 기원전 170만 년 전까지 소급하면서 신석기시대의 시작을 기원전 6천 년 전으로 상정하고 있는 것일까. 세계 4대 문명의 하나로 손꼽히고 있는 중국문명의 시작이 다른 문명에 비해 훨씬 뒤떨어지고 있다는 것을 중국 학계 스스로 자인한 것일까. 아니면 아직 고고학적 발굴성과가 미흡한 데 따른 것일까.

오랫동안 중국인들은 이웃 한국과 일본 등의 주변국은 말할 것도 없고 멀리 떨어져 있는 서양까지 포함해 중국문명이 세상에서 가장 오래된 것으로 생각했다. 특히 전통시대의 중국인들은 자신들의 자랑스러운 문명이 기원전 2천 년경에 황하유역을 중심으로 삼황오제 三皇五帝 및 하夏 · 은殷 · 주周 3대의 성왕들에 의해 창조된 것을 의심치 않았다. 그러나 이같은 생각은 20세기에 들어오면서 근본적인 인식

변화를 강요받기 시작했다.

이는 이집트문명을 비롯한 다른 문명의 기원이 얼마나 오래되었는지를 처음으로 알게 된 데서 비롯되었다. 특히 청대 고증학의 전통과 서구의 문헌고증학적 방법을 수용한 일군의 학자들이 『고사변古史辨』을 통해 중국 초기 문명을 기술한 고문헌의 신빙성에 강한 의문을 제기하고 나서면서 이는 하나의 대세가 되었다. 소위 '고사변파古史辨派'로 지칭된 이들 일군의 학자들은 심지어 선사시대는 말할 것도 없고 중국인들이 그 역사적 실체를 전혀 의심치 않았던 하·은대를 비롯해 서주시대 대부분의 역사를 허구로 단정하고 나섰다. 많은 중국인들은 이들의 주장에 입을 다물지 못하면서 반토막난 자국의 역사에 자조 섞인 탄식을 토해낼 수밖에 없었다.

20세기 초기에 이뤄진 선사유적에 대한 발굴조사는 또 다시 중국인들에게 커다란 충격을 안겨주었다. 발굴결과 고문헌에서 그토록 칭송해 마지 않았던 요·순 등의 성군시대가 한낱 조야粗野한 신석기시대의 잔영에 불과한 것으로 드러났다. 중국인들은 자신들의 먼 조상이 그토록 조야한 생활을 했다는 사실을 쉽사리 인정할 수 없었다. 이는 비슷한 시기에 출현한 여타 문명권의 뛰어난 문화유적과 비교할 때 확실히 크게 뒤지는 것이었다.

초기에 발굴조사된 변방지역의 선사유적은 일응 중원문화와는 동떨어진 이적夷狄의 문화로 치부할 수도 있었다. 그러나 중원지역에 대한 조사결과 이 지역의 선사문화조차 변방지역과 크게 다르지 않다는 사실이 드러나자 이제는 이같은 변명조차 불가능하게 되었다. 이같은 발굴결과를 토대로 분석할 때 삼황오제를 비롯한 하·은·

주 3대의 성왕 등 상고의 제왕과 현신들이 중국 사회를 문명단계로 끌어올렸다는 종래의 주장은 분명히 허구에 지나지 않았다.

당초 1960년대까지만 해도 중국의 최초 문명은 신석기시대에 하남성 앙소촌仰韶村 일대에서 흥기한 소위 앙소문화仰韶文化인 것으로 생각했다. 앙소문화를 최초로 발견한 사람은 스웨덴의 고고학자 앤더슨J. G. Anderson이었다. 앤더슨은 1921년 하남성 민지현澠池縣 앙소촌에서 수많은 채도彩陶와 석골기 등을 대량으로 발굴했다. 여기서 발굴된 토기는 홍색과 흑색, 백색 등의 다양한 색깔로 채색되어 있었다. 이에 앙소문화는 흔히 채도문화彩陶文化 : The Red Pottery Culture로 불렸다. 앙소문화는 대략 기원전 5천 년~2천5백 년 사이에 존재했던 것으로 추정되고 있다.

당시 앤더슨은 앙소문화의 전형적 특징인 채도가 서아시아에서 출현한 채도와 극히 유사한 점에 주목했다. 이에 그는 앙소문화가 서아시아에서 전파되었을 가능성에 착안해 소위 '앙소문화의 서방기원설'을 주장했다. 당시 그는 자신의 주장을 입증하기 위해 앙소문

채도어문분彩陶魚紋盆
이 그릇의 바깥에는 비교적 사실적인 물고기 문양이 그려져 있다. 반파半坡지역으로 대표되는 앙소문화 유물 중에서 물고기 문양은 기본적인 문양이다.

앙소仰韶문화 · 채도쌍련호彩陶雙連壺

화의 전파경로로 추정되는 감숙성 일대를 조사했다. 그는 감숙성 일대에 대한 조사를 토대로 이곳에서 앙소촌보다 선행하는 문화유적지를 발견했다고 주장했다.

마가요馬家窯문화
사람 머리를 장식한 채도호彩陶壺

원래 채도는 서아시아에서 기원전 3천 년경에 나타난 이후 남러시아에 광범위하게 전파되었다. 당시 많은 서구의 학자들이 앤더슨의 주장을 적극 지지했다. 이들은 서아시아에서 발달한 채도문화가 중앙아시아를 통해 중국으로 전해지고, 이로 인해 앙소의 채도문화가 형성되었다고 주장했다. 이같은 주장은 중국인들에게 커다란 충격을 안겨주었다. 적극적인 반증을 제시하기 어려운 상황에서 이는 곧 중국인들에게 중국문명의 후진성을 승인토록 강요하는 것이나 다름없었다. 이로 인해 중국문명은 세계 문명 중 가장 뒤늦게 출발한 것은 물론 독창성마저 부인당하게 되었다. 그러나 서구 학자들의 이같은 주장은 사실로 받아들여져 곧이어 확인된 상나라 문화유적에 대한 해석에도 그대로 적용되었다.

비교문명사적으로 볼 때 중국문명은 확실히 이집트문명과 메소포타미아문명, 인도문명 등에 비해 뒤늦게 출발한 것이 사실이다. 그러나 그 독창성마저 부인당하게 되자 수천 년 동안 중국문명을 최고의 성군들이 만들어 놓은 찬란한 성과로 간주해 온 중국인들에게 커다란 열등감을 안겨주었다.

이같은 분위기 속에서 19세기 말 이래 주목되기 시작한 갑골甲骨

의 출처를 찾기 위한 노력이 계속되었다. 갑골문은 거북 등과 소의 뼈에 새겨진 문자라는 뜻을 지니고 있다. 갑골문의 문법은 대체로 현재의 중국인이 사용하는 것과 큰 차이가 없다. 거북은 위쪽을 머리 방향으로 한 복갑腹甲이 배갑背甲에 비해 평평하여 단연 많이 사용되었다. 갑골을 사용해 점을 칠 때는 반드시 뒤에 구멍을 뚫어야 한다.

20세기 초 일본은 소화昭和 천왕의 즉위 때 거북의 뼈를 구워 천명天命을 확인코자 한 적이 있었다. 그러나 거북 등에 금이 가기는커녕 매캐한 연기만 나 크게 애를 먹었다. 이는 복갑 뒤에 구멍을 뚫지 않았기 때문이었다. 당시 일본은 중국을 대신해 동양의 패자가 되었음을 보여주기 위해 고대 중국인들이 사용한 거북점을 치려다가 망신을 당한 것이다.

갑골에 대한 높은 관심은 하남성 안양현의 은허殷墟에 대한 대대적인 발굴로 이어졌다. 그 결과 고도의 청동기문화를 만들어낸 상왕조의 실체가 입증되었다. 이는 오랫동안 중국문명에 대해 커다란 자부심을 느끼고 있던 중국인들의 자존심을 회복시킨 쾌거였다. 그러나 이번에는 상왕조 문화의 높은 수준이 오히려 문제가 되었다. 뒤늦게 나타난 중국문명이 어떻게 그토록 짧은 기간에 그같이 뛰어난 수준의 청동기문명을 만들어낼 수 있었는가 하는 것이 문제가 된 것이다.

이를 두고 일부 서구 학자는 선행 단계가 확인되지 않는 고도의 문명이라면 그것은 틀림없이 외부로부터 유입되었을 것이라고 주장했다. 이에 그들은 상왕조의 청동기문화는 그보다 시기적으로 앞선 서아시아의 바빌론문명에서 전파되었을 것이라는 가설을 제시했다.

관련 지식이 짧았던 중
국의 학자들은 이를 적
극적으로 반박치 못했
다. 이로 인해 한동안 청
동기 제작기술은 말할
것도 없고 갑골문甲骨文과

하모도河姆渡문화
"쌍봉조양雙鳳朝陽"의 나무 조각품

천문역법 등 중국문명에 나타나는
모든 특징이 서아시아에서 유래했다
는 소위 '중국문명 서방기원설'이
맹위를 떨쳤다.

이를 반박코자 하는 일군의 학자
들은 중국문명의 독창성을 확인키
위해 모든 힘을 기울였다. 그 결과
그들은 마침내 앙소문화에 뒤이어
나타난 용산문화龍山文化를 찾아냈다.
용산문화는 1930년 산동성 용산현

신석기시대
사람 모습을 부조한 채도호

성자애城子崖에 대한 대대적인 발굴을 통해 최초로 확인되었다. 이 문
화는 발굴 당시 흑색토기가 많이 발견된 까닭에 흔히 흑도문화黑陶文
化 : The Black Pottery Culture로 불렸다. 용산문화는 기원전 2300−1800년
사이에 존재한 것으로 확인되었다. 용산문화 역시 앙소문화와 마찬
가지로 농경문화를 토대로 하고 있었다.

앙소문화와 용산문화가 발견될 당시 중국의 학자들은 두 문화의
상호 관계를 놓고 많은 논란을 벌였다. 두 문화는 동시에 존재한 별

개의 문화라는 주장이 주류를 이뤘다. 이는 사실 앙소문화가 중국 고유의 문화가 아니라 서아시아에서 전래된 것이라는 서구 학자들의 주장을 좇은 데 따른 것이기도 했다. 이같은 주장 속에는 앙소문화는 중국 고유의 문화가 아니지만 용산문화만큼은 중국 고유의 문화여야만 한다는 절박한 기대가 깔려 있었다.

그러나 일부 학자들은 이같은 견해에 반발했다. 이들은 앙소문화역시 중국 고유의 문화라는 신념을 지니고 있었다. 이들은 앤더슨의 주장을 일거에 뒤집기 위해 감숙성 일대를 집중 탐사했다. 그 결과앤더슨의 주장과는 달리 감숙성 일대에서 출토된 채도는 오히려 앙소에서 출토된 것보다 연대가 훨씬 낮다는 사실을 찾아냈다. 이는 그간 중국문명의 독창성을 부정하는 논거로 제시된 중국문명 '서방기원설'의 기반을 무너뜨릴 수 있는 쾌거였다.

이후 중국 학자들은 앙소문화가 중국 고유의 문화라면 용산문화와는 어떤 상호 관계에 있는지에 대해 모든 관심을 집중시켰다. 이때나온 주장이 바로 '병존발전설'이다. 이는 앙소문화와 용산문화 모두 중국에서 독자적으로 나타나 함께 나란히 발전했다는 가설이다. 이로 인해 중국의 학자들은 매우 오랫동안 채도문화권에서 전설상의 하夏왕조가 출현했고, 뒤를 이은 상商왕조는 흑도문화권에서 흥기해 용산문화를 대표한 것으로 생각했다. '병존발전설'은 채도를 특징으로 한 앙소문화가 중국 서북편에 국한되어 있는 반면, 흑도를특징으로 하는 용산문화는 중국의 동남부에 편재되어 있다는 사실에 기초한 것이었다. '병존발전설'의 위력은 매우 강력했다.

그러나 1931년 하남성 안양시에 가까운 후강後崗유적에 대한 대대적인 발굴조사 결과 앙소문화가 용산문화로 이행되었다는 새로운 사실이 밝혀지게 되었다. 이후 1956년에 황하 삼문협三門陜에 가까운 하남성 묘저구廟底溝 제2기 문화에서 과도기적 형태의 토기가 출토되면서 앙소문화와 용산문화 간의 선후관계는 더 이상 의심할 여지가 없게 되었다.

중국은 1950년대 초까지만 해도 19세기 말 이래 일부 서구 학자들이 주장한 '중국문명 서방기원설'에서 벗어나지 못했다. 이로 인해 고대 중국문명에 대한 폄하는 물론 중국이 수천 년간에 걸쳐 이뤄낸 뛰어난 문명 전체를 하찮은 것으로 간주하는 풍조가 만연했다. 이는 말할 것도 없이 상이한 문명 사이에 존재하는 개별적인 특징을 무시하고 유사성만을 지나치게 부각시키면서 그 시간적인 선후를 강조한 데 따른 것이었다. 그 결과 세계문명에서 가장 뒤늦게 나타난 중국문명은 메소포타미아 등지에서 발달한 서방문명의 복사판 내지 아류로 치부되었다.

특히 서양의 역사 전개과정을 토대로 형성된 맑스의 '역사발전단계설'은 이같은 믿음을 강화시키는 데 결정적인 역할을 수행했다. 이로 인해 고도로 집약적인 농업문화를 배경으로 탄생한 중국문명의 독창성과 우수성 등이 완전히 무시되었다. 1960년대에 한 소련 학자가 '중국문명 서방기원설'을 주장하는 논문을 발표했으나 중국 학자 중 이를 적극적으로 반박한 사람이 한 사람도 없었다.

그러나 이후에 활발하게 추진된 고고발굴조사는 기존의 잘못된 주장을 깨는 데 결정적인 공헌을 했다. 이를 계기로 중국 내에서는 중국문명에 대한 기존의 '서방기원설'과 정반대되는 소위 '독자발전설'이 대세를 이루게 되었다. 이후 더욱 많은 고고발굴조사로 인해 이제 '서방기원설'은 흔적도 없이 사라지게 되었다. 지금은 주변의 모든 문명이 중국문명의 영향을 받았다는 소위 '중국기원설'이 힘을 얻고 있는 실정이다. 그러나 '서방기원설'이 중국문명에 대한 천박한 지식에서 비롯된 것과 마찬가지로 '중국기원설' 역시 여타 문명에 대한 천견淺見에 기반한 것임은 말할 것도 없다.

고대문명에서도 각 문명권 간에 상호 부단한 접촉과 교류가 존재했음은 말할 것도 없다. 각 문명권이 상호 유사성을 적잖이 띠게 된 것도 바로 이 때문이다. 그러나 이는 통상적인 현상에 불과한 것이다. 결코 어느 문명이 압도적인 우위를 점하면서 일방적으로 타문명권에 전파되었다고 볼 수는 없다. 세계가 일일 생활권에 들어선 21세기에서조차 이같은 주장은 여전히 유효하다. 비록 지구상의 모든 사람들이 실시간으로 지구 곳곳의 모든 사람과 수많은 정보를 공유할지라도 여전히 자신들의 역사문화적 전통의 맥락에 입각해 해석하고 선별해 수용하고 있는 것이다. 그렇다면 초기 중국문명의 토대가 된 선사시대의 사람들은 과연 어떤 사람들이었을까. 여기서 21세기 중국 고고학의 성과를 간략히 살펴보기로 하자.

최근 급속한 발전을 보이고 있는 인류유전학의 성과에 따르면 현생 인류는 약 10만여 년 전에 아프리카에서 기원했다고 한다. 이 가설이 맞다면 아프리카에서 가장 먼 지역에 위치한 중국문명이 가장 뒤늦게 나타난 것도 그리 이상한 일은 아니었다. 중국의 고고학자와 고생물학자들은 인류의 진화단계를 원인原人과 고인古人, 신인新人의 세 단계로 구분하고 있다. 중국 학자들이 말하는 '신인'이 바로 흔히 말

하는 호모 사피엔스Homo Sapiens 에
해당한다.

북경인 두개골頭蓋骨

현재 중국의 고고학계는 중국
의 구석기시대를 그 당시에 생존
했던 인류의 유골 및 사용된 도
구, 무기의 형태, 제조기술 등에
따라 크게 전기와 중기, 후기로 3
분하고 있다. 구석기 전기는 원모
인元謀人과 남전인藍田人, 북경인北京
人이 활동했던 시기와 일치하고
있다. 이들을 통칭해 흔히 원인原
人이라고 한다.

구석기시대
남전원인들의 뾰족한 석기

중국에 나타난 가장 오래된 인류인 원모인의 화석은 지난 1965년
운남성 상나치上那峙에서 발견되었다. 원모인은 약 1백만 년 전에 살
면서 이미 석제도구와 불을 사용한 것으로 추정되고 있다. 당시 운남
성 원모현 일대는 아열대의 초원과 삼림으로 이뤄져 있어 각종 야생
동물이 서식하고 있었다. 생존을 위해 원모인들은 원시적인 석기를
이용해 이들 야생동물을 포획했다. 그러나 그들의 생활과 정확한 생
존연대에 대해서는 유물의 부족으로 인해 자세히 알 길이 없다.

남전원인의 유골은 1964년 섬서성 남전현 공왕령公王嶺에서 발견
되었다. 남전원인은 약 60만 년 이전에 살았던 것으로 추정되고 있
다. 앞 이마가 낮고 평평하며 눈썹뼈가 거칠고 크게 솟아난 이들 남
전원인은 중국 땅에 나타난 최초의 직립원인이었다. 이는 지금까지

발견된 동북아시아 최초의 직립원인이기도 하다. 직립을 했다는 점
에서 이들이야말로 동북아시아에서 출현한 최초의 인간이었던 셈이
다. 이들은 거친 타제석기로 수렵생활을 영위하면서 불을 사용했다.

북경원인의 유골은 1929년 북경 서남쪽 주구점周口店의 동굴 속에
서 발견되었다. 북경원인은 약 40–50만 년 전에 나타나 각종 석제무
기를 제작하여 사냥에 종사하고 불을 사용했다. 이들은 이미 조약돌
과 석영 등으로 마름모꼴의 돌파편을 만들어 무기와 생산도구로 사
용했다. 석회암의 동굴에 기거하면서 나무를 연료로 사용해 음식물
을 익혀 먹은 이들은 구석기 전기의 특징인 수렵과 불의 사용을 고
고학적으로 입증해 준 셈이다. 일부 중국 학자는 이들이 현대 중국인
의 조상이라고 주장하고 있으나 이는 설득력이 약하다. 현생 인류의
유전자 분석결과 10여 만 년 전에 아프리카에 출현한 공통 조상에서
각 민족이 분화되었다는 것이 세계 고고인류학계의 정설이다.

구석기 중기는 기원전 15만 년–5만 년 사이에 나타났다. 이 시기
에는 구석기 전기의 원인들을 대신해 고인古人들이 출현했다. 고인의
대표적인 유골로는 1958년 광동성 소관시紹關市 마패향馬壩鄕에서 출
토된 마패인을 들 수 있다. 이들 고인들은 석기의 가공과 사냥기술
등에서 원인보다 훨씬 뛰어난 면모를 보여주었다. 그러나 아직 체질
이나 뇌의 크기 등에서 원인과 큰 차이가 없었다.

구석기 중기의 마지막 시기인 5만 년 전에 고인을 대신해 신인新人
이 등장했다. 신인의 대표적인 유골로는 1954년 양분현襄汾縣 정촌丁村
에서 발굴된 정촌인을 들 수 있다. 신인은 체질이나 뇌의 크기가 현
대인과 거의 동일할 정도로 크게 진화했다. 이들은 석기의 가공 등에

서 커다란 기술적 진보를 이뤘다. 이들 신인들은 고인과 달리 아름다움에 대한 미의식을 지니고 있었다.

구석기 후기는 대략 기원전 3만 년–1만 년 사이에 전개되었다. 이 시기의 대표적인 신인으로는 크게 하투인河套人과 산정동인山頂洞人, 기린산인麒麟山人, 유강인柳江人 등을 들 수 있다. 하투인의 유골은 몽골의 고비사막에 인접한 황하 상류의 오르도스 지역에서 발견돼 흔히 오르도스인으로 불리기도 한다. 하투인은 타제打製석기를 사용해 수렵을 했다. 그러나 하투인들이 한창 활동할 때 북중국의 기후가 일변했다. 추위가 다시 시작되고 몽골 고원에서 부는 세찬 바람으로 인해 다량의 흙먼지가 중국 북부를 덮기 시작했다. 이로 인해 중국 북부에 황토층이 넓게 형성되었다. 황토 퇴적이 끝날 즈음 다시 기후가 따뜻해지기 시작했다.

이때 중국 현생 인류의 조상으로 알려진 산정동인이 출현했다. 산정동인의 유골은 1933년과 1934년에 전개된 주구점 산정동 지역에 대한 발굴과정에서 출토되었다. 이들 산정동인은 하투인과 달리 마제磨製석기를 사용했다. 이들은 또 진흙을 구워 만든 토기를 사용했고, 활과 화살을 발명해 수렵에 사용했다. 이들 산정동인은 주로 강변에 정착해 살면서 취락을 형성하고 목축과 농경에 종사했다. 이들은 친족

'산정동인' 복원상

이 죽으면 매장하는 관습도 지니고 있었다.

산동정인의 유골이 출토될 당시 비슷한 시기에 생존한 기린산인의 유골이 중국 남쪽의 광서성 내빈현來賓縣 기린산麒麟山 동굴에서 발굴되었다. 비슷한 시기에 생존한 유강인의 유골은 광서성 유강柳江 유역의 동천東泉동굴에서 발굴되었다. 기린산인과 유강인 유골은 곰과 돼지 등의 동물뼈와 함께 출토되었으나 그들이 사용하던 도구는 발견되지 않았다. 이들이 과연 어떤 수준의 생활을 유지했는지는 정확히 알 길이 없다. 다만 인종적으로 볼 때 몽골인종과 닮은 점이 많아 대략 추운 지역에 살던 몽골인 계통의 거대한 집단이 기후가 따뜻한 중국 남쪽으로 이동해 정착한 것으로 추정되고 있다.

중국 역시 유럽과 마찬가지로 구석기시대와 신석기시대의 과도기인 중석기시대가 존재했다. 중석기시대의 특징은 가늘고 정교하게 다듬은 세석기細石器에 있다. 세석기는 우리나라의 선사문화와 밀접한 관련이 있는 것이기도 하다. 중국에서 확인된 중석기시대의 유적지는 내몽골과 영하寧夏, 신강新疆 등 여러 지역에 산재하고 있다. 이중 대표적인 유적지로는 섬서성 대려현大荔縣 부근의 사원沙苑 유적지를 들 수 있다.

사원 유적지는 1955년과 1965년 사이에 집중 발굴되었다. 한동안 사원 유적지에서 출토된 세석기의 기원을 놓고 유럽과 시베리아, 몽골 등지에서 유입된 것으로 보는 견해가 유력했다. 그러나 현재는 세석기의 가공기술이 주구점까지 연결되고 있는 점 등에 주목해 중국 자체 내에서 그 기원을 찾는 견해가 설득력을 얻고 있다. 이는 한반도에 유입된 세석기 문화와 밀접한 관련이 있다. 종래 중국 학계에서는 중국의 북부와 동북부 변경지대에서 발견된 독특한 문화유형을 세석기 문화로 묶어서 취급해 왔다. 그러나 최근 이들 지역에 대한 집중적인 연구결과 이들 지역의 문화유형을 여타 지역의 세석기문화와 하나로 묶어서 파악하는 것은 문제가 있다는 인식이 널리 확산되고 있다.

중국문명의 원형이 된 신석기시대는 대략 기원전 6천 년~2천 년 사이에 전개되었다. 중국 학자들은 신석기시대의 중요한 징표로 도기의 출현과 농경의 시작을 들고 있다. 인류는 이 시기에 들어와 농업생산에 종사하며 정착생활을 시작하고 야생동물을 가축으로 사육함으로써 비교적 안정된 음식물 공급원을 확보케 되었다. 인류는 이 때 비로소 도기와 방직 등의 수공업 생산에 종사케 되었다. 신석기시대 전기에는 씨족집단이 날로 확대되어 대규모 촌락을 세우게 되었고 종교의식이 널리 행해졌다. 신석기시대 후기에는 씨족집단이 부족단위로 확대되면서 각 부족마다 독특한 문화를 만들어내기 시작했다. 이는 본격적인 문명시대의 개막을 알리는 중요한 징표이기도 했다.

신석기시대 초기에 마지막 빙하가 후퇴하면서 자연환경이 크게 변했다. 이에 인구가 갑자기 증가하자 식량조달 문제가 시급한 과제로 등장했다. 이는 수렵과 채취 등을 통한 기존의 식량조달 방법으로는 해결이 불가능한 것이기도 했다. 중국 내에 살던 신인들은 결국 이 문제를 성공적으로 해결했다. 그 열쇠는 바로 농경農耕에 있었다. 이는 당시 황하유역의 기후가 오늘날보다 섭씨 2도 이상 높은 아열대 기후에 매우 가까웠던 사실과 무관치 않았다. 이같은 기후의 영향으로 집약적인 농경이 광범위하게 이뤄지게 되었다. 산기슭에 위치한 초지와 늪과 못으로 형성된 아열대 삼림지역은 대규모 개간을 가능케 했다. 한반도에 벼농사가 전래된 것도 바로 이때쯤으로 추정되고 있다.

신석기시대 문화유형의 특징은 마제석기와 도기의 출현에서 찾을 수 있다. 이는 식량의 채집에서 곡물의 재배 및 가축사육으로의 전환을 의미한다. 이 중 가장 주목되는 것은 수도작水稻作이다. 수도작 기술이 중국 남부에서 자생한 것인지 아니면 인도 등지에서 전파된 것인지는 아직 확실치 않다. 중국 내에서 수도작이 가장 먼저 나타난 곳은 장강유역이었다.

수도작 문화는 강북으로 전파돼 이후 은대문화의 형성과 발전에 깊은 영향을 주었을 것으로 추정되고 있다. 많은 학자들은 춘추시대 후반기에 오·월·초 3국이 중원의 제후국을 누르고 패자로 군림하게 된 것도 바로 수도작의 발달로 수많은 백성을 부양케 된 데 따른 것으로 보고 있다.

중국문명의 대표적 문화유형인 앙소문화 역시 비록 제한적이기는

신석기시대 · 백의채도발白衣彩陶鉢

앙소문화 · 선형채도호船形彩陶壺

했으나 수도작이 이뤄졌다. 앙소문화는 신석기시대 말기에 비로소
나타났다. 섬서성 서안시 반파半坡 유적지가 바로 앙소문화 초기의
중심지이다. 반파 유적지에서는 특이하게도 흙으로 구워 만든 악기
인 훈塤이 출토돼 관심을 모았다. 이를 토대로 당시 사람들이 이미
가무를 즐기면서 상당히 발전된 수준의 음악체계를 갖췄다는 주장
이 제기되기도 했다.

지난 20세기 후반 중국 전역에 걸친 대대적인 발굴을 통해 다양한
문화유적을 발견하기 이전까지만 해도 중국에서 가장 오래된 문화
는 채색 질그릇을 특징으로 하는 앙소문화인 것으로 간주되었다. 당
시 중국 학자들은 앙소문화의 시기를 신석기시대의 후기로 간주해
대략 기원전 2천 년 전후로 보았다.

그러나 이후 안양시의 후강유적後岡遺跡에 대한 발굴결과 앙소문화
와 용산문화, 상문화商文化가 차례로 발전한 사실을 확인케 되었다. 기
원전 2천 년은 중국인들이 오랫동안 가장 오래된 문명시대로 간주한
소위 요·순시대에 해당한다. 우리나라도 지난 1960년대 초기 이전
까지만 하더라도 단군檀君의 고조선 건국 연대를 기준으로 한 단기檀
紀를 쓴 적이 있었다. 당시 우리는 단군의 건국 기원을 기원전 2333년
으로 상정했다. 이는 중국인들이 요·순의 치세로 간주한 시기와 일
치했다.

고고학적으로 볼 때 중국 최초의 국가인 상商왕조는 기원전 17-
18세기에 건국되었을 것으로 추정되고 있다. 따라서 앙소문화를 기
원전 2천 년 전후로 상정할 경우 상문화에 앞서 존재했던 용산문화
는 사실상 끼어들 여지가 없게 된다. 중국 학계에서는 이를 규명키

위해 전국 각지에서 활발한 고고학적 발굴을 시도했다. 이에 1970년 이후 수백 개가 넘는 문화유적이 일시에 발굴되었다. 그 결과 뜻하지 않은 성과를 얻어냈다. 중국문명이 결코 황하를 중심으로 한 단일한 지역에서 발전되어 사방으로 유포된 것이 아니라는 사실이 드러난 것이다. 이에 따라 중국문명이 여러 지역에서 동시다발적으로 일어난 많은 문화유형이 융합되어 형성된 것이라는 주장이 설득력을 얻게 되었다.

그럼에도 종래 중국 학계에서는 용산문화가 앙소문화의 발전된 문화유형이라는 사실이 밝혀진 뒤에도 주변지역에서 발달한 여러 문화는 모두 앙소—용산—상문화로 연결되는 정통문화의 아류로 치부했다. 그 대표적인 학자가 바로 하버드대학의 장광직張廣直 교수였다. 그는 중국의 신석기문화를 앙소문화—용산식문화—용산문화로 규정한 뒤 앙소문화와 용산문화 이외의 모든 문화를 앙소문화와 용산문화의 중간에 존재한 '용산식문화'의 범주에 통째로 집어넣었다. 장교수는 무리하게도 중국 내 신석기문화의 기원과 발전을 황하를 중심으로 한 '일원적 발전설'로 해석코자 했던 것이다.

이와 달리 역사학자 부사년傅斯年은 소위 '이원적 발전설'에 입각해 앙소문화와 용산문화의 주인공을 각각 동이족東夷族과 화하족華夏族으로 상정하는 가설을 제시했다. 부사년의 이같은 주장은 비록 '일원적 발전론'보다 진일보한 견해이기는 했으나 중원문화를 중심으로 삼은 점만큼은 동일했다. 아직도 우리나라에서는 부사년의 이같은 주장을 잘못 해석한 나머지 그의 주장을 맹신하는 웃지 못할 일이 빚어지고 있다. 이는 부사년의 주장을 아전인수식으로 해석해 소위 동이족으로 불린 한반도의 먼 조상들이 중국문명의 원류에 해당하는 것으로 간주한 데 따른 것이다. 그러나 부사년이 말한 동이족은 한반도의 먼 조상을 지칭한 것이 아니다. 춘추전국시대까지 장강의 중하류 일대에 거주한 이민족을 통틀어 동이족이라고 했다. 한반도의 먼 조상들과는 거리가 먼 것이다.

장광직과 부사년의 이같은 주장은 무엇보다 부정확한 연대 추정과 제한된 발굴현황 등 학문 내적인 한계에서 비롯된 것이었다. 그러나 보다 근원적인 이유는 중국문명의 원형을 앙소문화와 용산문화로 설명코자 하는 중화주의적 선입견에 있었다. 이는 말할 것도 없이 전래의 화이관華夷觀에서 비롯된 것이다.

중원지역을 화하족이 사는 문명지역으로 전제한 뒤 여타 지역을 만이蠻夷들이 사는 지역으로 간주하는 화이관은 사실 일종의 도그마에 불과하다. 황하를 중심으로 중국문명이 개화되었다는 장광직 교수의 '중국문명의 일원적 발전설'도 이와 무관치 않다. 중국인들은 이미 청동기시대에 해당하는 춘추시대부터 화이관을 불변의 진리로 신봉했다. 『춘추좌전』과 『논어』등에서 쉽게 확인할 수 있는 중국 전래의 화이관은 황하를 중심으로 한 문명만이 고도로 발달한 문명이고 여타 지역의 문명은 조야粗野하기 그지없다는 편견에 기초한 것이었다. 고조선시대에 우리나라 고대문명의 원형에 해당하는 요동의 문화유형에서는 무기류 등에서 황하문명보다 훨씬 뛰어난 청동기문명을 이룬 바 있다.

사실 화이관으로는 중국 내의 다양한 지역에서 동시 다발적으로 이뤄진 다양한 문화유형의 특성을 제대로 이해할 수 없다. 앙소문화와 용산문화의 주인공을 각각 동이족과 화하족으로 추정한 부사년의 해석 역시 화이관에 입각한 비과학적 추론에 불과할 뿐이다. 앙소문화 주인공의 신체적 특징이 대체로 현대 중국의 화북인에 접근했다는 결론 역시 선입견의 부산물이다. 이는 기본적으로 중원지역의 역사적 선진성에 대한 중국인의 고정관념에서 기인한 것이다.

중국문명의 원형은 결코 하남성 일대의 앙소-용산문화만으로 이뤄진 것이 아니었다. 은왕조가 출현하는 배경이 된 용산문화 역시 결코 다른 지역의 문화유형에 비해 크게 뛰어났던 것도 아니었다. 이는 각 지역의 신석기문화가 거의 동시 다발적으로 일어났다는 것을 뜻한다. 중국 내 각 지역의 신석기문화는 각기 독특한 성격을 띠고 있었다. 이들 지역에 대한 대대적인 발굴은 황화를 중심으로 중국문명이 시작되었다는 종래의 '일원적 발전설'과 '이원적 발전설'의 존립기반을 송두리째 허무는 단초를 열었다.

종래의 왜곡된 주장을 일거에 무너뜨리게 된 것은 1970년대 이후의 발굴과정에서 산동반도와 강소성, 안휘성 북부에 앙소문화와는 전혀 다른 유형의 대문구문화大汶口文化가 존재한 사실이 확인되면서부터였다. 기원전 4천5백 년까지 소급되는 대문구문화에서는 황하유역의 잦은 한발旱魃에 강한 조를 주로 경작했다. 농구로는 돌삽과 사슴뿔로 만든 호미 등이 있었고 도기와 옥기, 골기 등의 수공업이 비교적 일찍부터 발달했다. 대문구문화 말기에는 부장품과 같이 빈부의 격차를 보여주는 징표가 뚜렷이 나타나고 있어 이때 이미 원시씨족사회의 해체가 급속히 진행되고 있었음을 시사하고 있다.

이로 인해 적어도 화북지역의 신석기문화만큼은 결코 앙소문화에 기초한 '일원적 발전설'로는 그 면모를 정확히 알 수 없다는 사실이 분명해졌다. 이후 대대적인 발굴을 통해 수많은 지역에서 다양한 유형의 여러 신석기문화가 동시에 발견되었다. 이들 문화는 해당지역의 구석기 후기 문화를 모태로 하여 독자적으로 발전했을 뿐만 아니라 그 수준 역시 중원의 신석기문화에 비해 결코 뒤지지 않았다. 이에 '일원적 발전설'을 고집한 중국의 학자들도 결국은 기원과 계통이 다른 복수의 신석기문화군이 동시에 존재했다는 엄연한 사실을 인정치 않을 수 없게 되었다.

굴가령屈家嶺문화 · 채도호

고고학자 소병기蘇秉琦는 앙소문화의 후반기에는 오히려 동방의 대문구문화 등이 앙소문화에 커다란 영향을 끼쳤다는 주장을 내놓았다. 이는 종래의 주장과는 정반대되는 것이었다. 그는 '일원적 발전설'과 '이원적 발전설'을 모두 배격하면서 각 지역별 문화유형의 독자적 생성 및 상호 영향을 통한 발전을 골자로 하는 소위 '다원적 발전설'을 제창하고 나섰다. 이를 계기로 중국에서는 신석기문화의 '다원적 발전설'이 대세를 이루게 되었다.

'다원적 발전설'의 출현으로 항상 창조적이고 선진적인 중원문화가 먼저 존재했고, 주변문화는 그 영향을 받아 생성되었다는 전래의 도식적 해석은 소수설로 전락했다. 현재 중국 학계에서는 기원과 계통이 다른 여러 문화유형이 복수적으로 존재했고, 이같이 다양한 문화유형이 병행발전하면서 상호 영향을 미치는 가운데 중국문명의 원형이 만들어졌다는 주장이 주류를 이루고 있다. 실제로 학자들의 연구결과 중국 최초의 왕조인 상왕조가 등장할 당시 이들 여러 문화가 독자적인 발전을 이루면서 상호 영향을 미친 사실이 거듭 확인되고 있다.

중국 내에서 발견된 신석기시대의 문화유형을 간략히 살펴보면 이를 보다 분명히 알 수 있다. 현재 중국 남부 해안지역에서 발굴된 대분갱문화大坌坑文化와 황하 중류유역의 배리강문화裴李崗文化 및 자산문화磁山文化 등이 가장 오래된 것으로 알려져 있다. 이들 문

배리강문화 · 각부석병형기刻符石柄形器

화는 대략 기원전 6천 년 전후에 나타난 것으로 추정되고 있다.

양자강 하류의 하모도문화河姆渡文化와 마가빈문화馬家濱文化, 심양의 신락문화新樂文化, 산동성의 북신문화北辛文化 등은 기원전 5천 년 전후로 추정되고 있다. 하모도문화의 골기骨器는 그 제작수준이 매우 높아 뼈칼과 뼈비녀 위에 무늬를 장식한 것도 있다. 이 유적지에서 발견된 곡식의 낱알은 중국 최초의 곡물로 세계에서 가장 오래된 인공재배 벼로 인정받고 있다.

이들 각 지역의 문화유형은 신석기시대 후기는 물론 청동기시대까지 독자적인 문화유형으로 발전해 나갔다. 산동지역의 북신문화는 대문구문화를 거쳐 산동용산문화山東龍山文化로 이어졌다. 양자강 하류의 하모도문화와 마가빈문화는 양저문화良渚文化로 전개되었다. 강소성과 안휘성 일대의 청련강문화靑蓮崗文化와 절강성 일대의 굴가령문

화岣家嶺文化, 회하 일대의 호열문화湖熱文化, 요하와 시라무렌강 유역의 부하문하富河文化 등도 신석기 전기의 문화양식이 독자적인 발전을 거듭해 이뤄진 문화유형임이 확인되었다.

내몽골 일대에 나타난 소하연문화小河沿文化도 신석기 전기의 홍산문화紅山文化를 계승해 청동기문화인 풍하문화豊下文化로 연결된 사실이 확인되었다. 풍하문화의 시기에는 이미 돌로 만든 성이 보편화되었다. 풍하문화는 기원전 2천 년 전후로 추정되고 있다. 이는 역사학적으로 볼 때 중국 최초의 왕조인 은왕조의 건국시기와 대체로 일치하고 있어 주목된다.

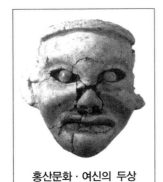

홍산문화 · 여신의 두상

홍산문화 ·
벽옥碧玉으로 만든 용

한반도와 가장 밀접한 관련이 있는 요동반도에서는 용산문화의 색채가 짙은 쌍타자문화雙砣子文化가 발견되었다. 쌍자타문화는 토착문화의 바탕 위에서 산동용산문화의 영향을 수용한 것으로 추정되고 있다. 이 문화는 대략 기원전 2천5백−1천3백 년 사이로 추정되고 있다. 길림성과 흑룡강성 지역에서도 기원전 4천 년이 넘는 많은 문화유적이 발굴되었으나 이 지역에 대한 발굴조사는 다른 지역에 비해 아직 상대적으로 취약한 실정이다. 이 지역에 대한 보다 심도 있는 조사가 전개되면 한반도의 고대 문화유형에 대한 보다 심도 있는 연구가 가능해질 것이다.

중국 내의 여러 문화유형 중 후대에 중국민족의 형성과 문화발전에 가장 큰 영향을 미친 것은 말할 것도 없이 앙소문화와 용산문화이다. 중국문명의 원형을 알기 위해서는 반드시 앙소문화와 용산문화의 특징을 개략적이나마 확인하지 않으면 안 된다. 현재 중국 내에서는 약 6백 개 이상의 신석기시대의 유적지가 발견되면서 앙소문화의 정체가 보다 선명히 드러나 있다.

앙소문화는 지역적으로 섬서성과 하남성, 산서성, 하북성 남부, 감숙성 등지에 걸쳐 있다. 앙소인은 몽골인종으로 중국 남부의 화남인華南人과 아주 유사하고 화북인 및 중앙아시아인 계통과는 상당한 거리가 있다. 이는 화북인이 북방 유목민과의 동화과정을 통해 체질상의 변화가 일어났으나 화남인은 북방민족과 접촉이 적어 원래의 체질적 특징을 계속 유지한 데 따른 것으로 추정되고 있다.

앙소인은 중원에서 처음으로 농경을 시작한 농경민이었다. 이들은 수수와 조를 주곡으로 하는 소위 한지旱地농업을 발전시켰다. 이들의 농경방식은 숲을 불사르고 밭을 만들어 곡물을 심는 소위 화전경작火田耕作이었다. 이들은 한 장소에 일정 기간 거주한 후 자연환경이 좋은 다른 곳으로 옮겨가 정주하는 생활을 계속했다. 이는 화전경작에 의한 수확감퇴 현상으로 인한 것이었다.

경작기구로는 마제의 돌도끼와 돌호미, 돌삽, 뼈삽, 돌가래, 제초용 돌낫 등을 사용했다. 토기 중에는 곡물을 찌는 데 사용하는 시루와 음식을 삶는 데 쓰는 솥, 곡식을 대량으로 저장할 수 있는 대형 항아리, 종자를 보존하는 용기 등이 많았다. 앙소인은 농경 이외에도 가축을 기르며 수렵과 채집에도 종사했다.

앙소인의 취락은 대개 강가의 언덕 등 비교적 강변의 높은 지역에 위치했다. 주거는 반지하의 수혈식堅穴式 건물이었다. 이들 건물은 대개 짚을 섞은 진흙과 나무로 지어졌다. 주거지 부근에는 물건과 곡식을 저장했던 저장굴도 있었다. 일반 건물은 모두 일정한 규격으로 만들어져 한곳에 밀집되어 있었다. 각 건물의 문은 주거지의 중앙에 있는 큰 건물을 향해 있었다. 이 중앙의 큰 건물은 씨족 내지 부족 구성원의 공동 활동장으로 추정되고 있다.

택지 주위에는 5－6m 깊이의 도랑이 있었다. 이는 맹수나 다른 부족의 침입을 막기 위한 방어구防禦溝로 추정되고 있다. 앙소인의 부락은 지역과 시대에 따라 커다란 차이가 있으나 대개 20여 채에서 1백여 채의 건물로 구성되어 있었다. 일반 집들의 평균면적은 대략 6－7평 가량이었다. 각 부락에는 부락의 크기에 따라 수십 명에서 수백여 명 이상이 거주했을 것으로 추정되고 있다.

앙소인은 죽은 사람을 모두 씨족 공동묘지에 묻었다. 매장법은 현대와 같이 시신을 곧게 펴 매장하는 소위 신전앙와장伸展仰臥葬이었다. 그러나 일부 묘에는 집단매장의 흔적이 뚜렷하게 남아 있다. 어린아이는 옹관에 넣어 주거지 부근에 묻기도 했다. 앙소인들은 죽은 사람이 생전에 사용했던 일상용구와 생산공구 등을 부장품으로 매장했다. 이들은 부락 내의 공공건물과 씨족의 공동묘지 등을 통해 강한 공동체 의식을 공유했을 것으로 짐작된다.

앙소인은 토기를 대개 손으로 빚어 만들었으나 후기에는 회전반을 사용했다. 일부 토기에는 여러 형태의 무늬가 규칙적으로 나열되고 있어 주목을 받고 있다. 이는 부호문자의 일종인 각문刻文으로 추정되고 있다. 앙소인은 토기 이외에도 일상생활 공구로 뼈나 뿔 등을 이용해 낚시바늘과 화살촉, 송곳, 괭이 등을 만들어 사용했다. 이밖에도 귀걸이와 목걸이, 구슬 등을 만들어 치장했다.

특기할 것으로는 당시 앙소인들이 매우 정교한 수준의 음악체계를 이미 갖추고 있었다는 점이다. 이는 앙소문화의 유적지인 하남성무양가호舞陽賈湖 신석기 유적에서 10여 점의 뼈피리가 출토되면서 확인되었다. 이들 뼈피리에는 모두 7개의 구멍이 뚫려 있고 구멍 옆에는 또 음을 조절할 수 있는 작은 구멍이 나 있었다. 이는 당시 이미 제작자들이 명확한 음률의식을 갖고 있었던 것은 물론 7성七聲의 음계가 널리 연주되었음을 짐작케 해준다.

이같은 문화양상은 당시 앙소문화가 이미 부족사회로 진입했음을 의미한다. 그러나 후기로 오면서 사회성격에 커다란 변화가 일어났다. 분업에 따른 사회적인 신분과 재산상의 빈부 차이가 현저하게 나타나고, 부족들 사이에 전쟁이 일어나고, 신과 인간 사이의 매개자로서 점치는 사람이 출현하고, 조직적인 장거리 교역이 이뤄졌다. 이것이 바로 부족사회 다음 단계에 나타나는 소위 추방사회酋邦社會 : Chiefdom Society이다.

추방사회는 황하 중류유역의 앙소문화권에서 가장 먼저 일어났다. 추방사회로 진입한 단계의 문화가 바로 용산문화龍山文化이다. 용산문화는 기원전 2천3백 년 전에 서쪽의 섬서성에서 시작해 점차 동쪽으로 확대되면서 마침내 산동성 지역에서 절정에 달하게 되었다. 용산문화는 문화유형의 특징에 따라 크게 하남용산문화河南龍山文化, 섬서용산문화陝西龍山文化, 산동용산문화山東龍山文化로 3분된다.

하남용산문화에서는 전쟁의 희생자로 보이는 유골이 확인되었다.

창원滄源 무도목방전쟁도

섬서용산문화에서는 무더기로 버려진 유골이 발굴돼 집단매장의 가능성을 짐작케 해준다. 용산문화가 절정을 이룬 산동용산문화는 산동성 일대에서 독자적으로 발전해 온 대문구문화에 앙소문화가 결합해 만들어진 것이다. 당시 산동성의 대문구문화는 이미 산동용산문화로 이행되기 전에 추방사회의 단계로 넘어가 있었다. 이는 대문구문화의 유적에서 발굴된 성터를 통해 쉽게 추정할 수 있다. 그러나 산동용산문화에서는 하남용산문화와 섬서용산문화에서 보이는 역鬲:세발솥과 가斝:세발술통, 증甑:시루 등이 전혀 발견되지 않고 있다. 이는 산동지역의 토착문화인 대문구문화가 산동용산문화로 이행되면서 그 문화적 전통을 강하게 유지한 결과로 추정되고 있다.

용산인의 주곡은 여전히 수수와 조였으나 이미 벼농사가 광범위한 지역에서 이뤄지고 있었다. 농경방식은 앙소문화와 마찬가지로 풀과 나무 등을 불태운 후 돌괭이와 호미, 삽 등으로 밭을 일구는 화전경작이었다. 농기구 역시 그 이전과 다름 없이 돌도끼와 돌호미, 돌괭이, 돌삽 등이 주를 이뤘다. 그러나 이때 새로운 농기구로 뼈로 만든 삽과 나무로 만든 보습 등이 처음으로 등장했다. 이는 이 시기에 보다 많은 곡물의 수확이 이루어졌음을 시사하고 있다. 용산문화 시기에는 광택이 나는 흑색토기와 두께가 매우 얇은 토기가 대량 생산되었다. 이는 용산문화 시기에 토기제작이 전문화되었음을 의미한다.

용산인의 주거지 역시 앙소인과 마찬가지로 대개 짚을 섞은 진흙과 나무로 만들어진 반 수혈식 건물로 되어 있었다. 묘지는 주택지구에서 떨어진 곳에 위치했다. 남녀합장이 이뤄진 것으로 보아 당시 일부일처제가 시작되었음을 짐작할 수 있다. 묘지의 형태와 크기는 물론 부장품의 수와 종류 역시 매우 다양하게 나타나고 있다. 이는 당시에 이미 사유재산의 형성과 빈부의 차이가 존재했음을 의미한다. 중국 학계에서는 이때 이미 부계사회가 광범위하게 형성되었을 것으로 추정하고 있다.

학자들은 이 시기에 급속한 인구증가가 이뤄져 용산인들이 주변지역으로 팽창해 나간 것으로 추정하고 있다. 이는 황하유역과 장강 일대를 포함한 모든 중원지역에 방대한 농경지가 조성된 사실을 근거로 하고 있다. 광대한 중원지역이 농경지로 변모했다는 것은 이미 이 시기에 상왕조 때 등장하는 방邦과 읍邑, 국國 등의 성읍城邑도시의 기틀이 마련되었음을 의미한다.

대부분의 학자들은 역사시대 이래 세계에서 가장 많은 인구가 중국에 지속적으로 존재한 것으로 추정하고 있다. 대략 그 기원을 신석기시대로까지 소급해도 크게 틀리지 않을 것이다. 중국이 세계에서 가장 많은 인구를 보유케 된 것은 신석기시대부터 집약적인 농경을 통해 식량문제를 성공적으로 해결한 사실과 무관할 수 없다. 중국문명의 기원과 특징을 농경문화에서 찾아야만 하는 이유가 바로 여기에

묘저구廟底溝
둥근 날개와 둥근 점 문양의 채도분彩淘盆

있다. 그만큼 중국의 농경문화는 매우 빠른 시기에 성공적으로 이뤄졌다. 이는 서양문명이 수렵사회를 근간으로 하여 발전한 것과 뚜렷한 대조를 이루고 있다.

중국은 여러 가지 면에서 농경에 유리했다. 광대하고도 비옥한 토지와 풍부한 수량, 막대한 노동력이 집약적이면서도 규모가 큰 농경을 가능케 했다. 중국문명의 특징을 집약적인 농경문화에서 찾는 접근방식은 지금도 유효하다. 장차 중국이 고도 산업국가로 변모할지라도 이같은 접근방식은 계속 유효할 것이다. 이는 신석기시대에 시작된 집약적 농경문화의 특징이 수천 년간에 걸쳐 더욱 더 정교하게 다듬어지면서 중국인의 사고와 생활양식 등을 규정하는 문화인자가 되었다는 사실에 근거한 것이다.

집약적 농경문화는 정주定住를 전제로 한 수많은 부족사회의 존재가 있기에 가능했다. 정주생활에 기초한 부족사회의 출현은 사람들의 생활양식은 말할 것도 없고 모든 사유체계를 근원적으로 변화시켰다. 수렵과 채취 등으로 떠돌이 생활을 했던 그 이전의 사람들은 늘 식량문제로 고심해야만 했다. 떠돌이 생활은 변화무쌍한 자연현상을 차분하게 관찰할 기회를 박탈한다. 이는 샤마니즘을 비롯한 일체의 종교가 수렵 및 유목생활을 영위한 민족에게서 특징적으로 나타난 사실을 보면 쉽게 짐작할 수 있다.

일찍이 영국의 사상가 토마스 칼라일은『영웅숭배론』에서 서양의 영웅숭배 전통을 수렵사회狩獵社會의 전통에서 찾은 바 있다. 수렵사회에서는 많은 포획물을 거두어 부중에게 나눠줄 수 있는 지혜롭고 유능한 자가 곧 영웅이 되었고, 그같은 전통이 훗날 영웅숭배의 기원이 되었다는 것이 그의 주장이다. 칼라일의 이같은 주장은 서양의 영웅숭배 전통을 수렵사회의 전통에서 찾아냈다는 점에서 크게 주목할 만하다. 서양의 근대국가 성립과정에서 이론적 기반을 제시했던 로크와 루소 등이 하나같이 배분된 포획물의 지분과 유사한 '사유재산권'을 극도로 중시한 것도 서양 전래의 이같은 전통과 무관치 않다.

영웅숭배의 전통은 서양문명의 가장 큰 특징 중 하나로 거론되고 있는 유신론有神論의 전통과 밀접한 관련을 맺고 있다. 특히 유일신을 내세우는 기독교 사상이 뿌리 깊은 유신론의 전통에 흡수되면서 영웅숭배 전통은 더욱 강화되었다. 『성경』에는 핍박받는 이스라엘 민족을 이집트에서 가나안으로 이끌고 가는 모세의 모습이 영웅적으로 그려져 있다. 거인 골리앗을 쳐부순 다윗과 뛰어난 지혜로 적들을 굴복시킨 솔로몬의 행보 또한 장중하게 묘사되어 있다. 서양인은 바로 『성경』에 묘사된 이같은 인물들을 통해 초인적인 영웅에 대한 숭배의식을 자연스럽게 키웠을 것이다.

그러나 농경사회의 전통을 지닌 중국문명은 이와 대조적이다. 농경사회에서는 씨 뿌리고 수확하는 시기를 정하고 기상의 변화를 정확히 예측하지 않으면 안 된다. 이를 위해서는 많은 경험과 지식이 축적된 노인의 지혜와 기상변화 등에 대한 누적된 기록이 필요할 수밖에 없다. 가공할 만한 천재지변조차 자연의 순환과정에 나타나는 특이현상으로 해석하는 합리적인 사고가 싹트게 된다. 이같은 농경문화의 배경 하에서는 공자가 갈파했듯이 결코 괴력난신怪力亂神의 위력을 두려워할 필요가 없다. 중국문명의 특징 중 하나로 거론되는 무신론無神論의 전통은 바로 이같은 농경문화의 특성에서 비롯된 것이다. 원로를 중시하는 전통 역시 같은 맥락에서 이해할 수 있을 것이다.

과거 중국에서 성인으로 일컬어지는 요堯, 순舜, 우禹, 탕湯은 『성경』에 나오는 모세 및 솔로몬 등과 달리 오직 높은 품덕과 경륜으로 민심을 끌어모아 천하를 다스린 사람으로 묘사돼 있다. 주무왕周武王은 사실 강력한 무력을 바탕으로 은나라를 뒤엎고 주나라를 세웠음에도 불구하고 자신은 천명天命을 좇았을 뿐이라고 주장했다. 주무왕 역시 그의 부친 주문왕周文王과 더불어 오직 덕성만으로 천하를 차지한 인물로 미화되었다. 이를 통해 알 수 있듯이 이들 모두 결코 초인적인 능력을 지닌 자들이 아니었다. 농경문화에서는 서양의 수렵 및 유목문화와 달리 초인적인 능력을 지닌 영웅이 결코 필요치 않았던 것이다.

집약적인 농경을 성공적으로 이끌기 위해서는 초인적인 능력을 지닌 영웅보다 오히려 수많은 노동력을 하나로 집약시킬 수 있는 경륜 있는 인물이 필요하다. 이기적이면서도 세태의 변화에 따라 반복무상反覆無常하는 인심을 헤아리고 개인들 간의 갈등을 잘 조화시킬 수 있는 사람은 경륜을 지닌 원로일 수밖에 없다. 오랜 세월을 살면서 무상하기 그지없는 인심을 관조의 눈으로 포용할 수 있는 원로만이 넓은 아량과 뛰어난 중재력으로 많은 사람들을 집약적인 농경에 동원할 수 있다. 중국문명에서는 합리적이면서도 지혜로운 처신으로 민심을 수습한 인물이 제왕의 재목으로 칭송된 적은 있어도 결코 홍해 바다를 지팡이로 가르는 모세류의 초인적인 영웅이 숭배된 적이 없었다.

중국문명에서는 농경이 시작되는 신석기시대부터 천지만물의 소장消長 및 운행運行에 부응하는 자연과의 합일을 강조했다. 이것이 바로 응천應天의 무신론적 통치사상을 발전시킨 배경이 되었다. 경륜 있는 원로에 대한 존경은 곧 과거의 경험을 소중히 여기는 풍조를 낳고, 이는 곧 역사歷史에 대한 두려움과 존중으로 이어졌다. 이미 기원전 수천 년 전부터 합리적 이성과 역사에 대한 두려움에 기초하여 개개 사안 및 인물들에 대해 포폄褒貶을 가하는 소위 '춘추필법春秋筆法'이 등장케 된 것도 이와 무관치 않았다. 이는 서양문명에서는 전혀 찾아볼 수 없는 중국문명의 특징이자 장점이기도 했다.

농경문화에서는 역사적 경험과 합리적 이성에 반하는 일체의 배리背理는 배척받을 수밖에 없다. 이는 독신瀆神을 가장 두려워하는 서양문명과 좋은 대조를 이루고 있다. 서양은 무려 1천 년간에 달하는 신정神政을 경험한 뒤 뒤늦게 16세기 전후에 들어와 인간의 이성에 눈을 뜨고 르네상스를 맞이했다. 서양이 산업혁명 이후 지금에 이르기까지 눈부신 물질문명을 이뤘음에도 불구하고 '독신'의 공포에서 벗어나지 못하는 것은 서양문명의 뿌리가 수렵 및 유목문화에 얼마나 깊이 착근着根해 있는지를 웅변적으로 보여주는 것이다. 니체가 비록 '신은 죽었다'고 선언했으면서도 또 다른 유형의 신인 '초인超人'을 상정한 것은 서양인들에게 '독신'이 얼마나 두려운 공포인지를 잘 보여주고 있다. 서양이 근대국가를 형성하기 이전에 수백 년간에 걸쳐 처절한 종교전쟁을 치른 것도 이와 무관치 않다.

이슬람 국가는 지금도 신정통치를 가장 이상적인 통치로 생각하고 있다. 대표적인 나라가 바로 이란이다. 이란은 이슬람 율법자만이 대통령에 출마할 수 있도록 하는 신정국가를 지향하고 있다. 성聖과 속俗을 하나로 합치는 소위 '성속일여聖俗一如'의 종교국가를 만들고 자 하는 것이다.

물론 중국문명권 내에서도 한때 일부 군주들이 불교에 탐닉한 나머지 성속일여의 불국토佛國土를 만들고자 시도한 적이 있었다. 그러나 이들은 결코 무력을 동원해 이를 억지로 만들고자 하지는 않았다. 이들은 스스로의 수행을 통해 불법을 실천하는 소위 법왕法王이 되어 대자무비大慈無比의 덕정을 베풀고자 했을 뿐이다. 이는 사실 전래의 덕치德治이념을 불교적으로 윤색한 것이었다. 중국문명권 내에서는 결코 자신들이 그리는 신정국가를 현실세계에 실현키 위해 이교도에게 자신들의 신앙체계를 강요하는 종교전쟁을 일으킨 적도 없고, 그럴 필요도 없었다.

중국문명의 원형을 형성한 농경문화는 초기만 하더라도 모계사회의 성격이 짙었다. 그러나 대략 기원전 5천여 년경에 부계사회로 전환하면서 사유재산에 따른 빈부의 형성과 사회적 신분에 따른 계층의 분화가 촉진되었다. 성선설性善說에 입각한 루소가 『사회계약론』에서 인류의 평화로운 원시 자연상태가 불평등사회로 진행된 것으로 간주한 시점이 바로 이 시기에 해당할 것이다.

불평등의 기원에 관한 루소의 이같은 견해는 성악설性惡說에 입각한 토마스 홉스의 견해와 대비된다. 홉스는 '만인에 대한 만인의 투쟁'을 언급하며 인류의 원시 자연상태를 가장 악한 것으로 간주한 바 있다. 18세기 계몽주의 시대에 활약한 루소가 구체적으로 노자老

子와 장자莊子로 대표되는 도가道家사상의 영향을 받았는지 여부는 알
길이 없다. 그러나 사실 그의 주장은 노장사상의 복사판에 해당한다.
홉스의 경우 역시 한비자韓非子로 대표되는 법가法家의 주장을 그대로
옮겨놓은 듯한 느낌을 주고 있다.

루소, 홉스와 달리 모든 인간은 태어날 때 아무런 글자가 쓰여져
있지 않은 석판石板, 즉 '타불라 라사Tabula Rasa'와 같이 순수하다고
주장한 로크의 주장은 일종의 무선무악설無善無惡說에 해당한다. 이는
후천적인 예교禮敎에 의해 인간의 선악이 갈리게 된다고 주장한 순자
의 유선유악설有善有惡說과 흡사하다. 18세기에 나타난 서양의 이들 3
대 사회계약론자들은 서양에서 나타난 근대국가의 이념적 기틀을
마련한 인물들이다.

이들이 국가 및 통치권력의 기원과 관련해 사회계약을 주장한 것
은 전적으로 서양적 전통을 토대로 한 것이다. 서양은 이미 수천 년
전부터 사인 간의 계약관계를 공적인 계약관계로까지 확대적용한
특이한 역사를 갖고 있다. 이는 통치자의 높은 경륜과 도덕적 품성으
로 공적인 관계는 물론 사인 간의 관계까지 규율코자 한 중국문명과
대비된다. 노자는 『도덕경』 78장에서 이같이 주장한 바 있다.

| 성인은 좌계(左契)를 갖고 남을 책망하지 않는다.

여기의 '성인'은 통치자를 말한다. '좌계'는 채권자가 갖고 있는
계약서의 왼쪽 반을 의미한다. 이를 두고 『도덕경』의 최고 주석가인
삼국시대 위나라의 왕필王弼은 '계약서로 인해 사람의 원망을 받지

않도록 미리 방비한다'고 해석했다. 노자가 '좌계'를 언급한 것은 사람들이 서로를 믿지 못하고 계약서를 작성케 된 것을 책망키 위한 것이다. 노자가 언급한 통치자는 만물을 있는 그대로 포용할 수 있는 자를 말한다. 모든 인위적인 잣대에 의한 편견을 버리고 사물을 있는 그대로 바라볼 수 있을 때 사물이 내재하고 있는 본연의 모습을 인지할 수 있다는 것이 노자의 주장이다. 노자는 '겸하謙下'의 통치술을 통해 이를 터득할 것을 권고했다. 통치자는 설사 좌계와 우계右契가 맞지 않을지라도 이를 억지로 맞추려 하거나 상대방을 책하지 말아야 한다는 것이다. 이는 달리 말해 '관용의 정신'을 뜻한다.

중국문명에서는 공적인 관계는 말할 것도 없고 사적인 관계 역시 통치자의 높은 경륜과 도덕적인 품성에 기초한 인치人治로 해결코자 했다. 중국문명에서 공법체계를 극히 정치精緻하게 발전시켜 이를 개인 간의 사적인 관계에까지 확대적용코자 한 것도 바로 이때문이었다. 이는 사적인 관계에 적용되는 계약을 공적인 관계로 확대적용코자 했던 서양과 극명한 대조를 이루고 있다. 루소 등이 국가 및 통치권력의 기원과 관련해 '사회계약설'을 주창한 것은 바로 서양문명의 이같은 전통에서 비롯된 것이다.

홉스와 로크, 루소는 원시상태에 대한 해석상의 이견에도 불구하고 국가성립의 기원과 관련해서는 동일한 입장에 서 있다. 이들은 백성들이 무질서와 혼란을 극복키 위해 국가를 만들고 통치권력을 형성케 되었다고 주장했다. 논지의 결과만을 놓고 볼 때 이는 노자 및 공자, 한비자 등의 주장과 별반 차이가 없다. 그러나 그 논리구성만큼은 전혀 다르다.

　　서양문명에서 사인 간의 권리權利를 공적인 관계로 확대시킨 이론적 귀결이 바로 주권主權 개념이다. 루소에 의해 처음으로 제창된 주권 개념은 '일반의지一般意志'라는 용어로 미화되어 있다. 그러나 그 기본 골자만큼은 사실 개개인의 '특수의지特殊意志'를 산술적으로 집적시켜 놓은 '전체의지全體意志'를 국가 차원에서 미화해 표현한 것에 불과하다. 서양문명이 유신론과 법치法治의 세계에 깊이 침잠케 된 것도 이와 무관치 않다.

　　그러나 중국문명에서는 국가의 기원과 관련해 백성들의 자발적인 권리위임 내지 양보에 의해 국가나 통치권력이 형성되는 것으로 보지 않았다. 그보다는 오히려 모든 사물들의 군집群集이 그렇듯이 자연스럽게 형성되는 것으로 보았다. 군집은 필연적으로 권력을 창출한다. 중국문명에서는 인간의 군집을 효율적으로 다스리기 위해서는 통치권력을 장악한 통치집단이 전체 백성들의 삶을 고양시키는 방향으로 권력을 운용해야만 한다고 생각했다. 이에 통치집단에게 높은 경륜과 도덕적 품성을 요구했다. 중국문명이 권리權利 대신 권력權力 문제를 깊이 천착한 이유가 바로 여기에 있다.

　　높은 경륜과 도덕적 품성을 지닌 통치자 집단이 발동하는 통치권력을 분석키 위한 이론적 도구가 바로 치도治道 개념이다. 치도 개념은 막강한 통치권력의 자율적이면서도 합리적인 발동을 위한 이론적 근거를 통치집단의 높은 경륜과 도덕적 품성에서 찾았다. 공자를 비조로 한 유가儒家 사상가들이 찾아낸 해답이 바로 '군자정치君子政治'였다. 중국문명이 개인 차원의 권리에 집요한 관심을 기울인 서양과 달리 국가 차원의 권력에 깊은 관심을 기울이게 된 것도 따지고 보면 신석기시대부터 형성된 유구한 농경문화의 소산이라고 할 수 있다.

이는 세계문명사에 볼 때 전무후무한 일이었다. 이집트문명과 메소포타미아문명, 인도문명에서도 농경문화가 존재하기는 했다. 그러나 이들 문명은 중국문명과 같이 고도로 집약적이면서도 지속적인 농경문화로 전개되지는 못했다. 이들 문명이 비록 가장 오래되고 장기간 지속된 문명임에도 불구하고 후대로까지 면면히 이어지지 못한 것도 집약적인 농경문화를 지속적으로 유지하지 못한 데 있다. 그러나 중국문명에서는 신기하게도 신석기시대에 형성된 농경문화의 특징이 21세기의 오늘날까지 그대로 유지되고 있다.

당초 19세기 중엽의 아편전쟁으로 인한 서양문명의 중국문명에 대한 충격은 이같은 전통에 일대 타격을 가했다. 이 충격의 여파는 21세기의 오늘날까지 지속되고 있다. 근 1세기가 넘게 지속되고 있는 이같은 충격은 사상사적으로 볼 때 불교가 유입되었을 때의 충격에 버금갈 만하다. 중국의 경우 당대唐代에 들어와 모든 사인士人들이 불교사상에 크게 심취했다. 이에 위기의식을 느낀 일군의 유자儒者들이 만들어낸 사상체계가 바로 남송대에 성립된 성리학性理學이다. 중국은 성리학의 탄생을 계기로 종교국가로 전환하지 않고 전래의 농경문화 전통을 계속 유지시킬 수 있었다.

현대의 중국인들이 장차 아편전쟁 이래 서양문명이 가한 충격을 과연 슬기롭게 극복해낼 수 있을지 여부는 미지수이다. 그러기 위해서는 서양문명의 상징인 자유민주주의 이념과 맑시즘의 한계를 뛰어넘는 새로운 통치이념을 만들어내야만 한다. 이는 21세기 중국문명의 영향권 내에 있는 지식인들의 과제이기도 하다. 물론 과거에 중국과 북한에서 소위 '마오이즘'과 '주체사상'으로 불리는 새로운 이념지표가 제시된 적이 있었다. 그러나 이는 이미 역사적으로 그 효용성을 상실한 맑시즘의 변용에 지나지 않았다.

아직까지 자유민주주의와 맑시즘을 뛰어넘어 동양 전래의 통치이념까지 아우르는 전세계적 21세기의 통치이념은 나타나지 않고 있다. 서양의 지식인들은 1세기 전에 슈펭글러가 『서구의 몰락』에서 얘기했듯이 맑시즘의 몰락을 지켜보고 자유민주주의의 한계를 뼈저리게 느끼면서도 제대로 된 해결책을 제시하지 못하고 있다. 이는 그들이 여전히 유신론과 법치의 한계에서 벗어나지 못하고 있는 사실과 무관치 않다.

서양의 지식인들은 아직 우주만물의 이치에 근거한 노자의 도치道治와 인의예지仁義禮智에 기초한 공자의 덕치德治이념을 제대로 이해하지 못하고 있다. 일찍이 노자는 신 대신에 천도天道를 거론하며 우주만물의 이치로 백성들을 다스릴 것을 주장한 바 있다. 공자 역시 법치로는 통치의 궁극적인 목적을 달성할 수 없다고 논파하면서 덕치의 중요성을 강조한 바 있다. 『도덕경』과 『논어』의 위대함이 바로 여기에 있다. 불후의 두 명저는 바로 집약적인 농경문화가 만들어낸 위대한 사상적 결실이기도 하다. 중국문명권에 살고 있는 우리는 동서고금을 하나로 꿰는 새로운 이념유형을 창출해 전인류를 사해동포四海同胞 내지 대동사회大同社會로 묶어내야만 하는 과제를 떠안고 있다. 이는 우리나라를 포함해 서양문명을 1세기 넘게 열심히 습득한 중국문명권의 지식인들만이 해결할 수 있는 것이다.

2
신화론
【신화형식을 빌린 전설이다】

천지는 도대체 어떻게 해서 생겨난 것일까. 인류는 어디에서 온 것일까. 우리는 지금 이를 연구하는 천문학자 및 고고인류학자 등의 도움으로 많을 것을 알 수 있게 되었다. 그러나 몇천 년 전의 고대인 들에게 이같은 질문을 던졌다면 대략 신화적 해석으로 이를 설명했 을 것이다. 고대인들은 왜 신화를 가지고 자연현상과 인류의 역사를 해석코자 했을까. 당시의 기준에서 볼 때 자연계와 인간생활의 각종 현상을 나름대로 설명하기 위해서는 최대한의 상상력을 발휘해 모 든 것을 의인화擬人化하여 설명하는 것 이상으로 좋은 방법이 없었을 것이다. 전세계의 모든 인류가 천지창조와 인류탄생에 관한 신화를 만들어낸 이유가 바로 여기에 있다. 중국 역시 예외가 아니었다.

중국이라는 드넓은 대지 위에 최초로 원모인이 등장한 이래 현재 까지 무려 170여 만 년의 시간이 흘렀다. 최초의 전설적 왕조인 하왕 조가 출현할 때까지 오랜 기간 동안 원시씨족사회가 지속되었다. 문자가 존재하지 않았던 당시에 신화는 자손 대대로 구전口傳될 수밖에 없었다. 중국 최고最古의 신화로 손꼽히는 '삼황오제'의 신화도 바로 이같은 과정을 통해 조탁彫琢된 것이다. 모든 나라의 신화가 그렇듯이 신화는 상고上古시대에 있었던 역사적 사실의 편린片鱗을 전해주고 있다.

대표적인 실례로 오랫동안 중국을 상징하는 문화양식으로 거론된 소위 '용봉문화龍鳳文化'를 들 수 있다. 용과 봉은 현실세계에 존재하지 않는 상상 속의 동물이다. 그렇다면 그같은 상상을 자극한 현실세계의 동물은 무엇이었을까. 장강長江과 회수淮水 일대에 서식한 악어와 새가 바로 그 정답이다.

당초 장강과 회수 일대에서 농경생활을 영위한 고대인들은 오랫동안 수해水害의 위협에 시달렸다. 특히 장강 중하류에 서식한 흉맹하기 그지없는 악어는 사람들 마음 속에 풍우와 풍랑을 만들어내는 괴수로 여겨졌다. 악어에 대한 두려움은 곧 외경심을 자아냈고, 마침내는 상상 속의 성물聖物로 형상화되었다. 용은 가장 일찍 수도작이 진행된 장강 및 회수 일대의 농경문화와 밀접한 관련을 맺고 있다.

봉의 기원은 상왕조의 건국신화에 등장하는 현조玄鳥에서 비롯되었다는 것이 신화학계의 통설이다. 현조는 농업생산 및 인류의 생식과 밀접한 관련이 있었다. 생산증대를 위해 필수적으로 요구된 인구의 증대를 갈구하던 시기에 강한 생식력은 선망의 대상이 아닐 수 없다. 강한 생식력의 상징으로 여겨진 현조가 상상 속의 성물인 봉으로 형상화된 것은 자연스런 것이기도 했다. 용봉문화는 곧 중국문명이 시작될 당시의 사람들이 어떤 사고를 하고 있었는지를 가늠케 해

주는 중요한 징표인 셈이다. 신화와 전설 속에서 역사적 실체를 찾아
내고자 하는 노력은 지금도 학계에서 꾸준히 진행되고 있다.

중국의 신화는 서양의 신화와 달리 겉모습만 신화일 뿐 사실 인간
의 애기를 기본으로 한 전설에 가깝다. 서양은 신화와 전설이 엄밀히
구분되고 있으나 중국문명에서는 그 경계가 애매하다. 중국문명에서
는 왜 이같은 현상이 나타난 것일까. 일찍이 루마니아 태생의 종교학
자 엘리아데M. Eliade : 1907–1986는 신화를 원시인류의 '성스러운 역사'
로 해석한 바 있다. 그는 현대에서조차 신화적 의미는 여전히 살아
있고, 계속 반복되고 있다고 주장한 바 있다.

사실 현대에도 뛰어난 인물에 대한 '살아 있는 신화'가 존재한다.
물론 '살아 있는 신화'는 '전설적인 인물'에 관한 애기를 격상시켜
말하는 것으로 순수한 의미의 신화는 아니다. 어찌 보면 '살아 있는
신화'라는 말 자체가 중국문명의 특징을 잘 보여준다고 할 수 있다.
실제로 중국문명권에 살았던 많은 사람들은 초기의 신화에 나오는
삼황오제三皇五帝와 요堯, 순舜, 우禹 등의 성군에 관한 애기를 실제로
존재했던 인간의 애기로 간주해 왔다.

원래 신화는 동서고금을 막론하고 인류의 선사시대先史時代에 대한
기억의 잔상殘像이다. 선사시대는 말 그대로 문자가 발명되고 기록이
시작되기 이전의 시대를 뜻한다. 고고학적으로 볼 때 이는 주로 신석
기시대를 지칭하는 말로 통용되고 있다. 역사시대는 인류의 삶을 기
록으로 남기게 된 이후의 시대를 말한다. 문자를 갖지 못한 원시인류
들은 자신들이 겪은 다양한 경험에 관한 기억을 신화로 발전시켜 나
갔다. 선사시대가 흔히 신화시대神話時代로 불리게 된 것도 바로 이때

문이다.

선사시대와 역사시대는 각 민족마다 상이할 수밖에 없다. 선사시대는 고고인류학적으로 볼 때 대략 1만 년 전의 신석기시대가 시작된 이래 수천 년 동안 계속돼 왔다. 중국의 경우는 기원전 2천년 전까지 선사시대가 지속되었다. 신석기 후기에 나타난 용산문화는 부계중심의 부족사회部族社會에서 추방사회酋邦社會로의 전환이 이뤄진 시기에 나타났다.

중국의 학자들은 중국 신화가 용산문화의 특징을 반영하고 있다는 데 별다른 이견을 달지 않고 있다. 광범위한 지역에서 농경문화를 이룩한 용산인들은 우주의 탄생과 인류의 출현 등에 대해 커다란 의문을 갖고 다양한 신화체계를 만들기 시작했다. 용산문화는 이같은 신화를 만들기에 적합한 모든 조건을 갖추고 있었다.

중국의 신화는 서양신화와 달리 비체계적이고 단편적이다. 이는 중국문명이 유신론의 세계와 괴리되어 있는 농경문화 위에 서 있었던 사실과 깊은 관련이 있다. 뛰어난 농경문화를 발전시킨 용산인들이 이동생활을 위주로 한 수렵 및 유목문화와 다른 신화체계를 갖게 된 것은 당연한 일로 보아야 할 것이다.

중국의 신화는 중국문명이 다양한 지역의 문화가 융합해 이뤄진 것과 마찬가지로 매우 다양한 부족의 신화가 뒤엉켜 있다. 신석기시대의 문화유형이 다양한 만큼이나 신화체계 역시 매우 복잡한 구조를 가지고 있는 것이다. 중국 신화에 대한 추적은 곧 중국의 선사시대인 신석기시대에 나타난 다양한 문화유적을 탐색하는 것이나 다름없다.

서양의 신화와 마찬가지로 중국의 신화 역시 천지창조 및 인류의 탄생에 관한 얘기를 갖고 있다. 원시 인류의 천지창조에 관한 궁금증은 현재까지도 논란의 대상이 되어 있는 데서 알 수 있듯이 결코 쉽게 해답을 찾을 수 있는 것이 아니다. 신석기시대에 존재한 지구상의 거의 모든 민족이 다양한 천지창조에 관한 신화를 갖게 된 것은 당연한 일이었다. 전국시대가 한창 진행 중인 기원전 3-4세기경 초나라의 시인 굴원屈原은

장족藏族 인류기원도
장족의 신화 전설에서 신후(신령스런 원숭이)는 인류의 선조다. 이 그림은 보살의 교화를 받은 후에 신후가 점점 사람으로 되어가는 전설을 표현한 것임.

『초사楚辭』「천문편天問篇」에서 천지창조에 관한 궁금증을 이같이 기술해 놓은 바 있다.

> 태고에 일어난 일을 누가 후세에 전한단 말인가
>
> 遂古之初 誰傳道之
>
> 천지가 형성되지 않았는데 어찌 헤아린단 말인가
>
> 上下未形 何由考之
>
> 명암이 갈리지 않았는데 누가 능히 안단 말인가
>
> 冥昭瞢暗 誰能極之
>
> 대기의 기운이 뒤섞였는데 어찌 가려낸단 말인가
>
> 馮翼惟象 何以識之

이는 말 그대로 굴원이 하늘에 대해 묻고 있는 것이다. 인류가 시작된 이래 가장 원초적인 질문이 바로 천지창조에 대한 질문이었을 것이다. 서양은 이를 창조주인 유일신 내지 절대신의 영역으로 치부해 더 이상 이에 대한 의문을 품지 않았다. 그러다가 비로소 르네상스 시대에 들어와 이를 이성적으로 접근하는 모습을 보였다. 그렇다면 중국문명에서는 이 근원적인 질문에 대한 해답을 어떻게 찾았을까.

중국문명에서는 일찍이 이를 '혼돈混沌 : Chaos'의 개념으로 풀어냈다. 이는 가장 세련되게 다듬어진 우주론인 성리학에서도 그대로 원용되고 있다. 중국문명에 나타난 혼돈의 유구한 역사에는 중국의 가장 오래된 신화집인『산해경山海經』「서차삼경西次三經」에 나오는 다음과 같은 구절을 보면 대략 짐작할 수 있다.

> 천산이라는 곳에서는 금과 옥이 많이 난다. 영수(英水)가 여기에서 나와 서남쪽의 양곡(暘谷)으로 흘러든다. 이곳의 신은 그 형상이 누런 자루 같은데 붉기가 빨간 불꽃 같고 6개의 다리와 4개의 날개를 갖고 있고, 얼굴이 전연 없다. 춤과 노래를 잘할 줄 아는 신이 바로 제강(帝江)이다.

혼돈의 신 제강
명明 호문환胡文煥의 『산해경도山海經圖』에서.

여기에 나오는 '제강'이 바로 의인화해 표현된 혼돈이다.『산해경』은 왜 '혼돈'의 문제를 풀기 위해 날개를 가진 새를 닮았으면서도 눈과 코, 귀 등의 기관이 전혀 없는 무면無面의 '제강'을 상정한 것일까. 나아가 왜 제강은 가무歌舞를 좋아한다고 생각한 것일까. 춤과 노래는 문자가 나오기 전에 사람들이 우주에 충만한 기운을 흉내내기 위해 만들어낸 예술양식이다. 제강에게 춤과 노래의 능력을 부여한 것은 우주의 기운을 표시하기 위한 것이다. 무면의 얼굴은 우주의 시작이자 끝일 수도 있는 '혼돈' 자체를 표현한 것이다. 이는 『장자』에 나오는 다음 구절을 보면 쉽게 이해할 수 있다.

> 혼돈은 이제 세계의 중앙을 다스리는 임금이 되었고, 그에게는 두 명의 친구도 생겼다. 한 친구는 남해를 다스리는 숙(儵)이고, 또 한 친구는 북해를 다스리는 홀(忽)이다. 숙과 홀은 가끔 혼돈이 사는 곳에 놀러 갔다. 그때마다 혼돈은 이 두 친구를 아주 극진히 대접했다. 이에 감동한 숙과 홀은 이에 보답키 위해 서로 머리를 맞대고 궁리하기 시작했다. 숙이 말하기를, '혼돈은 정말 멋진 녀석이야. 춤이나 노래 같은 풍류도 한 수 하고, 친구에게도 이같이 극진하니 말이야'라고 했다. 이에 홀이 응답키를, '우리는 모두 몸에 눈과 코, 입, 귀 등 7개의 구멍을 갖고 있어 그것으로 보고, 듣고, 먹고, 숨쉬잖아. 그런데 이 친구만 그게 없으니 얼마나 답답하겠어. 그러니 우리가 구멍을 좀 뚫어주면 어떨까'라고 했다. 숙과 홀이 마침내 혼돈의 몸에 구멍을 뚫어주게 되었다. 하루에 한 개씩 7일 동안 7개의 구멍을 차례로 뚫어나가기 시작했다. 드디어 숙과 홀이 혼돈의 몸에 7개의 구멍을 다 뚫어준 7일째 되던 날 혼돈이 죽고 말았다.

『장자』에 나오는 혼돈은 원시 그대로의 우주와 자연에 인공적인 조작을 가함으로써 자연의 본질을 훼손케 되었음을 암시하고 있다.

'숙'과 '홀'은 원래 순간을 뜻하는 말이다. 이들이 7개의 구멍을 지 녔다는 것은 곧 인간을 암시한다. 혼돈이 숙과 홀에게 죽임을 당했다 는 것은 인간이 지배하는 역사의 시대가 전개되었음을 의미하는 것 이기도 하다.

　서양신화와 기독교의 『성경』「구약·창세기」도 혼돈과 어둠으로 차 있는 태초의 세계를 서사적으로 묘사해 놓았다. 그러나 이들이 말 하는 암흑은 스스로의 의지와 인격을 지닌 신의 또 다른 모습에 지 나지 않았다. 서양이 야훼와 같은 절대적인 '인격신'이 나타나 이 암 흑을 제거하고 '광명한 세상'을 만들게 되었다는 유신론의 세계를 형성케 된 이유가 바로 여기에 있다. 서양의 신화체계는 곧 신학체계 의 근원이 되었던 것이다. 이에 반해 중국문명에서는 이를 '혼돈'의 문제로 해석했다. 중국문명이 무신론의 세계를 공고하게 구축한 이 유가 바로 여기에 있다.

　이를 통해 짐작할 수 있듯이 중국문명에서는 혼돈을 자연 그 자체 로 이해했다. 인지의 발달에 따른 문명, 즉 역사의 개막은 바로 인간 세상의 질서가 새롭게 전개되었음을 뜻한다. 장주莊周는 『장자』에서 인간에 의한 자연의 훼손을 질타키 위해 혼돈을 죽음으로 몰아간 것 이다. 전한 초기에 나온 『회남자淮南子』「천문훈天文訓」역시 천지창조 의 문제를 도가적道家的인 입장에서 매우 이성적으로 풀이해 놓았다.

> 천지가 나타나지 않았을 때는 형체가 없이 투명했다. 그래서 태 소(太昭)라고 했다. 도(道)는 텅 빈 것에서 시작되었다. 텅 빈 것 이 우주를 만들고, 우주는 기(氣)를 만들어냈다. 거기에는 한계 가 있어 맑고 밝은 것은 위로 올라가 하늘이 되고, 무겁고 탁한

| 것은 엉기어 땅이 되었다.

중국문명에서는 천지창조의 문제를 도와 기의 개념을 도입해 이성적인 해답을 제시했던 것이다. 그러나 『산해경』을 이어받은 『신이경神異經』은 혼돈을 다음과 같이 생생한 모습으로 되살려 놓았다.

> 곤륜산의 서쪽에 어떤 짐승이 있는데 그 모습은 개와 같고 긴 털에 다리가 넷이다. 곰 같기도 한데 발톱은 없다. 눈이 있어도 보지 못하고 걸어도 나아가질 못하며 두 귀가 있으나 듣지 못한다. 그러나 사람을 보면 그가 어디로 갈지를 알았다. 배가 있으나 오장이 없고 창자가 있으나 구불구불하지 않아 음식이 곧바로 내려갔다. 누군가 덕행이 있다고 하면 가서 들이받았고 못됐다고 하면 졸졸 따라다녔다. 하늘이 그렇게 만든 것으로 이름을 혼돈이라고 한다. 홀로 살며 특별히 하는 일은 없는데 항상 자신의 꼬리를 물고 빙빙 돌다가 하늘을 보고 웃곤 한다.

그러나 여기에 나오는 혼돈은 기괴한 괴물의 모습이다. 『신이경』은 대략 전한前漢 초기에 만들어진 것으로 추정되고 있다. 무면의 혼돈이 『신이경』에서는 왜 이같은 괴물로 변한 것일까. 이때에 들어와 사람들은 무면의 혼돈을 불신하면서 이성을 지닌 인간의 역사를 만들고자 하는 뚜렷한 목적의식을 갖고 있었다. 이로 인해 『신이경』은 부득이 혼돈을 우스꽝스러운 괴물로 변형시켜 놓고 만 것이다.

그렇다면 중국문명에서는 우주 삼라만상의 생성과정을 어떻게 이해했던 것일까. 삼국시대 오나라의 서정徐整은 『삼오역기三五歷記』와 『오운역년기五運歷年記』를 통해 당시 사람들의 생각을 자세히 기록해

반고의 초상

놓았다. 이 두 책은 산실되었으나 송나라 때 편찬된 『태평어람太平御覽』과 청나라 때 마숙馬驌이 지은 『역사繹史』에 그 일부 내용이 인용되어 있다.

이에 따르면 원래의 창세주는 거인 반고盤古였다. 태초의 우주는 커다란 알과 같았다. 이때 혼돈의 소용돌이 속에서 아주 작은 덩어리가 생겨나 점차 커지면서 거인이 되었다. 그가 바로 반고였다. 반고는 혼돈 속에서 몸을 웅크린 채 잠을 잤다. 반고가 잠들어 있는 알은 세상의 전부였고, 그 자체가 바로 혼돈 상태의 우주였다. 세월이 흘러 8천 년이 지나자 거인이 드디어 잠에서 깨어나기 시작했다.

이때 혼돈 속에 뒤엉켜 있던 온갖 기운이 점차 두 개의 소용돌이로 뭉쳐 거인의 주위를 감싸기 시작했다. 두 개의 소용돌이가 거인의 몸을 감싸고 맹렬히 꿈틀거리자 반고가 소용돌이를 몸에 휘감은 채 굉음과 함께 알을 깨고 나왔다. 이때 두 마리 뱀 모양의 기운이 한꺼번에 밖으로 빠져나와 위와 아래로 갈라섰다. 이에 비로소 하늘과 땅이 나뉘게 되었다.

거인 반고가 1만 8천 년 동안 잠을 자다가 드디어 혼돈의 알을 깨고 나오자 천지가 개벽한 것이다. 거인 반고는 새로 생겨난 하늘과 땅 사이에서 매일 빠르게 변해갔다. 하늘은 날마다 1장丈 : 3미터씩 높아졌고, 땅은 날마다 1장씩 아래로 두꺼워졌다. 반고도 매일 1장씩 키가 커졌다. 이같이 하여 다시 1만 8천 년이 흐르자 하늘과 땅이 9만 리나 멀리 떨어지게 되었다.

이후 반고는 다시 무수한 세월이 흘러 몸이 쇠약해지기 시작했다. 그러던 어느날 갑자기 반고가 쓰러지면서 몸 하나 하나가 세상 만물로 변화했다. 그의 숨결은 바람과 구름이 되고, 목소리는 우레가 되고, 왼쪽 눈은 해가 되고, 오른쪽 눈은 달이 되고, 손과 발은 사방의 산이 되고, 피는 강이 되고, 힘줄은 길이 되고, 살은 논밭이 되고, 머리털과 수염은 별이 되고, 몸에 난 털은 초목이 되고, 이와 뼈는 쇠붙이와 돌이 되고, 골수는 보석이 되고, 땀은 비와 호수가 되었다. 이로써 인간이 사는 세상이 완성되었다.

우리는 이를 통해 조물주인 야훼가 하늘과 땅을 가르고 7일에 걸쳐 세상만물을 만드는 기독교적 창세기와 완전히 대비되는 중국문명 특유의 사유체계를 읽을 수 있다. 반고의 창세신화를 관통하는 것은 끝없이 순환하는 자연관自然觀이다.

흔히 사체화생설死體化生說 내지 거인화생설巨人化生說로 불리는 이같은 창세신화는 중국문명에만 있는 것은 아니다. 그러나 다른 나라의 신화에서는 모두 신이 등장하고 있다. 이에 반해 반고신화에는 절대적인 조물주는 물론 일체의 신이 전혀 등장치 않고 있다. 반고의 탄생과 죽음은 인간의 일생을 그대로 보여주는 것이다. 태내에서 10달을 웅크리고 있다가 태어나 수십 년을 살다가 늙고 병들어 죽음에 이르면서 온몸이 다시 자연으로 돌아가는 과정이 그대로 반고신화에 투영돼 있는 것이다. 인간의 몸은 자연의 산물인 까닭에 우주 역시 인간과 같은 생장소멸의 과정을 겪을 수밖에 없다는 것이 당시 사람들의 생각이었다.

반고신화는 인간을 포함한 모든 삼라만상이 자연의 산물 바로 그 자체라는 사실을 강하게 표현하고 있는 것이다. 중국의 신화에는 절대적인 창조주가 필요치 않았던 셈이다. 천지창조는 신의 의지에 의한 것이 아니라 자연 그 자체가 그렇듯이 자연스럽게 그리된 것일 뿐이다. 중국문명이 이미 신석기시대부터 무신론의 세계관과 깊은 연관을 맺고 있었음을 이를 통해 확인할 수 있다.

창세신화는 원시 인류의 우주와 세계에 대한 기본 인식을 표현한 것으로 후세인의 사고에 큰 영향을 미쳤다. 반고의 창세신화는 우주 만물의 생장소멸을 순환론적으로 파악하는 독특한 사고체계를 반영하고 있다. 중국문명이 수천 년 전부터 유신론의 세계와 차별된 자연론의 세계관을 갖게 된 배경이 바로 반고신화에 적나라하게 드러나고 있는 것이다.

물론 중국 신화에도 오랫동안 우주를 주재하는 인격신이 존재하기는 했다. 후술하는 바와 같이 '띠帝'와 '티엔天' 등이 그것이다. 그러나 '띠'와 '티엔'은 서양 신화에 나오는 인격신과 달리 자연의 운행을 뜻하는 하나의 '도리道理'에 가까운 것이었다. 우주의 탄생을 포함한 창조신화가 신과 괴리된 자연의 이치로 해석된 가장 큰 이유는 이미 신석기시대에 높은 수준의 농경문화를 영위한 사실과 밀접한 관련이 있었다.

그렇다면 중국문명의 원형을 만든 신석기시대 사람들은 인류의 탄생과 번식과정을 어떻게 이해했던 것일까. 나아가 그들은 최초의

인류 조상을 누구로 상정했던
것일가. 까마득한 옛날에 인간
을 번식시킨 태고의 어머니는
과연 누구였다고 생각했던 것
일까. 후한 때 응소應邵가 지은
『풍속통의風俗通義』에 따르면 인
류 최초의 어머니는 여와女媧
였다.

여와는 하늘과 땅이 처음으
로 생겨나고 세상 만물이 처음
으로 생겨났을 때 황토를 뭉쳐
사람을 만들어냈다. 그녀는 손
으로 직접 황토를 뭉쳐 사람을
하나 하나 만들기 시작했다. 도
중에 너무 힘이 들자 여와가 꾀

하체에 꼬리가 있는 원시적인 모습의 여와
섬서성陝西省 수덕綏德의 한나라 화상석畫
像石에서.

를 내어 황토를 물에 풀고 긴 노끈을 황토물 속에 담근 뒤 이를 꺼내
사방으로 뿌리기 시작했다. 그러자 사방으로 흩어진 진흙들이 제각
기 꿈틀거리며 사람의 형상이 되었다. 이런 식으로 세상 곳곳에 흩어
진 진흙들이 모두 사람의 모습으로 바뀌면서 인류가 형성되었다.

인류의 창조는 바로 여와에 의해 이뤄진 것이다. 그는 인간을 낳
은 최초의 위대한 대모신大母神이다. 여와신화는 『창세기』에서 야훼가
진흙으로 인간을 만들고, 그리스신화와 로마신화에서 프로메테우스
가 진흙인간을 만든 내용과 유사하다. 이같은 진흙인간 창조신화는

85

인간들이 신석기시대에 토기를 만든 사실과 밀접한 관련이 있다. 흙으로 그릇을 빚게 된 인간들은 자신들의 경험을 토대로 대략 신도 흙으로 인간을 빚어냈을 것으로 상상했다. 특히 사람이 죽어 흙이 되는 것을 보면서 이같은 생각을 더욱 굳혔을 것이다.

여와신화도 세계의 다른 지역 신화와 마찬가지로 신이 인간을 만들어냈다는 내용으로 이뤄져 있다. 그러나 여와신화는 다른 지역의 인간 창조신화와 차이가 있다. 여와 자신도 반고의 경우와 마찬가지로 혼돈 속에서 태어난 자연의 산물에 불과할 뿐이다. 혼돈 위에 별도로 군림하며 인간을 빚어낸 것이 아니다.

반고의 신화에도 인류의 기원과 관련된 얘기가 나온다. 반고가 죽자 그의 주검이 삼라만상으로 변한 뒤 맨 마지막으로 그의 몸에 있던 벌레들이 이리저리 꿈틀거리다가 반고의 숨결이 변한 바람을 맞고 사람이 되었다. 여와신화는 창조설에 가까운 데 반해 반고신화는 자연발생설에 가깝다고 할 수 있다.

신석기시대에는 3-4차례의 간빙기間氷期가 있었다. 그렇다면 신석기시대 사람들은 간빙기에 나타난 자연의 재해를 어떻게 생각했던 것일까. 홍수신화에 그 해답의 실마리가 있다. 중국 신화에도 홍수신화가 나온다.

이에 따르면 옛날 뇌공雷公과 고비高比라는 두 형제가 각각 하늘과 땅을 다스리고 있었다. 사람들이 실수로 제물을 잘못 바치자 뇌공이 화가 나 가뭄을 내렸다. 마침내 지상의 모든 것이 말라 죽게 되자 고비가 하늘의 비를 훔쳐다가 사람과 지상의 생물을 구했다. 이를 안 뇌공이 대노하여 고비와 싸움을 벌이게 되었다. 다행히 동생 고비가 승리해 뇌공을 조롱鳥籠 속에 가두었다.

당시 고비에게는 복희伏羲 : 虙羲와 여와라 는 두 남매가 있었다. 하루는 고비가 외출할 일이 있어 밖으로 나가면서 복희와 여와에 게 뇌공이 물을 달라고 청해도 절대 주어서 는 안 된다고 당부했다. 그러나 복희와 여와 는 숙부인 뇌공의 간청에 못이겨 물을 주고 말았다. 이에 힘을 얻은 뇌공이 쇠조롱을 부 수고 밖으로 뛰쳐나왔다. 뇌공은 놀란 두 남 매에게 자신의 이 하나를 뽑아주면서 만일

우레의 신 뇌공
산서성山西省 예성芮城의 원元 나라 벽화 모본摹本.

하늘에서 큰 비가 내리면 그것을 땅에 심도록 당부한 뒤 급히 하늘 로 올라갔다.

뇌공이 앙갚음을 하기 위해 우신雨神을 불러 밤낮없이 땅 위에 비 를 내리게 하자 세상이 순식간에 물바다가 되었다. 이에 복희와 여와 가 급히 뇌공의 이빨을 땅에 심었다. 그러자 순식간에 등나무로 자라 커다란 박을 맺었다. 홍수가 밀려오자 남매는 재빨리 박 속을 파내고 그 안으로 들어가 물을 피했다. 두 남매 가 밖으로 나왔을 때는 부친 고비를 포 함해 모든 사람들이 사라진 뒤였다. 이 때 하늘의 별 태백금성太白金星이 두 남 매에게 장차 결혼해 인류의 대를 잇기 를 권했다. 망설이던 두 남매는 하늘의 뜻을 알기 위해 산 위로 올라가 연기를

복희와 여와
산동성山東省 가상嘉祥의 한나 라 무량사武梁祠 화상석에서.

피웠다. 두 연기가 합쳐지면 하늘의 뜻으로 알고 결혼하기로 했다. 마침내 연기가 하나로 엉키자 두 남매는 결혼하여 인류를 번성시키게 되었다.

신화학에서는 이같은 설화를 흔히 홍수남매혼설洪水男妹婚說이라고 한다. 복희·여와신화는 신석기시대 사람들의 재해에 대한 두려움을 그대로 보여주고 있다. 이 신화에서는 여와신화에서 인류의 대모신으로 등장했던 여와가 한 남성의 아내가 되어 인류를 번성시키는 역할을 맡고 있다. 이 신화는 말할 것도 없이 여와신화 이후에 만들어진 것이다. 이를 두고 일부 신화학자는 여와신화는 모계사회의 전통을 반영한 것이고, 복희·여와신화는 일부일처를 근간으로 한 부계사회의 모습을 반영한 것으로 풀이하고 있다. 주목할 만한 분석이 아닐 수 없다.

복희·여와신화와 유사한 창조신화는 전세계에 분포해 있다. 그러나 복희·여와신화에 나오는 홍수는 서양과 달리 신의 인간에 대한 분노로 인한 것이 아니라 순수한 자연재해에 가깝다. 서양 신화에서는 부부와 같은 가족단위가 살아남은 데 반해 중국 신화에서는 미혼 남매가 살아남는 것으로 나타나고 있다. 서양 신화에서는 신과 인간의 지위가 엄격히 구별되어 있어 징벌과 구원을 모두 신의 의지에 기댈 수밖에 없다. 이에 반해 중국 신화에서는 자연의 재해로 홍수가 일어난 까닭에 아무런 두려움 없이 자웅의 본능을 인류 탄생의 연원으로 간주케 된 것이다.

사마천은 『사기』를 지으면서 사실상 내용면에서 여와신화와 별반 차이가 없는 오제五帝의 신화를 역사 속으로 편입시켰다. 이때 그는 유가사상의 엄격한 선별기준을 적용했다. 이로 인해 그는 여와신화를 폐기했다. 이는 당시 사대부들의 신화에 대한 기본 입장을 반영한 것이라고 할 수 있다. 그러나 일반 서민들은 사마천의 이같은 기준을 거부했다. 고대 중국에서 복희와 여와를 민족의 시조로 숭배한 사실이 이를 뒷받침한다.

복희 · 여와 백화帛畵
이 백화는 당대唐代 작품으로서, 그 속에 묘사한 것은 신화 전설에 나오는 인류의 시조인 복희와 여와의 형상이다.

한나라 때의 화상석畵像石과 당나라 때의 백화帛畵 등에는 복희 · 여와 남매를 그린 모습이 나오고 있다. 이들 그림에서 두 남매는 상반신은 인간이고, 하반신은 뱀의 모습으로 묘사되어 있다. 복희는 직선을 그릴 수 있는 곱자를 들고 있고, 여와는 원을 그릴 수 있는 그림쇠를 들고 있다. 이는 이때 이미 음양론이 널리 통용되었음을 시사하고 있다.

20세기 초 청화대학의 역사학자 문일다聞一多 교수는 「복희고伏羲考」라는 논문을 통해 복희 · 여와신화가 중국의 서남부에 사는 묘족苗族과 요족傜族의 조상신에 관한 전설에서 비롯되었을 가능성을 제기한 바 있다. 그는 이들 묘족의 홍수전설 속에 노아의 방주方舟에 해당하는 호로胡蘆 : 표주박가 등장하고 있는 점에 착안해 이같이 주장했다.

문일다는 포희를 '포과匏瓜'와 관련이 있다고 보았다. 여와의 '와媧'는 '와渦 : 소용돌이'와 '와窩 : 움집', '과鍋 : 솥'와 같이 여인의 몸

가운데 비어 있는 곳을 가리키는 뜻으로 해석되기도 한다. 문일다는 '와娲'가 '과瓜'로도 발음되고 여와가 '포과匏瓜'로도 쓰이고 있는 점에 착안해 복희와 여와 모두 표주박을 뜻하는 것이라고 주장했다. 그는 같은 사람이 음양에 따라 두 개의 이름을 지니게 된 실례로 복희와 여와를 지목한 셈이다.

당나라 때의 사마정司馬貞은 사마천이 『사기』에서 오제만을 다루고 있는 것에 반발해 스스로 『삼황본기三皇本紀』를 지어냈다. 그는 『삼황본기』에서 복희가 가축을 길러 포주庖廚:주방에서 요리한 뒤 조상들에게 제사를 지냈기 때문에 '포희'로도 불리게 되었다고 기록해 놓았다. 사실 '포庖'는 물건을 싸서 태운다는 뜻에서 요리의 뜻을 나타내게 되었다. '희犧'는 신령에게 바치는 산 깨끗한 제물을 뜻한다. '포희'는 정성스레 요리해 신에게 바치는 매우 좋은 제물을 뜻한

뚫어진 하늘을 깁기 위해 돌을 다듬고 있는 여와
『천지인귀신도감』에서.

다는 것이 사마정의 주장인 셈이다. 사마정과 문일다 모두 고대 신화에 대한 새로운 해석을 시도한 대표적인 인물이라고 할 수 있다. 그러나 아직 이에 대한 정설은 없다.

그렇다면 중국문명의 원형을 만든 신석기시대의 사람들은 천재지변을 어떻게 해석했던 것일까. 사실 당시에는 맹수들이 사람을 잡아먹는 일이 빈번히 일어

났을 것이다. 당시 사람들은 이 역할을 또 다시 여와에게 맡겼다. 『회남자』「남명훈覽冥訓」에는 다음과 같은 내용이 나온다.

> 오랜 옛날에 사극(四極 : 하늘을 떠받치는 기둥으로 무한한 우주를 의미)이 낡고 구주(九州 : 모든 땅을 의미)가 찢어져 하늘을 덮지 못하고, 땅은 만물을 두루 싣지 못하고, 불은 훨훨 타 꺼지지 않고, 물은 철철 넘쳐 멎지 않고, 맹수는 양민을 잡아먹고, 맹금은 노약자를 잡아먹었다. 이에 이르러 여와가 오색의 돌을 불려 창천(蒼天)을 보수하고, 큰 거북의 다리를 잘라 사극을 세우고, 흑룡(黑龍)을 죽여 기주(冀州)를 구제하고, 갈대잎을 태운 재로 홍수를 멎게 했다.

여와의 노력으로 다시 춘하추동의 순환이 조화를 이루게 되자 사람들은 안정을 찾아 번식을 하게 되었다. 인간이 마침내 모든 재난을 물리치고 번영의 길로 접어든 것이다. 그렇다면 이 신화에서 인간을 구제하고 부서진 천지를 고치는 여와의 능력은 어디에서 나온 것일까. 이는 여와의 하반신이 뱀으로 묘사된 사실과 무관치 않았다. 뱀은 허물을 벗을 때마다 항상 새로운 몸으로 변신한다. 신석기시대 사람들은 이를 보고 뱀의 능력을 희귀하게 생각한 나머지 여와의 하반신을 뱀으로 묘사했을 공산이 크다.

이는 복희의 하반신 역시 뱀으로 묘사된 사실을 통해 쉽게 짐작할 수 있다. 이를 두고 일부 학자는 당초 여와는 독립적이고 자율적인 존재였으나 후세에 이르러 가부장적 관념이 침투하면서 오빠이자 남편인 복희의 반쪽으로 그려지게 되었다고 풀이했다. 또 다른 일부 학자는 이 신화를 두고 여성의 생산적이면서도 치유적인 능력을 보

91

위대한 여신 여와
하반신이 뱀의 몸인 여와가 잘 다듬은 돌로 뚫어진 하늘을 깁고 있다. 『천지인귀신도감』에서.

여준 것으로 풀이하고 있다. 남성의 파괴적인 성향과 달리 여와는 파괴된 것을 깁는 여성의 원초적인 능력을 상징한다는 것이다. 나름대로 일리가 있는 분석이다.

그러나 여와신화에 대한 해석은 삼황오제로 상징되는 신화체계와 함께 해석해야만 제대로 된 해석이 가능하다. 여화신화가 만들어진 이후에 등장하는 신농神農신화는 사실 모계사회가 끝나고 가부장적 부계사회로 이행되었음을 시사한다. 이는 고고인류학적으로 볼 때 부족사회가 권력구조를 지닌 추방사회로 이행되었음을 의미한다.

중국문명의 원형이 된 신석기 후기의 용산문화를 특징짓는 추방사회의 신화가 바로 삼황오제의 신화이다. 삼황오제는 후대에 성인으로 받들어지는 모든 인물들의 표상이 되었다. 원래 삼황오제는 신화라기보다는 전설에 가까워 신화적인 색채가 크게 탈색되어 있다. 삼황오제는 오직 높은 품덕을 바탕으로 민심을 끌어모아 천하를 다스린 사람들로 그려져 있다. 이로 인해 이들은 모두 후대 유가사상가들이 말하는 '군자君子'의 전형이 되었다. 삼황오제는 결코 서양과 같이 신으로부터 능력을 부여받은 초인이 아니었다.

수천 년간에 걸친 중국 통치의 특징은 '제왕정帝王政'에 있다. 제왕

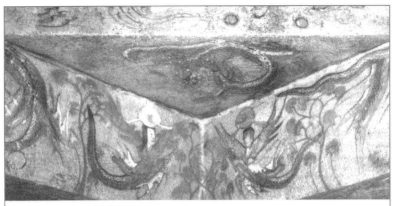

해를 머리에 인 복희와 달을 머리에 인 여와
복희는 양의 기운, 여와는 음의 기운의 화신으로 둘의 결합은 음양의 조화를 상징한다.

정의 표상이 바로 '군자'의 전형인 삼황오제였던 것이다. 그 어떤 군왕도 삼황오제의 모형에서 벗어날 경우 군신들의 궁정 쿠데타나 백성폭동에 의해 쫓겨날 위험에 처할 수밖에 없었다. 중국문명권의 각국 역사에서 폭군暴君이 존재한 적은 있어도 '전제군주'가 존재하지 않았던 이유가 바로 여기에 있었다.

그럼에도 불구하고 19세기 이래 서양의 제국주의자들은 동양을 침탈하면서 '제왕정'을 멋대로 '전제정專制政'으로 규정하고 나섰다. 이는 자신들의 침략을 정당화하기 위한 억지논리였다. 서양의 제국주의자들은 자신들만이 전제정에 신음하는 동양인들을 구원할 신성한 사명을 신으로부터 부여받았다는 논리를 전개했다. 두 차례의 세계대전을 계기로 제국주의가 표면상 그 모습을 감췄음에도 불구하고 서양의 지식인들은 잉연히 이같은 제국주의 논리에 심정적 동조를 표하고 있다. 이는 말할 것도 없이 서양의 역사전개 과정만을 인류의 보편적인 발전과정으로 간주하는 편협한 독단에서 비롯된 것이다.

중국문명에서 비록 폭정暴政은 있었을지언정 결코 전제정이 나타나지 않은 것은 농경문화의 토대 위에서 문명을 꽃피운 사실과 무관치 않다. 농경문화의 중국문명권에서는 수렵 및 유목문화 위에서 발전한 서양과 달리 결코 초인적인 능력을 지닌 영웅이 필요치 않았다. 그러니 전지전능한 신을 모방한 전제정이 존재할 이유가 없었던 것이다.

이에 반해 서양은 국민국가가 등장하기 직전인 18세기 중반까지만 하더라도 장보댕 등이 주장한 왕권신수설王權神授說이 횡행했다. 절대왕권絶對王權을 전제로 한 이같은 이론이 가능했던 것은 바로 전지전능한 신을 상정하는 유신론의 세계에서만 가능한 일이다. 중국문명에서는 이미 신석기시대에 들어와 모든 것을 자연의 순환 이치에 맞추고자 하는 무신론의 천도론天道論에 깊이 경도돼 있었다. 이는 수천 년 동안 결코 변한 적이 없었다. 진시황의 천하통일로 신분이 세습되는 봉건제封建制가 붕괴하고 사대부 관인官人이 실질적인 통치를 담당케 된 것도 바로 이같은 전통에서 비롯된 것이다.

중국문명에서는 서양의 역사발전 과정에 등장한 중세의 봉건제와 근대 직전의 왕권신수설, 근대의 국민국가, 근대 후기의 유물사관唯物史觀과 계급투쟁론階級鬪爭論 등이 발붙일 여지가 없었다. 일찍이 봉건제를 타파하고 통치권력을 일반 서민에게 개방한 이래 그 누구일지라도 자신의 능력과 덕행에 따라 얼마든지 통치의 주역이 될 수 있는 상황에서 계급이 존재할 이유가 없었던 것이다.

그럼에도 아편전쟁 이래 중국문명권의 수많은 지식인들은 자신들이 영위했던 전래의 뛰어난 통치문화에 대해서는 눈을 감은 채 맹목적으로 서양의 자유민주주의 이념과 맑시즘에 침잠했다. 이같은 풍조는 현재까지도 이어지고 있다. 서양학문 일변도의 세례를 받은 일군의 학자들이 이런 풍조를 확산시키는 데 결정적인 공헌을 하고 있는 것이다.

농경을 위주로 한 중국문명에서는 결코 서양의 '왕권신수설' 등과 같은 '전제정'을 주창한 적도 없고 백성과 사대부들이 이를 용납한 적도 없다는 사실을 잊어서는 안 된다. 중국문명에서는 오직 합리적이면서도 지혜로운 처신으로 민심을 수습하는 인물만이 제왕의 재목으로 칭송되었을 뿐이다. 이를 두고 20세의 저명한 역사가 전목錢穆은 이같이 갈파한 바 있다.

> 중국에서는 군주에게 신하를 자유자재로 부릴 수 있는 관용을 요구했다. 한나라의 고조, 후한의 광무제, 촉한의 유비, 송태조, 명태조는 한결같이 이러한 관용을 발휘해 성공을 거둔 인물들이다.

전목의 이같은 분석은 중국 전래의 영웅관이 서양과 얼마나 큰 차이를 보이고 있는지를 극명하게 보여주고 있다. 한 마디로 말해 중국문명에서 거론되는 영웅은 서양의 영웅과 질적인 차이가 있는 것이다. 신석기시대에 이미 드넓은 지역에서 널리 농경문화가 고도로 발달한 곳은 오직 중국밖에 없었다. 중국문명의 특징은 바로 신석기시대에 그 원형이 만들어졌다고 해도 과언이 아니다. 반고신화와 같은 중국 전래의 신화와 전설은 바로 중국문명의 진수가 어디에 있는지를 극명하게 보여주고 있다.

20세기 초 중국의 신화학자 원가袁珂는 고대의 다양한 기록을 토대로 중국의 신화를 재구성하면서 동이족과 화하족 사이에 빚어진 갈등과 투쟁에 주목했다. 선사시대에 관한 중국의 상고사를 두 민족 간의 갈등으로 해석한 그의 주장은 1940년대에 격렬한 논쟁을 야기했다. 양관楊寬과 서욱생徐旭生, 몽문통蒙文通, 부사년傅斯年 등의 저명한 역사학자들이 이 논쟁에 참여했다. 당시 중국의 선사시대를 동이족과 화하족 간의 투쟁사로 해석한 소위 '이하동서설夷夏東西說'이 가장 뜨거운 논쟁거리가 되었다.

원가는 중국의 고대 신화에 나오는 모든 싸움을 일관되게 두 민족 간의 투쟁으로 해석했다. 그의 이같은 주장은 일관성이 있기는 했으나 선사시대의 전개를 지나치게 단순화했다는 비난을 면키 어려웠다. 그의 주장은 신화학적으로 타당할지 몰라도 고고인류학 및 역사학적 고찰이 생략되어 있었던 것이다.

당시 이들의 논쟁에서 주목거리가 된 책 중 하나가『산해경山海經』이었다.『산해경』은 중국의 신화에 관한 가장 오래된 책이다. 일찍이 사마천은『산해경』에 대해 혹평을 가한 바 있다.『산해경』의 명칭은『사기』「대완열전大宛列傳」에 처음으로 나타난다. 일찍이 한무제는 중앙아시아 지역에서 천마天馬를 얻기 위해 여러 차례에 걸쳐 서역지역에 대한 정벌전을 감행했다. 이 정벌전의 배경과 관련해 최근 한무제가 천마를 타면 장수한다는 방사들의 얘기를 확신했기 때문이라는 주장이 나와 관심을 모으고 있다. 당시 지휘를 맡았던 장건張騫은 여러 가지 새로운 지리지식을 조정에 상세히 보고 했다. 그 중 가장 주

요한 것은 황하가 곤륜산에서 발원한다는 것이었다. 그러나 당시는
『서경』「우공禹貢」의 기록에 나오는 소위 '적석산積石山 발원설'이 정
설로 통용되고 있었다. 이는 사마천이 장건의 보고를 보고 다음과 같
이 매우 비판적인 견해를 피력한 사실을 통해 쉽게 확인할 수 있다.

> 『우본기(禹本紀)』에 이르기를, '황하는 곤륜산에서 발원한다. 곤
> 륜산은 2천5백 리나 될 만큼 높으며 해와 달까지도 이 산을 비껴
> 가면서 옆에서 이 산을 비춘다. 이 산에는 예천(醴泉)과 요지(瑤
> 池)가 있다'라고 했다. 이제 장장군이 대하(大夏)에 사자로 갔다
> 와서는 황하의 발원지를 새로 발견했다고 하나 어찌 그가 『우본
> 기』에 기술된 곤륜산을 실제로 보았다고 할 수 있겠는가. 9주
> (州)의 모든 산과 강에 관해서는 『서경』「우공」만이 믿을 만한 것
> 이다. 나는 『우본기』와 『산해경』에 쓰여 있는 괴상한 물건에 관
> 해서는 감히 말하지 않겠다.

『우본기』는 현전하지 않고 있다. 그러나 이 글을 통해 적어도 기
원전 1세기 이전에 『산해경』이외에도 『우본기』라는 지지地誌가 존재
했음을 알 수 있다. 일부 학자는 『우본기』가 『산해경』「해경海經」의
원문이었는데 이후 유향劉向에 의해 『산해경』「대황경大荒經」으로 재
편집되었을 가능성이 크다고 주장한 바 있다. 대략 사마천이 『산해
경』과 『우본기』를 같이 언급한 맥락에 비추어 두 책은 서로 비슷한
내용을 싣고 있었을 것으로 짐작된다.

그러나 사마천은 『우본기』와 『산해경』의 기록을 믿지 않았을 뿐
만 아니라 입에 담기조차 꺼려했다. 이를 통해 알 수 있듯이 중국은
이미 기원전부터 신화적인 인물을 얘기하는 것 자체를 배격했다. 그

러나 사마천과 달리 전한 말기의 대학자 유흠劉歆은 『상산해경표上山
海經表』에서 『산해경』이 결코 황당무계한 책이 아니라고 옹호하고 나
섰다. 후한대에 들어와서는 『산해경』을 일종의 지리서로 바라보는
견해가 주류를 이뤘다.

후한 말기에 들어와 동탁의 난으로 인해 상당수의 서적이 소실될
때 비고秘庫에 소장되어 있던 『산해경』 역시 다른 서적과 함께 사라
지고 말았다. 동진東晉의 곽박郭璞은 『산해경』에 처음으로 주석을 가
하면서 『산해경』의 원형을 복원해냈다. 그가 이를 복원한 것은 말할
것도 없이 『산해경』의 내용을 굳게 믿었기 때문이다. 그의 이같은 확
신은 서진西晉 초기인 진무제晉武帝 : 사마염 태강太康 2년281에 급현汲縣 사
람 부준不準이 위양왕魏襄王의 무덤을 도굴하던 중 많은 죽간으로 이
뤄진 고서를 발견하게 되면서 더욱 깊어졌다.

지리서의 일종으로 취급되어 온 『산해경』은 20세기 초에 뛰어난
역사학자이자 고고학자인 왕국유王國維에 의해 새롭게 인식되었다.
왕국유는 당시 갑골문을 연구하면서 『사기』 「은본기」 등에서는 확인
할 길이 없었던 '해亥' 라는 글자가 『산해경』 「대황동경」에 있다는 사
실을 알고 경악했다. 또 준夋이라는 글자가 '준俊' 이라는 글자와 같
다는 것을 발견했다. 이 글자는 『산해경』 「대황경」에 자주 나타나는
제帝의 이름과 일치하는 것이었다.

이를 통해 알 수 있듯이 『산해경』은 고대의 지지地誌를 전해주는
매우 귀중한 책이다. 『산해경』에 나오는 신화의 형상은 『목천자전』
에 비해 원초적이다. 체제 또한 간단한 메모의 형식을 취하고 있다.
많은 학자들은 『산해경』이 『목천자전』에 커다란 영향을 주었을 것으

로 보고 있다.

위양왕의 무덤이 도굴될 당시 출토된 목간본에는 『목천자전』도 포함되어 있었다. 곽박은 이 책에도 주석을 가했다. 『목천자전』은 신화서인 동시에 역사서의 성격도 띠고 있다. 『목천자전』은 실존했던 인물인 서주西周시대의 주목왕周穆王과 전설적인 신녀神女인 서왕모西王母의 연애담을 다룬 책이다. 실존 인물에 관한 얘기를 다뤘음에도 불구하고 그 내용은 매우 신화적으로 꾸며져 있다. 주목왕에 대한 얘기는 『열자列子』와 『포박자抱朴

마귀할멈 같은 생김새의 서왕모
가장 원시적인 모습이다. 죽음과 형벌의 여신으로서의 이미지를 지니고 있다. 청淸 왕불의 『산해경존山海經存』에서.

子』, 『신선전神仙傳』, 『습유기拾遺記』 등의 도가류의 저작과 『사기』 등의 사서에도 실려 있는 매우 유서 깊은 설화이다. 원래 『목천자전』은 도굴 당시 5권이었다. 서진 초기의 학자 순욱荀勗이 이를 모두 6권으로 정리하면서 『목천자전』이라는 이름을 붙였다.

『목천자전』은 비록 역사기록의 형태를 취하고는 있으나 『산해경』의 지리서적 및 신화서의 성격을 흡수한 매우 복합적인 성격의 책이다. 『목천자전』은 후대에 이르러 실존 인물을 다루면서 신화의 성격을 띤 수많은 설화문학의 원형이 되었다. 『목천자전』의 영향을 많이 받은 것으로는 『수신기搜神記』와 『수신후기搜神後記』, 『이원異苑』, 『유명록幽明錄』 등과 같은 지괴소설志怪小說을 들 수 있다.

『수신기』는 동진의 간보干寶가 지은 것이다. 간보는 관내후關內侯라는 높은 작위를 받고 역사찬집에 종사했다. 『수신기』는 남북조시대 소설의 가장 뛰어난 작품으로 당송대 전기물傳奇物의 선구가 되었다. 이 책에는 소설小說이 가득 담겨 있다. 소설은 『장자』 「외물」편에 처음으로 등장하는 용어로 세상을 다스리고 구하는 학설을 제외한 모든 잡설을 뜻한다. 『수신기』는 신선과 괴물에 관한 이야기를 비롯해 효자효부에 관한 얘기에 이르기까지 당시까지 전해진 모든 기이한 얘기들을 총망라해 놓았다.

『한무제내전漢武帝內傳』과 『한무고사漢武故史』 등의 전기문학傳記文學 역시 『목천자전』의 영향을 강하게 받았다. 두 책은 사실 주목왕을 한무제로 바꿔놓은 『목천자전』의 재판에 해당한다. 내용상 『목천자전』의 신화를 거의 그대로 차용해 놓았다고 해도 틀린 말이 아니다. 『한무제내전』에서는 주목왕이 8마리의 준마를 이끌고 서방을 여행하는 얘기가 한무제가 여행하면서 기이한 것을 경험하는 것으로 바뀌어져 있다. 『한무고사』에서는 주목왕이 서왕모에게 예물을 주고 서왕모가 주목왕에게 노래로 화답하는 장면이 한무제를 위해 서왕모가 불사약을 가지고 천상에서 하강하는 것으로 변형되어 있다.

전한 때의 동방삭東方朔이 편찬하고 서진의 장화張華가 주를 단 『신이경神異經』은 기괴한 내용들로 가득 차 있다. 『신이경』은 지리서의 성격을 강하게 띤 『산해경』과 달리 신화서의 성격이 두드러지게 나타나고 있다. 『신이경』은 특이하게도 당시 세인들의 뜨거운 관심을 모은 서왕모의 애인에 관한 얘기를 담고 있다. 『신이경』에 나오는 서왕모의 애인은 주목왕이나 한무제가 아닌 완전히 새로운 인물이다.

동왕공東王公이 바로 그 주인공이다.『신이경』은 동왕공을 이같이 묘사해 놓았다.

> 동쪽 변경의 산 속에는 돌로 된 커다란 집이 있다. 거기에는 동왕공이 살고 있다. 키는 1장이고 머리카락은 백발이며 새의 얼굴에 사람의 생김새이고 호랑이 꼬리를 하고 있다. 머리 장식으로 흑곰 한 마리를 쓰고 주위를 관망하며 항상 옥녀(玉女)와 함께 투호놀이를 벌갈아 가며 하는데 매번 1천2백 개의 화살을 던진다. 만일 적중하여 화살이 병 밖으로 튀어나오지 않으면 하늘은 '허허' 하며 감탄하고, 화살이 튀어 비껴나면 이를 비웃었다.

서왕모의 남편 동왕공
후세 사람들이 의도적으로 지워준 짝이다. 산동성의 한나라 화상석에서.

서왕모의 배우신配偶神으로 등장한 동왕공이라는 인물이 본격적으로 출현하는 것은『신이경』이 처음이다.『신이경』의 출현을 계기로 후대에 서왕모의 애인은 동왕공으로 정착되었다. 후세인들은 서왕모西王母의 애인으로 실존인물이었던 주목왕이나 한무제는 걸맞지 않다고 판단해 동왕공을 창작해낸 것이다. 사실 이는 중국문명의 원형을 이룬 음양론의 이치에 부합하는 것이기도 했다.

서진 때의 황보밀皇甫謐도 신화서의 성격을 띤 전기물을 지었다. 그가 쓴『고사전高士傳』은 요임금 시절의 피의被衣로부터 삼국시대 위나라 말기의 초선焦先에 이르기까지 청고淸高한 은군자隱君子 96명의 언행과 일화를 수록해 놓고 있다.『고사전』에는 신화와 전설, 역사가 거의 구분이 안 될 정도로 한데 뒤섞여 있다.

이를 통해 알 수 있듯이 중국문명에서는 신화와 전설이 모두 역사 속으로 편입되는 특이한 양상을 보여주고 있다. 나아가『목천자전』과『한무제내전』등이 보여주듯이 역사적으로 실존한 인물이 신화적인 재구성으로 채색되어 있기도 하다. 이는 '독신'을 두려워하는 서양문명에서는 전혀 나타나지 않은 현상이다. 신석기 후기 추방사회의 군장으로서 신화적 재구성으로 채색되었다가『사서』에 최초로 등장한 인물을 들라면 현대 중국인의 조상으로 거론되고 있는 황제黃帝를 들 수 있다.

황제는 우리나라의 단군檀君에 해당하는 신화적인 인물이다. 중국의 한족은 사마천이『사기』에서 황제를 역사상 실존 인물로 규정한 이래 현재에 이르기까지 자신들의 조상으로 굳게 믿고 있다. 초기 고조선이 형성될 당시 추방사회의 군장에 해당하는 단군을 놓고 논란을 벌이고 있는 우리나라와 크게 대조되는 모습이 아닐 수 없다.

현재 중국 학계에서는 황제를 두고 상고시대 씨족연맹의 영수로서 실존한 인물 내지 그로부터 비롯된 씨족 토템신으로 보는 견해가 주류를 이루고 있다. 황제가 역사무대에 등장한 것은 전국시대 이후이다. 황제신화 및 숭배가 전국시대 중기와 후기로 갈수록 광범위하게 확산되면서 그 내용도 훨씬 풍부해지고 다양해졌다. 그렇다면 전국시대 말기로 갈수록 황제신화가 더욱 확산된 배경은 무엇일까.

이는 전국시대 후반기에 들어와 천하통일에 대한 염원이 더욱 고양된 사실에서 찾을 수 있다. 후술하는 바와 같이 황제에게 패한 뒤 전신戰神으로 숭앙된 치우蚩尤는 살벌한 전쟁을 상징했다. 이에 반해 황제는 소모적인 공벌전에 대한 반성으로 통일전쟁론이 고양됨에 따라 당시 사람들의 염원인 천하통일을 상징하는 지고신으로 숭배 되었다. 이는『손자병법』으로 대표되는 전국시대 중기의 '이전론利戰 論'이 후기로 들어가서는 순자의 '의전론義戰論'으로 이행한 것과 궤 를 같이 한다. 황제가 후세인들에게 중국 한족의 조상으로 추앙받게 된 것은 바로 전국시대 후기에 나타난 천하통일에 대한 뜨거운 열망 과 밀접한 관련이 있었던 것이다.

20세기 후반 중국 학계는 은허殷墟에 대한 발굴로 상왕조의 실체 를 확인한 후 그에 앞서 존재했던 하夏왕조의 실재實在 여부를 둘러싸 고 뜨거운 논쟁을 벌였다. 중국 정부는 하왕조의 실재를 확인키 위해 수십 년간에 걸쳐 진행된 대대적인 고고학적 발굴조사를 지원했다. 그 결과 하왕조는 후대인들이 용산문화의 시기에 등장한 추방사회 를 중국문명 최초의 왕조로 미화시킨 상상 속의 왕조라는 사실이 확 인되었다. 그렇다면 중국인들은 왜 존재하지도 않았던 하왕조를 만 들어냈던 것일까.

이를 두고 일부 학자는 상왕조를 무너뜨린 주周왕조가 자신들의 개국을 합리화하기 위해 가공의 하왕조를 만들어낸 것으로 분석했 다. 그러나 대부분의 학자는 천명天命을 내세운 주왕조가 상왕조를 무너뜨리면서 굳이 가공의 하왕조를 만들어낼 필요는 그다지 크지 않았을 것으로 보고 있다. 그보다는 오히려 상왕조가 용산문화에 나 타난 추방사회를 하나로 통합해 고대 왕국으로 발전하는 과정에서 자신들의 건국을 미화하기 위해 만들어냈을 공산이 큰 것으로 보고 있다. 사실 후대인들에게 추방사회의 군장群長으로 짐작되는 전설적인 인물인 우禹를 미화하기 위해 하왕조를 상정하는 것만큼 매력적인 것도 없었을 것이다.

중국문명은 상왕조가 등장하면서 비로소 역사시대로 진입케 되었다. 이는 상왕조 때에 비로소 최초의 문자기록인 갑골복사甲骨卜辭가 나타난 사실과 밀접한 관련이 있다. 갑골복사는 거북의 등껍질을 불에 태워 신의 뜻을 물은 뒤 그 결과를 기록한 것을 말한다. 중국문명 역시 서양문명과 마찬가지로 선사시대는 말할 것도 없고 역사시대인 상왕조 때에 이르기까지 일종의 신탁神託에 의해 국가의 대소사를 결정했다. 당시 신탁이 드러난 갑골복사를 해석하는 것은 곧 국가대사를 결정하는 의식이었다. 이는 모두 일종의 무당인 무사巫師가 담당했다. 이들을 흔히 '정인貞人'이라고 했다. 상왕조에서는 정인의 우두머리가 바로 왕이었던 것이다. 중국 학계에서 상왕조는 주왕조와 달리 동이족이 세운 나라라는 주장이 제기된 이유가 바로 여기에 있었다.

동이족은 중국의 한족이 자신들의 직계 조상으로 상정하고 있는 소위 '화하족華夏族'이 농경을 위주로 한 것과 달리 수렵 및 유목문화의 전통을 지니고 있었다. 동이족은 종교적인 색채를 짙게 띠고 있었다. 우리나라에 기독교가 극성하고 서양의 기독교와 달리 내세에 대한 구원보다 샤머니즘의 특징을 짙게 담은 현세에 대한 기복祈福신앙의 성격이 유독 강한 것도 동이족의 이같은 동이족의 전통과 무관치 않을 것이다. 추방사회를 이룬 초기 고조선의 군장인 단군檀君 역시 상왕조의 정인과 같이 추방사회 및 고대국가의 우두머리로 존재했다. 현대 한국어에서 무당의 고객을 뜻하는 '단골'은 '단군'이 변한 말이다. 당초 단군이 어떤 성격의 군장으로 존재했는지를 짐작케 해주는 대목이 아닐 수 없다.

이같은 점에서 볼 때 상왕조의 역대 왕들이 일종의 무당이었다는 것은 그리 이상한 일도 아니었다. 상왕조의 시기는 용산문화의 시기에 출현한 여러 신화가 문자로 정립되는 시기에 해당한다. 이 시기에 상왕조는 왕조의 정통성을 강조하기 위애 신화를 전설로 바꿔놓았다. 이는 농경문화가 더욱 극성하게 된 사실과 무관치 않았다. 중국의 신화는 주왕조의 시대로 넘어가면서 신화적인 색채가 완전히 탈색되었다. 인간 중심의 중국문명의 특징이 바로 상왕조를 거쳐 주왕조의 시대에 들어와 확정된 것이다. 중국은 서양과 달리 기원전 수천 년 전에 이미 신화에 관심을 접어버린 셈이다. 이는 인간의 생활을 규정하는 데 신이 더 이상 필요없다는 생각에 따른 것이었다.

당연한 결과로 춘추전국시대를 거쳐 진한秦漢제국의 시대로 접어들면서 대부분의 신화가 사서와 경전 안에 역사적 사실로 삽입되었다. 대표적인 경우가 바로 삼황오제와 우禹인 것이다. 이로 인해 이들은 이제 신화 및 전설상의 인물이 아니라 역사적 실존 인물로 탈바꿈했다. 그러나 경전과 사서에 편입되지 못한 신화의 주인공들은 이단적인 허구로 간주되어 가차없이 폐기되었다. 중국에서 가장 오래된 신화서인 『산해경』이 수천 년 동안 이단의 기서奇書 내지 신빙성이 없는 조잡한 지지地誌 정도로밖에 취급 받지 못한 이유가 바로 여기에 있다. 이는 중국문명이 조기에 고도의 농경문화를 완성함에 따라 자연의 순환과 인간의 이성을 중시한 사실과 불가분의 관계를 맺고 있다.

전래의 신화에 대한 이같은 정제淨濟작업은 사마천에 의해 최초로 시도되었다. 그는 전래의 신화 중 삼황오제와 요·순의 신화만을 선택해 이를 마치 역사적 사실인 양 『사기』에 기록해 놓았다. 사마천의 이같은 작업은 주변국에도 커다란 영향을 미쳤다.

대표적인 실례로 우리나라의 고려조 때 나온 『삼국사기三國史記』를 들 수 있다. 원래 삼국시대 당시 이미 관찬 역사서가 있었다. 고구려의 『유기留記』와 백제의 『서기書記』, 신라의 『국사國史』 등이 그것이다. 그러나 이들 사서는 모두 현전하지 않고 있다. 이는 12세기경 김부식金富軾이 『삼국사기』를 저술하면서 전래의 고대 신화를 모두 삭제해 버린 사실과 무관치 않다. 이를 두고 당시에도 많은 논란이 있었다. 일연一然 선사가 『삼국사기』에서 누락된 단군신화 등을 역사적 사실로 간주해 『삼국유사三國遺事』에 편입한 것도 바로 김부식류의 사관史觀에 대한 비판의식에서 나온 것이다.

일본의 경우는 7세기 중엽에 나라가 패망한 뒤 일본으로 건너온 고구려와 백제의 유민을 적극 수용해 독자적인 사서를 만들어냈다. 그것이 바로 8세기 초에 나온 『일본서기日本書紀』이다. 일본 최초의 사서인 『일본서기』는 우리의 『삼국사기』보다 무려 5백 년이나 앞서 나온 것이다. 일본인들은 『일본서기』를 저술할 때 백제의 『서기』를 대거 인용했다. 많은 학자들은 『일본서기』가 백제의 『서기』를 너무 많이 인용한 데 놀라움을 금치 못하고 있다. 『일본서기』를 백제 『서기』의 번안물로 보는 견해가 나오게 된 것도 바로 이때문이다.

　우리가 여기서 주목할 점은 『일본서기』는 첫 대목부터 사마천의 『사기』와 마찬가지로 중국의 모든 신화를 역사적 사실로 간주해 이를 모두 사서에 기록해 놓았다는 점이다. 일본인들은 지금까지도 『일본서기』에 나오는 신화적인 애기를 모두 역사적인 사실로 간주하고 있다. 여기서 우리는 같은 중국문명권 내에 존재했던 한·중·일 3국 사람들이 자신들의 신화체계에 대해 어떤 생각을 갖고 있는지를 극명하게 확인할 수 있다.

　중국의 사마천은 신화의 주인공 중 치도治道의 이념형에 맞는 애기만 선별해 역사적 사실로 승화시켜 놓았다. 우리나라의 김부식은 단군신화를 비롯한 일체의 신화와 전설을 모두 허구로 간주해 완전히 누락시켜 버렸다. 일본의 경우는 8세기 초에 최초로 관찬 사서를 내면서 모든 신화를 『일본서기』에 끼워넣어 이를 역사적 사실로 바꿔놓았다. 과연 어느 자세가 옳은 것일까.

　객관적으로 볼 때 우리나라가 가장 강도 높은 이념적 경직성을 보였고, 중국이 그 중간, 일본이 가장 유연한 모습을 보였다고 할 수 있다. 이를 거꾸로 해석하면 일본이 가장 극단적인 역사왜곡을 자행했고, 중국이 그 중간, 한국이 가장 역사적 사실에 가깝게 기록한 것으로 볼 수도 있다. 실제로 김부식은 역사적 사실에 부합하는 것만을 골라 『삼국사기』를 편수했다고 주장한 바 있다.

　김부식은 일응 실증주의적인 사관을 갖고 있었던 셈이다. 이는 그가 스스로 도학자였음을 강조한 사실과 무관치 않을 것이다. 그러나 김부식의 이같은 사관은 적잖은 문제를 내포하고 있다. 우선 김부식 자신이 그토록 확고하게 믿었던 역사적 사실이라는 것 자체가 일종의 독선적 편견에 불과하다는 점을 들 수 있다. 신화학의 관점에서 볼 때 모든 신화와 전설은 선사시대 조상들의 사고와 생활양식을 구전으로 기록한 것이다. 김부식은 『삼국사기』를 편수하면서 사마천의 『사기』를 전범典範으로 삼았다. 그러나 그는 단군신화와 발해사 등을 삭제해 버렸다. 그의 소행은 사마천이 삼황오제와 같은 신화를 왜 역사 속으로 끌어들였는지를 전혀 의식하지 못했다는 애기밖에 안 된다. 김부식이 단재檀齋 신채호申采浩로부터 통렬한 비판을 당한 이유 가 바로 여기에 있다.

단군신화를 비롯해 한국 상고사에 나타나는 신화는 단지 문자로만 기록되지 못했을 뿐 신석기시대의 추방사회 모습을 간접적으로 전해주고 있다. 이같은 관점에서 보면 신화는 문자로 기록되는 역사의 외연을 확장시켜 주는 또 하나의 역사서술 방식이라고 할 수 있다.

문자가 없다고 하여 역사마저 없었던 것은 아니다. 아직까지도 세계의 수많은 소수 민족 중 문자를 지니지 못한 경우가 적지 않다. 그들은 자신들의 역사를 구전으로 전하고 있다. 구전은 불완전할 수밖에 없다. 또한 인간의 불완전한 기억과 기억의 한계 등으로 인해 도중에 그 내용을 변용하거나 매우 중요한 내용을 누락시킬 여지가 많다. 그러나 먼 옛날의 조상에 관한 애기는 신화적인 애기의 형식으로 구전될 수밖에 없다. 굳이 문자로 표기된 것만을 역사로 간주할 이유가 하등 없는 것이다. 선사시대와 역사시대의 분기점을 오직 문자기록의 존재 여부만으로 칼로 무 자르듯이 명확히 구분할 수 있는 것도 아니다.

우리가 여기서 주목할 점은 김부식의 이같은 소행으로 인해 우리

스스로 한민족을 하나로 묶을 수 있는 상징체계를 폐기했다는 점이다. 설령 단군신화가 역사적 사실이 아닐 것이라는 신념을 지녔다 할지라도 이를 아예 무시한 것은 자국의 역사를 비시卑視한 데서 비롯된 것이다. 그가 단재로부터 사대주의자로 매도당한 이유가 바로 여기에 있다. 단재는『조선상고문화사朝鮮上古文化史』「단군시대」에서 이같이 통탄한 바 있다.

> 김부식은 우리의 역사를 반도 안에 처박힌 편협한 소국의 역사로 만들기로 작정한 것이 아니냐.

우리들은 중국인들이 자신들의 문자로 기록되지 못한 용산문화 시기의 추방사회를 허구의 왕조국가로 미화한 사실에 주목할 필요가 있다. 결코 이를 비역사적인 자세라고 매도해서는 안 된다. 중국인들은 오히려 자신들의 상고사에 대해 무한한 자부심을 느낀 나머지 이같이 표현한 것이다. 사마천이 삼황오제와 우의 존재를 역사적 사실로 간주해 이를『사기』에 기록한 이유가 바로 여기에 있었다.

황제상黃帝像

현재 중국은 우리의 단군에 해당하는 황제를 자신들의 조상으로 열심히 떠받들고 있다. 지금도 해마다 청명절淸明節이 되면 중국공산당의 많은 고위 간부와 수많은 참배객들이 섬서성 황릉현黃陵縣에 있는 황제릉을 찾아가 대대적인 제사를 올린다. 일본의 경우는 더욱 심하다. 일본인들이 자신들의 조상으로 떠받들고 있는 천조대신天照大御神 : 아마테라스 오오미카미은 반신반인半神半人이다. 일본인들은 천조대신을 떠받들면서 스스로를 천손天孫이라고 자부하고 있다. 일본은 천조대신이 역사적 실존 인물인지 여부를 놓고 논쟁을 벌인 적이 없다. 그런데도 유독 우리만이 단군신화를 놓고 소모적인 논쟁을 계속하고 있는 것이다.

중국인과 일본인들이 역사적 사실로 확신하기 때문에 황제와 천조대신을 자신들의 조상으로 숭상하는 것이 아니다. 그들은 황제와 천조대신이 민족 전체를 하나로 통합시키는 핵심적인 상징 장치로 기능하고 있음을 통찰하고 있는 것이다. 먼 옛날의 선조에 관한 얘기가 역사적 사실에 기초한 것인지 여부는 중요치 않다. 전민족을 하나로 규합할 수 있는 기능 자체만으로도 높이 받들 가치가 있다. 이는 개인들의 종교적 취향 및 신념 등과는 아무런 상관이 없는 것이다.

신화에 대한 동양 3국의 이같은 입장 차이는 사실 자신들의 운명을 만들고 개척하는 데 결정적인 배경이 되었다. 중국은 일단 먼 조상들에 관한 신화를 역사 속으로 끌어들이는 총명함을 보여주었다. 그러나 중국은 도학적인 신화만을 역사 속으로 끌어들인 결과 화이관華夷觀을 더욱 경화시켰다. 그 결과 중국의 한족은 숱한 이민족의 침략으로 커다란 고통을 당해야만 했다. 이는 고대 그리스인들이 자신들만이 문화민족이라고 자처하면서 이민족을 바르바로이barbaroi로 멸시하다가 패망당한 것에 비유할 수 있다.

역대 중국의 왕조 중 중국의 모든 문화를 상징케 된 왕조는 진나라에 뒤이어 일어난 한漢제국이다. 오늘날까지 한문漢文과 한어漢語, 한족漢族, 한인漢人 등의 용어가 중국문화를 상징하는 용어로 사용되고 있는 예가 대표적인 실례이다. 중국은 왜 수많은 중국의 역대 왕조 중 한제국을 자신들의 역사문화를 상징하는 왕조로 상정한 것일까. 이민족이 세운 원나라와 청나라를 제외하는 것은 이해할 수 있으나 왜 당나라와 송나라, 명나라 등을 자신들의 역사문화를 대표하는 왕조로 상정하지 않은 것일까.

당나라의 경우는 실질적 건국자인 당태종 이세민李世民이 서쪽 이민족 출신이었을 뿐만 아니라 당나라 자체가 너무나 국제적인 성격을 짙게 띠고 있었다. 당연히 한족의 특징이 상대적으로 적을 수밖에 없었다. 송나라의 경우는 북송대의 1백 년간을 제외하고는 줄곧 남쪽으로 쫓겨가 힘겹게 북방의 이민족과 대치해야만 했다. 송인宋人은 세계제국인 원나라 때 가장 낮은 신분의 사람을 지칭하는 비어卑語였다. 명나라는 한나라와 더불어 한족의 역사문화를 대표할 만한 왕조였다. 그러나 건국 초기에 잠시 반짝 융성했던 시기를 빼놓고는 늘 이민족의 위협에 시달리면서 환관들의 발호로 약세를 면치 못했다.

대략 이같은 이유 등으로 인해 중국인들은 자신들의 역사문화를 대표하는 왕조로 한제국을 선택했을 공산이 크다. 또 사실 가장 극성했던 한무제漢武帝의 치세 때 중국의 역사문화적 특징이 거의 확정되었다는 점에서 볼 때 일응 타당한 선택이기도 하다. 한무제는 유가사상을 유일무이한 국가 통치사상으로 확정한 바 있다. 이후 중국에서는 유가에서 성인으로 받드는 인물들을 극단적으로 미화하는 작업을 계속해 왔다. 남송대에 성리학이 나타난 이후로는 이같은 경향이 더욱 강화되었다.

유가에서 성인으로 미화한 모든 신화 속의 인물들이 마치 실존했던 역사상의 인물로 둔갑한 것도 문제였지만 더욱 큰 문제는 추방사회의 기록인 신화를 허구로 몰아간 점이다. 삼황오제 등을 신화적인 인물로 그대로 놓아두었다면 역사적 진실에 대한 보다 정밀한 탐사를 가능케 했을 것이다. 그러나 유가사상이 유일무이한 통치사상으로 정립되면서 이같은 가능성은 애초부터 봉쇄되고 말았다.

이는 두 가지 점에서 문제가 있었다. 하나는 비역사적 이상주의를 강화시킨 점이다. 삼황오제와 우는 특정한 실존 인물이 아니었다. 앞서 언급한 바와 같이 이들 모두 추방사회에 나타났던 중심적 인물들에 대한 상징적인 표현에 불과할 뿐이다. 그러나 유가의 이상주의에 의해 이들 모두가 실존했던 역사적 인물로 간주됨에 따라 사상적 경색이 초래되었다. 춘추전국시대만 하더라도 결코 이들이 숭배된 적이 없었다.

한비자와 같은 법가사상가들은 유가사상가들이 성군으로 추앙한 삼황오제와 우 등을 허구적 인물 내지 원시부족사회의 부족장 정도로 여겼다. 현대의 고고인류학적 관점에서 볼 때 한비자의 이같은 분석이 맞는 것임은 말할 것도 없다. 중국문명이 분석적이면서도 과학적인 측면이 극히 취약하게 전개된 모든 책임을 유가에게 씌울 수는 없으나 일정 부분 그들에게 책임을 묻지 않을 수 없는 것이다.

다른 하나는 중국문명의 특징 중 하나로 거론되고 있는 화이관을 더욱 경화시켰다는 점이다. 중국사 전체를 역사지리적으로 개관할 때 황하의 중하류에서 중국문명의 원형이 탄생케 된 것은 사실이나 원나라 이후에는 현재의 북경을 중심으로 한 북중국이 사실상의 중원이 되었다. 춘추전국시대까지만 하더라도 현재의 북경은 북변의 나라에 해당하는 연燕나라의 도성에 불과했을 뿐이다. 연나라는 전국시대 후기에 들어와 비로소 열국과 어깨를 나란히 하게 되었으나 진시황에 의해 사라진 이후 근 1천여 년 동안 별다른 역할을 수행치 못했다. 현재의 북경인 연경燕京이 중국사에서 중심지로 부상한 것은 바로 몽골족이 대원大元 제국을 건립한 이후이다.

삼국시대가 끝난 뒤 나타난 남북조시대를 비롯해 당나라가 멸망한 뒤 나타난 오대십국五代十國의 시대에 북중국은 이미 앙소문화와 용산문화를 이뤘던 한족의 역사가 아니었다. 현대 중국의 판도를 이루고 있는 내몽골과 티벳, 만주 등지에 살던 이민족들은 이미 춘추전국시대 이전부터 중국의 한족과 주도권을 잡기 위해 치열한 각축전을 전개했다. 이 와중에 화이관이 등장했던 것이다.

사마천은 『사기』를 저술하면서 앙소문화와 용산문화의 정맥을 잇는 상나라와 주나라만을 중국사의 원류로 간주한 나머지 황제를 비롯한 삼황오제와 우禹만을 역사적 인물인 양 미화하고 나섰다. 이는 화이관에 기초한 편협한 세계관을 강화시키는 데 결정적인 공헌을 했다.

중국의 상고사를 개관할 때 중원 주변의 이민족들은 결코 열등하지 않았다. 우리 민족의 먼 조상인 고조선·부여족을 비롯한 소위 동이東夷족은 요遼와 금金을 비롯해 중국 역사상 가장 넓은 판도를 개척한 청淸 등의 대제국을 건설했다. 흔히 서융西戎으로 불린 서쪽의 이민족은 천하를 가장 먼저 통일시킨 진秦나라를 포함해 당唐과 서하西夏 등의 대제국을 건설했다. 북적北狄으로 지칭된 북쪽의 이민족은 유라시아 대륙을 사상 최초로 석권한 원元 제국을 건설한 바 있다. 남만南蠻으로 불린 남쪽의 이민족은 비록 중원을 제압하는 대제국을 건설한 적은 없으나 춘추시대 후반기를 제패한 월越나라 등을 세운 바 있다.

신석기시대 · 채도세경병彩陶細頸瓶

그럼에도 중국은 줄곧 화이관에 입각해 주변국가를 야만시하는 잘못을 범해 왔다. 이는 역설적으로 이민족의 국가가 들어섰을 때 중국이 가장 극성한 모습을 보이는 역설을 낳았다. 서융 출신인 당제국의 이세민은 당시 중국을 가장 국제적인 나라로 만들었고, 동이 출신인 청제국의 강희제康熙帝와 옹정제雍正帝, 건륭제乾隆帝는 중국 역사상 가장 황금기에 해당하는 태평성대의 치세를 만들어냈다.

이와는 정반대로 앙소문화와 용산문화로 소급되는 중국문명의 정통을 강조한 송대宋代와 명대明代는 화이관을 극도로 강조한 나머지 주변국과 끊임없는 마찰을 빚다가 이내 패망하고 말았다. 청제국 말기에 손문孫文은 중국 내의 전민족을 대동단결시켜 서구의 제국주의 세력에 맞서기는커녕 한족에 의한 만주족 타도를 기치로 내세운 나머지 결국 중국을 반식민지 상태로 만들고 말았다. 이에 반해 강유위康有爲는 손문의 편협한 민족관을 질타하며 중국 내의 전민족을 하나로 통합한 입헌군주제의 개혁을 주창했다.

당시 강유위는 중체서용中體西用의 변법變法을 통해 중국을 새롭게 혁신할 수 있다고 확신했다. 만일 중국이 강유위의 변법을 성공시켰다면 전세계의 역사는 완전히 다르게 전개되었을 공산이 컸다. 그러나 불행하게도 중국은 자신의 모든 것을 폐기하고 서양문명을 아무런 여과도 없이 그대로 직수입하는 길을 선택했다. 그 결과 중국은 동쪽 변방의 오랑캐로 야만시했던 일제에 의해 혹독한 시련을 당해야만 했다.

제2차 세계대전 이후 비록 일제를 몰아내고 새로운 중국을 건설하기는 했으나 심각한 이념갈등으로 수십 년 동안 엄청난 시행착오를 거쳐야만 했다. 물론 여기에는 국제정치의 복잡한 요인이 작용했다. 그러나 최소한 중국 내의 수많은 지식인들이 자신의 정체성을 상실한 채 맑시즘을 비롯한 서양의 문화를 맹종한 데 따른 부작용인 것만은 부인할 수 없다. 이는 따지고 보면 경색된 화이관의 반작용에 해당한다.

일본의 경우는 비록 스스로 천하의 중심이라고 자처했지만 내심 자신들이 동쪽 변방의 끝에 위치해 있었다는 사실을 익히 알고 있었다. 대륙과 한반도로부터 뛰어난 문화를 수입키 위해 혈안이 되었던 일본인들은 1853년에 미국의 페리 제독에 의해 강제로 문호개방을 하게 되자 오히려 세계의 제국주의 흐름에 편승키 위해 혼신의 노력을 기울였다. 그 결과 1868년의 메이지유신에 힘입어 대만과 조선을 차례로 병탄케 되었다. 일제는 마침내 1930년대에 이르러서는 만주를 점거하고 중국 대륙마저 석권하는 아시아 최고의 패권국이 되었다.

당시 일제는 장차 중국을 완전히 손아귀에 틀어쥘 생각으로 일본을 동아시아의 중심국가로 규정한 뒤 이를 토대로 유럽 중심의 세계질서를 재편코자 했다. 이는 '동아협동체東亞協同體'로 구체화되었다. 일제는 이를 이론적으로 뒷받침하기 위해 지식인들을 대거 동원했다. 얼마 후 '동아협동체' 구상은 일제의 침략범위가 남방의 동남아시아지역으로 확대되면서 '대동아공영권大東亞共榮圈' 이념으로 재구성되었다.

여기에는 좌우를 막론하고 일본의 모든 지식인들이 거국적으로 동원되었다. 당시 일본의 좌파 지식인들은 자발적으로 이에 적극 동참해 맑스주의적 관점에서 일제의 침략을 미화하고 나섰다. 대표적인 인물로 전후에 일본 공산당의 이론가로 활약한 히라노 기타로平野義太郎를 들 수 있다. 그는 『대아시아주의의 역사적 기초』에서 이같이 주장하고 나섰다.

> 일·만·화의 동아와 남양을 포함하는 대동아, 인도를 포함하는 동양의 여러 민족을 결집시키고 영미의 동양침략을 축출하여 대아시아의 일체 기반을 구축할 수 있는 기반은 무엇인가. 일본은 3천 년 동안 동양문화의 정수를 체현해 대륙문화와 해양문화의 중심점에 국가를 이룩했다. 또 근세에 이르러 서양의 문화와 과학을 섭취해 동서양의 문화를 융합하면서 동양의 중심세력이 되어 왔다. 일본은 동양문화가 근대적으로 하나로 융합되는 장래를 예견하고 궤도를 정하는 데 적임자라고 할 수 있다.

일본이 '성전聖戰'으로 미화한 '대동아전쟁大東亞戰爭'은 본질적으로 일제의 전략적 시야가 남태평양의 여러 지역으로 확대된 데 따른 것이었다. 당시 무한대로 확장하고 있는 일제의 전략적 시야를 학술적으로 뒷받침한 대표적인 학자가 바로 교토대의 야노 진이치矢野仁一였다. 그는 역사지리학적 분석을 통해 남방권을 포함한 '대동아' 개념을 만들어냈다. 그가 제창한 '대동아' 개념은 서양과 동양, 서구 식민주의와 아시아 민족주의, 종속과 자립이라는 대립 개념의 틀 속에서 이념화되었다. '대동아공영권'은 바로 일제의 침략전선 확대를 호도키 위한 간교한 언어유희에 지나지 않았던 것이다.

당시 일제의 군부세력은 '대동아전쟁'을 성전으로 선전하면서 조선인과 중국인을 비롯해 일제의 새로운 세력권에 들어온 남방의 아시아인들을 전쟁에 적극 동원코자 했다. 이는 미국을 상대로 한 '태평양전쟁'을 전개하면서 더욱 절실한 과제로 등장했다. 당시 이들이 동원한 논리가 바로 '근대초극론近代超克論'이었다. 이는 장차 아시아인이 주체가 되는 공동번영체를 건설키 위해서는 서구 제국주의자들이 아시아 침탈의 구실로 내세운 '근대론'을 초극해야만 한다는 논리였다.

많은 아시아 식민지 국가의 지도자와 지식인들은 이 이론에 크게 공명했다. 현대 베트남의 국부로 숭앙받고 있는 호치민胡志明 등이 이를 액면 그대로 받아들여 적극 동조하고 나섰다. 그러나 사실 일제가 내세운 '근대초극론'은 광대한 아시아지역에 일본을 중심으로 한 새로운 아시아 체제를 구축하는 데 그 목적이 있었다. 엄밀한 입장에서 볼 때 이는 착취의 주체가 서구 제국주의자에서 일제로 바뀌는 것에 불과했다.

'근대초극론'은 일견 메이지유신 당시 일본 개화사상의 정신적 지도자인 후쿠자와 유키치福澤諭吉가 내세운 소위 '탈아입구론脫亞入歐

論'과 배치되는 것으로 보인다. 그러나 그 이면을 들여다 보면 '근대 초극론'은 사실 후쿠자와의 '탈아입구론'을 교묘히 포장한 것에 지나지 않았다. 문명이 정체된 아시아를 탈피해 문명화된 서구를 추종하자는 후쿠자와의 '탈아론' 속에 이미 '근대초극론'의 씨가 배태되어 있었던 것이다. 이는 1882년 3월 11일자 『지지신뽀時事新報』 사설에 게재된 그의 다음과 같은 주장을 보면 쉽게 알 수 있다.

> 지금 아시아는 마음을 모으고 힘을 합쳐 서양인의 침탈을 막아야 한다. 이때 어느 나라가 그 선두를 맡아 맹주가 되어야 할 것인가. 마음을 비우고 이 사태를 지켜보니 맹주가 될 수 있는 나라는 오직 우리 일본이라고 하지 않을 수 없다.

이를 통해 후쿠자와가 내세운 '탈아입구'의 궁극적인 목표가 바로 아시아 전역에서의 패권 확립에 있음을 분명히 알 수 있다. 이는 메이지유신 이래 '태평양전쟁'이 일어날 때까지 조금도 변치 않고 지속된 일제의 기본 책략이기도 했다. 일제는 조선과 중국을 침략할 때는 '탈아입구론'의 '근대론'을 원용해 야만적인 조선과 중국은 문명화된 일본에 의해 개화되어야만 한다는 논리를 전개했다. 그러나 미국과 개전할 때에는 조선인과 중국인 등을 이용하기 위해 '근대초극론'을 내세운 것이다. 간교하기 짝이 없는 논리전개가 아닐 수 없었다.

1945년에 터져나온 일본의 무조건 항복선언과 1949년에 나타난 중화인민공화국의 성립은 일제의 논리가 일거에 와해되었음을 의미했다. 이는 동시에 중국을 야만시하며 오직 일본만이 아시아에서 유일하게 선진 유럽과 어깨를 나란히 할 수 있다는 일본 근대화의 길이 좌절되었음을 의미했다. 그렇다면 일본은 곧 이웃 한국 및 중국에 대해 과거의 잘못을 솔직히 사죄하고 새로운 선린우호 관계를 맺는 것이 도리였다. 그러나 일본은 오히려 일제시대가 없었다면 오늘날 한국과 중국의 발전이 없었을 것이라는 궤변을 동원하며 과거의 침략을 정당화하는 한심한 작태를 보이고 있다. 메이지유신 때의 '탈아입구론'과 태평양전쟁 당시의 '근대초극론'에 입각한 일본 중심의 아시아주의가 무너졌음에도 불구하고 일본이 아직까지 황당한 '식민지개발론'을 들먹이고 있는 이유는 무엇일까. 여기에는 전후 '일본 지성계의 텐노오天皇'로 불리는 마루야마 마사오丸山眞男 : 1914-1996의 무비판적인 서구적 근대론이 자리잡고 있다.

원래 마루야마는 도쿄대 법학부 정치학과 조교 시절 스승인 난바라 시게루南原繁의 지도 아래 일본의 역사에 나타난 '근대'의 기원을 찾아내 당시 사상계를 지배하고 있던 '근대초극론'에 대항코자 했다. 난바라 시게루는 헤겔과 칸트의 독일관념론에 심취한 인물이었다. 그는 말년에 피히테 철학에서 개인과 사회공동체의 이상을 내적으로 결합시킨 '문화사회주의' 개념을 찾아내고자 했다. 그는 독일에서 유학하던 시절 칸트와 헤겔에 침잠했으나 니시다 기타로오西田幾多郞와 같은 철학자들이 독일 관념론의 순수 사변구조에 몰입한 것과 달리 개인주의와 전체주의 등과 같은 정치철학적 과제에 탐닉했다. 난바라의 이같은 관심이 제자인 마루야마로 하여금 '근대초극론'에 대항하는 '일본근대기원론'을 탐사토록 하는 데 결정적인 배경이 되었던 것이다.

결국 마루야마는 조교 시절인 1940년에 대표적인 논문인『근세유교의 발전에서 소라이학의 특질과 국학의 관계』를 발표했다. 그는 이 논문에서 고학파古學派인 오규 소라이荻生徂徠가 주장한 '성인聖人의 작위作爲' 개념을 통해 '전근대적' 주자학의 해체와 '근대적' 고학파의 성립과정을 논증했다. 오규 소라이가 말한 '성인의 작위'는 전국시대 말기에 태어난 춘추전국시대의 모든 사상을 사실상 통합한 순자荀子의 '성인의 위僞 : 거짓이 아닌 작위의 뜻임' 개념을 차용한 것이다. 순자가 말한 '위' 개념은 곧 국가의 전장典章을 포함한 모든 공적인 예제禮制를 뜻했다.

근대주의자 마루야마는 오규 소라이로부터 일본 특유의 '근대적 사유'의 원형을 발견해냄으로써 당시 사상계를 지배했던 '근대초극론'을 극복코자 했던 것이다. 그러나 이는 오히려 근대초극론자들이 극복하고자 했던 헤겔 및 맑스의 '동양적 전제'와 '아시아적 정체'를 당연한 것으로 받아들이도록 강요했다. 마루야마는 일본 제왕학의 독자성을 오규 소라이로부터 찾아냈음에도 불구하고 끝내 '근대'의 주박呪縛에서 벗어나지 못함으로써 헤겔의 천박한 동양관을 무비판적으로 받아들이는 결과를 초래했던 것이다. 마루야마가 '근대' 개념을 통해 일제의 침략전쟁을 비판했음에도 불구하고 일제가 저지른 만행에 대한 통찰이 결여돼 있다는 느낌을 주는 이유가 바로 여기에 있다.

이는 기본적으로 근대주의자 마루야마 자체가 바로 후쿠자와 유키치의 '탈아입구론'에 깊이 경도된 데 따른 것이었다. 그가 만년에 후쿠자와 유키치의 저작인『문명론지개략文明論之槪略』에 대한 주석서로 펴낸 『'문명론의 개략' 읽기』상·중·하, 1986를 보면 '근대'에 관한 그의 편협된 시각을 쉽게 알 수 있다. 그는 이 책에서 이같이 말했다.

> 탈아(脫亞)는 어디까지나 시사론(時事論)이었던 데 반해 입구(入歐)야말로 원리론(原理論)입니다. '입구'가 원리론이라는 의미는 '서구적 국가 시스템'에 가입하는 것을 뜻합니다. 청나라와 이씨조선도 원리론의 차원에서는 자주적으로 가입하는 길이 열려 있었습니다. 양국 모두 한 번이나 두 번 변하면서 그 길을 걸어 왔습니다.

마루야마는 '서구적 국가 시스템'에 가입한다는 원리론의 관점에서 제국주의 종주국인 일본과 그 피해자였던 조선과 청나라를 같은 위치에 올려놓음으로써 일제의 책임을 교묘히 논의 대상에서 배제시켜 버린 것이다. 전후에 일본의 지식인들이 헤겔과 맑스의 천박한 동양관을 거의 무비판적으로 수용케 된 데에는 철저한 서구적 근대주의자인 마루야마의 이같은 태도가 결정적인 영향을 미쳤다. '근대' 자체에 대한 물음을 '근대적 사유의 성숙' 여부에 대한 물음으로 전환시켜 버린 그의 학설은 서구적 근대에 대한 근원적인 회의가 완전히 결여되어 있었다.

당초 근대초극론자들은 비록 일제의 침략을 미화하는 데 이용당하기는 했으나 서구적 근대 개념을 초극코자 노력했던 것이 사실이다. 그러나 근대주의자 마루야마는 이에 대해 아무런 의심도 품어본 적이 없었던 것이다. 마루야마의 근원적인 한계가 바로 여기에 있다. 서구적 근대에 대한 비판의식이 결여된 마루야마의 근대주의야말로 일본의 철저한 자기 반성을 저해한 결정적인 배경이 되었다고 해도 과언이 아니다.

전후에 일본은 마루야마가 일제의 전쟁행위를 전근대적 천황제 국가의 책임으로 전가시킨 데 힘입어 헤겔의 왜곡된 동양관을 부활시켰다. 마루야마의 근대주의는 그가 의도했는지 여부와 상관없이 결과적으로 일본주의와 근대주의를 상호 결합시킴으로써 일제의 만행을 논외로 밀어내고 메이지유신 이래의 근대화를 정당화한 셈이다. 일본 정부 및 우파 지식인들이 이웃 한국과 중국에 대해 사과는 커녕 오히려 고압적인 자세를 취하는 것도 따지고 보면 후쿠야자 유키치와 마루야마 마사오의 한 서구 근대주의 논리를 흡입한 데 따른 것이다.

그러나 더욱 한심한 것은 아직까지 한국의 일부 지식인들이 헤겔과 맑스의 왜곡된 동양관에 기초한 서구적 근대주의에 함몰된 나머지 '일제 강점기 하의 한반도 발전론'을 거론하고 있는 점이다. 이들의 이같은 주장은 19세기 말기와 같이 일본만이 급속한 서구화를 통해 서구 제국주의자들과 어깨를 나란히 할 때의 상황이라면 이해하지 못할 바도 아니다. 당시는 조선뿐만 아니라 대다수 중국의 지식인들까지 일본의 놀라운 성과에 찬탄을 금치 못하면서 자신들의 역사 문화적 독창성 등에 관해 자부심을 상실한 채 정신적으로 방황할 때였다.

그러나 중국문명이 이룬 정신문화사적 관점에서 보면 중국은 결코 맑시즘과 같은 변방의 이념에 침잠할 나라가 아니다. 맑시즘은 중국 전래의 정신문화와 맞지도 않을 뿐만 아니라 21세기형의 중화질서를 재구축코자 하는 중국 수뇌부의 노선과도 맞지 않는다. 중국은 맑시즘의 낡은 껍데기를 벗어던질 때 진정한 의미의 동북아시대의 주역이 될 수 있다. 현대 중국호는 이미 그같은 방향으로 쾌속 항진하고 있다. 유독 우리만이 뒤늦게 소모적이면서도 퇴영적인 이념논쟁에 휩싸여 있을 뿐이다. 중국을 침체의 늪으로 빠뜨리는 데 결정적 배경이 된 문화대혁명이 한국에 역수출되어 21세기의 한국에 깊은 음영陰影을 드리우고 있다.

최근 중국은 소위 고구려 공정工程문제를 포함해 여러 사안을 둘러싸고 우리나라를 비롯한 주변국과 적잖은 마찰을 빚고 있다. 이는 손문이 신해혁명辛亥革命을 일으킬 때와 정반대의 상황이라고 할 수 있다. 현재 학자들 중 21세기의 중국이 장차 동북아의 패권을 장악한 뒤 현재 세계 유일의 초강대국으로 군림하고 있는 미국과 자웅을 겨루려고 한다는 것을 의심하는 사람은 거의 없다. 중국은 틀림없이 그쪽으로 나아갈 것이다.

그렇다면 21세기 초엽부터 한반도는 바로 세계의 동서 세력이 힘을 겨루는 각축장이 될 수밖에 없다. 불과 1세기 전의 구한말 상황이 재현될 가능성이 높은 것이다. 그 어느 때보다도 위정자들의 뛰어난 식견과 영도력, 절묘한 교섭력 등이 절실히 필요한 시점이 아닐 수 없다. 그러기 위해서는 자신들의 먼 조상에 대한 기본 인식부터 제대로 정립할 줄 알아야 한다. 단군신화를 재정립해야 하는 이유가 바로 여기에 있다.

민족의 공통된 조상을 보유치 못한 나라가 어떻게 전국민을 하나로 뭉칠 수 있는지 스스로 반문해 볼 필요가 있다. 이를 편협한 종교적 관점에서 우상으로 폄하하는 등의 어리석음을 더 이상 범해서는 안 되는 것이다. 이는 스스로의 존립근거를 무너뜨리는 것이나 다름 없다.

이상 간략히 살펴본 바와 같이 신화의 시대를 어떻게 해석하고 받아들일 것인가 하는 문제는 단순히 학술적 차원에 머무는 문제가 아니다. 특히 우리의 경우는 중차대한 갈림길에 서 있다. 전민족을 하나로 묶어줄 신화체계가 존재하지 않고 있기 때문이다. 북한이 비록 단군을 민족통합의 구심점으로 내세우고는 있으나 너무 조작적이고 우상화 일변도여서 오히려 역효과를 빚고 있다. 한국의 위정자들은 단군문제에 대해 분명한 소신과 입장을 밝혀야만 한다.

중국은 이미 황제黃帝에 관한 논란을 사실상 마무리짓고 중국민족을 통합하는 구심점으로 삼고 있다. 일본은 이미 1천여 년 전부터 아마테라스오오미카미를 일본의 공통조상으로 숭배해 오고 있다. 단군을 놓고 우상론偶像論의 수준에서 갑론을박하며 세월을 허송하고 있는 우리에게는 쓰디쓴 교훈이 아닐 수 없다.

3
황제론
【씨족장에 관한 전설이다】

　중국에도 인간적인 모습을 한 삼황오제가 나타나기 전에는 서양과 같이 인격적인 신이 존재한 적이 있었다. 앙소문화 시기에 등장한 '띠帝'가 바로 그것이다. 그러나 '띠'는 비록 최고신이기는 했어도 유일신은 아니었다. 언제부터인지는 확실치 않으나 용산문화 말기인 2천년 말경부터는 새로운 최고신인 '티엔天'이 등장하기 시작했다. '티엔'은 천명天命을 내리는 신이었다. 주왕조는 천명을 내세우며 상왕조를 뒤엎었다. 이에 주왕조에 들어와서는 신의 세계 역시 상왕조 때 숭앙받던 '띠' 대신에 '티엔'이 새로운 숭앙의 대상이 되었다. 이후 '티엔'은 새 왕조가 나타날 때마다 천명을 내려 새 왕조의 정당성을 뒷받침하는 신으로 이용되었다.

　중국문명을 특징짓는 '천자天子'와 '제왕帝王' 개념이 등장케 된 것은 '띠'가 '티엔'으로 변환한 사실과 밀접한 관련이 있었다. 실제로 중국은 주왕조 때에 들어와 고대왕국으로서의 모습을 완연히 드러내기 시작했다. 이는 서양에서 그리스의 '제우스'가 로마의 '쥬피터'로 대체되면서 서양 통치문화의 원형인 로마공화정이 등장한 것에 비유할 수 있다.

그러나 '티엔' 역시 서양의 '제우스' 및 '쥬피터'와 마찬가지로 이름만 바뀌었을 뿐 기본 역할은 '띠'와 동일했다. '띠'와 '티엔'은 모든 신을 통괄하면서 한발의 신이 인간에게 해를 끼치는 것을 막는 역할을 수행하기도 하고 인간의 생명을 좌우하기도 했다. 당연한 결과로 '띠'와 '티엔'의 대리자인 지상의 통치자 역시 동일한 기능을 수행해야만 했다. 중국문명의 원형 중 가장 중요한 요소가 된 '제왕통치'의 골격은 바로 '띠'와 '티엔'의 역할에서 유추된 것이었다.

원래 최초의 인격신인 '띠'는 특이한 모습을 하고 있었다. '띠'는 다음과 같은 3가지 특징을 지니고 있었다. 첫 번째는 인간과 동물의 요소로 인간의 눈과 동물의 뿔, 맹금의 발톱과 같은 것이 그것이다. 두 번째는 기하학적 문양의 요소로 소용돌이 형태의 코와 비뚤어진 하트 형태의 귀, 마름모꼴의 이마 등이 그것이다. 세 번째는 형성과정을 간단히 말하기 어려운 요소로 콧날에 서 있는 지느러미 형태의 모양과 꼬리 등이 그것이다.

'띠'는 대개 옷을 입지 않고 성기를 노출시킨 채 쭈그리고 앉아 있는 모습으로 나타나고 있다. 기원전 1천 년까지만 하더라도 인간의 형상을 한 신이나 죽은 인간의 혼귀는 벌거벗고 있는 것이 원칙이었다. 그러나 기원전 1천 년대의 말기부터 서기 2세기에 걸쳐 인간의 형상을 한 신이 점차 우위에 서고 동물의 형상이 점차 사라지게 된다. 외발 짐승을 뜻하는 '기夔'라는 문자는 바로 '띠'를 상형문자로 나타낸 것이다. 『서경』에 '기'는 상왕조의 오래된 조상의 하나로 기록되어 있다. '띠'는 봉鳳과 용龍을 사자로 두고 있었다. 학자들은 봉과 용 모두 '띠'의 역할을 수행한 부족과 긴밀히 협력한 부족을 상징한 것으로 보고 있다.

중국문명에서는 신석기 후기의 추방사회에서 상왕조에 이르기까지 천신과의 소통능력을 지닌 무사巫師가 다스렸다. 후대에 '천자'는 천도天道를 인간세상에 구현하는 소위 '인도人道'의 실천자로 해석된데 반해 '황제'는 주술적呪術的인 위령威靈을 지닌 신적인 지배자로 해석된 것도 이같은 전통과 무관치 않다. 상왕조는 비록 '천자'의 의미를 강조한 주왕조에 의해 무너졌으나 '황제' 개념을 통해 무사의 천하지배 전통을 남겨놓았던 것이다. 이는 『국어』「초어」에 나오는 다음과 같은 구절을 보면 쉽게 확인할 수 있다.

> 옛날에는 정명(精明)하고 전일(專一)한 사람이 있었다. 그들은 신령에 대해 능히 한마음으로 경배하면서 마음을 경건하고 성실하게 다스렸다. 그들의 지혜는 능히 천지신민(天地神民)들로 하여금 각기 그 자리를 잡게 할 수 있고, 그들의 도덕은 능히 먼 곳의 대지까지 두루 비출 수 있다. 그들의 안력(眼力)은 능히 천지를 통찰하고, 그들의 청력(聽力)은 능히 모든 것을 들을 수 있다. 이같은 사람에게는 신령이 곧 그 몸 위로 하강한다. 남자는 격(覡)이라 하고, 여자는 무(巫)라고 했다.

이를 통해 당시 무격巫覡이 얼마나 전지전능한 사람으로 인식되었는지를 알 수 있다. 무격이 되기 위한 전제조건이 바로 지성명총智聖明聰이었다. 하나라의 건국시조 우禹는 일부 신화 속에서 저절로 불어

127

나는 생명토인 식양息壤을 천상에서 가져다가 원초의 홍수 위에 흩뿌린 인물로 등장한다. 그는 원래 원시의 혼돈을 극복하고 대지에 질서를 확립한 융족戎族 계열의 부족신이었다. 춘추전국시대에 이르러 '신화의 역사화' 작업이 대대적으로 전개되면서 우 역시 삼황오제와 마찬가지로 역사적인 실존 인물로 전화되었다. 전설적인 하왕조가 후대인에 의해 창조된 배경이 바로 여기에 있다.

건국신화와 관련된 이들 무격은 대개 동굴과 깊은 관련을 맺고 있다. 우리나라의 단군신화에서 웅녀가 인간이 되기 위해 동굴에 머문 것도 고대인들이 동굴을 새로운 생명력을 부여하는 재생의 장소로 인식했음을 시사한다. 도가의 성인인 광성자廣成子가 동굴을 의미하는 공동空同 : 崆峒에 살고, 고대 촉蜀나라의 건국 시조인 잠총蠶叢이 민산岷山의 석굴에 거주한 것도 같은 맥락에서 이해할 수 있다.

『노자』의 허虛와 현빈玄牝이 생명력에 대한 원초적 관념을 내포하고 있는 것도 선사시대의 신화체계를 흡인한 결과이다. 현빈의 '현玄'은 '난卵이 처음 생성되는 모습'을 상형한 글자이다. 이 역시 생식 및 생명과 불가분의 관계를 맺고 있다. 자연과의 합일을 이룬 신선의 존재는 전국시대에 노장학이 개인적 양생술養生術로 변하면서 사대부들에 의해 점차 천시되었다. 이는 전국시대에 노자의 도가사상이 적극적인 통치술로 기능하지 못한 데 따른 것이었다.『장자』「소요유」에 보이는 다음 구절을 보면 당시의 상황을 대략 짐작할 수 있다.

> 황제(黃帝)는 광성자가 공동 위에 살고 있다는 말을 듣고 곧 그를 찾아가 만났다. 이어 그에게 묻기를, '나는 천지의 정기를 취

해 오곡(五穀)의 생산을 돕고 백성을 양육하고자 한다. 나는 또 음양을 다스려 군생(群生)을 순응케 하고자 한다. 어찌해야 이같이 할 수 있겠는가'라고 했다.

그러나 「소요유」는 광성자의 꾸지람을 받은 황제가 사죄하고 몸을 다스리는 장생술에 대해 묻자 광성자가 비로소 양생술을 설명하는 것으로 묘사해 놓았다. 광성자는 우주의 생명력을 관장하는 최고의 신이 도가적 성인으로 윤색된 인물이다. 원래 유가사상에 공명하는 사마천과 같은 사람들은 삼황오제의 신화체계는 역사체계로 탈바꿈시키면서도 광성자를 비롯한 여타의 신화는 일체 폐기한 바 있다. 그러나 유가사상가에 의해 폐기된 여타 신화체계의 주인공은 오히려 『장자』와 같은 도가서에는 유가에서 최고의 성군으로 받들어진 황제黃帝를 통렬히 꾸짖는 역사상의 인물로 등장하고 있다.

『장자』에 나오는 성인이나 지인至人은 생사를 초월해 관념적 자유를 만끽하는 존재로 묘사되어 있다. 이는 전국시대의 격렬한 사회변화에 적응하지 못한 이들이 현실에서 벗어나 절대의 경지에 도달코자 했던 열망을 반영한 것으로 풀이할 수 있다. 그러나 사실 춘추시대만 하더라도 『노자』에서 강조코자 한 것은 통치자의 덕으로서의 치술治術이었다. 그것이 전국시대에 들어와 완전히 개인적인 양생술로 해석돼 버린 것이다.

신화 속의 삼황오제와 우 등이 역사 속의 성군으로 전화되면서 이들이 베푼 원초적인 생명력으로서의 덕은 인간을 다스리는 치덕治德으로 바뀌었다. 이는 일응 '신덕神德의 인덕화人德化' 현상으로 풀이할 수 있다. 이에 반해 도가는 '신덕의 인덕화' 현상을 격렬히 비판하면서 원초적인 생명력으로서의 덕을 온존시키고자 했다. 도가에서 말하는 '도道'와 '덕德'은 유가에서 말하는 인의예지仁義禮智와 같은 일체의 인위적인 덕을 배격한 원초적 생명력을 의미한다.

전국시대의 묵적墨翟은 유가와 같은 길을 걸었다. 그러나 묵적의 사상은 유가사상과의 싸움에서 패해 결국 흔적도 없이 사라지고 말았다. 묵적은 숙명적인 결정론 대신 선인선과善因善果와 악인악과惡因惡果의 상황론을 개진하면서 선악에 상응하는 명확한 상벌을 강조하고 나섰다. 『묵자』에서 강조하고 있는 천의天意가 바로 이것이다. 당시 묵적은 '천의'를 내세워 민간의 귀신신앙을 최대한 이용함으로써 백성통합이라는 공리주의적 목적을 달성코자 했다. 이는 당시 백성들에 의해 주술呪術의 효용성이 널리 받아들여졌고, 통치자들은 이를 이용해 백성들을 보다 효과적으로 통제코자 했음을 시사한다.

훗날 천하를 통일한 진시황이 주술적인 색채가 짙은 '황제皇帝'라는 칭호를 처음으로 만들어 쓴 것도 당시의 이같은 풍조와 무관한 것이 아니었다. 사실 전국시대 말기에는 주술적인 제왕론이 성행했다. 이는 수백 년 동안 계속된 난세에 대한 백성들의 염증과 백성들 사이에 유행한 귀신신앙의 확산을 반영한 것이었다. 통일천하를 준비했던 전국시대 후반부터 진한秦漢제국의 시기에 이르기까지 이는 통일천하의 통치질서를 주재할 제왕의 성격을 규정하는 데 중요한 배경이 되었다. 당시의 제왕은 하늘과의 감응과 합일을 통해 우주적 질서를 체현하고 이를 주재하는 성인을 의미했다. 여기서 바로 유가에서 말하는 소위 '성인제왕론聖人帝王論'이 등장케 된 것이다.

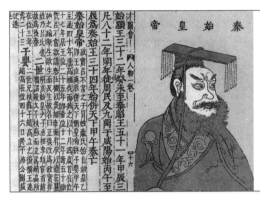

황제 칭호를 처음 사용한 임금, 진시황
권력의 화신으로서 그는 오랫동안 분열상태에 있던 중국을 강력한 중앙집권국가로 만들었다.
『삼재도회』에서.

전국시대 말기에 진시황의 증조부인 진소양왕秦昭襄王은 이미 '서제西帝'를 자칭하면서 상왕조 때 유행했던 최고신인 '띠'를 부활시킨 바 있다. 진시황 이전에 이미 인간 위에 군림하는 지고무상의 신적인 '황제'를 자처하는 흐름이 광범위하게 존재했던 것이다. 한고조 유방劉邦이 한제국을 건국하자 수많은 유생들이 앞다투어 이를 미화하고 나섰다. 그들은 진시황이 만들어낸 많은 법령과 제도를 가차 없이 폐기하면서도 '황제'라는 용어만은 폐기치 않았다. 이들은 유방이 삼황오제와 우 등의 전설적인 성군에 버금하는 성업聖業을 이뤘다고 입을 모아 칭송했다. 이때 등장한 것이 바로 '성인제왕론'이다. 그러나 '성인제왕론'은 바로 신화체계에 등장했던 삼황오제와 우 등을 주술적 제왕을 바라는 시대적 요청에 발맞춰 교묘히 '성인'으로 포장한 것에 지나지 않았다.

원래 하늘에 대한 제천祭天의례는 지고무상의 천자만이 거행할 수 있는 독점적 특권이었다. 이는 상왕조 이래 천자가 존재한 20세기 초까지 조금도 변치 않고 그대로 유지되었다. 여기서 주목할 점은 〈천자=성인〉의 등식이다. 이는 전국시대에 이미 그 구체적인 모습을 드러내고 있었다. 당시의 문헌은 무력전을 통한 천하통일의 주역이 바로 '성인제왕'이 될 수 있다고 기록해 놓았다.

진한대의 황제들이 통천관通天冠을 머리에 쓰거나 통천대通天臺를 축조한 것도 주술적인 '성인제왕론'과 무관치 않았다. 이는 황제가 자신을 인간 위에 존재하는 초월적인 존재로 내보이고자 한 데 따른 것이었다. 도가류의 방사方士들이 선전한 신선술에 매료된 진시황과 한무제가 봉선封禪의례를 거행하고 명당을 축조한 것 역시 황제의 주술적 권위를 과시하려는 집착에서 비롯된 것이다.

그러나 사실 진시황과 한무제에 의해 거행된 봉선은 황제 개인의 불로장생과 등선登仙을 목적으로 한 것이었다. 이로 인해 이들의 봉선의식은 철저히 비밀리에 이뤄졌다. 그러나 유가사상에 심취한 후한의 광무제光武帝는 군신들이 지켜보는 가운데 공개적으로 봉선의식을 거행했다. 도가류의 방사들은 개인주의와 비밀주의를 강조한 반면 유자들은 국가주의와 공개주의를 지향했던 것이다. 똑같은 봉선의식이 개인적 양생술을 중시한 진시황과 한무제에게는 불로장생과 등선의 의미를 지닌 데 반해 천덕天德의 체현을 실현코자 한 광무제에게는 천명을 받아들이는 수명受命의 의미를 지녔던 것이다.

예로부터 '봉封'의 장소는 태산의 정상으로 고정된 반면 '선禪'의 장소는 반드시 태산 기슭에 있는 양보산梁父山으로 한정되지는 않았다. 태산이 줄곧 봉의 장소로 고정된 것은 태산이 지니고 있는 특별한 신성성 때문이었다. 태산은 신석시시대부터 지금의 산동성지역의 백성들에서 숭배의 대상이 되어 왔다. 신석기 전기에 산동성 일대에 광범위하게 존재했던 대문구문화 유적에서 출토된 도기에 이미 태

신 중의 신, 황제
『천지인귀신도감』에서.

산이 새겨져 있었던 사실이 이를 뒷받침한다.

'덕德'은 원래 태양신이나 태양의 눈을 가진 '상띠上帝'가 광명과 열기로 지상계의 만물을 생육하는 것을 뜻했다. '상띠'가 씨족의 조상신과 동일시되면서 덕은 씨족의 집단적 생명력을 지칭케 되었다. 이후 씨족의 집단적 생명력을 지속시키기 위해 조상신에 대한 제사는 필수적인 의례가 되었다. 그러나 전국시대에 들어와 씨족의 공동체적 유대가 이완되고 백성들이 개체적인 인간으로 취급되면서 덕은 인간 개개인에 내재한 생명력으로 해석되었다. 이것이 훗날 전국시대 말기에서 진한제국시대에 걸쳐 형성된 '성인제왕론'의 배경이 되었던 것이다.

전한 초기에 살았던 사마천 역시 기본 입장은 '성인제왕론'에 서 있었다. 그가 『사기』를 쓰면서 의도적으로 신화에 불과한 삼황오제의 애기를 역사적 사실로 탈바꿈시켜 놓은 것도 바로 이 때문이었다. 본래 '삼황'과 '오제' 모두 신석기 후기의 추방사회를 그린 신화체계에 존재했던 주인공들이다. 그러나 사마천은 '오제'만을 역사로 간주했다. 사마천은 비록 김부식과 같이 모든 신화를 일언지하에 폐기치는 않았으나 '삼황'만큼은 역사 속으로 편입시키기를 거부한 것이다. 그는 그 이유를 『사기』「오제본기」 말미의 서평을 통해 다음과 같이 밝혀놓았다.

| 학자들은 오제에 관해 많은 얘기를 했는데 이는 이미 오래된 일

이다. 그러나 『서경』에는 요 이후의 일만 기재되어 있다. 기타 백가(百家)들이 황제(黃帝)에 관해 얘기했으나 문장이 우아하지 못하고 온당치 못해 현귀하고 학식 있는 사람들을 그것을 말하기를 꺼린다. … 나는 일찍이 『춘추』와 『국어』를 읽어본 적이 있다. 이 책들이 『오제덕』과 『제계성』을 잘 천명해 놓은 점은 아주 뚜렷하다. 다만 사람들이 그것을 깊이 고찰하지 않았을 뿐이다. 그 책에 기술된 내용은 결코 허황된 것이 아니다. 『서경』에는 결손된 부분이 많은데, 그 산실된 부분들은 왕왕 다른 저작에서 발견된다. 배우기를 좋아하고 생각을 깊이 해서 마음 속으로 그 뜻을 알고 있는 사람이 아닌 이상 견문이 좁은 사람에게 이런 얘기를 한다는 것은 매우 어려운 일이다. 그래서 나는 여러 학설들을 수집해 이를 검토하고, 그 중 비교적 전아하고 합리적인 것을 골라 본문을 저술하여 『오제본기』를 본서의 머리편으로 삼게 된 것이다.

이를 통해 알 수 있듯이 사마천은 『춘추』 및 『국어』와 같은 경전에 '오제'에 관한 얘기가 실려 있는 것을 보고 '오제'만큼은 역사적 사실에 해당한다고 여겨 이를 사서에 기록했던 것이다. 사마천은 당시 유학자들이 이를 무시하려고 한 것을 두고 사려깊지 못한 행동이라고 비판했다. 그러나 사실 사마천의 이같은 논리는 문제가 있다. 『춘추』와 『국어』가 '오제'를 실어놓은 것은 이를 결코 역사적 사실로 간주한 데 따른 것은 아니었다. 당시 황제를 고대에 실존했던 인물로 간주한 사람은 아무도 없었다. 그러나 사마천은 이를 역사적 사실로 간주한 뒤 『하본기夏本紀』와 『은본기殷本紀』를 이어나갔다. 당시 사마천은 『사기』의 첫편을 『오제본기』로 설정함으로써 중국의 역사 시대를 수천 년이나 위로 끌어올린 셈이다.

사마천의 이같은 역사시대 소급은 후대에 들어와 커다란 공격 대상이 되었다. 일군의 고증학자들이 공격의 선봉에 섰다. 20세기에 들어와 역사학자 고힐강顧頡剛은 '오제'는 말할 것도 없고 상왕조의 역사까지 신화와 전설에 불과할 뿐이라고 공격하고 나섰다. 고힐강은 사마천과 달리 중국의 역사시대를 수천 년이나 아래로 끌어내렸던 것이다. 그러나 은허殷墟의 발굴로 『사기』에 서술된 은왕조의 여러 왕들이 역사상 실존 인물임이 드러나면서 고힐강의 이같은 과격한 주장은 그 근거를 상당 부분 상실케 되었다. 그러자 고힐강은 자신의 주장을 일부 수정해 상왕조는 역사적 사실이나 '삼황오제'와 '하왕조'는 어디까지나 신화와 전설에 불과하다고 주장했다. 그의 주장은 현재 중국 학계에서 통설로 통용되고 있다. 사마천과 고힐강은 서로 일승일패를 거둔 셈이다.

사마천이 '오제'만을 역사적 인물로 간주한 것과 관련해 고힐강은 '오제'는 말할 것도 없고 '하왕조'까지 허구에 불과하다고 주장한 데 반해 당나라 때의 사마정司馬貞은 '삼황'까지 역사적 인물이라고 주장하고 나섰다. 사마정은 고힐강과 정반대의 입장에 서 있었던 셈이다. 사마정은 자신의 확신을 널리 알리기 위해 『사기』의 맨 앞에 새로이 『삼황본기』를 만들어 삽입시키는 일도 마다하지 않았다. 그의 이같은 행위는 고려조의 일연선사가 김부식의 『삼국사기』에 반발해 『삼국유사』를 지은 것에 비유할 만했다. 사마정은 당시 『삼황본기』를 저술하면서 '삼황'은 포희庖犧:伏羲 · 여와女媧 · 신농神農:炎帝을 지칭하나 천황天皇 · 지황地皇 · 인황人皇을 주장하는 설도 있다는 주석을 달아놓았다.

　그렇다면 삼황오제는 과연 어떤 인물들이었길래 사마천과 사마정, 고힐강 등은 수천 년을 격해 논쟁을 벌인 것일까. 먼저 삼황오제에 관한 중국 고전의 기록부터 살펴보자. '삼황'과 관련해『백호통』은 복희 · 신농 · 축융祝融,『풍속통고』는 수인燧人 · 복희 · 신농,『사기』「진기」는 천황 · 지황 · 태황泰皇 : 人皇으로 기록해 놓았다. 또한 '오제'와 관련해『주역』「계사전」에는 포희庖犧 · 신농 · 황제黃帝 · 요堯 · 순舜,『제왕세기帝王世紀』에는 소호少昊 · 고양高陽 · 고신高辛 · 요 · 순,『여씨춘추』에는 태호太皞 · 염제炎帝 · 황제 · 소호少皞 · 전욱顓頊,『대대례기大戴禮記』「오제덕五帝德」·『세본世本』「오제보五帝譜」·『사기』「오제본기」등에는 황제黃帝 · 전욱顓頊 : 高陽 · 제곡帝嚳 : 高辛 · 요 · 순등으로 되어 있다.

　이를 통해 알 수 있듯이 원래 삼황오제는 하나로 통일되어 있지 않았다. 대략 복희와 신농은 거의 예외없이 삼황으로 거론되고 있으나 경우에 따라서는 오제로도 분류되어 있음을 알 수 있다. 또 오제 중에 황제를 제외한 나머지는 경전과 사서마다 모두 다르게 기록되어 있음을 확인할 수 있다. 이들은 과연 중국의 신화 체계에서 원래 어떻게 되어 있었고 그들 상호 간의 관계는 어떤 것이엇을까.

　현재 학계에서는 삼황은『서경』의 기록을 좇아 수인 · 복희 · 신농 또는『사기』의 기록을 좇아 천황 · 지황 · 인황을 들고, 오제는『사기』의 기록을 좇아 황제 · 전욱 · 제곡 · 요 · 순을 드는 것이 보통이다. 원래 삼황오제의 애기는『사기』이전에 이미『주역』과『시경』,『서경』등에 등장하고 있다. 그러나 이들 경전은 모두 후대에 편찬된 것이다. 중국민족은 자신들의 현실적 이상이나 구상을 과거에 투영

복희상伏羲像

해 나타내기를 좋아한다. 삼황오제의 애기 역시 후대인이 만들어낸 것이다. 그럼에도 그 내용만큼은 불의 사용과 수렵, 농경의 발달, 부족사회 및 추방사회의 형성 등 신석기시대의 변화상을 충실히 반영하고 있다. 삼황오제는 특정한 실존 인물을 지칭하는 것은 아니나 그 배경으로 등장하고 있는 여러 문물에 관한 애기는 신석기 전기의 부족사회 모습을 정확히 반영하고 있는 것이다.

삼황오제는 비록 신화 속의 주인공으로 나오고 있으나 이들 모두 신이 아닌 인간으로 나타나고 있다. 우선 삼황 중 수인씨는 불을 발명한 사람이다. 이로 인해 사람들은 비로소 화식火食을 알게 되었고, 추위로부터 보호를 받게 되었다. 복희씨는 사냥의 기술을 창안하고, 신농씨는 농경을 발명한 사람이다. 오제는 삼황이 이룩한 업적 위에 중국문화의 원형을 만든 사람들로 나타나 있다. 삼황오제 모두 앙소문화를 특징짓는 부족사회의 족장이었을 것으로 짐작된다. 황제는 무력으로 중국을 최초로 통일한 뒤 문자와 역법, 궁실, 의상, 화폐, 수레 등의 문물을 창안한 최초의 군주로 숭앙받고 있다. 이와 관련해 사마천은 『오제본기』의 말미에 이같이 평해놓았다.

> 황제로부터 순·우에 이르기까지 이들 모두 소전(少典)의 후손으로 같은 성에서 나왔음에도 그 국호는 각기 달리 하여 각자 밝은 덕을 분명히 밝히고 있다. 그래서 황제는 유웅(有熊), 전욱은 고양(高陽), 제곡은 고신(高辛), 요는 도당(陶唐), 순은 유우(有虞),

우는 하후(夏后)라고 부르면서 씨(氏)를 달리 한 것이다. 그러나 성은 모두 사성(姒姓)이었다. 우(禹)의 먼 조상인 설(契)은 상(商)이라 했는데 그 성은 자성(子姓)이고, 주왕조의 먼 조상인 기(弃 : 棄의 古字)는 주(周)라고 했는데 그 성은 희성(姬姓)이었다.

이를 통해 알 수 있듯이 사마천은 중국의 백성 및 모든 왕조의 시원을 황제로 규정해 놓은 것이다. 사실 이는 사마천이 처음으로 주장했던 것은 아니다. 『사기』이전에 나온 중국의 고문헌을 보면 황제에 관한 신화와 전설들이 특히 많은 것을 쉽게 알 수 있다. 황제는 발명의 신일 뿐만 아니라 전쟁의 신이기도 했다. 그는 뛰어난 전략으로 동이족의 치우蚩尤를 격퇴하여 중국문명의 기틀을 쌓은 인물로 묘사돼 있다. 사실 이는 진시황이 중국을 통일한 이후 황제를 한족의 조상으로 떠받들고자 하는 시대적 조류가 반영된 결과이다.

유가에서 최고의 성군으로 칭송되는 요·순 역시 황제의 후손으로 여겨지고 있다. 그러나 또 다른 전설에 따르면 이들은 모두 동이족 출신으로 덕망이 높아 황제족의 우두머리가 된 것으로 되어 있다. 황하 하류유역과 동부유역에 거주했던 동이족의 분포지역은 산동성을 중심으로 북쪽으로 하북성 북부와 동부, 서쪽은 하남성 동부, 남쪽은 안휘성 중부와 강소성, 동쪽은 바다에 이르렀다.

중원의 한족세력이 황하 중류유역만을 차지하고 있을 때의 동이족은 중국의 동부지역과 만주, 한국, 일본열도 등에 거주하는 사람들에 관한 통칭이었다. 당시 중원의 한족은 만주와 한국, 일본열도 등지에 대한 지식이 별로 없었고 교류도 많지 않았기 때문에 주로 중국 동부지역 거주민만을 동이로 취급했다. 중국이 통일되면서 중국

동부 해안지역의 동이족은 모두 한족으로 흡수되었다. 이후 만주와 한국, 일본 열도에 사는 사람들만을 동이족이라고 칭하게 되었다. 그렇다면 당초의 동이족을 비롯한 수많은 부족은 원래 어떤 지역을 기반으로 서로 어떤 관계를 맺고 살아갔던 것일까.

『회남자』는 태초에 황제를 포함한 5방대신五方大神이 세상을 나누어 다스렸다고 기록해 놓았다. 5방대신은 목木·화火·토土·금金·수水의 '5행五行' 원리를 좇은 것으로, 음양오행설이 크게 유행했던 전한 초기에 등장한 것으로 추정되고 있다. 그러나 이들 신화의 원형은 신석기시대의 흔적을 강하게 남기고 있다.

동방은 목기木氣가 왕성한 곳으로, 그곳을 지배하는 신은 태호太昊: 伏羲였다. 태호를 보좌하는 구망句芒은 그림쇠를 들고 봄을 다스렸다. 남방은 화기火氣가 왕성한 곳으로, 그곳을 지배하는 신은 염제炎帝: 神農였다. 그를 보좌하는 축융祝融은 저울을 들고 여름을 다스렸다. 중앙은 토기土氣가 왕성한 곳으로, 그곳을 지배하는 신은 황제黃帝: 軒轅였다. 그를 보좌하는 후토后土는 노끈을 쥐고 사방을 다스렸다. 서방은 금기金氣가 왕성한 곳으로, 그곳을 지배하는 신은 소호少昊: 金天였다. 그를 보좌하는 욕수蓐收는 곱자를 들고 가을을 다스렸다. 북방은 수기水氣가 왕성한 곳으로, 그곳을 지배하는 신은 전욱顓頊: 高陽이었다. 그를 보좌하는 현명玄冥은 저울추를 들고 겨울을 다스렸다.

5방대신을 보좌하는 신들이 지닌 그림쇠와 저울, 노끈, 곱자, 저울추 등은 모두 사물을 그리고 측량하는 도구이다. 이는 세상을 조절하고 다스리는 일을 상징한 것이다. 이들 5방대신에 관한 신화는 비록 후대에 만들어진 것이기는 하나 일면 청동기시대에 들어와 최초로

도교의 오방신

『도교신선화집道敎伸仙畵集』에서.

나타나는 상왕조의 건국과정을 분석하는 데 매우 중요한 단서를 제공하고 있다.

현재 황제를 비롯한 5방대신과 관련해 두 가지 해석이 대립되고 있다. 하나는 신화 속의 신들을 사마천과 같은 후세의 역사가들이 실존 인물들처럼 역사화했다는 주장이다. 이는 일종의 '신화사화설神話史話說'이라고 할 수 있다. 다른 하나는 황제 등의 신들은 본래 고대의 세력 있는 족장들이었는데 후대에 신격화되었다는 것이다. 이는 일종의 '신화사실설神話史實說'이라고 할 수 있다. 과연 어느 것이 맞는 것일까. 먼저 5방대신에 관한 신화의 내용부터 살펴보기로 하자.

황제가 주로 거처하는 장소는 신들의 산인 곤륜산崑崙山이었다. 곤륜산은 신들만이 머물 수 있는 성스러운 곳이었다. 이 산은 후대에 서방의 여신인 서왕모西王母가 거주하는 산으로 여겨진 곳이다. 황제는 천상과 곤륜산을 오가며 천하를 다스렸다. 황제가 신들을 주재하는 '상띠上帝'의 자리에 오르게 된 것은 남방의 신 염제와의 싸움에서 패권을 차지하게 되면서부터였다.

황제는 소전少典 부족의 자손으로 성은 공손公孫, 이름은 헌원軒轅이었다. 서진의 황보밀皇甫謐이 지은『제왕세기帝王世紀』에 따르면 황제는 수구壽丘에서 태어난 뒤 희수姬水에서 자란 까닭에 '희'가 성이 되고 헌원의 언덕에서 산 까닭에 '헌원'이 이름이 되었다고 한다. 소전 부족의 족장 부인 부보附寶가 들판에서 기도를 올리다가 큰 번개가 북두칠성의 첫째 별을 감싸도는 것을 보고 2년 만에 황제를 낳게 되었다.

황제는 태어나면서부터 신령스러웠다. 태어난 지 얼마 안 돼 말을 할 수 있었다. 자라면서 더욱 성실하고 영민해져 어른이 되어서는 널리 보고 들으면서 사리분별을 분명히 했다. 황제는 장성한 뒤 헌원지구軒轅之丘 : 하남성 신정현 서북쪽에 살면서 서릉족西陵族의 딸을 아내로 맞이했다. 그녀가 바로 유조嫘祖였다. 그녀는 양잠을 가르쳤기 때문에 선잠先蠶으로 불렸고, 훗날 원유遠遊를 즐기다가 길에서 죽었기 때문에 도로신道路神으로 받들어졌다.

유조는 황제의 정실이 되어 두 아들을 낳았다. 큰 아들 현효玄囂는 강수江水 : 하남성 안양현 일대의 추장이 되었다. 둘째 창의昌意는 약수若水 : 사천성 내의 지명 일대의 추장이 되었다. 창의는 촉산씨蜀山氏의 딸 창복昌僕을 아내로 맞아들였다. 창복은 고양高陽을 낳았다. 고양은 성스러운 덕성을 지니고 있었다. 황제가 붕어하자 사람들이 그를 교산橋山 : 섬서성 황릉현 서북쪽에 장사 지냈다. 교산은 저수沮水가 산을 뚫고 나가 마치 다리처럼 생겼다고 하여 붙여진 이름이다.

황제의 시대는 신농씨의 세력이 약해져 가는 시기였다. 제후들이 서로 침탈하며 백성들을 못살게 굴었으나 신농씨는 이들을 정벌치 못했다. 당시 관직은 한 부족이 대대로 세습하는 경우가 많았다. 이에 그 부족에서는 관직 이름을 따 자신들의 성씨로 삼았다. 원래 백성은 백관百官을 지칭하는 말이었다. 얼마 후 황제는 창과 방패 등 무기의 사용을 익혀 염제에게 조공을 바치지 않는 제후들을 정벌했다.

당시 야심 많은 황제는 곧 병사를 정비하고, 5곡五穀을 심고, 사방의 토지를 정비했다. 또한 웅熊 : 곰과 비羆 : 큰 곰, 비貔 : 범 비슷한 동물의 수컷, 휴貅 : 범 비슷한 동물의 암컷, 추貙 : 삵보다 큰 짐승, 호虎 등의 사나운 짐승을 훈련시켰다. 이후 마침내 판천阪泉 : 하북성 탁록현 동쪽의 들에서 신농

염제가 약초를 캐서 광주리에 가득 담아 돌아오는 모습
요遼나라 때 작자 미상의 그림〈채약도採藥圖〉.

143

씨와 싸워 승리했다.

이와 관련해 황제가 직접 맹수를 길들여 지휘했다는 견해와 황제가 맹수를 토템으로 한 씨족을 지휘했다는 견해가 대립하고 있다. 대략 춘추시대까지만 하더라도 선조신을 상징하는 별과 그 별을 표상하는 동물을 깃발의 도안으로 삼은 사실에 비춰볼 때 두 견해 나름대로 일리가 있다. 중국 고대의 도서圖書는 글과 그림이 배합된 것으로, 이런 '도서' 중에는 벽사용辟邪用으로 제작된 것이 적지 않았다. 황제가 맹수들을 길들여 신농씨와 싸웠다는 신화도 후세인들의 이같은 벽사의식에서 비롯된 것으로 보인다.

황제는 염제에게 승리를 거둔 뒤 전부족을 대표하게 되었다. 그 결과 제후들은 모두 황제에게 복종했다. 그러나 오직 동이족인 구려九黎의 추장 치우蚩尤만은 황제에게 복속하기를 거부했다. 당시 동이족은 황하 중류유역에 거주했던 황제족과 달리 황하 하류유역으로부터 동부해안에 걸쳐 가장 넓게 분포해 있었다. 원래 황제족은 성이 희성姬姓이고, 신농씨의 염제족은 강성姜姓이다. 두 종족의 거주지역은 위하渭河 유역이었다. 이들은 황하 양안을 따라 동쪽으로 팽창해 마침내 지금의 산서성과 하남성, 하북성 남부 등지에 이르게 되었다.

마왕퇴 한묘漢墓의 '벽병도辟兵圖'에는 여러 신인이나 신수 및 주술적인 글이 담겨 있다. 『산해경』에 나오는 많은 신인들의 모습은 바로 무축巫祝이 접신接神의 상태에서 본 신들을 그린 것으로 추측되고 있다. 『산해경』은 황제가 치우와 싸울 때 뇌성을 내는 기夔라는 짐승을 잡아 그 가죽으로 북을 만든 뒤 '기'의 뼈로 만든 북채로 북을 치자 그 소리가 5백 리까지 들렸다고 기록해 놓았다. 이는 출전에 앞서 희생의 피를 북에 바르는 소위 '흔고(釁鼓)' 의식에서 나온 것으로 짐작된다. '흔고' 의식은 말할 것도 없이 북에 붙은 사악한 기운과 재앙을 털어내고 승리를 얻고자 하는 염원에서 비롯된 것이다.

결국 치우는 황제의 군사와 탁록(涿鹿)의 들에서 싸우다가 패사했다. 그러자 제후들이 모두 황제를 받들어 염제를 대신하여 천자로 삼게 되었다. 치우는 황제와의 싸움에서 전사한 후 하늘로 올라가 치우지기(蚩尤之旗)라는 성좌가 되었다. 현재 치우와 관련해 뱀을 토템으로 삼은 남방민족의 수장이라는 설과 소를 토템으로 삼은 동이족이라는 설 등이 난무하고 있으나 동이족설이 보다 널리 알려져 있다.

치우는 문헌상으로 볼 때 전국시대에 들어와 비로소 나타나기 시작했다. 『절월서(絶越書)』와 『상서』 등은 치우를 서방신(西方神)으로 묘사해 놓았다. 『산해경』을 비롯한 『관자』와 『여씨춘추』 등은 치우를 병기의 제작자로 그려놓았다. 마왕퇴에서 발굴된 백서(帛書) 『황제서(黃帝書)』는 황제가 치우의 가죽으로 표적을, 머리카락으로 깃발을, 위로 축국, 골육으로 술을 만들었다고 기록해 놓았다.

당시 황제는 천자가 된 후 순종하지 않는 자가 있으면 곧바로 그를 토벌했다. 또 산을 개간하여 길을 통하게 했다. 이에 동쪽으로는 해변까지 나갔다가 환산(丸山 : 산동성 창악현 서남쪽)과 대종(岱宗 : 泰山으로 산동성 태안에 위치)에 오르고, 서쪽으로는 공동(空桐 : 감숙성 평량현 서북쪽)에 이르러 계두산(鷄頭山 : 崆峒山)에 오르고, 남쪽으로는 장강에 이르러 웅산(熊山 : 하남성 노씨현 남쪽)과 상산(湘山 : 호남성 악양성 동정호 내의 君山)에 오르고, 북쪽으로는 훈육(薰粥 : 흉노족의 선조)을 내쫓았다. 황제는 부산(釜山 : 하북성 회래현 북쪽)에서 제후들을 소집해 그들의 충절을 확인한 뒤 탁록산 아래의 평원에 도읍을 정했다.

그 당시 황제는 일정한 거처도 없이 여기저기 옮겨다녔다. 그는 관직 이름을 모두 '운雲'자로 지어 명명했다. 이에 춘관春官은 청운靑雲, 하관夏官은 진운縉雲, 추관秋官은 백운白雲, 동관冬官은 흑운黑雲, 중관中官은 황운黃雲으로 명명되고 군사도 운사雲師로 불렸다. 또한 좌대감과 우대감을 두어 각지의 제후들을 감독케 했다. 전국이 화평해지자 할 일은 적어졌으나 귀신과 산천에 제사지내는 봉선封禪의 일은 예전에 비해 더 많아졌다. '봉'은 흙으로 만든 단을 높게 쌓아 하늘에 제사 지내고, '선'은 땅을 다듬어 산천에 제사지내는 것을 말한다. 이때 황제는 하늘로부터 제왕을 상징하는 솥인 보정寶鼎과 시간을 추산키 위해 점칠 때 쓰는 자잘한 나무인 신책神策을 얻었다.

황제는 때에 맞춰 갖가지 곡식과 초목을 심어 덕화가 금수와 곤충

팔괘를 그리고 있는 태호 복희씨
「천지인귀신도감」에서.

에까지 이르게 했다. 일월성신日月星辰과 수파水波, 토석土石, 금옥金玉 등을 두루 연구해 백성에 이익이 되게 했다. 이로 인해 토덕土德의 상서로운 징조가 있었으므로 그를 황제黃帝로 칭하게 되었다.

이상이 황제신화에 관한 개략적인 내용이다. 말할 것도 없이 황제에 관한 얘기는 후대에 만들어진 것이다. 그러나 그 내용만큼은 신석기 초기의 유웅씨 부족을 중

심으로 한 부족사회의 모습을 담고 있다. 고대에는 '황제黃帝'를 '황제皇帝'로 부르기도 했다. '황제皇帝'는 '황천상제皇天上帝'의 줄임말이다. 이는 '천상의 위대한 신'이라는 뜻을 지니고 있다. '황제'를 신이 아닌 인간의 칭호로 사용케 된 것은 진시황 이후의 일이다.

그렇다면 신화 속에 등장하는 황제는 과연 어떤 모습을 하고 있었던 것일까. 황제는 황룡黃龍의 모습을 하고 있었다. 황색은 그가 흙의 기운을 주재한 데 따른 것이었다. 몸이 용인 것은 구름과 비, 바람, 이슬 등의 자연현상을 주관하기 때문이었다. 그는 벼락의 신이었다. 벼락은 권력의 상징이다. 황제는 신들뿐만 아니라 인간의 분쟁을 해결하는 심판자로서 군림했다.

『장자』「천하편」은 황제와 관련한 재미있는 우화를 싣고 있다. 이에 따르면 황제에게 세상만사를 훤히 꿰어볼 수 있는 현주玄珠라는 보물이 있었다. 황제는 늘 이를 품고 다녔다. 하루는 황제가 부하 신들을 이끌고 적수赤水라는 강으로 나들이를 갔다가 내친 김에 곤륜산에 올라 경치를 둘러본 뒤 궁궐로 돌아왔다. 그런데 그만 도중에 현주를 잃고 말았다.

이에 황제가 먼저 지혜의 신인 '지知'에게 찾아보게 했으나 '지'는 이를 찾아내지 못했다. 황제가 다시 세상에서 가장 눈이 밝은 신인 '이주離朱'에게 이를 찾아보게 했다. '이주'의 시력은 1백 보 앞의 바늘구멍도 볼 수 있었다. 그러나 이주 또한 이를 찾아내지 못했다. 황제가 다시 인내심 많은 끽구喫詬에게 찾아보게 했으나 '끽구' 역시 이를 찾아내지 못했다. 이때 상망象罔이라는 신이 자원해 나섰다. '상망'은 흔히 '홀황忽恍'으로 불렸다. 그는 말 그대로 늘 술에 취한 듯

황홀한 표정을 짓고 있었다. 황제가 달리 대안도 없어 이내 허락하자 '망상'이 너무도 쉽게 이를 찾아냈다.

『장자』의 우화에 나오는 '현주'라는 보물은 인간이 달하고자 하는 최고의 경지인 득도得道를 상징한다. 이 우화는 '지'와 '이주', '끽구'와 같은 인간의 의식적인 행위로는 결코 현주가 상징하는 '득도'의 단계에 오를 수 없다는 사실을 보여주기 위해 만들어진 것이다. 이 우화에서 결국 황제가 찾아낸 것은 구슬이 아니라 혜안慧眼이다. 『장자』는 황제가 모든 신 위에 군림할 수 있었던 것은 바로 이 '혜안' 때문에 가능했다고 풀이한 것이다.

전설상의 황제는 신들 위에 군림했을 뿐만 아니라 세상의 온갖 요괴들도 지배했다. 『한비자』는 황제의 위력을 짐작할 수 있는 다음과 같은 우화를 실어놓았다. 황제가 한번은 동쪽의 태산泰山에 세상의 모든 귀신을 소집한 적이 있었다. 이때 황제의 행차는 천상천하를 호령하는 최고신의 행차답게 위풍당당했다.

맨 앞에서 황제의 수레를 인도한 신은 구리로 된 머리에 쇠의 이마를 한 전쟁의 신 치우였다. 치우 다음에는 바람의 신인 풍백風伯이 나아갈 길을 바람으로 쓸고, 비의 신인 우사雨師가 그 길에 비를 뿌려 깨끗이 했다. 황제의 수레는 코끼리와 6마리의 교룡蛟龍이 이끌었고, 화재경보를 위해 외다리에 사람의 얼굴을 한 새인 필방조畢方鳥는 마부석에 앉아 있었다.

수레의 앞뒤로 온갖 신령스러운 동물과 귀신들이 황제를 호위했다. 앞에서는 호랑이가, 뒤에서는 귀신, 공중에서는 봉황새, 땅에서는 날개 달린 뱀인 등사螣蛇가 호위했다. 황제의 이같은 행차는 바로 황제가 신과 귀신 등을 모두 지배하는 삼라만상의 주재자임을 과시하기 위한 것이었다. 당시 황제는 많은 자손을 두었다. 북방의 큰 신으로 훗날 황제의 뒤를 이어 신들을 지배케 된 전욱과 동해의 신 우호禺號, 북해의 신 우경禺京 부자, 홍수를 다스린 곤鯀:鮌과 우禹 부자 등이 모두 황제의 후예였다.

중국인들은 예로부터 스스로를 용의 자손으로 칭하며 황제의 자손임을 자랑스럽게 여긴다. 황제가 이민족을 상징하는 여러 신들과의 투쟁에서 최후의 승리자가 된 것은 천하의 중심인 중원에 살고 있다고 자부해 온 중국인의 자존심을 상징하고 있다.

당초 황제 이전에 신들 사이에서 가장 높은 자리에 있던 신은 남방의 신 신농씨 염제였다. 황제가 흙의 신인 데 반해 염제는 불의 신이었다. 전한 초기 반고班固가 경전해석에 관한 학자들간의 논쟁을 정리한 『백호통白虎通義』은 염제를 태양신으로 기술해 놓았다. 염제가 '신농'으로 불린 것은 그가 '불의 신'인 동시에 '농업의 신'으로 존재했음을 보여준다.

소의 머리에 사람의 몸을 한 염제
집안의 고구려 오회분 4호묘 벽화에서.

염제는 소의 머리에 사람의 몸을 하고 있었다. 이를 두고 하늘에서 내려왔다는 '천강설天降說'과 인간이 몸으로 태어났다는 '인신설人身說' 등 2가지 설이 대립해 있다. 인신설에 따르면 옛날 소전少典이라는 임금의 왕비 여등女登이 화양華陽으로 나들이를 나갔다가 염제를 낳았다고 한다. 당시 여등은 화양에서 신비스럽게 생긴 용을 보았는데, 그 순간 갑자기 온몸이 감전된 듯한 느낌을 받은 뒤 임신을 하여 궁으로 돌아온 지 10달 만에 아기를 낳았다. 이 아이가 바로 염제 신농씨였다는 것이다. 이와 유사한 얘기는 중국 신화에 매우 자주 등장한다. 이는 신령스런 동물이나 거인 등을 만나 그 기운에 의해 위인을 낳게 된다는 소위 '감생신화感生神話'의 전형이다.

감생신화는 부친은 모른 채 어머니만 알고 있는 모계사회의 특성을 반영하고 있다. 염제가 인간의 몸으로 태어났다는 이 신화는 그가 일종의 태양신으로 숭배되었음을 시사하고 있다. 여등이 놀러간 곳이 '화려한 햇볕'을 뜻하는 '화양'인 것도 결코 우연으로만 볼 수 없다.

염제의 출현은 신석기시대에 수렵사회가 농경사회로 이전하는 과정을 보여주고 있다. 당시 인구가 늘어나면서 수렵만으로는 먹고 살기가 어렵게 되었음을 시사하고 있다. 이는 몸빛이 붉은 새가 주둥이에 9개의 이삭이 달린 벼를 물고 다니다가 땅에 떨어뜨린 것을 염제가 밭에 뿌려 식량문제를 해결했다는 얘기를 통해 쉽게 짐작할 수 있다. 이같은 신화구성은 염제시대에 이르러 비로소 수렵채취의 단계를 지나 농업의 단계로 옮겨가게 되었음을 상징한다. 그렇다면 염제는 왜 '불의 신'의 성격까지 띠게 된 것일까.

이는 농업이 처음 시작되었을 때 경작지가 없어 산에 불을 질러 화전을 일구어 농사를 지은 것을 시사하고 있다. 염제가 '농사의 신'과 더불어 '불의 신'의 속성을 지닌 원인이 바로 여기에 있다. 염제가 '태양의 신'으로 숭앙된 것 역시 태양이 곡물의 생장을 주관한다는 생각이 투영된 것으로 보아야 할 것이다.

또 붉은 새가 벼이삭을 물고 날아왔다는 얘기는 벼농사의 경로를 시사하고 있다. 붉은 새는 남방 신인 염제의 사자를 뜻하는 것이고, 많은 곡식 중 벼이삭을 물고 온 것은 벼농사가 강남지역에서 처음 시작되었음을 암시한다. 염제가 남방의 신인 것도 이같은 신화구성과 맞아떨어지는 것이다. 그렇다면 염제가 '의약醫藥의 신'으로 받들어지게 된 것은 어떤 연유일까.

염제 신농씨는 지금도 한의학을 창시한 신으로 숭앙되고 있다. 신화에서 염제는 어떤 풀이 인간에게 이롭고 해로운지를 감별해 알려준 은혜로운 존재로 묘사돼 있다. 동진의 간보干寶가 편찬한 『수신기搜神記』는 염제가 자편赭鞭이라고 하는 신비한 붉은 채찍으로 풀을 한 번 후려치면 풀의 독성 유무와 맛 등을 이내 알게 되었다고 기록해 놓았다. 한의학의 고전으로 다양한 한약재를 약효별로 분류해 놓은 『신농본초경神農本草經』은 바로 염제의 이같은 신화를 기려 책의 제목으로 삼은 것이다. '의약의 신'은 바로 '농사의 신'이 확대한 모습이라고 할 수 있다.

염제는 이밖에도 시장을 개설해 물품을 교역토록 하면서 해가 천중天中에 왔을 때를 시장을 여는 시각으로 정했다. 염제가 시장을 개설했다는 것은 곧 신석기시대의 농경문화가 성숙단계로 진입해 초기 단계의 도시가 형성된 사실을 반영한다. 이를 통해 알 수 있듯이 염제는 비록 전한 때에 들어와 남방만을 다스리는 신으로 격하되었지만 사실은 황제보다도 일찍 등장해 많은 공적을 남긴 신이었다.

신화에 따르면 당초 염제는 황제와 두 차례의 큰 전쟁을 벌였다. 한번은 본인이 직접 휘하의 신들을 이끌고 가 판천阪泉에서 싸웠다.

풀을 씹어 맛을 보고 있는 염제
『천지인귀신도감』에서.

또 한번은 그의 후계자인 치우가 염제를 대신해 탁록涿鹿에서 싸웠다. 이 두 차례의 전쟁에서 염제와 치우의 무리는 잇달아 패해 미개지인 남방으로 밀려났다. 이 얘기는 무력을 배경으로 한 족속이 등장해 부족사회에서 벗어나 추방사회를 이루기 시작되었음을 시사한다.

당초 염제는 태양의 신으로 불을 통해 능력을 발휘한 데 반해 황제는 뇌우의 신으로 물로써 세상을 다스렸다. 둘은 물과 불의 상극관계에 있었던 것이다. 먼저 싸움을 일으킨 쪽은 황제였다. 염제는 불의 신 축융을 부하로 거느리고 있었고 자신도 태양신이었기 때문에 불을 이용해 황제와 싸웠다. 그러나 염제의 화공은 비와 바람, 벼락을 쓰는 황제에게 별다른 위력을 발휘하지 못했다. 결국 염제는 황제군의 공격을 이기지 못하고 마침내 패해 남쪽으로 쫓겨가고 만 것이다.

이를 두고 사마천의 『사기』와 가의賈誼의 『신서新書』는 염제가 제후들을 침략하고 도리에 어긋난 일을 많이 했기 때문에 황제의 응징을 받은 것으로 기록해 놓았다. 이는 말할 것도 없이 자신들의 조상인 황제를 미화해 놓은 것이다.

이같은 왜곡은 염제의 밑에 있던 치우를 왜곡한 것과 맥락을 같이 하고 있다. 치우는 중국의 사서에 매우 못된 괴물로 나타난다. 이는 황제와 그의 후손인 전욱에 도전한 세력을 폄하해 놓은 것이다. 치우

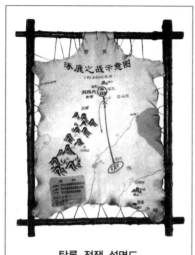

탁록 전쟁 설명도

는 지금의 산동성 일대에 거주했던 구려九黎라는 신족의 우두머리였다. 치우의 형제는 70여 명이나 되었다. 이들은 모두 구리로 된 머리에 쇠로 된 이마를 하고 모래와 돌을 밥으로 먹었다. 이들은 모두 동물의 몸을 하고 사람의 말을 했다.

치우의 형상에 대해서는 8개의 팔다리에 둘 이상의 머리를 지녔다는 설도 있고, 사람의 몸과 소의 발굽에 4개의 눈과 6개의 손을 지녔다는 설도 있다. 소의 발굽과 머리의 뿔은 염제가 소의 머리에 사람의 몸을 하고 있는 점을 감안할 때 염제의 혈통임을 암시한다. 치우는 강인한 몸과 뛰어난 무기제작 능력을 갖고 있었다. 그의 일족은 갈로산葛盧山과 옹호산雍狐山에서 구리를 캐 칼과 창 등의 무기를 많이 만들었다. 이를 두고 일부 학자는 치우집단을 변방에 살던 대장장이 집단으로 간주하면서 치우가 그 우두머리 무당이었을 것으로 추정하고 있다. 매우 설득력 있는 분석이 아닐 수 없다. 고대에는 무당이 대장장이를 겸했다. 불을 다루어 금속을 제련하는 기술은 무당이 지닌 특별한 능력으로 여겨졌다.

치우신화 중에는 치우가 무도하여 황제에게 토벌당한 것으로 구성된 것도 있다. 이에 따르면 당시 염제는 이미 은퇴하고 그의 후손인 유망楡罔이라는 신이 신족을 다스리고 있었다. 치우의 세력이 커져 유망의 자리를 넘보자 결국 유망이 패해 황제에게 도움을 청하면서 싸움이 벌어지게 되었다는 것이다. 이 또한 황제를 높이고 치우를 깎아내리기 위해 만들어진 것으로 짐작된다. 중국의 사서가 한결같이 치우를 못된 악신이나 괴물의 형상으로 그려놓은 것도 같은 맥락에서 해석할 수 있다. 그러나 치우의 도전은 자신의 주군인 염제의 패배를 설욕키 위한 것으로 해석한 것이 훨씬 타당하다.

신화에 따르면 당시 치우는 군사들을 이끌고 황제의 땅인 탁록으로 진격했다. 탁록은 염제가 황제와 싸움을 벌였던 판천 근처의 땅이다. 당시의 전투가 얼마나 치열했는지는 『장자』에 나오는 다음과 같은 기술을 보면 대략 짐작할 수 있을 것이다.

| 탁록의 들녘에 피가 1백 리를 두고 흘러내렸다.

당초 전세는 황제군에게 불리했다. 날카로운 무기로 무장한 치우 형제들과 도깨비 군단의 위세에 황제군이 겁을 집어먹었다. 황제군은 9번의 싸움에서 9번 패했다. 이때 황제는 동해의 유파산流派山이라는 섬에서 생김새는 소같이 생기고 외다리를 하고 천둥소리를 내는 기夔라는 괴물을 잡은 뒤 가죽을 벗겨 북을 만들었다. 또 뇌택이라는 호숫가에서 용의 몸에 사람의 머리를 하고 배를 두드리면 천둥소리가 나는 뇌수雷獸를 잡은 뒤 그 뼈를 뽑아 북채를 만들었다. 황제가 북을 치자 그 소리가 5백 리 밖에서도 들렸다. 치우군은 이 북소리에 혼비백산해 크게 패했다.

이에 치우가 짙은 안개를 일으켜 황제군을 공격했다. 사흘 동안 짙은 안개 속에 휩싸인 황제군은 방향을 분간치 못해 큰 혼란에 빠

원시적인 모습의 뇌신
청淸 왕불의 『산해경존』에서.

졌다. 치우군은 이 틈을 타 황제군을 습격했다. 황제가 고민에 빠져 있을 때 풍후風后가 나서 북두칠성의 손잡이가 늘 북쪽을 가리키는 것에 착안해 지남거指南車를 만들었다. 이에 황제군이 지남거에 의지해 방향을 파악하고 안개의 포위망을 빠져나오게 되었다. 황제군은 마침내 날개달린 응룡應龍을 이용해 천상의 물을 모아두었다가 치우군에게 수공을 가하려

고 했다. 이때 치우쪽에 가담해 있던 풍백風伯과 우사雨師가 이 사실을 치우에게 알려주었다. 이에 치우가 풍백과 우사에게 명하여 응룡이 천상에 모아두었던 엄청난 양의 물을 끌어내려 황제군을 공격케 했다. 황제군이 갑자기 내린 폭풍우로 크게 혼란에 빠지자 황제는 급히 거대한 불기운을 몸에 지니고 있는 자신의 딸인 가뭄의 여신 발魃을 시켜 폭풍우를 멈추게 했다.

황제군은 발의 등장으로 전세가 바뀌자 전열을 정비해 치우군에게 반격을 가했다. 이 마지막 전투에서 수적으로 우세한 황제군이 치우군을 격멸케 되었다. 치우는 끝까지 분전하다가 응룡에게 사로잡히고 말았다. 황제는 치우가 도망칠까 두려워한 나머지 곧바로 처형한 뒤 죽은 치우의 머리와 몸을 각각 따로 묻게 했다.

황제와 치우 간의 전쟁신화는 전한 때에 이르러 중국민족의 정통성과 권위를 뒷받침하는 역사로 각색되었다. 중국민족의 조상으로

숭앙된 황제는 야만족인 치우를 물리침으로써 문명을 일으킨 영웅으로 미화되고 치우는 이에 저항한 반적의 전형으로 매도되었다. 그러나 치우는 동방의 신이었던 까닭에 동이계 종족은 치우를 높게 평가했다. 단군신화에 치우를 도와 주었던 풍백과 우사가 등장하고 있는 사실이 이를 뒷받침한다.

조선조 때 궁중과 사대부가에서 단오절만 되면 치우의 이름과 형상을 쓴 부적을 붙여 질병퇴치를 기원한 것도 이와 무관치 않았을 것이다. 2002년의 월드컵 경기 때 한국팀을 응원하는 '붉은 악마'가 치우의 형상을 그린 걸개그림을 내건 것도 이같은 전통에서 비롯된 것이라고 할 수 있다.

중국 신화에서 치우는 중국민족의 시조인 황제에게 도전했다가 패한 까닭에 탐욕과 오만, 잔인함, 배역무도의 전형으로 그려져 있다. 이에 반해 황제는 정의와 문명의 수호자이자 자비와 인정을 베푼 선신으로 미화돼 있다. 그러나 황제가 치우에 대한 두려움을 떨치지 못했듯이 역대 중국의 제왕들 역시 치우의 위력을 두려워했다. 한제국을 건설한 유방은 치우의 힘을 빌려 항우를 격퇴기 위해 치우에게 제사를 올리기도 했다.

중국의 백성들도 그의 위력을 이용해 악질을 퇴치코자 했다. 이에 은나라 때에 들어와 치우는 도철饕餮이라는 괴물의 모습으로 변용되어 귀신이나 사악한 기운을 쫓아내는 역할을 수행케 되었다. 치우가 처형당한 곳은 치우의 몸이 분해되었다는 의미에서 해현解縣이 되었다. 이 해현에 있는 해지解池는 물빛깔이 붉은 색이다. 이는 치우가 목이 잘릴 때 흘린 피가 고여 호수가 되었기 때문이라고 한다.

현재 산동성의 수장현壽張縣과 거야현鉅野縣은 각각 치우의 머리와 몸이 묻힌 곳으로 알려져 있다. 머리가 매장된 수장현의 주민들은 지금도 해마다 10월이 되면 치우의 무덤 앞에서 제사를 올린다. 그때마다 붉은 안개 같은 것이 무덤에서 피어올라 마치 깃발처럼 너울거려 사람들은 이를 두고 '치우기蚩尤旗'로 부르고 있다. 이같은 이유로 인해 치우의 고향인 산동에서는 그를 군사와 전쟁의 신으로 숭상하고 있다.

고대 중국에서는 민간에서 치우의 형상을 본뜬 각저희角抵戱라는 놀이가 유행했다. 이는 치우와 같이 쇠뿔을 머리에 꽂은 두 사람이 힘겨루기를 하는 일종의 씨름과 같은 놀이였다. 일부 학자는 고구려 고분인 무용총舞踊塚과 각저총角抵塚의 벽화에 씨름을 하는 모습이 그려져 있는 것을 두고 치우를 기리는 동이계 민족들의 정신이 투영된 것으로 해석하고 있다. 그러나 이는 약간 무리가 있다. 각저가 동이족만의 유희가 아니기 때문이다.

원래 중국민족에게 치우가 숭배된 것은 삼국시대 당시 오나라의 여몽呂蒙에게 죽임을 당한 관우가 군사의 신 및 재물의 신으로 숭배된 것과 같은 이치로 볼 수 있다. 우리나라에서 이성계에게 죽임을 당한 최영崔瑩과 김자점 등에게 죽임을 당한 임경업林慶業 장군이 무속인들에게 신으로 받들어진 것도 같은 맥락에서 이해할 수 있다.

황제가 자신의 지위를 잠시 둘째 아들 창의의 소생인 전욱에게 물려준 뒤 쉬고 있을 때 염제의 후손인 공공共工이 반기를 들고 나섰다. 공공은 사람의 얼굴에 뱀의 몸, 붉은 머리털을 지닌 수신水神이었다. 그의 부하인 상류相柳는 머리가 아홉인 인면사신人面蛇身의 흉측한 모습으로 그려져 있다.

공공은 서북방에서 세력을 키워 나가다가 전욱이 무리한 정사를 펼치자 마침내 부하 상류와 합세해 반기를 들었던 것이다. 전욱이 곧 바로 반격에 나섰다. 당시 전욱은 조부인 황제로부터 물려받은 막강한 무력을 보유하고 있었다. 이에 점차 공공의 군사가 열세에 놓이게 되었다. 공공은 패색이 짙어지자 자포자기의 심정으로 하늘을 지탱하고 있던 부주산不周山의 천주天柱에 머리를 부딪혔다. 이에 천주가 부러지면서 천하가 기울어지고 말았다. 중국의 지형이 서북쪽으로 높고 하천이 모두 동남쪽으로 흐르게 된 것은 이 때문이라고 한다.

일부 학자는 공공의 과격한 성격과 뱀의 형상을 한 몸 등에 착안하여 공공을 홍수나 탁류의 의인화된 표현으로 해석하고 있다. 이들은 공공의 전쟁신화를 인류가 홍수를 다스렸던 일의 신화적인 표현으로 해석하고 있는 것이다.

현재 많은 학자들은 치우와 공공의 전쟁신화를 두고 신석기시대의 이질적인 두 세력 간의 각축을 신화의 세계로 표현한 것으로 해석하고 있다. 사실 치우와 공공의 전쟁신화는 질서와 혼돈, 중심과 주변, 문명과 야만의 논리에 따른 이분법적 발상에서 나온 것이다. 치우와 공공은 이같은 논리에 의해 부당한 평가를 받게 된 것으로 해석할 수 있다. 특히 공공의 경우는 더욱 심한 경우에 해당한다.

그는 매 시기마다 끊임없이 등장하는 악인의 상징으로 묘사되어 있다. 공공은 요 때에 유주幽州에서 주살당한 것은 물론 순 때에도 유주로 유배가고, 우夏禹 때에도 또 다시 추방당하는 것으로 나타난다. 그는 때를 가리지 않고 등장해 쉼 없이 쫓겨나는 모습으로 그려져

염제릉炎帝陵 내에 안치된 염제상
전설에 의하면 염제는 만년에 남쪽지방을 순회하던 중 독초를 맛보다가 사망하였다. 죽은 후에 호남성 백록원白鹿原(지금의 염릉현)에 묻혔다고 한다.

있는 것이다. 이는 공공을 조상신으로 삼는 부족이 황제를 조상신으로 삼는 중원의 부족과 끊임없이 충돌했음을 시사한다.

공공을 친 축융祝融은 원래 공공과 마찬가지로 염제족의 일원이다. 축융은 신의 이름이라기보다는 관직명의 느낌이 강하다. 공공을 조상신으로 섬기는 부족의 반란을 토벌한 사람에게 '축융'이라는 관직명을 주었는지도 모를 일이다.

공공이 홍수를 전술로 쓴 수신인 데 반해 축융은 불의 신이었다. 『회남자』와 『산해경』에는 종산鍾山의 신인 '촉燭'과 '촉룡燭龍'이 등장한다. 일부 학자는 촉룡이 곧 축융을 지칭한 것으로 해석하고 있다. 축융도 용이나 뱀의 형상을 한 신이었을 공산이 크다. '융融'이라는 글자에 '충虫'이 포함된 것이 이를 뒷받침한다.

이를 통해 알수 있듯이 신석기시대에 황제족과 가장 지속적으로 싸움을 벌여나간 쪽은 염제쪽뿐이었다. 염제족이 비록 황제족과의 싸움에서 패해 남쪽으로 쫓겨나기는 했으나 그의 후손 중에는 유명한 신들이 많다. 불의 신 축융과 물의 신 공공, 땅의 신 후토后土, 시간의 신 열명噎鳴 등이 모두 염제의 후손이다. 염제는 아들 이외에 4명의 딸을 두었다. 소녀少女와 적제녀赤帝女, 요희瑤姬, 여와女媧가 그들이다. 소녀는 적송자赤松子라는 신선을 따라가 도를 닦았다. 그녀가 황제와 나눈 얘기를 엮은 책이 바로 한의학의 기본서인『황제내경』과 『황제외경』이다. 적제녀는 뽕나무 신이 되어 살다가 하늘로 승천했다. '적제'는 남방의 신 염제를 상징하는 말이다. 요희는 무산巫山의 신녀가 되어 초회왕楚懷王과 사랑에 빠졌다. 창세신화에 등장했던 여와는 이때 다시 염제의 딸로 등장해 동해를 건너다 빠져 죽은 뒤 새로 변신하는 것으로 나타나고 있다.

이들 4명 중 셋째 딸 요희는 후대로 오면서 시인묵객들이 즐겨 상찬하는 신비스런 인물이 되었다. 그녀가 무산의 신녀가 된 얘기는 너무나 유명하다. 그녀는 시집도 가기 전에 요절했다가 요초瑤草라는 풀로 거듭 태어난다. 이 풀은 잎이 겹으로 나고 노란 꽃을 피운다. 열매는 한방에서 강정제로 쓰이는 토사菟絲의 씨와 비슷하다. '토사'는 나무에 기생하는 덩굴식물의 일종이다. 신화에서는 이 열매를 먹으면 누구나 사랑을 하게 되는 것으로 그려져 있다. 요희가 묻힌 곳은 장강의 중류에 있는 명산 무산이라고 한다.

전국시대에 들어와 요희신화는 새로운 전설을 만들어냈다. 전국시대 말기 당시 초회왕은 무산에 놀러왔다가 고당관高唐觀이라는 누대에 이르러 잠이 들게 되었다. 이때 그는 꿈속에서 무산의 신녀 요희를 만나 사랑을 맺었다. 얼마 후 헤어질 시간이 되어 초회왕이 크게 아쉬워하자 무산 신녀가 이같이 말했다.

저는 아침에는 산봉우리에 구름이 되어 걸려 있다가 저녁이면 산기슭에 비가 되어 내리는데 그게 바로 저입니다.

그리고는 홀연히 회왕의 눈앞에서 사라져 버렸다. 초회왕이 문득 정신을 차려보니 한바탕 꿈이었다. 초회왕은 아타까운 마음에 그녀와의 추억을 기념해 무산의 남쪽에 조운관朝雲觀을 지었다. '조운'은 곧 무산신녀 요희를 지칭하는 것이다. 초회왕이 죽은 뒤 아들 초양왕楚襄王이 무산으로 놀러와 선왕이 놀던 고당관과 조운관을 돌아보게 되었다. 이때 궁정시인 송옥宋玉이 초회왕과 무산신녀와의 사랑 얘기를 자세히 들려주었다. 초양왕은 선왕인 초회왕의 기이한 사랑 얘기에 감탄해 송옥으로 하여금 곧바로 시를 짓게 했다. 이같이 해 탄생한 것이 바로 송옥의 『고당부高唐賦』와 『신녀부神女賦』이다.

『신녀부』에서는 무산신녀 요희가 천하제일의 미희로 그려져 있다. 후세에 흔히 남녀의 사랑을 '운우지정雲雨之情'으로 표현케 된 것은 바로 초회왕과 무산신녀와의 사랑에서 나온 것이다. 송옥 이후 시인들은 이 안타깝기 그지없는 사랑에 대해 찬미의 노래를 바쳤다. 송대의 시인 소동파도 그들 중 하나였다. 그는 자신의 어린 애첩의 이름을 '조운'으로 짓기도 했다. 무산신녀의 애기는 말할 것도 없이 후대인이 만들어낸 허구이다.

그러나 무산신녀와 같은 애기가 나오게 된 것도 따지고 보면 황제에 패한 염제를 동정한 것과 무관치 않았을 것이다. 당시 염제는 비록 남쪽으로 패주하기는 했으나 동쪽과 남쪽의 이민족들에게는 매우 인기가 높았다. 월남의 개국신화에서 염제는 시조신으로 등장한다. 고구려의 고분 벽화에는 염제가 사람의 몸에 소의 머리를 하고 손에 벼이삭을 든 모습으로 그려져 있다. 고구려 고분 벽화에 염제가 등장한 것은 농경문화의 전래와 깊은 관련이 있는 것으로 짐작된다.

부족 간의 패권을 놓고 전개된 황제와 염제·치우의 각축전을 통해 신석기시대 초기에 남방족과 동이족이 중국문명의 원형을 형성하는 데 매우 깊이 관여했음을 대략 짐작할 수 있다.

그러나 『상서』를 비롯한 중국의 고문헌은 모두 황제로부터 중국 문명이 시작되었다고 기록해 놓았다. 이들 고문헌에 따르면 당초 황제에게는 모두 25명의 아들이 있었다. 이들 중 스스로 성씨를 세운 자가 14명이었다. 원래 성姓은 부족의 명칭을 말하고 씨氏는 그 아래 단계의 씨족을 말했다. 씨는 성에서 분파된 셈이다. 강姜과 희姬, 요姚, 영嬴, 사姒 등의 성에는 모두 '여女'자가 붙어 있다. 이는 모계사회에서 비롯된 것임을 암시한다.

원래 각 부족은 자손들이 번창하면서 각지에 흩어져 살게 되었다. 각 분파마다 특수한 칭호를 표지로 삼았다. 이를 씨라고 했다. 예컨대 상나라 사람의 조상은 자성子姓이나 후에 은씨殷氏와 시씨時氏, 내씨來氏, 송씨宋氏, 공동씨空同氏 등으로 분파되었다. 그러나 전국시대 이후에는 성씨가 하나로 합쳐져 한대漢代 이후에는 성으로 통칭되었다.

신화에 따르면 공공의 반란을 진압한 전욱顓頊 고양은 침착한 데다가 지략에 뛰어났고, 사리에 통달했다. 그는 북쪽으로 유릉幽陵 : 하북성 북부와 요녕성 남부 일대, 남쪽으로는 교지交趾 : 五嶺 이남과 베트남 북부 일대, 서쪽으로는 유사流沙 : 몽골의 고비사

북방의 큰 신 전욱
『천지인귀신도감』에서.

막, 동쪽으로는 반목蟠木 : 동해의 度索山에까지 다다랐다.

이때 전욱은 궁선窮蟬이라는 아들을 낳았다. 얼마 후 전욱이 죽자 현효의 손자인 고신高辛이 제위에 올랐다. 그가 바로 제곡帝嚳이다. 제곡은 황제의 증손에 해당한다. 그의 부친은 교극蟜極, 교극의 부친은 황제의 맏아들인 현효였다.

제곡은 태어날 때부터 신령스러워 스스로 자신의 이름을 말했다. 또한 은덕을 널리 베풀면서 자신의 이익을 도모치 않았다. 귀가 밝아 먼 곳의 일까지 잘 알았고, 눈이 밝아 미세한 일도 잘 관찰했다. 그는 해와 달의 운행을 헤아려 역법을 만들고, 귀신을 공손히 섬겼다. 그의 모습은 매우 온화했고, 덕품은 고상했고, 행동은 천시에 적합했고, 의복은 보통 사람과 다름이 없었다.

제곡 고신이 공평히 은덕을 베풀자 해와 달이 비치고 비바람이 이르는 곳이면 모두 그에게 복종했다. 제곡은 진봉씨陳鋒氏의 딸을 아내로 맞아 방훈放勛을 낳고, 또 추자씨娵訾氏의 딸을 아내로 맞이하여 지摯를 낳았다. 제곡이 세상을 떠난 후에는 지가 제위를 계승했다. 그러나 지가 정사를 제대로 돌보지 못하자 동생인 방훈이 대신 제위를 계승했다. 그가 바로 요堯이다.

중국의 신화 및 전설은 황제에서 요에 이르는 계통만을 적통嫡統으로 인정하고 있다. 나머지는 주변적인 것으로 치부하고 있는 것이다. 그러나 이는 후대인들이 정제한 것에 불과하다. 오히려 역사적 진실은 나머지 신화 및 전설체계에 잘 남아 있다. 그렇다면 황제를 제외한 나머지 신들은 과연 어떤 신이었을까.

동방대신 태호는 원래 복희伏羲 : 宓犧 내지 포희庖犧 : 炮犧로 불렸다.

앞서 살펴본 바와 같이 복희는 여와와 함께 창세신화에 등장하는 신이다. 신의 계보로 볼 때 가장 일찍 등장했던 셈이다. 복희와 여와는 원래 각각 독립적으로 존재했던 신이나 전한제국 이후에 남매 또는 부부관계로 나타나고 있다. 원래의 복희신화에 따르면 동쪽 화서씨華胥氏 부족의 한 소녀가 뇌택雷澤이라는 호수에 놀러갔다가 호숫가에 찍혀 있는 거인의 발자국을 발견하게 되었다. 당시 소녀는 호기심에 자신의 작은 발로 큰 발자국을 디디는 순간 온몸에 기이한 느낌을 받고 이내 임신하여 태호 복희씨를 낳게 되었다. 이 신화 역시 '감생신화'의 전형적인 유형에 속한다.

이 신화에 나오는 태호의 부친인 뇌택은 뇌신雷神을 상징한다. 뇌신은 용의 몸에 사람의 머리를 하고 있다. 태호 역시 용의 몸에 사람의 머리를 하고 있다. 당시 태호는 끈으로 그물을 짜서 고기 잡는 법을 사람들에게 가르쳐 주었다. 그를 보좌하는 구망句芒도 새를 잡는 그물을 만들었다. 대략 태호는 농경문화가 나타나기 이전에 존재했던 수렵시대의 신으로 추정되고 있다.

태호의 가장 큰 업적은 팔괘八卦의 창안에 있다. 『주역』의 해설에 해당하는 「계사전繫辭傳」에 따르면 태호는 위로 하늘의 천체를, 아래로는 땅의 지형을 살피고 사물의 빼어난 모습을 고려해 팔괘를 만들었다고 한다. 이를 두고 일부 신화학자는 태호를 무사巫師로 추정키도 한다. 팔괘는 하늘과 땅, 물, 불, 산, 천둥, 바람, 늪 등의 8가지 자연현상을 따로 다르게 표현한 것이다.

태호의 자손은 주로 서남쪽에 거주한 파巴라는 종족이 되었다. 파촉 땅에 관한 대표적인 문헌으로는 『촉왕본기蜀王本紀』와 『화양국지華

陽國志』를 들 수 있다. 『화양국지』「파지」에는 파巴나라가 은나라 때 이래 전국시대에 이르기까지 줄곧 지금의 사천성 일대에 존재한 것으로 되어 있다. 그러나 『춘추좌전』과 『사기』「초세가」, 『화양국지』에 등장하는 파나라는 원래 현재의 사천성 내에 있는 파지역에 존재했던 것은 아니다.

많은 학자들은 초나라의 영토확장으로 파나라의 지배층이 분해되고 파나라를 구성하고 있던 강한江漢 일대의 토착민들이 대거 사천성 일대로 이동하면서 지금의 파지역이 나타난 것으로 보고 있다. 파나라는 처음에 강주江州 : 사천성 중경시에 도성을 두었다가 이후 점강墊江 : 사천성 합천과 평도平都 : 사천성 풍도로 도성을 옮겼다. 중국의 민간 전승에는 복희와 여와, 신농씨를 비롯해 황제와 그의 후예에 해당하는 전욱과 제곡 등이 모두 파촉 일대에서 출생했거나 이곳에 거주하며 통치한 것으로 되어 있다. 그러나 이는 모두 전국시대 이후에 나온 것이다. 파촉지역은 전국시대에 들어와서야 비로소 중원문화와 직접적인 교류를 갖게 된 것으로 짐작된다.

전설에 따르면 파국巴國의 시조 늠군凜君은 태호의 후예이다. 늠군은 무상務相으로도 불린다. 태호의 딸 복비宓妃는 낙수洛水를 건너다가 물에 빠져 죽었다. 그녀는 낙수의 여신으로 거듭 태어나 황하의 신인 하백河伯의 부인이 되었다.

우리나라의 일부 학자는 태호가 동방대신인 점에 착안해 태호가 한민족의 먼 조상일 것으로 추정하고 있다. 그러나 『산해경』등의 고문헌에는 오히려 태호보다 염제 신농씨가 동이족과 깊은 관련을 맺은 것으로 나타나고 있다. 5방대신이 동서남북의 방향과 꼭 맞아떨어지는 것은 아니다. 이는 후대로 오면서 5방대신의 위치가 서로 뒤바뀐 데 따른 것이었다.

그렇다면 서방대신 소호는 어떤 신이었을까. 소호의 탄생신화는 4세기경 왕가王嘉가 지은 『습유기拾遺記』에 실려 있다. 이에 따르면 소호의 어머니는 황아皇娥였다. 그녀는 동쪽 나라의 궁궐에 살던 왕녀였다. 낮에는 강에서 배를 띄우며 놀고, 밤에는 길쌈을 하는 것이 그녀의 일이었다. 당초 그녀는 배를 타고 강에서 놀다가 호기심을 참지 못하고 먼 서쪽 바닷가에 나아가게 되었다. 이때 서쪽 바닷가에 높이가 천 길이나 되는 거대한 뽕나무가 한 그루 자라고 있었다. 궁상窮桑이라는 이 뽕나무는 붉은 잎에 보랏빛의 열매를 맺고 있었다. 이 나무는 1만 년에 한번 열매를 맺었다. 이 열매를 먹으면 하늘과 땅보다도 오래 살 수 있었다.

열 개의 태양을 향해 활을 쏘는 예
『천문도天問圖』에서.

이후 황아는 자주 배를 타고 서쪽으로 놀러갔다. 그러던 중 황아는 백제白帝이 아들을 자칭하는 젊은이를 만났다. 백제는 동쪽 하늘에서 빛나는 금성의 신이었다. 백제의 아들은 황아가 바닷가에서 노는 것을 보고 이내 반해 지상으로 내려온 것이다. 두 사람은 곧 친해졌다. 그들은 배 위에 계수나무 깃대를 꽂고 향기로운 띠

풀을 엮어 깃발로 삼았다. 이어 옥으로 만
든 뻐꾸기를 깃대 끝에 달아 풍향을 가리
키게 했다. 아름답게 장식한 배를 타고 두
사람은 거문고를 타며 놀았다. 마침내 황
아가 소호를 낳게 되었다.

예의 아내 항아
명明 당인唐寅의
〈항아집계도嫦娥執桂圖〉

이와 관련해 『산해경』은 동해의 바깥
먼 곳에 온갖 새들이 각기 나랏일을 맡아
다스리는 소호의 나라가 있었다고 기록해
놓았다. 『춘추좌전』「소공 17년」에도 소호
씨의 후손으로 알려진 담자郯子가 노나라에 내조來朝했을 때의 일이
상세히 기록되어 있다. 당시 노소공魯昭公이 담자를 위해 연회를 베풀
면서 소호씨가 새 이름을 관명官名으로 삼은 이유를 물었다. 그러자
담자가 이같이 대답했다.

나의 선조인 소호씨가 즉위했을 때 봉조(鳳鳥)가 날아왔소. 이에
새로써 일을 기록하게 되어 조(鳥)자로 관명을 삼게 되었던 것이
오. 봉조씨(鳳鳥氏)는 천문역법을, 현조씨(玄鳥氏)는 춘분과 추분
을, 백조씨(伯趙氏)는 하지와 동지를, 청조씨(靑鳥氏)는 입춘과 입
하를, 단조씨(丹鳥氏)는 입추와 입동을 관장하는 관원이었소. 또
축구씨(祝鳩氏)는 사도(司徒 : 백성의 교도를 담당), 저구씨(鳴鳩氏)
는 사마(司馬 : 법제 담당), 시구씨(鳲鳩氏)는 사공(司空 : 수리와 토
지 담당), 상구씨(爽鳩氏)는 사구(司寇 : 도적 검거 담당), 골구씨(鶻
鳩氏)는 사사(司事 : 농사 담당)가 되었소. 이상 5구(五鳩)는 백성
을 모아 영도하는 일을 맡았소. 이어 동방의 작치(鵲雉)와 서방
의 준치(鷂雉), 남방의 적치(翟雉), 북방의 희치(鷨雉), 중앙의 휘

치(鷙雉) 등 5치(五雉)는 다섯 분야의 공정(工正 : 工人 담당 관원)
이 되었소. 이들은 기물과 도구를 편리하게 하고 도량을 통일하
여 백성들을 고르게 다스렸소.

　이를 통해 소호씨는 대략 동쪽 해안지역에 거주하던 동이족으로
새를 토템으로 삼았음을 짐작할 수 있다. 그러다가 소호는 언제인가
동방을 떠나 아들인 가을의 신 욕수와 함께 서방을 다스리게 되었
다. 이때 소호는 서쪽으로 지는 해의 운행상태를 주로 살폈다. 『산해
경』은 소호가 서방의 장류산長留山에 머물며 재주 많은 후손들을 많
이 둔 것으로 기록해 놓았다.

　소호의 후손 중에는 처음으로 활과 화살을 만든 반般을 비롯해 요
의 명신이었던 고요皐陶와 우의 치수治水를 돕고 『산해경』을 지은 것
으로 알려진 백익伯益 등이 있다. 이밖에도 호랑이 모습에 날개가 달
고 착한 사람에게 벌을 주고 나쁜 사람에게 상을 주는 궁기窮奇라는
자도 있었다. 북방에 사는 외눈박이 일목국一目國 사람도 소호의 후예
였다.

　북방대신 전욱은 황제의 손자로 소호의 조카였다. 전욱의 부친 한
류韓流는 모습이 이상했다. 사람의 얼굴에 돼지 주둥이, 비늘 돋친 몸
에 통뼈로 된 다리, 돼지의 발을 하고 있었다. 전욱은 숙부인 소호 밑
에서 자랐다. 그는 음악적 재능이 뛰어나 거문고를 잘 탔다. 장성한
뒤 북방의 신이 된 그는 매우 과격해 신하인 중重과 여黎를 시켜 하늘
과 땅의 통로를 끊었다. 이로써 사람들은 더 이상 하늘을 자유로이
왕래할 수 없게 되었다.

전욱은 왜 하늘로 통하는 길을 끊은 것일까. 당시 전쟁의 신 치우는 백성들을 선동해 이 통로를 이용해 황제에게 도전했다. 치우의 난이 평정되자 황제의 뒤를 이어 최고신이 된 전욱은 다시 백성들이 신들의 세계에 침범치 못하도록 이를 끊어버린 것이다. 전욱은 하늘에 이르는 통로를 끊은 뒤 중으로 하여금 하늘의 일을 전담하고, 여로 하여금 땅의 일을 전담케 했다.

치우가 황제에 반기를 들었을 당시 남방의 신 염제의 신하인 공공共工도 주군의 원한을 갚기 위해 전욱에게 싸움을 걸었다. 이 싸움에서 전욱이 승리하기는 했으나 천상과 지상이 크게 파괴되었다. 그러자 여와가 나와 겨우 이를 수선했다. 하늘과 땅의 통로를 끊어 신의 지위를 확고히 한 전욱은 인간의 예법에도 깊이 간여했다.

전욱의 자손 중에는 특이한 인물들이 매우 많았다. 음악에 뛰어난 노동老童을 비롯해 부뚜막신인 궁선窮蟬 등이 그들이다. 궁선은 1년 내내 집안 식구들이 하는 일을 보아두었다가 그해 말에 하늘에 올라가 천제天帝에게 잘잘못을 낱낱이 고하고 지은 죄만큼 수명을 깎게 했다. 이밖에 학질을 옮기는 학귀瘧鬼와 산도깨비인 망량귀魍魎鬼, 어린애에게 경기를 일으키는 소아귀小兒鬼, 사람의 얼굴에 호랑이 몸을 한 도올檮杌 등도 전욱의 자손이다. 8백 세까지 산 팽조彭祖는 전욱의 현손玄孫이었다. 그는 죽을 때 건강관리를 잘못해 단명케 되었다고 한탄했다. 남방의 계우국季禺國과 서방의 숙사국淑士國, 북방의 숙촉국叔歜國 등은 전욱의 후손이 세운 나라이다.

이를 통해 5방대신들은 그 이름이나 역할 등이 고정되어 있지 않았음을 쉽게 짐작할 수 있다. 홍수남해혼 신화의 주인공인 복희가 동방의 신이 되고, 서방의 신 소호가 한때 동방의 신이었고, 북방의 신 전욱이 신들의 우두머리 노릇을 한 것 등이 그 증거이다. 그렇다면 왜 오방신의 역할이 이토록 유동적이었을까.

대부분의 학자들은 신석기 초기 당시 수많은 부족이 공존하며 항쟁했던 데서 그 이유를 찾고 있다. 지배 부족이 바뀔 때마다 신들의 지위도 바뀌게 되고 그 이름이나 역할 또한 마구 뒤섞이게 되었다는 것이다. 신석기 초기의 중국은 지금과는 비교할 수 없을 정도로 거주 지역이 좁았기 때문에 점차 그 영역이 넓어지면서 5방대신의 방위 개념도 마구 엇갈리게 되었다는 것이다.

황제를 비롯한 많은 서방의 신들이 동이족 계열의 신들을 제압하고 주도권을 잡게 된 것은 일응 신석기 초기의 부족사회가 후기의 추방사회로 변화하는 과정을 신화적으로 설명한 것으로 볼 수 있다. 이를 토대로 당시의 상황을 정밀하게 재구성하는 것은 전적으로 후대인들의 몫이다. 5방대신과 관련한 신화는 전한제국 초기에 음양오행설 등의 영향으로 각색된 것이다. 그러나 이는 신석기 초기에 조성되기 시작한 중국문명의 뿌리가 과연 어디에 있었는지를 분명히 보여주고 있다.

이 신화에서 주목할 점은 유독 동이족과 관련이 깊은 5방대신이 많았다는 점이다. 동방대신 태호는 말할 것도 없고 남방대신 염제와 서방대신 소호도 모두 원래는 동방 출신이었다. 오직 황제와 전욱만이 중앙과 북방을 대표하고 있다. 태호와 염제, 소호 등 동방의 신들은 황제와 전욱으로 상징되는 서방의 신들에 비해 그 기원이 훨씬 더 오래되었다. 이는 신석기 초기만 하더라도 중국문명이 동방을 중심으로 발전했음을 시사하고 있다. 이를 근거로 일부 학자는 동이족이 중국문명의 뿌리라고 주장하고 있다. 향후 좀더 깊은 논의가 있어야 하겠지만 중국문명의 원형이 조성될 당시 우리 한민족과 관련이 깊은 동이족이 깊숙이 개입한 것만은 분명한 듯하다.

이상과 같은 분석을 통해 우리는 중국문명이 결코 앙소문화와 용산문화로 상징되는 중원의 황제족에 의해서만 이뤄진 것이 아니라는 사실을 거듭 확인할 수 있다. 중국문명의 원형은 사방의 문화유형이 복합적으로 융합되어 발전했다는 소위 '다원적 발전설'이 타당한 것은 말할 것도 없다. '다원적 발전설'의 핵심이 바로 산동반도를 거점으로 삼았던 동이족인 것이다.

중국 전래의 신화는 황제를 중심으로 한 '일원적 발전설'을 근원적으로 뒤집는 유력한 근거가 아닐 수 없다. 이는 20세기 후반에 들어와 활발한 고고학적 성과에 의해 뒷받침되고 있다. 중국문명이 결코 황제족의 후손인 한족에 의해서만 이뤄지지 않았다는 사실에 우리는 주목해야만 한다. 이는 청동기문명이 개화하는 '전설의 시대'로 들어가면 더욱 뚜렷하게 나타난다.

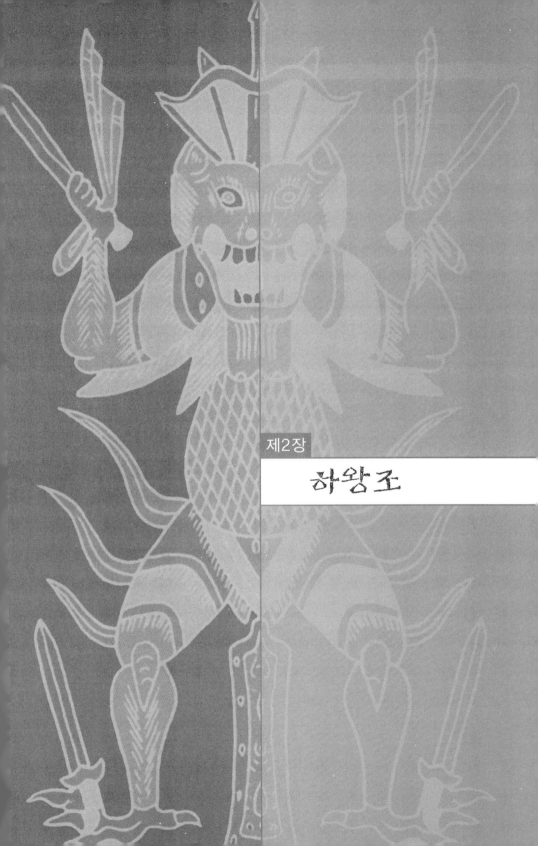

제2장

하왕조

1
하대론
【부족연맹의 추방사회였다】

고고학적으로 볼 때 중국사에 나타난 최초의 왕조는 상왕조이나 문헌상으로 볼 때는 하왕조이다. 원래『서경』등의 고문헌은 하왕조의 실재를 전제로 하여 쓰여진 것이다. 그러나 이들 문헌은 모두 후대에 편찬된 것으로 신빙성이 약하다. 오랫동안 하왕조의 실재가 굳게 인정되어 왔음에도 불구하고 20세기에 들어와 고힐강을 중심으로 한 의고파疑古派가 이를 부인하고 나선 것이 그 좋은 실례이다. 그러나 최근 다시 중국 학계에서는 하왕조의 실재를 인정하려는 움직임이 강하게 대두되고 있어 주목된다.

하왕조의 실재를 인정하려는 사람들은『죽서기년』과『사기』에 471년간 통치했던 17대 하왕의 이름이 기재되어 있고,『춘추좌전』에 하력夏曆이 서주시대에 주력周曆과 병용된 사실이 언급되어 있으며, 서주 초기에 기杞나라를 하남지역에 분봉해 하왕실의 제사를 받들게

했고, 하왕조와 우의 명칭이 서주
시대의 청동기 명문에 나타나고
고대 중국민족의 명칭이 하夏, 화
하華夏, 제하諸夏로 불렸던 점 등을
들고 있다. 그러나 이 또한 문헌상
의 증거일 뿐이다.

대우치수 각석화大禹治水刻石畵

최근 하왕조의 실체가 일련의
고고학적 성과에 의해 어느 정도 그 면모를 드러내고 있다. 이에 따
르면 하왕조는 뒤이어 나타나는 상왕조와 같이 국가단위로는 아직
발전되지 못했다. 다만 원시형태의 국가조직을 어느 정도 갖췄던 것
으로 추정되고 있을 뿐이다. 문화인류학적으로 볼 때 이는 추방사회
에 해당한다. 하왕조를 건설한 전설상의 개국조인 우禹는 초기 형태
의 국가조직을 형성하는 데 결정적인 공헌을 한 지배 부족의 우두머
리를 상징한 것으로 짐작된다.

고고인류학적으로 볼 때 우의 치수와 건국에 대한 전설은 중국에
서 처음으로 집단적인 연맹체제가 출현했음을 시사한다. 학자들은
하왕조의 판도가 산서성 남부인 분수汾水지역, 하남성 서변 및 섬서
성 위수渭水 하류에 걸쳐 있었을 것으로 보고 있으나 그 판도는 시기
별로 주변 부족과의 각축에 의해 자주 변동되었다. 『서경』 등의 고문
헌은 하왕조의 도성이 양성陽城과 진양晉陽, 정주鄭州, 낙양洛陽 등지로
옮기게 되었다고 기록해 놓았다. 이같은 잦은 천도는 대략 주변 민족
과의 충돌에서 비롯되었을 것이다. 이들 지역은 황토평원으로 원시
경작에 적합했다.

　전설에 의하면 요·순시대에 이미 일월과 별의 운행을 관찰하고, 역법을 제정해 춘하추동을 구별함으로써 농업과 목축업을 발전시켰다고 한다. 우가 만든 것으로 알려진 역법은 매우 훌륭한 것으로 칭송받고 있다. 당시 유적에 대한 발굴조사 결과 하왕조 말기에 들어와 청동기를 사용한 사실이 확인되었다. 그러나 청동기를 농업에 이용했을 가능성은 매우 희박하다.

　중국의 청동기문화는 신석기시대에 다양한 문화유형이 각 지역에서 동시 다발적으로 등장한 것과 마찬가지로 중국 전역에 걸쳐 동시 다발적으로 나타났다. 다만 중원에서 발달한 청동기문화는 다른 지역의 청동기문화에 비해 그 수준이 훨씬 높았다. 그러나 상왕조는 고도로 정교한 청동기문화를 향유하면서도 다른 지역에 비해 오히려 철기문화를 뒤늦게 수입케 되었다. 이는 아편전쟁 이후 상대적으로 완벽한 제왕정의 통치체제를 자랑했던 중국이 서구문명을 받아들이느라 1세기 넘게 숱한 우여곡절을 겪게 된 것에 비유할 수 있다.

　그러나 당시 중국의 중원에서 발달한 청동기문화는 비록 철기문화의 조속한 도입에 걸림돌로 작용키는 했으나 그 수준만큼은 사상 유례가 없을 정도로 높았다. 중국의 청동기문화는 신석기시대 후기에 등장하기 시작했다. 앙소문화의 유적에서 아연 25%를 함유한 황동조각이 발견되고 산동의 용산문화 유적에서도 2개의 추형동기錐形銅器가 출토된 바 있다. 이는 신석기시대 말기에 이미 부분적으로나마 야동冶銅기술이 존재했음을 시사한다. 청동기의 출현은 비단의 출현과 밀접한 관련이 있는 것으로 추정되고 있다. 비슷한 시기에 발달한 양저문화 유적에서 출토된 마포와 비단조각이 이를 뒷받침한다.

이는 중국의 전통적인 마와 견직 수공업이 이미 이 시기에 시작되었음을 의미한다.

청동기문화는 추방사회가 초기 단계의 국가조직으로 이행하는 과정에 나타났다. 이는 상해시 청포현靑浦縣 복천산福泉山과 강소성 상주常州 무진武進에서 발견된 대형 묘를 통해 쉽게 확인할 수 있다. 이 묘는 흙을 높게 쌓아 인공적으로 조성한 고대高臺로 이뤄져 있었다. 이는 일반 공동묘지가 아니라 소수의 특별한 사람만의 매장을 위한 묘지였다. 복천산 묘에서 출토된 석부石斧는 예식용 월鉞과 형태가 유사할 뿐만 아니라 매우 정교하게 만들어졌다. 이는 권력과 신분의 상징으로 사용되었음을 시사한다. 이같은 묘의 조성은 집단을 대표하는 강력한 권력자가 아니면 불가능한 것이다.

하버드대학의 장광직 교수는 일찍이 고대 중국의 제례祭禮의식과 예술이 정치권력과 불가분의 관계를 맺고 있다고 주장한 바 있다. 그의 주장은 이같은 유물의 출토로 그 타당성이 입증되었다. 각종 신화적인 동물의 형상과 기하학적 도안, 기이한 형태의 도기, 옥제와 석제의 각종 장신구 및 예기 등은 제례의식의 발달에 따른 것이다. 하남성 북부에서 기원전 1천3백 년 전후의 왕후 무덤이 발견된 바 있다. 이 무덤에서 출토된 다량의 제사용 청동기에 '부호婦好'라는 이름이 새겨져 있었다. 학자들은 무덤의 주인이 상왕조 때의 왕후이고, 그녀의 이름이 바로 '부호'였을 것으로 추정하고 있다.

초기 청동기문화의 발생과 관련해 빼놓을 수 없는 문화유형으로 감숙성 일대의 제가문화齊家文化를 들 수 있다. 이 문화유형은 섬서용산문화와 매우 유사한 것으로 대략 기원전 2천 년경으로 추정되고 있다. 이 문화유적에서는 다량의 청동제 무기류를 비롯해 전쟁에 의한 피해자의 유골과 점을 친 뼈 등이 출토되었다.

중국의 초기 청동기문화는 각 지역의 신석기문화를 배경으로 적어도 4개 지역에서 거의 비슷한 시기에 발생했다는 것이 정설이다. 이후 하남용산문화에서 청동기가 발견됨에 따라 중국문명에 나타난 청동기문화의 상한이 크게 소급되었다. 원래 신석기 후기의 대표적인 문화유형으로는 하나라 건국의 발상지로 알려진 하남성 언사현偃師縣의 이리두문화二里頭文化를 들 수 있다. 이리두문화 유적에 대해서는 1959년에 하나라의 실재를 밝히기 위한 하허夏墟 발굴작업이 착수된 이래 1964년까지 총 9차례에 걸쳐 대대적인 발굴조사가 이뤄졌다.

이 발굴조사에서 약 1만 평방미터의 넓이에 미치는 철형凸形의 기단이 발견되어 학계를 놀라게 했다. 이리두 유적에서는 동쪽에 남북으로 가로지른 40m의 토벽이 있고, 동남쪽에는 30여 개의 기둥이 3.8m 간격으로 서 있었던 사실이 확인되었다. 현재 학자들은 이 건물 터가 궁전터였을 것이라는 데 별다른 이견이 없는 상황이다. 이같은 건축물의 조영은 어떤 정치군사적인 권력자가 존재하지 않았으면 불가능했을 것이다. 정치군사적 권력자의 출현은 주변의 약소 부족을 복속시켜 원시국가로 나아가는 데 결정적인 배경이 되었을 것이다.

이리두문화 유적에서는 이밖에도 반지하의 움집 묘와 각종 석기를 비롯해 송곳과 화살촉, 방울 등의 소형 청동제품이 다량 출토되었다. 이리두문화는 유물의 퇴적현상에 따라 크게 4기로 분류되고 있다. 상층의 4기는 낙달묘洛達廟문화, 중층의 3기는 하남용산문화의 요소가 남아 있는 조기 상왕조 문화, 하층의 1-2기는 하남용산문화 후기에 속한다. 이리두문화의 2기와 3기는 현격한 차이가 있으나 1기와 2기는 큰 차이가 없다. 이는 하남용산문화에서 이리두문화가 발전했음을 보여주고 있다.

이에 앞서 1950년대에 하남성 정주시鄭州市 부근에서 4변의 길이가 총 7천여 미터에 달하는 상성商城이 발견된 바 있다. 이를 흔히 이리강문화二里岡文化라고 한다. 이리강문화 유적에서는 도요지와 청동기 제조장을 비롯해 많은 토기와 청동제품, 석기 등이 출토되었다. 이는 상왕조의 문화유형과 일치하는 것이다. 연대 측정결과 대략 기원전 1천6백 년경의 상왕조 초기 문화에 해당한다는 사실이 밝혀졌다.

이후 조사결과 이리두문화 1-2기의 연대가 기원전 2천 년까지 소급하는 것으로 나타났다. 이는 상왕조 이전의 시기에 해당한다. 이에 이리두문화를 전설상의 하夏문화로 보자는 주장이 강력히 제기되었다.

그러나 두 문화의 연속성을 주장하는 사람들은 이리두문화를 하왕조의 문화로 간주하는 것에 반대하면서 상왕조의 초기 문화로 보는 것이 옳다고 주장했다. 이밖에도 2기와 3기의 차이보다는 3기와 4기의 차이를 강조하면서 1-3기를 하왕조의 문화로 간주하고 4기를 하왕조 및 상왕조의 과도기 문화로 보자는 견해도 대두되었다.

당초 이리강문화 유적에서 상성이 발견되었을 당시 많은 학자들은 이를 상왕조 중기의 도성인 오敖：囂로 생각했다. 이에 탕왕이 최초로 도성을 세운 박毫을 찾기 위한 노력이 경주되었다. 종래 박에

대해서는 두박설杜亳說 : 섬서성 두현과 남박설南亳說 : 안휘성 박현, 북박설
北亳說 : 산동성 曹縣, 서박설西亳說 : 하남성 언사현 尸鄕 등이 분분히 대립했다.
이리강문화의 상성을 오殹로 비정한 학자들은 이리두문화 유적에서
발견된 궁궐터를 탕왕이 세운 박亳으로 간주했다. 그러나 이리두문
화 3기에 나타난 궁궐터를 탕왕의 도성인 박이라고 하면 이리두문화
1-2기 유적만을 근거로 하왕조의 실재를 논하는 것 자체가 무의미
해진다.

　　1-2기 문화만을 하왕조의 문화라고 한다면 그것만으로는 상왕조
에 선행하여 최소한 하남성 일대나마 지배했던 왕조국가를 설명하
는 데 설득력이 떨어진다. 그러나 만일 이리강문화 유적에 나타난 상
성을 탕왕의 도성 박으로 비정하면 문제가 완전히 달라진다. 이리강
문화 유적의 상성이 박이라면 이리두문화의 궁궐터는 시기적으로
이에 앞설 뿐만 아니라 양자의 문화적 성격도 현격한 차이가 있는
만큼 전설로만 알려졌던 하왕조의
도성일 가능성이 높아진다. 그렇다
면 종래의 숙제였던 하왕조의 실체
가 찬연히 그 모습을 드러내는 셈이
된다. 이리두 1-4기 전체를 하왕조
의 문화로 간주하는 학자들이 이리
강문화 유적을 탕왕의 도성으로 간
주하는 소위 '정박설鄭亳說'을 계속
주장하는 이유가 바로 여기에 있다.

　　그러나 이리두문화 유적의 궁궐

『춘추좌전』 중의 하왕조
군사제도에 관한 기록

터는 그 축조시기가 상왕조 초기에 근접한 기원전 1천7백 년 전후인 것으로 판명된 상황에서 이를 하나라 도성으로 간주하는 것은 문제가 있다. 그렇다면 하왕조는 과연 전설에 불과한 것일까. 이미 이리두문화 1-2기 지층에서 하남용산문화가 발견됨에 따라 하남용산문화가 이리두문화로 발전해 갔음이 확인된 바 있다.

만일 이리두문화 1-2기만을 하왕조의 문화로 보면 그 존속기간이 너무 짧게 된다. 최소한 하남용산문화 후기까지 하왕조의 문화에 포함시켜야만 그 실재를 인정할 수 있다. 그러나 하남용산문화에는 여러 문화유형이 섞여 있고, 그 일부는 오히려 상왕조 초기 문화에 가깝다. 따라서 하남용산문화 중 이리두문화 1-2기 문화와 근접한 유형만을 하왕조의 문화로 보아야 타당성을 확보할 수 있다.

하 · 회도정灰陶鼎

이를 인정할 경우 하왕조의 문화는 기원전 2천3백 년에서 1천7백 년 사이에 하남성 중서부를 중심으로 발전한 문화로 이해할 수 있게 된다. 그러나 설령 이를 인정한다 할지라도 이것이 곧 하왕조의 실재를 입증하는 것은 아니다. 하왕조의 실재와 관련해 아직까지도 학자들 간에 합의점이 도출되지 못하고 있다. 하왕조의 실재에 대한 결론은 앞으로도 더 시간이 걸려야 할 것으로 보인다. 그러나 이리두문화 다음에 최초의 고대국가인 상왕조의 문화가 출현한 사실에 비추어 볼 때 하남용산문화는 말기에 이르러 고대국가 출현의 원형이 형성되었던 점만큼은 부인할 수 없다.

하왕조의 문화와 관련해 가장 눈길을 끄는 것은 소위 '하력夏曆'이다. 중국인들이 전통적으로 추방사회에 불과했던 하나라를 최초의 왕조로 여긴 데에는 '하력'에 대한 굳건한 믿음과 무관치 않았다. '하력'의 존재는 하왕조의 문화가 비록 왕조국가 단위의 정치문화를 이루지는 못했으나 농경 등의 생활문화 면에서는 이미 높은 수준에 달하고 있었음을 강력히 시사하고 있다. 이는 훨씬 후대인 삼국시대에 들어와 조조의 손자였던 위명제魏明帝 조예曹叡가 발포한 다음과 같은 포고령을 보면 쉽게 확인할 수 있다.

> 태극은 위에서 삼신(三辰 : 일월성신)과 오성(五星)을 운행시키고 원기(元氣)는 아래에서 삼통(三統 : 천지인)과 오행을 돌아가게 한다. 이로써 만물이 올라가고 내려가며 순환하니 끝이 곧 시작인 것이다. 때문에 공자는 『춘추』를 지어 만물이 움트는 달을 제외하고 매달 '왕(王)'이라 칭하고 하·은·주 삼대(三代)의 정월이 번갈아가며 머리가 됨을 밝혔다. 지금 삼통의 순서를 헤아리면 위나라는 지통(地統)을 얻었으므로 12월을 정월로 해야 한다. 이는 여러 경전을 살펴보면 명백히 알 수 있다. 이제 연호를 경초(景初)로 바꾸고 청룡(青龍) 5년(237) 3월을 경초 원년 4월로 고친다.

이로 인해 위나라는 '하력' 대신 '은력殷曆'을 이용해 세수歲首 : 정월를 비롯해 춘하추동 및 매달의 맹중계孟仲季 : 사계의 첫 번째와 중간, 마지막 달를 모두 한 달 뒤로 물렸다. 그러나 나머지 모든 행사는 '하력'을 좇아 거행했다. 교사郊祀 : 도성 밖에서 천지를 향해 올리는 제사와 영기迎氣 : 입춘과 입하, 입추, 입동 때 천자가 동서남북의 교외에서 사계의 기를 맞이하는 의식, 약사祈祠 : 봄 제사, 증상蒸嘗 : 증은 겨울제사이고 상은 가을제사임, 순수巡狩 : 천자의 제후국 순방으로 3월과 5월, 8월 11월에 동남서북으로 감, 수전蒐田 : 봄ㆍ가을의 수렵, 분지分至 : 춘분ㆍ추분과 하지ㆍ동지, 계폐啓閉 : 계는 입춘ㆍ입하, 폐는 입추ㆍ입동 등의 연간행사와 24절기 등은 모두 이전과 같이 '하력'을 좇았다.

전설상의 왕조인 하왕조 때 만들어진 역법이 1천 년도 훨씬 넘는 삼국시대 후기까지 그대로 사용되었다는 것은 '하력'이 얼마나 뛰어난 역법이었는지를 웅변적으로 보여주고 있다. 상왕조는 '하력' 대신 '은력'을 만들어 사용했다. 주왕조 역시 '은력' 대신 '주력周曆'을 만들어 사용했다. 진시황은 천하를 통일한 뒤 '진력秦曆'을 만들었다. 이는 세수를 10월로 잡은 것이었다. '은력'과 '주력'은 세수가 '하력'에 비해 각기 1달과 2달 빠른 데 반해 '진력'은 1달 늦은 것이 그 특징이다.

진제국의 뒤를 이은 한제국은 초기에 진제국의 역법을 그대로 따르다가 한무제 원봉元封 7년B.C. 104에 태초력太初曆을 만들어 '건인지월建寅之月'을 세수로 삼았다. 이는 '인월寅月'을 세수로 삼은 하력으로의 복귀를 의미했다. 이후 전한 말기 왕망王莽이 집권한 때와 위명제魏明帝 조예曹叡 때에 한 차례 은력으로 고친 적이 있었다. 다시 당무후唐武后 : 측천무후와 당숙종唐肅宗 때 한 차례 주력으로 고친 것을 제외하고는 모두 하력을 사용해 지금까지 내려오고 있다.

춘추시대 당시 공자가 편수한 것으로 알려진 노魯나라의 역사서인 『춘추春秋』는 매해의 사건을 기록할 때 반드시 '왕정월王正月'이라는 표현을 사용해 그 시기를 분명히 했다. '왕정월'이라는 표현은 곧

‘하력’과 ‘은력’의 정월이 아닌 ‘주력’의 정월을 강조키 위해 나온 것이다. 이는 곧 ‘주력’의 실효성이 크게 떨어진 나머지 많은 사람들이 여전히 ‘하력’과 ‘은력’을 사용했음을 반증한다. ‘주력’은 말할 것도 없고 ‘은력’도 ‘하력’을 거의 그대로 받아들인 것임을 강력히 시사하는 대목이 아닐 수 없다.

이를 통해 하력이 얼마나 정교하게 만들어진 음력체계인지를 극명하게 확인할 수 있다. 이는 하왕조 때 이미 농경문화가 그 절정에 달하고 있었음을 강력 시사하는 것이다. 농경기술의 진보는 기본적으로 정교한 역법체계가 마련되지 않고는 불가능한 일이다. 놀랍게도 21세기인 오늘날까지 우리가 쓰고 있는 음력체계가 바로 ‘하력’이다. 중국인들이 수천 년 동안 하왕조를 단지 전설상의 왕조가 아니라 실존했던 왕조로 생각한 것도 무리는 아니라는 생각이 들 수밖에 없다.

그렇다면 과연 ‘하력’과 ‘은력’, ‘주력’은 각각 어떤 차이가 있는 것일까. 후세인들은 이 3개의 역법체계를 통칭해 흔히 ‘3정三正’이라고 했다. 이는 ‘3개의 정월’이라는 뜻에서 나온 것이다. 춘추전국시대만 하더라도 열국은 ‘3정’ 중 하나를 택해 각기 다른 역법체계를 사용했다. 이는 열국에서 사용된 문자체계가 각기 달랐다는 사실과 맥을 같이하는 것이다. ‘3정’의 가장 큰 차이는 말할 것도 없이 한 해의 시작인 이른바 세수歲首의 월건月建에 있었다.

하력은 건인지월建寅之月을 세수로 삼고 있는 것이 특징이다. 이에 반해 주력은 보통 동지가 있는 건자지월建子之月을 세수로 삼았다. 이는 하력의 11월이다. 은력은 건축지월建丑之月을 세수로 삼았다. 이는 하력으로 12월이다. 따라서 주력은 은력보다 한 달이 빠르고 하력보다는 2달이 빨랐다. 당연한 결과로 이 세 가지 역법은 월건이 다르기 때문에 4계四季의 시작도 다를 수밖에 없었다. 이를 도표로 나타내면 다음과 같다.

	자	축	인	묘	진	사	오	미	신	유	술	해
하력	11	12	1	2	3	4	5	6	7	8	9	10
	--동---		----춘----			----하----			----추----			--
은력	12	1	2	3	4	5	6	7	8	9	10	11
	--		----춘----			----하----			----추----		--동--	
주력	1	2	3	4	5	6	7	8	9	10	11	12
		----춘----			----하----			----추----			----동--	--

춘추전국시대의 문헌들을 읽을 때는 반드시 '3정'의 차이를 알아야만 한다. 이들 문헌들이 근거로 삼아 기시紀時한 역법은 결코 통일된 것이 아니었다. 예컨대 『춘추』와 『맹자』에는 주력을 많이 썼다. 또한 『시』 「소아 · 4월」은 하력을 쓴 것이고, 『시』 「빈풍 · 7월」은 하력과 주력을 아울러 사용했다. 그러나 기록의 내용으로 보아 쉽게 판별할 수 있는 경우가 적지 않다. 『춘추좌전』 「노성공 8년」에 나오는 다음과 같은 대목이 그 실례이다.

| 2월에 얼음이 없었다.

사관은 이 드물게 보는 현상을 사서에 기록한 것이다. 이는 분명히 주력의 2월 곧 하력의 12월을 가리켜 말한 것이다. 만일 이것이 하력의 2월이었다면 봄바람이 언 것을 녹여 얼음이 없는 것은 정상적인 현상이므로 대서특필할 필요가 없었을 것이다. 또 다른 예로 『춘추좌전』「노장공 7년」에 나오는 다음과 같은 기록을 들 수 있다.

┃ 가을, 홍수가 나서 보리싹이 나지 않았다.

이는 주력을 사용한 것임에 틀림없다. 주력의 가을은 5-6월에 상당한다. 늦게 수확하는 보리의 싹이 홍수에 의해 씻겨 내려갔을 가능성을 시사하고 있다. 만일 이를 하력의 가을로 해석하면 그 뜻이 제대로 통하지 않게 된다. 『맹자』「양혜왕 상」에 나오는 다음 구절도 마찬가지이다.

┃ 7-8월 사이에 가뭄이 들어 싹이 말라버렸다.

이같은 표현은 주력을 사용했기에 가능한 것이다. 주력의 7-8월은 하력의 5-6월에 상당하고, 이 때는 바로 벼의 싹이 빗물을 필요로 할 때가 된다. 만일 이를 하력으로 이해하면 도무지 앞뒤가 맞지 않게 된다. 그러나 논란이 일고 있는 경우도 적지 않다. 『맹자』「이루離婁 하」에 나오는 다음 구절이 그 실례이다.

┃ 11월에는 통나무 다리가 이뤄지고 12월에는 수레가 다닐 수 있

는 다리가 이뤄지면 백성들은 강물을 건널 것을 걱정하지 않을 것이다.

이는 대체로 하력을 기준으로 한 것으로 보이나 이를 둘러싸고 학자들 사이에 논란이 많다. 더욱 헷갈리는 경우는 동일한 사실을 기록하고 있는 『춘추』의 경문經文과 『춘추좌전』의 전문傳文이 각기 서로 다른 역법을 사용한 경우이다. 대표적인 실례로 『춘추좌전』 「노은공 6년」에 나오는 다음 기록을 들 수 있다.

가을, 송나라 사람이 장갈을 점령했다. 겨울, 경사(京師 : 낙양)에서 노나라로 사람을 보내 흉년의 상황을 알렸다.

이는 아무런 모순이 없는 내용이다. 그런데 문제는 경문에 나타난 시점이 이와 다른 것이다. 경문에는 이같이 기록되어 있다.

가을 7월, 겨울, 송인이 장갈(長葛) 땅을 취했다.

장갈 땅을 취한 시점이 전문에 기록된 시점과 완전히 다른 것이다. 이를 두고 삼국시대 위나라의 두예杜預는 우선 경문에 대해서는 '가을에 취하고, 겨울에 고했다'로 해석했다. 이어 전문에 대해서는 '겨울, 장갈에 대비가 없는 것을 틈타 이를 취했다'로 풀이했다. 그러나 이는 경문과 전문에 대한 해석이 뒤바뀐 것이다. 만일 경문이 주력을 취한 데 반해 전문은 하력을 취한 것으로 해석하게 되면 아무런 모순이 없게 된다. 『춘추좌전』「노희공 5년」의 경문은 다음과 같이 기록해 놓았다.

> 봄, 진나라 군후가 태자 신생(申生)을 죽였다.

그런데 『춘추좌전』의 전문은 이 사실을 「노희공 4년」에 이같이 기록해 놓았다.

> 12월 27일, 태자가 신성(新城)에서 액사(縊死)했다.

이를 무심코 읽게 되면 『춘추좌전』의 전문이 시간을 잘못 기록한 것으로 해석할 수 있다. 그러나 경문은 주력을 사용한 데 반해 전문은 하력을 사용한 것으로 보면 아무런 문제가 없게 된다. 이를 통해 알 수 있듯이 선진시대의 문헌을 읽을 때는 '3정'에 대한 세심한 주의가 필요한 것이다. 그렇다면 왜 '3정'이 나오게 된 것일까.

이는 하·은·주 3대가 차례로 왕조를 세우면서 정삭正朔 또한 윤번대로 개정해야 한다고 생각한 데 따른 것이었다. 천명이 바뀌면 정삭과 복색을 바꿔야만 한다는 고정된 생각에서 나온 모순이었던 것이다. 이같은 생각은 춘추전국시대를 통일한 진시황 때에도 그대로 이어졌다. 진시황은 중국을 통일한 후 건해지월建亥之月:하력의 10월을 세수로 삼았다. 이는 하왕조가 건인지월建寅之月, 은왕조가 건축지월建丑之月, 주왕조가 건자지월建子之月을 세수로 삼은 것을 흉내낸 데 따른 것이었다. 절기가 맞지 않은 것은 말할 것도 없다.

이를 통해 확인할 수 있듯이 하력의 정확성은 실로 놀라운 것이었다. 하력이 이토록 오래도록 이어질 수 있었던 것은 하력이 농사철과 정확히 맞아 떨어진 데 따른 것이었다. 후대의 상왕조와 주왕조를 비롯해 진제국 등이 각기 세수를 달리하는 역법체계를 만들었으나 후세인들이 이를 모두 폐기하고 결국 하력을 좇은 것은 하력이 얼마나 정교하게 만들어진 역법체계인지를 웅변적으로 보여준 것이라고 할 수 있다.

2

삼왕론

【요 · 순 · 우는 부족장이었다】

　전설상의 하왕조가 출현한 시기는 문헌상 최고의 성군으로 숭앙된 요 · 순이 등장한 시기와 겹치고 있다. 요는 황제의 8세손이다. 『서경』등의 경전은 물론 『설원』등의 설화집을 보면 요는 하늘처럼 인자하고 만물을 촉촉이 적셔주는 비구름과 같은 존재로 그려져 있다. 『한비자』는 요가 겨울에는 사슴 가죽옷을 입고, 여름에는 삼베옷을 입고, 집은 띠풀과 통나무를 이어 만들고, 식사는 거친 채소국에 만족한 것으로 기록해 놓았다.

　흔히 요의 치세는 큰 덕을 밝혀 9족九族을 친하게 하고, 백관의 직분을 분명히 구분하고, 모든 제후국을 화합시킨 것으로 묘사되어 있다. 이는 말할 것도 없이 후세인들이 성군이 다스리던 시대의 이상적인 모습을 상상해 그려놓은 것이다. 요와 관련된 모든 전설은 이같은 예에서 한치도 벗어나지 않았다. 대표적인 예로 『서경』의 기록을 들 수 있다. 『서경』에는 요가 하늘과 땅을 고루 주관한 것으로 기록해 놓았다. 『서경』「요전」 등에 나오는 요의 행적을 보면 요는 희씨義氏와 화씨和氏에게 명해 하늘을 공경하고 일월성신의 운행법칙을 헤아려 백성들에게 농사의 적기를 신중히 가르쳐 주도록 했다. 이들 두 부족은 대대로 계절과 시령時令을 관장했다. 요는 희씨의 둘째 아들 희중義仲에게 양곡暘谷: 전설상 태양이 떠오르는 곳으로 불리는 욱이郁夷: 섬서성 내의 지명에서 기거하며 아침에 떠오르는 태양을 공손히 맞이하고 봄 농사를 때맞춰 안배토록 명했다. 요는 또 희씨의 셋째 아들 희숙義叔에게는 남쪽의 가장 먼 변경지역인 교지交趾에 살면서 여름 농사를 때맞춰 안배토록 명했다.

이때 요는 화씨의 둘째 아들인 화중和仲에게는 매곡昧谷: 서쪽의 해가 지는 골짜기이라는 서토西土에 살면서 지는 해를 공손히 배웅하고 가을 농사의 일정을 잘 안배토록 명했다. 요는 또 화씨의 셋째 아들인 화숙和叔에게는 유도幽都로 불리는 북방에 살면서 겨울에 곡식을 저장하는 일에 신경을 쓰도록 명했다. 이에 백성들은 겨울을 따뜻하게 지내게 되었다.

이어 요는 1년을 3백66일로 정하고 3년에 한 번씩 윤달을 이용해 사계절의 오차를 바로잡았다. 원래 태음력은 달이 지구의 둘레를 도는 것을 기준으로 잡았다. 달의 지구 일주는 평균 29. 53일이 걸린다. 따라서 매년을 12개월로 잡을 경우 354일이 되므로 태양력에 비해 11일이 부족하게 된다. 이같은 오차를 줄이기 위해 윤달을 만든 것이다.

그러나 이때 희귀한 일이 일어났다. 갑자기 하늘에 10개의 태양이 동시에 나타나게 된 것이다. 이들 10개의 태양은 모두 동방의 천제天帝인 제준帝俊과 태양의 여신 희화羲和 사이에 태어난 아들이었다. 이들은 황금빛이 나는 세 발 달린 신성한 까마귀로 형상화되었다. 소위 '삼족오三足烏'로 명명된 이 새는 동방의 양곡暘谷이라는 곳에서 살고 있었다.

원래 이들은 10일을 주기로 하루에 한 번씩 교차해 떠오르게 되어 있었다. 양곡에는 늘 뜨거운 물이 흘러내렸는데 그곳에는 부상扶桑이라는 거대한 뽕나무가 있었다. 열 개의 태양은 부상나무의 가지에서 매일 아침마다 하나씩 떠올라 하루종일 하늘을 운행한 후 서쪽 끝의 우연虞淵이라는 연못으로 들어갔다. 이는 태양신인 희화가 만든 규칙이었다.

이같은 일이 반복되자 희화의 아들들은 이를 지겨워한 나머지 희화가 일어나기 전에 일제히 떠올라 멋대로 하늘을 날아다니기 시작했다. 이에 온 세상이 아수라장이 되었다. 하늘은 이글거리며 붉게 타올랐고, 땅도 부글부글 끓으며 까맣게 타들어갔다. 강물이 말라 초목과 곡식이 모두 죽고 백성들은 갈증과 굶주림에 시달렸다.

요가 곧 신통력이 뛰어난 여축女丑이라는 무당을 불러 이를 해결케 했다. 그러나 여축의 간절한 기도에도 불구하고 10개의 태양은 오히려 더욱 기승을 부렸다. 여축은 산꼭대기에서 뜨거운 태양열을 견디지 못하고 이내 까맣게 타죽고 말았다. 땅 위의 절망과 비탄이 하늘에 닿게 되자 비로소 사태를 파악케 된 제준은 곧 명궁 예羿를 불러 붉은 활과 흰 화살을 특별히 하사하면서 원래의 상태대로 돌려놓을 것을 당부했다.

열 개의 뜨거운 태양 아래 괴로워하는 여축
고대 중국에서는 가뭄이 들었을 때 이처럼 무당을 핍박하여 하늘에 간절히 비를 청하도록 했다.
청淸 왕불의 『산해경존』에서.

제준이 내려준 붉은 활과 흰 화살은 재앙을 물리칠 수 있는 신비한 힘을 지니고 있었다. 제준은 명궁 예로 하여금 난동을 부리는 태양들을 진정시키도록 한 것이다. 명궁 예는 아내 항아姮娥：嫦娥와 함께 급히 지상으로 내려갔다. 그는 호흡을 가다듬은 뒤 하늘의 태양을 향해 활을 당겼다. 시위를 떠난 화살이 태양 중 하나에 적중하자 태양이 곧 빛을 잃고 지상으로 떨어졌다. 떨어지는 태양은 곧 세 발 달린 까마귀의 모습으로 변했다. 이에 남은 9개의 태양이 사방으로 뿔뿔이 도망치기 시작했다. 예는 연속해 화살을 날렸다. 마침내 9개의 태양이 모두 떨어지자 하늘과 땅은 다시 정상으로 돌아오게 되었다.

이때 예는 중원에서 가장 골칫거리였던 알유猰貐를 퇴치하러 나섰다. 알유는 소의 몸에 사람의 모습을 한 괴물이었다. 뱀의 몸에 사람의 얼굴을 했다는 기록도 있다. 알유는 어린애 우는 소리를 내다가 사람들이 어린애 우는 소리를 이상히 여겨 다가오면 갑자기 나타나

잡아먹었다. 예는 알유를 처치한 뒤 다시 남쪽으로 발길을 돌려 착치
鑿齒라는 괴물을 처치하러 갔다. 착치는 끌처럼 날카로운 이빨이 2미
터나 나온 괴물이었다. 예는 수화壽華라는 호수에서 격전을 벌인 끝
에 마침내 착치를 사살했다. 그러자 다시 북쪽에서 구영九嬰이라는
괴물이 백성들에게 행패를 부린다는 소문을 듣게 되었다. 구영은 머
리가 9개인 괴물로 물과 불을 뿜으며 사람들을 괴롭혔다. 예는 흉수
凶水라는 강가에서 이를 잡아 죽였다.

얼마 후 다시 동쪽에서 대풍大風이라는 사납고 거대한 새가 흉포한
짓을 한다는 소리를 듣고는 청구靑邱라는 호숫가에서 화살을 날렸다.
기운이 좋은 대풍이 화살을 맞고도 날아가자 예는 자신의 화살에 굵
고 긴 줄을 묶은 뒤 대풍을 쏘아 떨어뜨린 뒤 큰 칼로 쳐 죽였다.

예가 휴식을 취하려고 하다가 다시 남쪽에서 코끼리까지 삼켜버
리는 큰 구렁이 파사巴蛇가 동정호洞庭湖에 나타나 백성들을 잡아먹고
있다는 소문을 듣게 되었다. 이에 예는 남쪽으로 내려가 파사에게 화
살을 마구 쏘아 정신을 빼앗은 뒤 칼로 쳐죽였다. 파사가 죽어 뼈만
남게 되자 그 뼈가 산언덕을 이루게 되었다. 동정호 근처에 있는 파
릉巴陵이 바로 파사가 묻힌 곳이라고 한다.

예가 마지막으로 처치한 괴물은 거대한 멧돼지인 봉희封豨였다. 봉
희는 천제에게 제사드리는 제단이 있던 상림桑林 숲속에 나타나 참배
객들을 위협했다. 예는 봉희의 다리를 활로 쏘아 쓰러뜨린 뒤 산 채
로 사로잡았다. 봉희의 처치로 예는 마침내 천상과 지상의 모든 재앙
을 해결케 되었다. 예는 하늘로 올라가기 전에 상림에서 봉희를 제물
로 삼아 천제에게 제사를 올렸다. 그러나 천제는 예가 그간의 일을

보고하고 천상에 올라갈 뜻을 밝혔음에도 아무런 응답도 하지 않았다. 천제는 제물로 바친 봉희의 고기조차 거부했다. 이는 자신의 아들을 하나만 남기고 모두 제거한 데 따른 노여움 때문이었다. 이로 인해 예는 결국 숱한 공을 세웠음에도 하늘로 올라가지 못하고 말았다.

이때 아내 항아는 지상에서 살게 된 것에 실망해 예의 경솔한 행동을 탓했다. 심란케 된 예가 집을 나와 천하를 떠돌다가 낙수의 강가에 이르게 되었다. 이때 그곳을 거닐고 있는 하백의 아내 복비宓妃를 만나게 되었다. 당시 낙수의 여신인 복비는 남편의 난봉에 마음의 상처를 입고 심란한 마음을 달래기 위해 낙수 강변을 걷고 있었던 것이다. 수심에 잠긴 복비의 모습은 참으로 고혹적이었다. 이는 역대 중국의 수많은 묵객墨客들이 그녀를 예찬한 시를 쓴 사실을 통해 대략 짐작할 수 있다. 가장 먼저 그녀의 아름다움을 그린 사람은 초나라 시인 송옥宋玉이었다. 삼국시대 조조의 아들 조식曹植도 『낙신부洛神賦』에서 복비의 모습을 다음과 같이 생생하게 그려놓았다.

> 그녀의 모습을 볼진대
> 其形也
> 놀란 기러기 달아나듯 하늘거리고
> 翩若驚鴻
> 구름 속의 용이 노니는 듯 어여쁘네
> 婉若遊龍
> 화려하고 풍성한 모습이 마치 봄날의 소나무 같구나
> 華茂春松
> 그 자태가 마치 흘러가는 구름에 가리워진 달과 같고
> 髣髴兮若輕雲之蔽月

사뿐이 걷는 모습 바람 속에 빙빙 도는 눈과 같구나

飄飖兮若流風之廻雪

멀리서 보면 아침 노을에 솟아오르는 해처럼 밝고

遠而望之, 皎若太陽升朝霞

다가가면 맑은 물 위에 피어나는 연꽃처럼 눈부시네

迫而察之, 灼若芙蕖出淥波

어울리는 몸매는 마치 자로 잰 듯 적당하니

穠纖得中, 修短合度

어깨는 깎은 듯하고 허리는 비단을 묶어놓은 듯하네

肩若削成, 腰如約素

길고 아름다운 목 밖으로 흰 살결이 절로 드러나니

延頸秀項, 皓質呈露

윤기 넘치고 화사한 그 얼굴은 화장도 필요가 없다네

芳澤無加, 鉛華弗御

머리는 높게 틀어올리고 눈썹은 길게 그려놓았으니

雲髻峨峨, 修眉聯娟

붉은 입술은 밖으로 밝고 하얀 이는 안으로 선명하네

丹脣外朗, 皓齒內鮮

눈을 반짝이며 한눈을 팔면 보조개가 절로 피어나니

明眸善睞, 靨輔承權

요염한 그 모습에 몸가짐도 차분하고 몸도 한가롭네

瓌姿艶逸, 儀靜體閒

참으로 탁월한 묘사가 아닐 수 없다. 조식은 마치 복비를 직접 보기라도 한 듯 유려하면서도 단아한 문체로 절미절색絶美絶色의 복비를 생생히 그려놓았다. 당초 조식은 황초 3년222 초에 동군태수 왕기王機 등이 무고로 낙양으로 소환되었다가 간신히 위문제魏文帝 조비曹丕의 은사恩赦로 풀려나게 되었다. 조식은 봉지로 돌아가던 중 낙천洛

川을 건너면서 전국시대 초나라의 송옥이 초회왕과 무산의 신녀神女
인 염제의 딸 요희瑤姬 간의 사랑을 소재로 『신녀부神女賦』를 읊은 것
을 상기했다. 이에 곧 『신녀부』의 문체를 흉내내 형인 조비의 은혜를
칭송했다. 그것이 바로 『낙신부』이다.

　전설에 따르면 당시 마음의 상처를 입은 예와 복비가 급격히 가깝
게 되자 이 소문을 들은 하백이 예에게 결투를 청하게 되었다. 이때
하백이 흰 용으로 변해 예에게 달려들었으나 예는 활을 쏘아 흰 용
의 왼쪽 눈을 명중시켜 승리를 거뒀다. 그러나 이로 인해 복비와의
사랑도 끝나고 말았다. 이때 집으로 돌아온 예는 서쪽 곤륜산에 사는
서왕모가 불사약을 갖고 있다는 얘기를 듣고 이를 얻기 위해 곧바로
길을 떠났다.

　당시 곤륜산에 있는 서왕모의 궁전은 깊은 강과 이글거리는 화염
에 둘러싸여 있을 뿐만 아니라 무서운 괴물이 길목을 지키고 있었
다. 그러나 예는 모든 난관을 돌파하고 마침내 서왕모와 만나게 되었
다. 서왕모는 예의 용기와 이전의 공적을 높이 사 불사약을 얻으려는
예의 청을 들어주었다. 예는 불사약을 갖고 집으로 돌아왔으나 항아
는 남편에 대한 배신감으로 인해 예가 집을 비운 사이 불사약을 혼
자 훔쳐먹고 말았다. 그러자 갑자기 몸이 가벼워지면서 하늘로 떠올
랐다. 그녀는 죄책감으로 인해 천상세계로 가지 못하고 이내 달로 숨
어들었다. 이와 관련해 다른 설화도 있다. 항아가 도망치기 전에 유
황有黃이라는 점쟁이에게 점을 쳐보았다. 유황이 점괘를 이같이 풀이
했다.

길하도다. 경쾌한 귀매(歸妹)여, 홀로 서쪽으로 가리라. 어두컴컴한 하늘을 만나도 두려워하거나 놀라지 말라. 훗날 대단히 번창하리라.

항아가 마침내 달에 몸을 의탁해 월궁의 섬여(蟾蜍 : 두꺼비)가 되었다. 항아는 왜 두꺼비가 되었던 것일까. 원래 뱀이나 누에 등은 허물을 벗는 습성으로 인해 불사와 재생의 표상이 되었다. 두꺼비와 개구리는 겨울 동안 사라졌다가 봄에 다시 나타나는 특성으로 인해 상고시대부터 숭배되어 왔다. 앙소문화 반파기(半坡期)의 도기에서 개구리와 새문양이 함께 발견된 바 있다. 학자들은

달로 도망간 항아(嫦娥)

이를 두고 달과 태양을 싱징하는 '섬여'와 '금오(金烏 : 까마귀)'의 원형으로 보고 있다.

두꺼비가 월정(月精)으로 간주된 것은 달의 차고 이지러지는 현상이 두꺼비의 습성과 흡사한 데서 비롯된 것이다. 후대에 '섬여'와 '금오'가 전쟁의 주술에 채용된 것은 죽음과 재생을 상징하는 속성 때문이었다. 그믐날에 전투를 벌이지 않는다는 금기도 그같은 관념과 직결된 것이다. 당시 병사들은 그믐달이 떴을 때 죽으면 재생이 불가능하다고 믿어 적극적인 전투의지를 보이지 않았다. 이는 『좌전』「노성공 16년」의 기록을 보면 쉽게 알 수 있다. 『사기』「흉노열전」에

는 당시 흉노들 역시 이같은 생각을 품고 있었음을 뒷받침하는 기록이 나온다.

『태평어람』은 벽사에 쓰일 두꺼비는 5월 보름에 잡는 것이 최상이라고 기록해 놓았다. 이 역시 만월이 최강의 생명력을 보장한다고 믿은 데 따른 것이었다. 5월 5일에 두꺼비를 잡아 부스럼 치료에 사용커나 같은 날 잡은 두꺼비의 왼쪽 다리를 몸에 지님으로써 5병을 막는다는 『사민월령四民月令』과 『포박자』의 내용 역시 두꺼비의 재생 관념을 반영한 것이다. 『포박자』「선약仙藥」에는 다음과 같은 기록이 나온다.

> 만 년 먹은 두꺼비의 머리에는 뿔이 달려 있다.

이는 두꺼비의 재생에 관한 믿음이 장생불사의 신선술로 확대되었음을 보여주고 있다. 『태평어람』에 나오는 다음과 같은 기록은 이를 보다 명확히 보여주고 있다.

> 두꺼비의 머리에는 뿔이 자라는데, 그 뿔을 먹으면 천 년의 수를 누리고 산의 정기를 먹는 능력이 생긴다.

이를 통해 전란과 재앙을 회피하는 믿음에서 비롯된 두꺼비에 대한 신앙이 점차 개인적인 장생술로 전화되었음을 쉽게 확인할 수 있다. 예의 부인인 항아가 월궁의 '섬여'가 된 것도 바로 두꺼비에 대한 이같은 믿음에서 비롯된 것이다. 후세인들의 주술관념이 신화 속에 용해된 대표적인 사례가 아닐 수 없다.

당시 예는 불사약과 아내를 잃고는 이내 고통을 잊기 위해 오로지 제자들에게 활쏘기를 가르치는 일에 열중했다. 이때 제자들 중 봉몽逢蒙은 특히 재주가 뛰어나 예의 총애를 받았다. 그러나 봉몽은 천하 제일의 명궁이 될 생각으로 예가 사냥길에서 돌아올 때 길목에 숨어 있다가 복숭아 나무로 만든 몽둥이로 예를 타살해 버렸다. 예가 죽자 백성들은 예를 악귀를 내쫓는 신으로 섬기게 되었다.

중국의 학자들은 예가 동이계 종족의 신이거나 군장이었을 것으로 추정하고 있다. 고구려 신화의 주몽朱蒙은 예와 마찬가지로 활쏘기의 명수였다. 고구려 고분 벽화에는 태양을 상징하는 '삼족오'가 그려져 있다. 오늘날 제사상을 차릴 때 복숭아를 올리지 않은 것도 예와 관련된 이같은 신화와 무관치 않다고 보아야 한다.

삼족오三足烏신화와 명궁名弓신화는 동이계와 밀접한 관련이 있다. 요의 치세 때 천하명궁 예가 등장한 것은 청동기시대에 들어오면서 동이계 종족과의 연합이 긴밀하게 이뤄졌음을 시사한다. 이는 한발旱魃의 재해가 전설 속에 용해된 것으로 풀이할 수 있다.

요의 치세 때 특기할 만한 일화로는 허유許由 · 소보巢父의 일화를 들 수 있다. 전설에 따르면 요는 나라를 다스린 지 수십 년의 세월이 흐르자 이내 천하의 유덕자有德者에게 보위를 물려주고자 했다. 그러나 아들 단주丹朱는 품성이 조야粗野해 도저히 보위를 물려줄 수 없었다. 요는 사방으로 유덕자를 찾다가 이내 허유라는 사람이 어질다는 얘기를 듣고는 곧 그를 찾았다.

그러나 정작 당사자인 요는 이 소식을 듣고는 이내 기산箕山에 은

거했다. 이 소식을 들은 요가 급히 사람을 기산으로 보내 허유에게 재상의 자리라도 맡아달라고 청했다. 허유는 이마저도 거절하고는 곧 집 근처에 있는 영수穎水로 가 귀를 씻었다. 이때 마침 허유의 친구 소보가 소에게 물을 먹이기 위해 소를 끌고 오다가 이 광경을 보게 되었다. 소보가 의아하게 생각해 허유에게 그 연고를 묻자 허유가 이같이 대답했다.

> 요가 나에게 재상의 자리를 맡아달라고 하여 더러운 소리를 털어내기 위해 이처럼 귀를 씻는 것이라네.

그러자 소보가 이같이 핀잔을 주었다.

> 그대가 조용히 살았으면 어찌 그같은 꼴을 당할 리 있겠는가. 내가 어찌 소에게 이미 더러워진 그 물을 먹일 수 있겠는가.

그리고는 소를 끌고 상류로 올라가 물을 먹였다. 결국 이 얘기를 전해 들은 요는 이내 허유에게 보위를 물려주려던 생각을 버리고 훗날 순에게 자신의 뒤를 잇게 했다. 허유와 소보의 기괴한 행보는 사실 요·순의 덕정德政을 미화키 위해 후세인들이 만들어낸 것이다. 요·순의 덕정 또한 돌아가며 군장君長의 자리를 맡았던 원시 부족사회의 풍습을 미화한 것이다. 말만 보위寶位였지 사실 맡지 않아도 그만인 자리에 불과했기에 허유와 소보의 일화가 만들어진 것이다. 그럼에도 후대의 유가사상가들은 이를 요·순을 미화하는 소도구로 활용했다.『한비자』「팔설八說」에는 다음과 같은 구절이 나온다.

> 옛날에는 사람이 적어서 서로 친하고 물자는 많았기 때문에 이익을 가벼이 여기고 쉽게 양보했다. 그러므로 심지어는 천하마저 양보할 수 있었다.

한비자는 유가에서 말하는 유덕자에게 보위를 물려주는 소위 선양禪讓 자체를 일소에 붙인 것이다. 이는 허유·소보 전설의 허구성을 통렬하게 질타한 것이기도 하다. 한비자는 유가에서 최고의 덕목으로 꼽고 있는 인의仁義를 '과거에는 몰라도 오늘날에는 아무 쓸모가 없다'고 일축했다. 전국시대 말기에 태어나 강력한 무력과 엄법을 강조하는 법가사상을 집대성한 한비자로서는 당연한 언급이기도 했다. 그러나 전국시대 말기까지도 허유·소보의 행보를 숭상하는 무리가 분명히 존재했다.

그 대표적인 인물이 바로 장자莊子였다. 그는 '입세간入世間'의 최고 가치인 명리名利를 완전히 초탈한 '출세간出世間'의 문제에 모든 관심을 집중시켰다. 훗날 중국에 전래된 불교가 장자의 학설을 원용해 불교교리를 가르치는 소위 '격의불교格義佛敎'의 모습을 띤 것도 바로 '출세간'에 대한 공감대가 폭넓게 자리잡은 데 따른 것이었다.

출세간에 대한 장자의 기본 입장을 극명하게 보여주는 것으로는 『장자』「추수秋水」에 나오는 다음과 같은 우화를 들 수 있다. 하루는 초위왕楚威王이 장자의 명성을 듣고 두 대부를 장자에게 보내 소견召見코자 하는 자신의 뜻을 전하게 했다. 마침 그때 장자는 복수濮水 : 산동성 복현에 위치 가에서 한창 낚시를 하고 있었다. 장자는 초위왕의 대부들로부터 얘기를 전해 듣고는 낚싯대를 드리운 채 뒤도 돌아보지 않은 채 이같이 말했다.

> 나는 초나라에 신성한 구갑(龜甲)이 있다는 얘기를 들었소. 그 거북은 죽은 지 3천 년이나 되었는데도 초왕은 그것을 비단으로 싸서 상자에 넣어 종묘 안에 소중히 보관하고 있다고 하오. 그 거북은 죽어서 뼈만 남겨 귀해지기를 바랐겠소, 아니면 살아서 진흙 속에서 꼬리를 끌고 기어다니기를 바랐겠소.

두 대부가 '진흙 속에서 꼬리를 끌고 다니기를 바랐을 것이다'라고 대답하자 장자가 이같이 말했다.

> 가시오. 나도 지금 진흙 속에서 꼬리를 끌며 살고 싶소.

이 우화는 출세간에 대한 장자의 생각이 어디에 있는지를 극명하게 보여주고 있다. 이 우화에는 혼탁한 현실 정치의 세계에 일생을 바쳐 천추에 이름을 남기기보다는 차라리 초야에 묻혀 뜻하는 바대로 살겠다는 취지가 잘 드러나 있다. 전설적인 인물인 허유·소보의 취지가 전국시대 말기에 생존했던 장자의 입을 통해 생생히 표현된 셈이다.

일부 학자는 허유·소보를 소위 '아나키스트'로 규정했으나 이는 지나친 것이다. 이는 허유·소보의 취의趣意를 현실적으로 보여준 장자를 '아나키스트'로 규정하는 것과 마찬가지이다. 원래 출세간을 지향한 장자의 사상은 현실을 적극적으로 개혁코자 하는 노자의 사상과는 배치되는 것이기는 하나 장자가 결코 아니키스트와 같이 '무정부' 상태를 주장했던 것은 아니다. 아직도 많은 사람들이 노자와 장자사상을 제대로 구분치 못한 나머지 『도덕경』을 출세간의 사상을 담은 것으로 오해하거나 노자와 장자를 한데 묶어 출세간에 관심을 기울인 사상가로 이해하고 있다. 그러나 『도덕경』만큼 현세의 어지러운 세상을 치세로 돌려놓겠다는 심원한 의지를 담은 사상서도 없다. 나아가 장자는 비록 출세간의 문제에 모든 관심을 집중시켰으나 아나키스트류의 '무정부'를 바람직하다고 주장한 적이 없다.

이는 기본적으로 노자의 무위통치無爲統治 사상과 장자의 무위자연無爲自然 사상을 제대로 구분치 못한 데서 비롯된 것이다. 노자의 무위통치 사상을 상징적으로 압축한 소위 소국과민小國寡民 개념은 결코 라쌀이 말하는 '값싼 정부'나 아나키스트들이 말한 '무정부'를 의미하는 것이 아니었다. 이는 치도론治道論에서 말하는 최고 경지의 통치 상태인 소위 '제도帝道'를 말한 것으로 유위통치有爲統治의 최상위 단계인 '왕도王道'보다 한 단계 위에 있는 지극한 치도治道를 말한 것이다. 나아가 장자의 무위자연 사상은 치도론 문제와는 동떨어진 개인의 자유로운 삶을 구가한 데 그 특징이 있다. 장자 역시 무위통치를 바람직한 치도로 간주하기는 했으나 노자와 달리 이에 대한 구체적인 사색을 거부한 채 오직 사적 차원의 득도得道에 모든 관심을 집중시켰던 것이다. 허유와 소보는 '아나키스트'와는 거리가 먼 인물들이었다.

전설에 따르면 요의 뒤를 이어 보위에 오른 순은 부친 고수瞽叟가 봉황 한 마리가 주둥이에 쌀을 물고 와 그에게 먹여주는 꿈을 꾼 뒤 태어난 것으로 되어 있다. 순은 태어날 때부터 눈동자가 두 개여서 중화重華로 불렸다. 눈동자가 둘인 것은 기이한 인물을 상징한다. 춘추시대의 두 번째 패자인 진문공晉文公도 눈동자가 둘이었다. 맹자는 순을 두고 고수가 봉황을 보았다는 점에 주목해 새를 숭상하는 동이계 출신으로 간주한 바있다. 그러나 그의 이같은 생각이 무슨 뚜렷한 근거에 기초했던 것은 아니다.

순은 20세 때에 이미 효자로 명성이 자자했고, 30세 때에 이르러 요의 눈에 띄어 등용되었고, 50세 때에는 천자의 일을 대행했다고 한다. 전설에 따르면 순은 61세 때

순임금

인자하고 후덕함이 넘치는 모습으로 그려져 있다.

『중국고대민간복우도설』에서.

요의 뒤를 이어 제위에 오른 것으로 되어 있다. 순은 흔히 우순虞舜으로 불린다. 이는 그가 우虞 땅에 근거지를 두었기 때문이다.

순의 부친은 고수瞽叟, 고수의 부친은 교우橋牛, 교우의 부친은 구망句望, 구망의 부친은 경강敬康, 경강의 부친은 궁선窮蟬, 궁선의 부친은 전욱顓頊, 전욱의 부친은 창의昌意, 창의의 부친은 황제黃帝였다. 순은 황제의 8대손이었다. 그러나 궁선부터 순에 이르기까지는 모두 지위가 낮은 서민이었다.

순의 부친 고수는 맹인이었다. 이는 맹인을 뜻하는 '고수'라는 이름을 통해 쉽게 짐작할 수 있다. 순은 태어난 지 얼마 안 돼 모친이 죽자 계모를 맞이하게 되었다. 순의 부친 고수는 계모의 말만 듣고

순을 학대했다. 순의 부친 이름이 '눈 먼 늙은이'를 뜻하는 '고수'로 전해진 것도 이같은 행태와 무관치 않았을 것이다. '눈 먼 늙은이'는 '우매한 늙은이'라는 뜻과 통하는 말이기도 하다.

『사기』에는 순이 모진 고생을 하면서 수많은 사람들을 감동시킨 것으로 그려져 있다. 순은 뛰어난 효행 등으로 인해 이내 요의 눈에 띄게 되었다. 당시 순의 부친 고수는 부인이 죽자 다시 아내를 맞이해 아들 상象을 낳았다. 상은 매우 오만했다. 고수는 후처가 낳은 아들을 편애해 항상 순을 죽이고자 했다. 이에 순은 이를 피해 도망다녔고, 어쩌다가 작은 잘못이라도 저지르게 되면 곧 큰 벌을 받았다. 그러나 순은 언제나 아버지와 계모에게 순종하며 잘 모셨다. 그는 늘 성실한 자세를 견지하며 조금도 게으름을 피우지 않았다.

순의 아비 고수는 무도했고 어미는 험담을 잘했다. 그러나 순은 언제나 공손하게 자식된 도리를 잃지 않았고, 아우에게는 형의 도리를, 부모에게는 효도를 다했다. 그래서 그를 죽이려고 해도 죽일 수 없었다. 순은 나이 20세 때에 효성이 지극하다고 소문이 났다. 30세 때에는 요가 등용할 만한 사람이 있느냐고 묻자 사악이 입을 모아 순을 추천해 요가 좋다고 승낙했다.

이에 요는 자신이 두 딸 아황娥皇과 여영女英을 순에게 시집보내면서 집안에서의 행동을 살피고, 아들 아홉을 보내 함께 생활하면서 집 밖에서의 행동을 관찰케 했다. 순이 가정생활을 더욱 근엄히 하자 요의 두 딸은 자신들이 고귀한 신분이라고 해서 감히 순의 가족에게 오만하게 대하지 않았고 부녀자의 도리를 다했다.

이때 고수는 순을 죽이기 위해 하루는 순에게 창고에 올라가 벽토를 바르게 한 뒤 아래서 불을 질러 창고를 태워버렸다. 그러나 순은 두 개의 삿갓을 이용해 창고에서 뛰어내려 죽음을 면했다. 그 뒤 고수는 또 순에게 우물을 파게 했다. 순은 우물을 파면서 밖으로 나올 수 있는 비밀 구멍을 함께 팠다. 순이 우물 깊이 파들어 가자 고수와 상은 함께 흙을 퍼부어 우물을 메워버렸다. 그러나 순은 몰래 파놓은 구멍을 통해 밖으로 나올 수 있었다. 이때 고수와 상은 매우 기뻐하며 순이 이미 죽었을 것이라고 생각했다.

상이 순의 아내인 요의 두 딸과 거문고를 차지할 생각으로 순의 방에서 기거하며 그의 거문고를 뜯었다. 이때 순이 집으로 돌아오자 상이 깜짝 놀라며 표정을 바꿔 위로했다. 순은 아무렇지도 않은 듯 더욱 정중하게 고수를 섬기고 상을 사랑했다. 그런데도 상과 고수는 다시 음모를 꾸며 순을 술자리로 불러 대취케 한 뒤 죽이려고 했다. 이때 두 공주는 이를 눈치채고 곧 순에게 신기한 약으로 목욕을 하게 했다. 잔치에서 고수는 쉬지 않고 술을 권했으나 순은 전혀 취하지 않았다. 이같이 하여 타고난 덕성과 두 공주의 도움으로 순은 모든 위기를 극복케 되었다. 이에 요가 크게 기뻐하며 순으로 하여금 백성들에게 부의父義, 모자母慈, 형우兄友, 제공弟恭, 자효子孝 등의 5교五敎를 가르치게 했다.

요는 다시 순에게 백관의 일을 총괄하게 했다. 그러자 모든 백관의 일들이 질서 있게 행해졌다. 또한 순에게 천자가 제후들을 조회하던 명당明堂의 4개의 문에서 손님을 접대케 했다. 이에 일을 보는 사람들이 빈객에게 정중하고 화목하게 대하자 제후들이나 먼 곳에서 온 손님들이 모두 순을 공경했다. 요는 또 순에게 깊은 산림과 하천,

연못에 관한 일을 맡겨 보았지만 폭풍과 뇌우 속에서도 순은 한번도 일을 그르치지 않았다. 그러자 요가 순을 불러 이같이 말했다.

> 그대는 주도면밀하게 일을 도모하고 말을 하면 그 말대로 행한 지 벌써 3년이나 되었소. 그러니 그대가 제위에 올라주시오.

순은 자신의 덕망이 아직도 사람들을 감복시키기에는 부족하다며 사양하고 기뻐하지 않았다. 순이 산림을 관장하는 대록大鹿의 벼슬을 맡았을 때 열풍과 뇌우가 일었으나 그는 일을 그르치지 않았다. 이에 요는 순이 충분히 천하를 물려받을 수 있다는 것을 알았다. 순이 등용되어 일을 한 지 20년이 되자 요는 그에게 섭정을 맡도록 했고, 순이 섭정한 지 8년 만에 요가 죽게 되었다.

당시 요는 아들 단주丹朱가 불초해 천하를 이어받기에는 부족하다는 것을 알았기 때문에 모든 권력을 순에게 넘겨주기로 했다. 요는 단주에게 제위를 넘겨주면 천하의 모든 사람들이 손해를 보고 단주만 이익을 얻는다는 것을 알았다. 이에 요는 사람들에게 이같이 선언했다.

> 결코 세상 모든 사람들이 손해를 보게 하고 한 사람만 이익을 얻게 할 수는 없다.

요가 죽은 뒤 순은 요의 3년상을 마치고 단주에게 보위를 양보하고 남쪽으로 피했다. 그러나 제후들이 천자를 알현하면서 단주에게 가지 않고 순에게 왔다. 이에 마침내 순은 나이 61세가 되던 해의 정월 초하루에 선조의 사당에 고한 뒤 보위에 올랐다. 순은 보위에 오른 뒤에도 고수와 계모, 상에게 극진히 대했다. 심지어 상을 유비有鼻라는 지역에 제후로 봉했다. 이에 마침내 완악頑惡하기 그지없던 이들도 점차 선한 길로 들어서게 되었다.

순은 2월에 동쪽을 시찰하면서 태산에 이르러 하늘에 제사를 지내고 다른 산천에도 순서를 정해 두루 제사를 올렸다. 이때 그는 동쪽의 제후들을 접견하면서 계절과 한 달의 날짜를 바로잡고, 음률과 도량형을 통일하고, 5례五禮 : 吉禮, 凶禮, 賓禮, 軍禮, 嘉禮를 확정했다. 또한 천자를 알현하는 진상품으로 제후는 다섯 가지 옥과 세 가지 빛깔이 나는 수직품인 3백三帛, 경대부는 살아 있는 양 또는 기러기, 사士는 죽은 꿩 한 마리로 정했다.

그는 또 5월에는 남쪽, 8월에는 서쪽, 11월에는 북쪽을 순수巡狩했다. 돌아와서는 요의 조묘祖廟와 부친의 사당에 황소를 제물로 바치면서 천하 순수의 결과를 보고했다. 순은 5년에 한 번씩 순수하면서 4년 동안은 여러 제후들이 와서 조회를 하도록 했다. 그는 모든 제후들에게 나라를 다스리는 방법을 일러주면서 제후들의 정치실적을 분명히 살펴 그 공로에 따라 수레와 의복을 상으로 주었다.

순은 또 기冀, 연兗, 청靑, 서徐, 형荊, 양揚, 예豫, 양梁, 옹雍, 병幷, 유幽, 영營 등 12주州를 처음으로 설치했다. 또한 형법을 기물 위에 새겨넣은 뒤 관가에서는 채찍질로 형을 집행하고, 학교에서는 회초리로 체벌을 가하게 했다. 그러나 고의로 죄를 지은 자가 아니면 돈으로 속죄토록 했다. 재난이나 과실에 의한 죄는 용서하고, 다만 고의적인 범죄와 중범에는 형벌을 가하게 했다. 순은 언제나 관원들에게 이같이 말했다.

| 신중히 하라, 신중히 하라. 오로지 형벌은 신중히 해야 한다.

당시 삼묘三苗 : 남쪽지역의 이민족가 강회江淮, 형주荊州에서 여러 차례 난을 일으켰다. 당초 환두가 요에게 공공共工을 천거했을 때 요는 이를 거절했다. 사악四嶽이 곤을 추천해 홍수를 다스리도록 했을 때 요는 또 안 된다고 했다. 그러나 사악의 강청으로 이를 허락했으나 곤은 아무런 공도 세우지 못했다.

이때 순은 순수를 마치고 돌아와 요에게 공공을 유릉幽陵으로 유배시켜 북적北狄을 교화케 하고, 환두를 숭산崇山으로 내쳐 남만을 교화케 하고, 삼묘를 삼위산三危山으로 쫓아내 서융西戎을 교화케 하고, 곤을 멀리 우산羽山으로 추방해 동이東夷를 교화케 하자고 건의했다. 이들 4명의 죄인을 징벌하자 천하가 모두 복종했다.

원래 순은 기주冀州 사람이다. 기주는 지금의 산서성과 하남성 북부, 하북성 대부분과 요녕성 서부를 포괄하는 매우 광범위한 지역이다. 전하는 바에 따르면 우임금 시대의 도성이 기주에 있었기 때문에 치수와 조세사업이 모두 이 기주에서 시작되었다고 한다. 순은 기주의 역산歷山에서 농사를 지었다. 또 뇌택雷澤에서 물고기를 잡고, 황하의 물가에서 도자기를 만들었다. 수구壽丘 : 산동성 곡부현 동북쪽에서는 일용 기구를 만들고, 틈이 나면 부하負夏 : 산동성 연주 북쪽로 가 장사를 했다. 순이 역산과 뇌택에서 농사와 어렵을 하자 사람들이 모두 서로 장소를 양보하게 되었다. 순이 사는 곳은 1년이 지나자 취락을 이뤘고, 2년이 지나자 읍이 되었고, 3년이 지나자 도시가 되었다. 이에 요는 순에게 갈포로 만든 옷과 거문고를 하사하고 소와 양을 상으로 주었다.

순은 음악을 좋아해 스스로 오현금을 타며 『남풍가南風歌』라는 노래를 지어 불렀다. 이 노래는 요 때 나온 『격양가擊壤歌』와 더불어 태평성대를 상징하는 노래가 되었다. 물론 이 두 노래는 후세인이 요·순시대를 이상적으로 묘사키 위해 만들어낸 위작이다. 순은 악공들을 시켜 거문고를 개량케 하고 '구소九韶'라는 악곡을 짓기도 했다. 『논어』를 보면 공자는 순의 '구소'를 가장 아름다운 음악으로 격찬한 대목이 나온다. 물론 이 음악은 현재 전해지지 않는다.

순이 재위할 때 고양씨高陽氏 부족에 8명의 재자才子가 있었다. 세상 사람들은 그들에게 은혜를 입고 있었으므로 그들을 '팔개八愷'라고 칭했고, 고신씨高辛氏 부족에게도 여덟 명의 뛰어난 인물이 있었다. 세상에서는 그들을 '팔원八元'이라 칭했다. 이 16명의 후손들은 대대로 미덕을 이뤄 선조의 명성을 훼손시키지 않았다.

요는 그들을 등용하지 못했으나 순은 '팔개'를 등용해 후토后土 : 물과 땅을 관장하는 관직를 맡기고 온갖 일을 관리케 했다. 그들은 모든 일을 때에 맞춰 적절한 순서대로 수행했다. '팔원'을 등용해 사방에 5교五敎를 전파하게 하자 아버지는 위엄 있게, 어머니는 자애롭게, 형은 우애 있게, 동생은 공손하게, 자식은 효도를 다하게 되어 집안은 화목해지고 세상은 태평하게 되었다.

그러나 이때 제홍씨帝鴻氏 부족에게는 나쁜 후손이 있었다. 그는 사악함을 비호하고 흉악한 일을 즐겨 행했다. 세상에서는 그를 '혼돈渾沌:謹㐫'이라고 칭했다. 또한 소호씨少皞氏:金天氏 부족에게도 불량한 후손이 있었다. 그는 신의를 저버리고 충직함을 미워해 나쁜 말을 잘 꾸몄다. 천하는 그를 '궁기窮奇'로 불렀다. 전욱씨의 후손 중에도 나쁜 자가 있었다. 그는 아무리 해도 교화시킬 수 없었고 좋은 말을 알아듣지 못했으므로 세인들은 그를 '도올檮杌'이라고 칭했다. '도올'은 흉악하기 그지없다는 뜻을 지니고 있다.

이들 세 가족은 대대로 세간의 골칫거리로 여겨졌으나 요는 그들을 제거하지 못했다. 진운씨縉雲氏에게도 나쁜 후손이 있었다. 그는 음식과 재물을 탐했으므로 세상에서 그를 '도철饕餮'로 불렀다. '도철'은 욕심이 끝이 없다는 뜻이다. 순이 사문四門에서 사방의 빈객의 접대를 주관할 때 이들 네 가족을 머나먼 변방으로 유배시킴으로써 악인들을 경계했다.

순이 보위에 올랐을 때 우禹와 고요皐陶, 설契, 후직后稷, 백이伯夷, 기夔, 용龍, 수垂, 익益, 팽조彭祖 등이 순을 보좌했다. 순은 이들에게 각기 역할을 맡기고 3년마다 한 번씩 그들의 공적을 살폈다. 고요가 형률을 공평히 다루자 백성들은 모두 심복하고 사실을 있는 그대로 알 수 있게 되었다. 백이가 예의를 주관하자 위아래가 모두 겸손해졌다. 수가 공사工師가 되자 모든 기술공들이 좋은 성적을 나타냈다. 익이 산림과 천택을 관리하자 산과 못, 강이 개발되었다. 기가 농사를 관장하자 각종 곡식이 무성히 자라났다. 설이 사도를 주관하자 백성들이 서로 화목하고 단결하게 되었다. 용이 빈객접대를 관장하자 멀리서도 제후와 이민족들이 찾아왔다. 이어 12주의 지방 장관들이 힘써 일하자 그 누구도 감히 도망하거나 항명하려 하지 않았다.

순이 다스릴 때 역시 요 때와 마찬가지로 자연재해 중 가장 피해가 컸던 재해는 앞서 살펴보았듯이 홍수였다. 순은 홍수를 다스려 백성들의 편안한 생활을 보장하기 위해 곤에게 이 문제를 궁리토록 했다. 그러나 9년이 지나도록 아무런 성과를 거두지 못하고 홍수 때마다 물난리가 났다. 요가 다스릴 때의 홍수에 대해서는 『맹자』와 『서경』 등에 자세한 내용이 나온다. 『맹자』에 따르면 이때 물이 역류하여 중국 전체에 범람하자 파충류가 극성을 부려 사람들이 지상에 살지 못하고 나무 위나 동굴에 집을 짓고 살았다고 한다. 이는 황하가 정상적으로 흐르지 않고 역류하여 주거지를 엄습했던 사실이 반영된 것으로 보인다.

이같은 홍수에 대한 최초의 책임자는 우의 부친인 곤이었다. 곤은 우선 도도히 흐르는 물을 막기 위해 주로 둑을 쌓았다. 그러나 아무리 높은 둑을 쌓아도 강한 물길에는 역부족이었다. 공들여 쌓은 둑은 세찬 물길에 허무하게 무너져 버렸다. 다시 더 튼튼한 둑을 쌓기 위해 더 많은 흙이 필요했을 것이다. 그러나 이같은 방법으로는 범람하는 황하를 막을 길이 없었다.

이와 관련해 곤이 깊은 고민 끝에 천제가 소중히 간직하고 있는 식양息壤을 훔치게 되었다는 전설이 전해져 내려온다. 이에 따르면 당시 천제가 간직하고 있는 식양은 끝없이 불어나는 흙으로 한 덩어리만 있어도 모든 둑을 다 쌓을 수 있었다. 이에 곤은 비상수단으로 하늘의 보물창고에 숨어들어 마침내 식양을 훔쳐 둑을 쌓게 되었다. 그러나 이내 천제가 이 사실을 알고는 대노한 나머지 불의 신 축융을 불러 그를 처형케 했다. 이에 곤은 북방의 음습한 땅인 우산羽山에 유폐되고 말았다. 이로써 곤이 9년 동안 헌신적으로 노력했던 제방 축조 사업은 아무런 성과도 거두지 못한 채 실패로 돌아가고 말았다.

곤이 죽게 되었으나 그의 시체는 3년이 넘도록 썩지 않았다. 이 소식을 전해 들은 천제가 괴이하게 생각해 천신을 불러 이를 직접 확인케 했다. 천신이 오도吳刀라는 예리한 칼로 곤의 배를 가르는 순간 그 속에서 외뿔 달린 규룡虯龍이 튀어나왔다. 이 규룡이 바로 우가 되었다. 이어 곤의 시체는 누런 곰으로 변해 우연羽淵이라는 근처의 연못 속으로 들어가 버렸다. 결국 곤은 기이한 방법으로 아들을 남기고 자신은 곰이 되어 사라져 버린 셈이다.

훗날 순의 명에 의해 곤의 뒤를 이어 치수의 책임을 떠맡은 우는 곤이 치수에 사용했던 방법과 완전히 다른 방법을 구사했다. 그는 둑을 쌓아 범람하는 황하를 막는 대신에 정반대로 오히려 물길을 터주어 범람을 막는 방법을 구사했다. 이는 탁월한 대책이었다. 진흙이 계속 쌓여 하상河床이 높아지게 되면 아무리 둑을 높게 쌓아도 범람을 막을 길이 없다. 그렇다고 그 넓은 황하의 밑바닥을 준설할 수도 없는 일이니 제방으로 범람을 막는 것은 애초부터 불가능한 일이었다. 우는 바로 이를 통찰해 황하의 범람을 근원적으로 막을 수 있었던 것이다.

전설에 따르면 이때 우는 날개 달린 응룡應龍을 비롯해 여러 용들의 도움을 얻었다고 한다. 응룡은 일찍이 황제가 치우와 격전을 벌일 때 용맹을 떨친 바 있다. 당시 우는 부친의 전철을 밟지 않기 위해 밤

응룡이 하해를 그리다(應龍畫河海)
응룡은 중국 고대 전설 속의 쌍날
개를 가진 신룡神龍.

낮없이 이 일에 매달렸다. 그는 황하의 범람을 근원적으로 막기 위해 다른 지방을 떠돌기를 13년 동안이나 했다. 손수 흙을 나르고 도랑을 파 손발에 굳은 살이 박힐 지경으로 이 일에 매진했다. 집 앞을 3번 지나갔으나 집에 들르지도 않았다.

한 번은 황하의 신 하백이 나타나 푸른색의 큰 돌을 건네고 사라졌다. 거기에는 황하의 물길이 잘 그려져 있어 물길을 뚫는 데 큰 도움이 되었다. 이 돌을 '하도河圖'라고 한다. 또 한번은 동방의 신인 복희가 나타나 대나무쪽처럼 생긴 옥을 건네주었다. 우는 이를 이용해 하늘과 땅을 측량할 수 있었다. 이 옥을 '옥간玉簡'이라고 한다. 이외에도 무산계곡에서 치수작업을 할 때는 무산신녀 요희가 신들을 보내 도와주기도 했다.

우는 이같은 도움을 받기도 했지만 다른 한편으로는 치수를 방해하는 귀신들과 싸워야만 했다. 심술궂게 홍수를 일으키는 수신의 두목 공공과 일전을 벌이기도 했다. 공공의 선조는 염제이다. 염제는 황제에게 패해 남쪽으로 쫓겨내려 간 전력이 있다. 공공과 우의 대결은 이의 복사판이었던 셈이다. 공공에게는 상류相柳라는 부하가 있었다. 상류는 머리가 9개인 큰 구렁이로 매우 탐욕스러웠다. 공공은 상류를 시켜 우를 공격케 했으나 상류는 오히려 우에게 살해되고 말았다.

상류의 이같은 모습을 두고 일부 학자는 황하의 넘실대는 물살을 상징한 것으로 해석하고 있다. 사실 공공 역시 뱀의 몸에 사람의 얼굴을 한 괴물이다. 황하의 넘실대는 물살을 전래신화에 나오는 공공과 상류로 끌어들여 형상화했을 공산이 크다. 당시 우는 또 동백산桐柏山에서 치수작업을 방해하며 말썽을 피웠던 회수淮水의 신 무지기無支祈를 사로잡았다.

그러나 우는 치수에 전력을 다하는 바람에 나이가 30세가 되도록 결혼을 하지 못했다. 마침내 우가 남쪽의 도산塗山에서 치수작업을 벌일 때 눈앞에 구미호九尾狐 한 마리가 나타났다. 당시에 '구미호'는 가정과 나라를 번창하게 하는 조짐으로 여겨졌다. 가정을 이룰 때가 되었음을 예감한 우는 마침내 그 지역에서 여교女嬌라는 여인을 만나 결혼케 되었다. 그러나 우는 치수에 바빠 신혼 나흘 만에 아내를 두고 또 다시 치수의 길에 나섰다.

우가 환원산轘轅山에서 작업을 할 때였다. 우는 산 위에서 작업을 하며 아내에게 북소리가 울리면 밥을 가져오게 했다. 당시 우는 아내가 없을 때 곰으로 변해 일을 하곤 했다. 이때 잘못 돌을 걸어차 그만 돌이 걸어둔 북에 맞아 소리가 나고 말았다. 우의 부인이 밥을 지어 왔다가 우가 곰이 되어 있는 것을 목도케 되었다. 우의 아내가 놀라 달아나던 중 우가 급히 쫓아가자 크게 당황한 나머지 돌이 되고 말았다. 우가 후회하며 돌이 된 아내에게 아들이나 내놓으라고 요구하자 돌이 갈라지며 아들이 튀어나왔다. 그가 바로 계啓이다. 이 전설은 현재 하남성 등봉현에 있는 계모석啓母石으로 그 흔적을 남기고 있

다. 당시 우는 13년 동안 이토록 온갖 고생을 한 덕에 마침내 치수에
성공했다.

이때 순은 요로부터 제위를 이어받은 지 39년 만에 남쪽을 순수하
다가 창오蒼梧 : 호남성 남북와 광동성 서북쪽 일대의 들에서 죽었다. 신하들
이 그를 강남의 구의산九疑山 : 호남성 영원현 남쪽에 장자지냈다. 이곳이
바로 영릉零陵이다. 우는 순의 3년상이 끝나자 보위를 순의 아들 상균
商均에게 양보하고 양성陽城으로 갔다. 그러나 천하의 제후들은 모두
상균을 떠나 우를 알현하러 왔다. 우는 그제서야 천자에 즉위하고 남
면하여 천하 신민의 알현을 받았다. 이에 국호를 하후夏后라고 하고
성을 사씨姒氏라고 했다. 사姒는 율무를 뜻하는 '이苡'와 통한다. 전설
에 따르면 우의 선조가 율무를 먹고 태어났기 때문에 성을 사씨로
했다고 한다.

순의 죽음과 관련해 민간 전설에는 순이 사람을 해치는 거대한 구
렁이와 싸우다 죽었다고 한다. 순의 갑작스런 죽음과 관련한 의문이
이같은 전설을 낳게 했을 것이다. 당시 아황과 여영은 순이 죽었다는
소식을 듣고 눈물을 뿌리며 남쪽으로 갔다. 그때 눈물방울이 대나무
에 떨어져 오늘날도 반점斑點이 남아 있다고 한다. 흔히 이를 소상반
죽蕭湘斑竹이라고 한다. 당시 두 왕비는 급히 상수湘水를 건너다가 풍랑
을 만나 물에 빠져 죽고 말았다. 일설에는 순의 죽음에 절망한 나머
지 물에 뛰어들어 자살했다고 한다. 이후 두 왕비는 상수를 지키는
여신이 되었다.

이를 두고 일부 학자는 순의 전설은 청동기시대에 야수를 길들이
거나 사냥하는 데 뛰어난 수렵 영웅에 대한 숭배의 흔적이 남아 있

는 것으로 해석하고 있다. 완악한 가족을 변화시키는 과정이 마치 수렵 영웅이 맹수를 길들이는 과정과 닮아 있다는 것이다. 사실 순의 이복 동생 상은 가장 덩치가 큰 동물인 코끼리 '상象'으로 불렸다. 순이 길들인 코끼리로 농사를 짓는 그림이 전해져 내려오고 있는 것도 이와 무관치 않을 듯하다. 그러나 순의 전설은 요의 전설과 마찬가지로 후세의 유학자들이 자신들의 구미에 맞게 철저히 각색한 것임은 말할 것도 없다. 유가에서 요·순이 성군으로 받들어지게 된 것은 전국시대 말기의 맹자 이후의 일이다.

여기서 주목할 것은 순의 죽음이 심상치 않다는 점이다. 그의 두 부인이 상수에 빠져 죽은 것도 석연치 않다. 이를 두고 일부 학자는 순에서 우로 보위가 선양될 때 요·순 때와는 달리 모종의 폭력이 개입되었을 개연성을 제기하고 있어 눈길을 끈다.

보위가 요·순에서 우로 넘어오는 과정은 신석기시대가 마감되고 청동기시대로 접어드는 커다란 변환기였다. 돌아가며 보위를 이어가던 추방사회의 전통이 이때에 이르러 마침내 사라지고 말았다. 비록 초기 단계의 형식이기는 하나 국가단위의 권력구조가 태동하면서 추방사회의 미덕인 '선양'이 그대로 통용될 수 없는 환경이 조성된 것이다. 이로써 우를 기점으로 천하의 덕 있는 자에게 보위를 물려주는 선양의 전통이 단절되고 부자상속의 제도가 고정되었다.

우는 순의 3년상을 마치자 순이 요의 아들에게 양보했던 것처럼 순의 아들에게 제위를 양보했다. 그러나 제후들이 모두 우에게 복종했다. 이에 우는 비로소 천자의 자리에 올랐다. 요의 아들 단주와 순의 아들 상균은 모두 봉토를 얻어 그것으로 선조에게 제사를 올렸다. 그들은 천자의 아들이 입는 옷을 입었고, 예악 또한 마찬가지였다. 당시에는 왕조가 바뀌면 복식과 예악을 바꿨다. 그들은 빈객의 신분으로 천자를 만났고 천자는 그들을 신하로 대하지 않았다. 이것은 모두 우가 감히 권력을 독점하지 않았음을 말한다.

『사기』에는 당시 우가 확정한 9주의 형세가 자세히 묘사돼 있다. 그 내용을 보면 대략 다음과 같다. 제수濟水 : 沈水로 과거 장강과 황하, 회수와 더불어 4瀆의 하나였으나 황하의 물길이 바뀌자 하류가 황하에 합류되었음와 황하 사이가 연주沈州 : 兗州로 산동성 서북부와 하북성 남부 일대이다. 연주 경내에 있는 9하九河 : 徒駿, 太史, 馬頰, 覆, 胡蘇, 簡, 絜, 鉤盤, 鬲津가 모두 소통되자 뇌하雷夏 : 산동성 복현 동남쪽는 큰 호수가 되었다. 옹수雍水와 저수沮水 : 옹수와 함께 산동성 하택현 경내에 소재가 합류해 호수로 들어가자 땅에는 뽕나무를 심어 누에를 길렀다. 이때 백성들은 산언덕에서 평지로 옮겨 살 수 있게 되었다.

대해大海와 대산岱山 : 태산 사이가 청주靑州 : 산동성 동부이다. 우이嵎夷 : 요녕성 경내 소재가 잘 다스려지고 유수濰水 : 산동성 거현에서 발원해 발해로 유입와 치수淄水 : 산동성 내무현에서 발원해 발해로 유입가 소통되었다. 이곳의 토질은 희고 비옥했다. 해변의 밭은 염분이 많은 땅을 개간한 것이다.

대해와 태산, 회수 사이가 서주徐州 : 산동성 남부이다. 회수와 기수沂水 : 산동성 기수현에서 발원해 泗水로 유입가 잘 다스려지고 몽산蒙山 : 산동성 몽음현 남쪽과 우산羽山에는 나무를 심을 수 있게 되었다. 대야택大野澤 : 산동성 거야현 북쪽이 호수가 되고 동원東原 : 산동성 동평현과 태안현 일대지역은 평평하게 골라졌다. 이곳의 토질은 붉고 비옥한 점토로 초목이 점차 무성해졌다.

회수와 대해 사이가 양주揚州 : 강소성 장강 남북지역과 절강성 북부. 강서성과 안휘성 동부 일대이다. 팽려彭蠡 : 강서성 내의 파양호가 호수가 되자 기러기가 거기서 살았다. 많은 강물이 바다로 흘러들어 가자 진택震澤 : 강소성 내의 태호은 안정을 찾았다. 전죽箭竹이 빽빽하고 풀이 무성하며 나무가 크게 자랐다. 이곳의 토질은 습기가 많은 진흙땅이다.

형산荊山 : 호남성 남장현 서쪽에서 형산衡山 : 호남성 형산현 이남까지가 형주荊州 : 호북성과 호남성. 강서성. 안휘성 서부 일대이다. 형산荊山과 황하 사이가 예주豫州 : 하남성과 산동성 서부. 호북성 북부이다. 화산華山 : 섬서성 화음현의 남쪽과 흑수黑水 : 옹주에서 발원해 양주를 거쳐 동해로 유입 사이가 양주梁州 : 사천성 전역과 섬서성과 감숙성 남부이다. 흑수와 서하西河 : 산서성과 섬서성 사이에 있는 황하 서안지대 사이가 옹주雍州 : 섬서성과 감숙성 대부분과 청해성 일부이다.

우가 9산과 9천을 소통시키자 9주가 마치 한 지역과 같이 되었다. 이에 사방의 변경지역도 모두 편히 살 수 있게 되었다. 9산이 개발되어 잘 다스려졌고, 9천도 잘 소통되었다. 9택에는 모두 제방을 쌓았다. 이에 전국이 하나로 통일되고 각종 생활물자는 매우 풍부해졌다. 모든 토지에 조건에 맞는 등급을 부여해 조세를 신중히 징수했다.

우는 또 천하를 천자가 머무는 국도를 중심으로 5복五服으로 나눴다. 국도 밖의 주위 5백 리를 '전복甸服'이라고 했다. 복服은 천자를 섬긴다는 뜻을 담고 있다. 국도에서 1백 리 이내는 부세로 볏단을 바치고, 2백 리 이내는 곡식의 이삭을 바치고, 3백 리 이내는 곡식의 낟알을 바치고, 4백 리 이내는 정미하지 않은 쌀을 바치고, 5백 리 이내는 정미한 쌀을 바치게 했다.

'전복' 밖의 주위 5백 리는 '후복侯服'이라고 했다. 전복에서 1백

리 이내는 경대부의 식읍이고, 2백 리 이내는 천자에게 복역하는 소국이고, 그로부터 3백 리 이내는 제후국이다. '후복' 밖의 주위 5백 리는 '수복綏服'이라고 했다. 후복에서 3백 리 이내는 정황을 살펴 문치로써 백성을 교화하고, 그로부터 2백 리 이내는 무력을 떨쳐 국토를 수호하게 했다. '수복' 밖의 주위 5백 리는 '요복要服'이라고 했다. 수복에서 3백 리 이내는 이족夷族이 거주하게 하고, 그로부터 2백 리 이내는 왕법을 준수하게 했다. '요복' 밖의 주위 5백 리는 '황복荒服'이라고 했다. 요복에서 3백 리 이내는 만족蠻族이 거주하게 하고, 그로부터 2백 리 이내는 죄인을 추방하는 유배지로 삼았다.

당시 우는 보위에 오른 뒤 두 가지 큰 일을 시행했다. 하나는 자신과 함께 치수사업을 한 백익伯益으로 하여금 중국 전역의 지리와 풍물을 기록해 책으로 펴내게 한 일이다. 이 책이 바로 중국에서 가장 오래된 신화집인 『산해경』이다. 그러나 이는 전설일 뿐이다. 『산해경』이 실제로 만들어진 것은 전국시대 중·후기로 추정되고 있다. 백익은 우와 함께 치수를 하면서 최초로 우물을 파는 기술을 발견한 것으로 전해지고 있다. 우물의 탄생으로 사람들은 홍수의 피해를 받지 않는 곳으로 이주하여 생산활동을 할 수 있었다. 비슷한 시기에 계중系仲이라는 사람은 수레를 발명했다. 수레는 고대사회의 혁명적인 성과라고 할 수 있다. 이는 생산력의 발전에 거대한 촉매제가 되었다.

다른 하나는 천하의 제후들이 바친 구리를 모아 9개의 거대한 정鼎을 만들게 한 일이다. 이 정은 청동기시대의 대표적인 산물로 원래 제사의식에 쓰이는 것이었다. 우는 정의 표면에 각지의 요괴와 귀신 등의 형상을 새겨넣어 백성들로 하여금 이들 요괴와 귀신을 미리 파악해 대비케 했다. 이로써 백성들은 요괴와 귀신의 피해를 입지 않게 되었다. 우의 이같은 작업은 미지의 땅과 사물에 대한 정보를 모든 사람과 함께 공유코자 한 데서 비롯된 것이다. 이는 신화세계가 인간의 영역으로 진입했음을 의미한다. 사람들은 우의 업적을 기려 항시 우를 '대우大禹'로 칭했다.

곤과 우의 치수 전설은 농경문화에서 물을 다스리는 것이 얼마나 중요한 일로 취급되었는지를 보여준다. 용은 물을 관리하는 신성한 동물이다. 중국인들이 스스로 용의 후예로 자처할 만큼 용의 전설이 풍부한 것도 이와 무관치 않을 것이다. 특히 곤과 우의 치수 전설은 청동기시대에 들어와 부자상속의 권력세습체제가 확립되었음을 의미한다. 우가 돌이 된 아내와 헤어지면서 자식을 달라고 부탁한 것은 바로 이를 상징적으로 보여주고 있다.

우가 어렵사리 계를 얻은 사실을 통해 알 수 있듯이 하왕조에서는 더 이상의 '선양'이 이뤄지지 않았다. 이는 추방사회와 달리 비록 전설상의 왕조이기는 하되 하왕조가 초기 단계의 국가구조를 형성하고 있었음을 보여주는 것이라고 할 수 있다. 하왕조의 성립과 관련해 주목할 것은 청동제 무기의 출현이다. 신석기시대만 하더라도 돌로 만든 무기가 전부였다. 석제무기로는 많은 사람을 제압하는 데 한계가 있을 수밖에 없다.

그러나 우가 하왕조를 세울 무렵에는 청동제 무기가 등장한다. 이는 농경문화의 비약적인 발전과 더불어 군장의 권위와 힘이 그 어느 때보다 강화되었음을 의미하는 것이다. 더 이상의 '선양'이 이뤄지지 않은 것도 바로 이같은 사회적 변화에 기초한 것이다. 이는 우가 어렵사리 아들 계에게 보위를 넘겨주는 과정을 보면 쉽게 짐작할 수 있다. 충국 최초의 사서인 『서경』은 요·순·우의 제위계승이 '선양'에 의해 이뤄졌다고 극구 칭송하고 있다. 이는 말할 것도 없이 후대의 유가사상가들이 미화해 놓은 것이다.

하왕조는 우로부터 시작해 마지막 군주인 걸(桀)이 패망할 때까지 도합 14대 17왕에 걸쳐 470년 동안 존속했다. 현재 중국 학계는 『서경』과 『시경』, 『죽서기년竹書紀年』, 『사기』 등의 기록을 토대로 하왕조의 존속기간을 기원전 2천 년-1천6백 년 사이로 잡고 있다. 하왕조는 하후씨夏后氏 부족이 10여 개의 부족 및 동이계의 일부 부족과 동맹을 맺어 추방사회의 패권을 차지한 것으로 분석되고 있다. 중국의 한족이 스스로를 '하족夏族'으로 부르게 된 근원이 바로 여기에 있다. '하夏'는 크다는 의미를 지니고 있고, '후后'는 군장을 의미한다. '하후'라는 말 자체가 추방사회의 군장을 뜻한다.

우가 늙자 동이족의 추장 고요皐陶가 여러 부족들의 신망을 배경으로 우의 후계자가 되었다. 그러나 그는 우보다 먼저 사망했다. 이에 우는 고요의 후손을 영英:위치 미상과 육六:안휘성 육안현에 분봉했다. 이때 동이족인 백익伯益이 고요를 대신해 우의 후계자가 되었다.

이후 10년이 지나 우는 동쪽을 순시하다가 회계에 이르러 세상을 떠났다. 당연히 백익이 그 뒤를 이어야 했다. 원래 하왕조는 연립정권으로 이뤄졌던 까닭에 하족과 동이족이 번갈아 가며 보위를 차지했다. 그러나 세력이 강한 하후족은 백익을 군장으로 옹립하는 것을 반대했다. 당시 백익은 우의 아들 계啓에게 제위를 양보한 뒤 스스로 물러나 기산箕山:하남성 등봉현 동남쪽의 남쪽에서 살았다. 이때 우의 아들 계가 현명하자 천하가 모두 그에게 마음을 돌렸다.

이에 하후족은 우의 명성을 바탕으로 우의 아들 계(啓)를 후임 군장으로 추대했다. 그들은 계의 공적을 칭송하면서 전래의 윤번제 승계 제도를 폐기하고 부자상속의 새로운 세습제를 만들었다. 그러자 유호씨(有扈氏 : 섬서성 호현 일대) 부족이 불복했다. 그러자 계가 토벌전에 나섰다. 이에 감(甘 : 섬서성 호현 남쪽 교외) 땅에서 일대 접전이 일어났다. 『서경』「감서(甘誓)」에는 당시의 상황이 기록돼 있다. 이에 따르면 당시 계는 6군(六軍)의 장수들을 모아놓고 이같이 맹서했다.

> 아, 6군의 일을 관장하는 사람들이여, 나는 그대들에게 선서하노라. 유호씨가 무력을 믿고 5행(五行)의 규율을 업신여기며 하늘과 땅, 사람의 바른 도를 포기했으므로 하늘이 그를 멸하려고 한다. 지금 나는 공손히 하늘의 징벌을 집행할 뿐이다. 왼쪽에 있는 병사들이 왼쪽에서 공격하지 않고, 오른쪽에 있는 병사들이 오른쪽에서 공격하지 않으면 명령에 복종하지 않는 것이다. 말을 부리는 병사들이 말을 잘 몰지 못하면 명령에 복종하지 않는 것이다. 명령에 복종한 자는 조상의 사당에서 상을 주고 명령에 복종하지 않는 자는 지신(地神)의 사당에서 형벌을 내리며 자녀들은 노비로 삼거나 죽일 것이다.

마침내 계가 유호씨를 멸망시키자 천하의 제후들이 모두 와서 알현했다. 이 싸움에서 패한 유호씨 부족원은 그 벌로 모두 노비가 되었다. 싸움에 이긴 계는 곧 나태해져 술과 사냥 등으로 세월을 보냈다. 계의 뒤를 이어 왕위를 계승한 태강(太康) 역시 정사를 돌보지 않고 사냥만 했다. 이때 동이족의 유궁씨(有窮氏) 부족에 예(羿)라고 하는 명사

수 부족장이 있었다. 예는 군사를 일으켜 하왕조를 멸하고 스스로 왕이 되었다. 그러나 얼마 후 예의 심복이었던 한착寒浞이 예의 가노를 매수해 예를 살해한 뒤 왕위를 찬탈했다.

이를 '한착찬위寒浞纂位' 또는 '유궁복망有窮覆亡'이라고 한다. 예가 다스린 시기와 '한착찬위'의 시기를 통틀어 흔히 '무왕無王시기'라고 한다. 이 기간은 모두 40년에 달한다. 이때 태강은 이 와중에 국외로 도망하다가 객사했다. 그러자 태강의 동생 중강中康이 그 뒤를 이었다. 이후 중강의 아들 상相은 동족인 짐관씨斟灌氏와 짐심씨斟尋氏 부족에 몸을 의탁했으나 이내 한착에 의해 살해되었다. 그때 상의 아내는 잉태중이었다. 그녀는 간신히 친정인 유잉씨有孕氏 부족으로 도주해 그곳에서 아들 소강少康을 낳았다. 소강은 성장한 후 유잉씨 부족의 목축을 관장하는 목정牧正이 되었다.

얼마 후 소강은 한착의 추격을 받게 되자 순의 후예인 유우씨有虞氏 부족에게 도망가 그곳에서 요리를 관장하는 포정庖正이 되었다. 유우씨 부족의 추장인 우사虞思는 소강을 신임해 자신의 두 딸을 소강에게 보냈다. 유우씨 부족과 인척을 맺어 기반을 닦은 소강은 마침내 근친 종족들을 규합한 후 한착을 패망시키고 하왕조를 재건했다. 이를 흔히 '소강중흥少康中興' 또는 '소강복국少康復國'이라고 한다. 『초사』에는 이에 관한 얘기가 모두 실려 있다. 『죽서기년』에도 '예거짐심羿居斟鄩'의 기록이 나온다. 예와 소강에 관한 얘기는 하왕조의 발전과정에 나타난 부족간의 치열한 다툼을 반영한 것으로 짐작된다.

당시 소강의 아들 저杼: 『사기』의 予는 동이족의 뛰어난 궁술에 대처키 위해 방어용 갑옷을 발명했다. 이는 한착과의 전쟁에서 크게 도움이 되었다. 저는 소강의 뒤를 이어 즉위한 후 계속 동이족을 공격했다. 하왕조의 사람들은 저의 무공을 높이 평가해 그를 우를 계승한 군장으로 추앙하며 그가 사망하자 성대한 제사를 올렸다. 저가 보위에 오른 이후 동이족의 일부 부족들은 마침내 하왕조의 지배적 위치를 인정케 되었다. 이로써 하족과 동이족 사이에 전개된 보위의 승계 방식을 둘러싼 싸움이 모두 끝나고 부자상속의 세습제가 완성되었다.

보위승계의 세습제가 마련된 것은 사회구조가 고대국가 직전 단계로 완전히 이행되었음을 의미했다. 이후 하왕조는 참호로 둘러싸인 성곽을 쌓고, 군대를 창설하고, 형옥刑獄을 만들었다. 하왕조는 복속된 부족의 각 촌락에 조공을 강요했다. 공물은 대개 그 지방의 특산물이었다. 하왕조는 전쟁에 패한 부족에게 여인의 공납을 강요키도 했다.

저가 죽자 아들 괴槐:『세본』은 芬가 뒤를 이었다. 이후 망芒, 설泄, 불항不降:『세본』은 帝降이 차례로 즉위했다. 불항이 죽은 뒤 아우 경扃이 그 뒤를 이었고, 경이 죽자 아들 근廑이 즉위했다. 다시 근이 죽자 불항의 아들 공갑孔甲이 즉위했다. 공갑은 즉위 후 귀신을 좋아했고 음란했다. 하후씨의 덕망은 이때부터 쇠퇴해져 제후들이 배반하기 시작했다.

이때 하늘이 두 마리의 용을 내려보냈는데 각각 암수 한 마리였다. 공갑은 용을 기를 줄 몰랐고, 용을 기를 줄 아는 환룡씨豢龍氏도 이를 어쩌지 못했다. 환豢은 가축을 기른다는 의미를 지니고 있다. 이때 요의 후손인 유루劉累라는 사람이 있었다. 유루는 당뇨의 후손이었다. 그는 환룡씨에게서 용을 길들이는 법을 배운 뒤 공갑을 섬겼

다. 공갑은 그에게 어룡씨御龍氏라는 성씨를 주고 시위豕韋의 후손의
봉지를 받게 했다. 시위는 축융씨祝融氏의 후손이었다. 암컷 용 한 마
리가 죽자 유루는 공갑이 먹도록 했다. 공갑이 사람을 보내 다시 용
을 구해오라고 하자 유루는 두려워 다른 곳으로 떠나버렸다. 이 얘기
는『춘추좌전』「노소공 29년」조에 자세히 나온다.

이후 공갑이 붕어하자 아들 고皐가 즉위했다. 고가 붕어하자 아들
발發이 즉위했다. 발이 붕어하자 아들 이계履癸 : 『세본』은 발의 동생으로 기
술가 즉위했다. 그가 바로 하왕조 마지막 군주인 걸왕桀王이다. 공갑
이래 제후들이 대부분 하나라를 배반했는데도 걸왕은 덕행에 힘쓰
지 않고 무력으로 백성들을 해쳤다. 이때부터 백성들은 더욱 견딜
수 없게 되었다.

하왕조의 마지막 왕인 걸은 수천 년 동안 폭군의 전형으로 거론되
었다. 걸은 거구에 맨손으로 호랑이와 늑대 등의 맹수와 싸워 이길
정도로 뛰어난 용력을 지닌 자였다. 어찌 보면 걸은 폭군보다는 성군
이 될 자질을 지닌 자일 수도 있었다. 그렇다면 걸은 왜 폭군으로 변
한 것일까. 혹시 은나라의 건국을 미화키 위해 악의적으로 폄하된 것
은 아닐까.

사서와 전설에 나오는 걸은 음란하고 사치하며 잔악하기 그지없
는 인물로 그려져 있다. 걸은 백성들의 고혈을 짜내 요대瑤臺라는 화
려한 궁궐을 짓고는 그 안에 옥으로 장식한 '선실璇室'과 복도를 상
아로 장식한 '상랑象廊'을 만들었다. 그리고는 천하의 온갖 진기한 물
건과 미녀들로 궁궐을 채운 뒤 날마다 향락에 빠졌다. 이때 걸은 궁
궐 안에 큰 연못을 파고 그곳을 온통 술로 채운 소위 주지酒池를 만들

었다. 그리고는 그 위에 배를 띄워놓고 벌거벗은 미희들과 함께 온갖 음란한 짓을 자행했다. 걸은 수천 명의 사람을 모아놓은 뒤 북을 한 번 치면 모두 연못가에 엎드려 일제히 술을 마시도록 했다. 그러다가 취해 '주지'에 빠져 죽으면 그 광경을 보고 박수를 치며 좋아했다.

걸에게는 말희妹喜라고 하는 애첩이 있었다. 말희는 특이하게도 비단이 찢어지는 소리를 좋아했다. 걸은 말희를 즐겁게 하기 위해 국고의 비단을 모두 내와 그녀 앞에서 하나하나 찢게 했다. 그는 이밖에도 시장 한가운데에 갑자기 호랑이를 풀어놓아 사람들을 잡아먹도록 하고 사람들이 도망하며 당황하는 모습을 보고 즐거워했다. 이로 인해 폭정에 시달리던 백성들은 해를 바라보며 이같이 저주했다.

> 이놈의 해야, 언제야 없어질 것인가. 너랑 나랑 같이 죽어버리기나 하자.

원성이 하늘을 찌들 듯하자 제후들이 걸을 떠나 은족殷族의 수령인 탕湯에게 귀의하기 시작했다. 이에 걸 밑에서 벼슬을 하고 있던 이윤伊尹, 비창費昌과 같은 명신들도 탕 밑으로 귀의했다. 이에 불안해진 걸은 탕을 소환해 일종의 감옥인 하대夏臺 : 하남성 우현 동쪽에 가두었다가 얼마 후 석방했다. 탕은 덕을 수양했으므로 제후들이 모두 그에게 귀순했다. 탕은 마침내 군사를 이끌고 하나라의 걸왕을 공격했다. 걸왕은 명조鳴條 : 산서성 하현 서북쪽로 도망갔으나 결국 남소南巢 : 안휘성 소호로 추방되어 그곳에서 죽었다. 걸왕은 사람들에게 이같이 말했다.

| 나는 하대에서 탕을 죽이지 않아 이 지경에 이른 것을 후회한다.

이에 탕이 천자가 되어 하나라의 천하를 차지했다. 탕왕은 하나라의 후손을 제후에 봉했다. 주왕조 때 주무왕은 하나라의 후손 동루공東樓公을 기杞 : 하남성 기현 땅에 봉했다. 이를 통해 알 수 있듯이 하왕조는 마침내 걸왕 때에 와 망하고 말았다. 그러나 걸의 행태는 도저히 상상키 어려운 점이 있다. 이는 은왕조의 성립을 미화키 위해 후대에 꾸며낸 것일 공산이 크다.

앞서 살펴본 바와 같이 하왕조는 중국의 유사 이래 국가건설과 문명탄생의 기초가 되었다. 이로 인해 후세 사람들은 이 시기에 진한 향수를 느끼게 되었다. 훗날 주족은 중원을 차지한 후 자신들의 국토를 '시하時夏'라고 부르고 스스로를 '제하諸夏'라고 칭했다. 후에 '하' 자 앞에 '화華' 자를 붙였다. 이것이 '화하華夏'의 어원이다. 이 명칭은 수천 년이 지난 오늘날까지 중국인들의 자부심으로 남아 있다. 사마천 역시 『사기』「우본기」말미에 다음과 같은 평을 덧붙여 놓았다.

우는 성이 사씨(姒氏)이다. 그의 후손들은 각 처에 분봉되어 국호로써 성씨를 삼았다. 이에 하후씨(夏后氏)와 유호씨(有扈氏), 유남씨(有男氏 : 『세본』은 有南), 짐심씨(斟尋氏), 동성씨(彤城氏), 포씨(褒氏), 비씨(費氏 : 『세본』은 弗氏), 기씨(杞氏), 증씨(繒氏), 신씨(辛氏), 명씨(冥氏), 짐과씨(斟戈氏) 등이 있게 되었다. 공자는 하나라의 역서를 교정했는데 많은 학자들이 『하소정(夏小正)』을 전수했다. 『하소정』은 하나라의 역서(曆書)로 『대대례기』에는 『소정편』이 있다. 전하는 말에 따르면 하력(夏曆)은 사계절의 절기를 기록하고 있는데 오늘날도 음력을 하력이라 한다. 이로 미루어 당시 이미 상당한 수준의 천문역법의 지식을 갖추고 있었던 것으로 짐작된다. 우순(虞舜)과 하우(夏禹) 때부터 공물과 조세제도가 완비되었다. 어떤 사람은 우가 강남에서 제후들과 회합해 공적을 심사하다가 붕어하여 그곳에 묻혔기 때문에 그곳을 '회계(會稽)'라고 이름했다고 말한다. '회계'란 회합하여 심사한다는 회계(會計)의 뜻을 지니고 있다.

후세의 유가사상가들은 요·순·우를 비롯해 상왕조를 세운 탕왕湯王까지 하나로 묶어 소위 '요·순·우·탕'으로 통칭했다. 이같은 통칭은 성군시대가 바로 요·순으로부터 시작되었음을 의미한다. 요·순의 선양 전설은 원시공동체인 부족사회 단계의 제반 문화와 서로 부합한다. 우가 현자에게 제위를 전하지 않고 자식에게 전한 것은 원시공동체인 부족사회가 해체되고 추방사회로 이행되었음을 의미한다.

중국 신화와 전설은 비록 후대인에 의해 윤색된 것이기는 하나 선사시대의 특징을 나름대로 일정 부분 반영하고 있다. 신석기시대의 고대인들은 자연현상과 인간만사를 신이 섭리하는 것으로 믿었기 때문에 인간사회에서 일어난 일을 바로 신의 이야기로 바꾸고 시공을 축소해 표현했다. 신화에 나오는 신을 인간으로 바꾸고 시간과 공간을 확장하면 선사시대의 역사적 진실에 가까워질 수 있다.

중국문명은 신화시대에서 전설시대로 진입하면서 등장 인물이 훨씬 인간의 모습에 가까워진다. 신화의 세계에서는 하늘과 땅을 오가는 반신반인半神半人의 주인공이 대거 등장한다. 그러나 전설시대에는 이같은 일이 불가능해진다. '오제'의 일원으로 되어 있는 요·순이 전설시대의 인물인 우와 같은 부류로 분류되는 이유가 바로 여기에 있다.

요·순에 관한 얘기는 일종의 개국신화로 보는 것이 타당하다. 『상서』에 나오는『요전』과『순전』의 내용은 국가성립 이전 단계에 나타나는 부족사회의 모습을 반영하고 있다. 요가 평양平陽에 도읍한 뒤 국호를 '당唐'이라 하고, 순이 '포판蒲坂'에 도읍한 뒤 국호를 '우虞'로 고쳐 천하를 다스렸다는 얘기는 매우 오래 전에 이미 부족사회의 원형이 형성되었음을 반영하고 있다. 요·순과 관련한 이같은 얘기는 바로 국가형성 전 단계에 나타난 역사적 사실이 상당 부분 투영된 것으로 해석하는 것이 옳을 것이다.

그러나 하왕조의 시대는 분명 삼황에서 요·순까지 이르는 '삼황오제'의 신화시대와 명백히 구분되는 전설시대라는 점에 주목할 필요가 있다. 하우夏禹 때에 이르러 치수를 성공리에 마무리지음으로써 더 이상 신을 포함한 요괴와 귀신들을 두려워하지 않게 되었다는 기록 등이 이를 뒷받침한다. 모든 것이 인간 중심의 세계로 이해하게 된 것이다. 이는 이 시기에 들어와 농경문화가 고도로 발달함에 따라 천지운행의 이치에 대해 보다 명확하게 이해하게 되었음을 의미한다. 하왕조 때 사람들이 더 이상 일식을 두려워하지도 않고, 홍수와 한발도 인력을 동원해 막아낼 수 있다는 자신감을 얻게 된 것은 당연지사로 보아야 할 것이다.

하왕조의 시기는 본격적인 국가권력 구조가 탄생키 위한 준비기였다고 평가할 수 있다. '전설시대'의 대표적인 인물이 바로 요·순과 우이다. 요·순은 비록 삼황오제의 일원으로 분류되고 있으나 황제, 제곡, 전욱 등과는 그 성격이 판연히 다르다. 요·순은 성격상 우와 마찬가지로 인간이 중심이 된 '전설시대'의 인물로 분류하는 것이 타당하다.

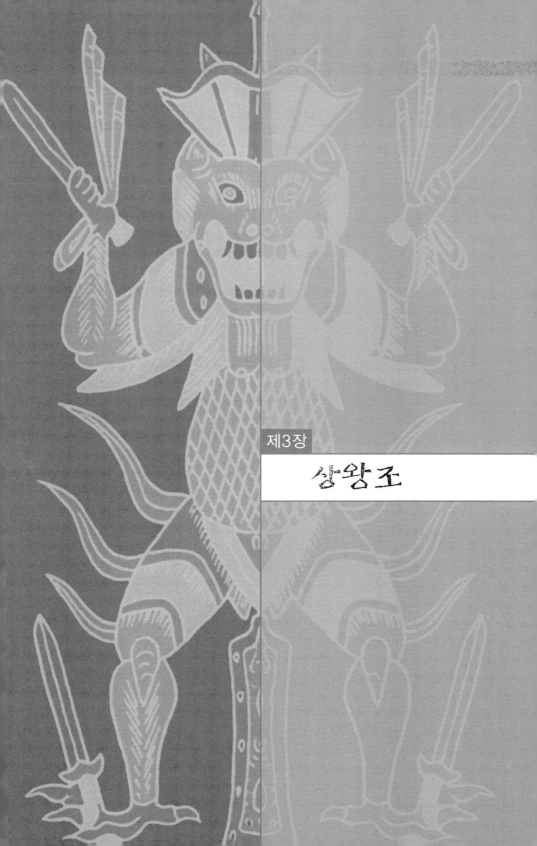

제3장

상왕조

1
상대론
【방국연합의 봉건국이었다】

사서들은 상왕조가 자주 도성지를 옮겨 중기 이후에는 은왕조로 불리게 되었다고 적고 있다. 상왕조는 탕왕이 하왕조를 멸망시키기 전에 모두 8차례 도성을 옮겼고, 하왕조를 멸한 후에도 모두 5차례나 천도했다. 이후 반경盤庚이 은殷 : 하남성 안양으로 천도한 후 비로소 도성을 옮기는 일이 사라졌다. 이로 인해 상왕조는 후세인들에 의해 은殷 또는 은상殷商으로 불리게 되었다.

상족의 족성은 자성子姓이다. '자子'는 종래 '연자燕子', 즉 제비로 해석돼 왔다. 제비가 상족의 족성이었다는 사실은 상족이 일찍이 제비를 토템으로 숭배했던 부족이었음을 뜻한다. 인류학적으로 볼 때 토템이 공동 조상으로 숭배되고 토템을 매개로 부족들이 강고히 결성된 것은 매우 흔한 일이다. 상족 역시 제비를 토템으로 하는 부족이었을 가능성이 매우 높다. 상왕실의 족성이 '자'였다는 것은 상족

은 왕조를 연 탕왕
인자하면서도 과단성 있는 모
습이다. 『삼재도회』에서.

이 씨족사회의 단계에 있을 때 제비를 토템으로 삼은 집단이 힘을 길러 마침내 상족 전체의 토템을 상족의 성으로 삼은 뒤 고대왕국을 건설했음을 시사한다.

이는 상왕조 초기 역사과정과 연관시켜 보면 설득력이 있다. 설契의 14대 후손인 태을大乙, 즉 탕왕은 막강한 군사력을 이용해 주변의 약소국을 예속시키고 폭군 걸을 멸망시킨 뒤 상족의 이전 근거지인 박亳 땅에 도읍을 정했다. 이는 상족세력의 팽창이 시조로 추앙되는 설 때부터 부단히 계속되던 중 마침내 탕왕 때에 이르러 그의 영도 아래 상왕조가 개국된 것을 의미한다.

그러나 20세기 초만 하더라도 전설상의 왕조인 하나라는 말할 것도 없고 상나라조차 고고학적 발굴의 부재로 인해 그 존재가 의문시되었다. 결국 1920년대 이래 상왕조의 도성이 있었던 하남성 정주鄭州와 안양安陽 등지에 대한 발굴조사로 상왕조의 유적이 발견되자 상왕조의 실재를 의심하는 견해는 서서히 사라지기 시작했다. 상왕조의 실재를 처음으로 알려준 것은 상왕조 때 점을 치는 데 사용된 갑골甲骨이었다.

상왕조의 역사적 실체를 알려준 갑골은 19세기 말 하남성 안양현 서북쪽의 소둔촌小屯村에서 처음 발견되었다. 이후 갑골이 무수히 발견되면서 갑골에 대한 연구도 큰 성과를 거두게 되었다. 이에 중국 최초의 고대왕국이었던 상왕조의 실체가 보다 명확히 드러나게 되었다. 상왕조 때 갑골이 대량으로 사용된 것은 당시 사람들이 신앙체계와 밀접한 관련이 있었다.

상왕조 때의 사람들은 신이 세상의 모든 것을 주재한다고 믿었다. 그들은 통상 점복의 방법으로 신의 뜻을 묻고 그에 따라 행동했다. 당시 점복을 전문으로 하는 소위 정인貞人들은 구갑龜甲 및 수골獸骨에 구멍을 뚫어 불에 굽고 여기에 나타난 균열을 통해 신의를 읽었다. 이어 그들은 점을 친 사연과 점을 친 뒤에 사건이 어떻게 전개되었는지 등을 문자로 기록해 놓았다. 이를 갑골문甲骨文이라고 한다. 갑골문은 일명 '복사卜辭'로도 불린다. 이는 점을 쳐서 그 뜻을 해독한 글이라는 뜻을 지니고 있다.

갑골문은 현대 한자어의 원형에 해당한다. 갑골문은 이미 상형象形과 지사指事, 회의會意, 형성形聲 등 한자어를 형성하는 4가지 형식을 모두 구비하고 있었다. 갑골문은 뜻이 비슷하거나 음이 비슷한 글자로 다른 뜻을 표시하는 가차假借의 방법도 사용했다. '보리'를 뜻하는 '내來'자를 '온다'는 뜻으로 사용하고, '봉황'을 뜻하는 '봉鳳'자를 '바람'을 뜻하는 '풍風'자로 사용한 사례가 이를 뒷받침한다.

갑골문은 후세의 한자어에 비해 동물의 종류나 성별을 나타내는 면에서 훨씬 구체적이다. 말을 부린다는 뜻으로 쓰이는 '어馭'자는 마馬 변을 쓴 것도 있고 상象 변을 쓴 것도 있었다. 이는 부리는 대상에 따라 글자를 다르게 썼음을 의미한다. 소나 말 등의 가축을 친다는 뜻으로 쓰인 '목牧'자는 우牛 변을 쓴 것도 있고, 양羊 변을 쓴 것도 있다. 이는 방목 대상이 다르면 글자도 다르게 썼음을 의미한다.

마馬와 양羊, 시豕, 견犬, 녹鹿 등에는 글자 옆이나 아래에 성별을 나타내는 부가적인 부수를 덧붙여 놓기도 했다. 암컷을 뜻하는 '빈牝'자와 숫컷을 뜻하는 '모牡'자는 당시만 하더라도 원래 암소와 수소를 나타내던 글자에 불과했다. 그러다가 모든 짐승의 암컷과 수컷을 나타내는 뜻으로 전용되었다.

갑골문의 자형 중에는 고정되어 있지 않은 것이 매우 많다. 거북을 뜻하는 '구龜'자는 거북을 정면으로 그린 것도 있고, 측면으로 그린 것도 있고, 꼬리가 그려져 있는 것도 있고, 없는 것도 있다. 그러나 갑골문의 자형구조와 문법구조

상·수렵갑골문
하남성 안양에서 출토된 것으로, 앞과 뒤 양면에 각사하였고, 도합 160여 자로 상왕商王이 조직했던 대규모 수렵 활동을 기록하고 있어 상대 사회생활에 관계되는 중요한 자료이다.

를 보면 상당히 오랜 과정을 거친 후 이러한 수준에 도달한 것임을 알 수 있다. 사실 갑골문이 나오기 훨씬 이전에 이미 원시적 형태의 상형문자가 존재했다. 이에 대한 연구는 갑골학甲骨學의 향후 과제이기도 하다.

갑골문의 기록은 매우 간단하다. 한 개의 갑골에 몇 개의 글자밖에 없는 것도 있고, 1백여 자에 달하는 것도 있다. 우리는 현재 갑골학의 눈부신 성과 덕분에 상왕조의 실체를 보다 확연히 파악할 수 있다. 갑골문은 어떤 일에 대한 길흉을 점친 기록이기는 하나 당시의 역사적 상황을 정확히 반영하고 있다. 이는 지금까지 알려진 최초의

역사 기록이기도 하다. 상왕조의 역사를 연구하는 데 갑골문은 빼놓을 수 없는 중요한 자료이다.

갑골문을 통해 상왕조 때 이미 음력과 양력을 결합한 역법을 사용했음을 알 수 있다. 당시의 역법은 한 달의 날수를 큰 달은 30일, 작은 달은 29일로 하였다. 이런 방법에 의하면 1년은 12달로 이뤄지기는 하나 354일밖에 안 된다. 몇 해에 1번 윤월閨月을 둠으로써 날수를 조절했다. 처음에는 윤월을 연말에 두고 13월이라고 불렀다. 이후에는 1년 사이의 적당한 달 사이에 윤월을 두는 방식으로 바꿨다.

갑골문은 연과 월을 숫자로 표시하면서도 날짜는 간지干支로 표시했다. 후에 역법이 여러 번 고쳐지고 계산법도 갈수록 엄밀해졌으나 음력과 양력을 결합시킨 역법과 간지에 의해 날짜를 적는 방법은 3천여 년이 지난 오늘날까지도 계속 유지되고 있다. 역법의 실시는 역사 기록의 발전에 중요한 의의를 지니고 있다.

갑골문은 흔히 날짜만 밝히고 연월은 밝히지 않았으나 가끔 연월일을 밝힌 것도 있다. 이때에는 기록의 첫 머리에 날짜를 적은 뒤 기록의 끝에 어느 달이라고 적고, 맨 끝에 다시 어느 해라고 적어놓았다. 갑골문에는 왕 몇 년으로만 표기되어 있고 왕의 이름이 적혀 있지 않아 고증을 통해야만 그것이 어느 왕, 몇 년의 기록인지를 알 수 있다. 이를 통해 알 수 있듯이 갑골문의 시간에 대한 기록은 완전하지는 못하다. 그러나 그것은 관련된 문헌과 유물들을 종합해 연구하면 전혀 알아내지 못할 것도 아니다. 갑골문은 상왕조의 역사를 연구하는 데 매우 귀중한 사료를 제공하고 있는 것이다.

상왕조 때의 기록으로는 갑골문 이외에도 청동기에 새겨진 문자를 들 수 있다. 이를 흔히 금문金文 또는 종정문鐘鼎文이라고 한다. 상왕조 초기만 하더라도 한 개의 청동기에 한 글자 또는 몇 글자 정도의 간단한 것들이 대종을 이뤘다. 그러나 말기로 가면서 글자수가 늘어나 45자에 이르는 것도 있다. 지금까지 발견된 청동기 중 명문이 있는 것은 그리 많지 않다. 그러나 그것들 역시 갑골문과 마찬가지로 상왕조에 관한 직접적인 사료이다. 근래 갑골 및 금문에 대한 연구결과 주족周族이 주왕조를 세우기 이전에 이미 상왕실과 매우 밀접한 관계를 맺고 있었다는 사실이 확인되었다. 주왕조 때에 이르면 갑골 대신에 청동기의 명문이 현저히 증가하게 된다.

갑골 복사를 통해 상왕조는 천지 및 산천에 대한 제사는 물론 조상 제사와 원정, 농사의 길흉 등에 대해서도 반드시 점을 쳐 신의를 확인한 뒤 모든 일을 집행했다. 당시 신의의 판독과 해석은 상왕을 포함한 정인貞人집단에 의해 행해졌다. 이들 정인은 상왕족을 포함한 각 부족에서 차출되었다. 여러 부족에서 차출된 정인은 상왕을 중심으로 정인집단을 형성하고 갑골 복사를 통해 신의를 확인한 뒤 정책을 결정했다. 이 과정에서 상왕 자신이 정인이 되어 갑골 복사 해독 작업에 참여한 것은 상왕이 신과 인간 사이에서 신의를 파악해 전달하는 성직자의 기능을 수행했음을 시사한다. 정인집단이 여러 부족에서 차출되어 상왕을 보좌하며 정책결정에 참여한 것은 상왕조의 정치가 일종의 부족연맹적 성격을 띠고 운영되었음을 의미한다.

그러나 후기에 이르면 상왕 자신은 정문貞問에 참여치 않고 여러 부족에서 차출된 정인 또는 왕이 지명한 정인이 정문의 판독결과만 왕에게 보고하는 것으로 바뀌었다. 이는 상왕조 후기로 들어가면서 정인들은 단순한 무사巫師의 지위로 전락하고 상왕은 세속적인 군왕으로서의 권력과 권위가 강화되었음을 뜻한다. 종래 종교적 권위와 위엄을 빌려 신정神政을 행했던 상왕이 왕권이 신장됨에 따라 강력한 세속적 군주로 변환한 것이다. 실제로 은허에서 출토된 갑골 복사는 상왕이 신정을 했을 뿐만 아니라 왕권의 발전추세에 따라 상당히 높은 수준에서 세속적인 통치권력을 행사했음을 보여주고 있다.

상왕조 때 만들어진 갑골문은 크게 글자가 없는 무자갑골無字甲骨과 글자를 새겨넣은 유자갑골有字甲骨 등 2종류로 나눠진다. 무자갑골은 상왕조 초기에 사용되었고, 유자갑골은 상왕조 중기인 무정武丁 시대에 처음으로 출현했다. 유자갑골의 출현은 점복을 통해 나타난 신의를 보다 많은 사람들에게 알리고자 하는 의도에서 비롯된 것으로 관측된다.

갑골의 재료로는 사슴과 양, 승냥이, 소, 거북 등의 견갑골과 두개골이 주로 사용되었고 때로는 녹각이 이용되기도 했다. 갑골에 대한 점복은 석제 또는 금속제의 끌로 갑골의 한 면에 수개의 구멍을 관통되지 않게 뚫은 뒤 길일을 택해 단상에 올려놓고 제사를 지내면서 골면을 불로 지지는 방법으로 이뤄졌다. 이때 정인은 갑골 뒷면에 생긴 조문兆紋 또는 복조卜兆를 보고 신의 뜻을 판독했다. 정인은 이 조문을 판독할 때 균열의 형태만이 아니라 균열의 수와 주변 색깔 등을 종합해 판단했다. 이는 아무나 할 수 있는 일이 아니었다.

이에 상왕조에는 정인으로 구성된 정인집단이 상시적으로 존재했다. 현재까지 확인된 정인의 수만 해도 120여 명에 이르고 있다. 이는 정인과 같이 특수한 기술을 가진 전문적인 계층이 광범위하게 존재했음을 시사한다. 갑골문은 당시 사람들의 정신세계를 가감 없이 보여주고 있다. 상왕조 문화에 대한 탐색은 반드시 갑골문의 해독을 통해야만 하는 이유가 바로 여기에 있다. 현재 갑골학은 20세기 초에 비교할 수 없을 정도로 높은 수준에 달해 있다. 현재까지 발견된 갑골은 그 수가 10만 편으로 갑골문은 모두 35만 자에 이른다. 이 중 유자갑골은 2천여 편이다. 현재 유자갑골 중 3분의 2인 1400여 편이 완전히 해독된 상황이다. 갑골문은 상왕조 시기의 언어와 문화를 해명하는 데 가장 귀중한 자료이다.

상왕조는 중국문명사에서 그 실재가 인정된 최초의 왕조로 후대의 왕조와 달리 인격신의 성격이 강한 신을 숭배한 왕조이기도 하다. 이 점에서 상왕조는 후대의 왕조와 커다란 차이를 보이고 있다. 물론 주왕조 역시 초기에는 인격신의 성격을 띤 신을 섬긴 적이 있다. 그러나 주왕조 때의 최고신은 후술하는 바와 같이 하늘의 섭리를 뜻하는 신으로 전화되어 있었다.

상왕조 때의 최고신은 '띠帝'였다. '띠'는 '상띠上帝'라고도 했다. '띠'는 원래 상족의 수호신이었다. 상족이 상왕조를 세우자 그들의 수호신인 '띠'가 자연스레 최고신이 된 것이다. 당시 사람들은 최고신인 '띠'가 상왕에게 권력을 부여한 것으로 믿었다. 상왕실 역시 건국 초부터 자신들의 선조는 '띠'의 아들이고, 상왕조는 최고신인 '띠'의 명에 의해 창건된 것이라고 천명했다. 이에 상왕실은 '띠'를 최고신으로 삼은 뒤 상왕조에 복속된 여러 종족의 수호신들을 그 밑에 배치시켜 신의 계보를 만들었다. 각 신들의 권능과 계보상의 서열은 그 신을 받드는 종족이 상왕조 내에서 차지하고 있는 비중을 반영했다.

상왕실은 이러한 여러 신들에 대한 제사를 총괄함으로써 종족들 간의 유대를 강화했다. 그러나 상왕조 말기로 가면서 상족 이외의 다른 종족들의 수호신은 점차 제사에서 빠지고 최고신인 '상띠'와 상왕실의 조상신들만 제사지내게 되었다. 이는 후대로 오면서 상왕의 왕권이 강화되었음을 말해 주는 것이다. 상왕실의 조상신과 최고신을 하나로 묶은 것은 상왕조 종교의 중요한 특징 중 하나이다. 상왕조의 모든 왕이 신정神政의 주재자로서 사제司祭의 성격을 띤 것은 바로 이 때문이었다. 이에 상왕조의 왕은 살아서는 군주로 존재하고 죽어서는 신이 되었다. 당시 사람들은 상왕조의 왕이 이승에서는 사람을 지배하고 저승에 가서는 죽은 사람들을 지배하게 된다는 논리를 당연한 것으로 받아들였다.

원래 상왕조 이전에도 먼 옛날에 각 부족의 추장들은 부족의 이익을 위해 자신을 바치며 공헌했다는 이유로 죽은 후에 신으로 받들어졌다. 상왕조에서도 군왕은 사망 후 당연히 신으로 받들어졌다. 그러나 상왕조는 이전과 달리 나름대로 어느 정도 체계를 갖춘 정치적 기구를 갖고 있었다. 이는 상왕조가 고대국가로서의 기틀이 잡혀 있었음을 시사하는 것이다.

해독된 갑골문의 내용을 보면 조상에 대한 제사가 제일 많고 다음으로 제사의 일자, 제물의 종류와 수, 바람과 천둥과 관련된 기후, 전쟁, 수렵에 관한 순으로 되어 있다. 갑골문에 조상에 대한 제사가 가장 많은 것은 조상제사가 상왕조의 정치뿐만 아니라 일상생활에 깊이 관련되어 있었음을 보여준다. 갑골문에 나타난 신은 수없이 많다.

상왕조의 신은 크게 최고신인 '띠'와 산천 등을 신격화한 자연신, 조상의 혼령을 신격화한 조상신 등으로 3대별할 수 있다.

최고신인 '띠'는 천상에 거주하고 천지자연의 모든 현상을 장악한 신으로 비와 바람, 벼락 등을 일으킨다. 농사의 풍흉을 결정하고 가뭄과 홍수 등을 좌우하는 능력을 지닌 것으로 믿어졌다. '띠'는 인간사에 대한 지대한 관심을 갖고 상왕실의 보호와 도성의 선정 및 천도 여부, 전쟁과 질병, 화복 등에 절대적 권능을 지닌 것으로 인식되었다.

상왕조의 자연신은 하신河神과 수신水神, 악신岳神, 토신土神, 운신雲神, 풍신風神을 포함한다. 하신은 황하가 신격화한 것이다. 이는 홍수를 자주 일으켰던 황하에 대한 외경심에서 비롯되었다. 수신 역시 하신의 일종이다. 상나라 사람들은 유수有水와 원수洹水에 제사를 지냈다는 기록이 있다. 원수는 상나라 도성 안양을 끼고 흐른 강이었다. 당시 사람들은 수해를 피하기 위해 황하와 마찬가지로 이들 하천을 신격화해 숭배했던 것이다. 악신은 산신의 일종이다. 당시 사람들은 산신과 악신도 농사의 풍흉의 권능을 지닌 것을 믿었다. 토신도 마찬가지로 생각되었다. 갑골 복사에 의하면 토신은 상제와 함께 배향되었다. 이는 토신이 다른 신보다 더 숭배되었음을 의미한다.

상왕조의 자연신은 당시 자연현상을 인격화한 사실을 통해 쉽게 확인할 수 있다. 풍사風師가 비렴飛廉, 우사雨師가 병예屏翳, 운사雲師가 풍륭豊隆, 일어日御가 희화羲和, 월어月御가 망서望舒라는 이름을 갖게 된 것이 그 실례이다. 이는 중국이 일찍부터 인류 역사상 가장 먼저 노동집약적인 농경문화를 만들어낸 사실과 밀접한 관련이 있다. '띠'

와 '티엔'을 보좌하는 이들 자연신들이 인간의 이름을 갖게 된 것은 바로 당시의 중국인들이 천문에 관해 깊은 지식을 지니고 있었음을 시사한다. 상왕조 때의 갑골문에 나오는 수많은 별의 이름과 일식, 월식에 관한 상세한 기록이 이를 뒷받침하고 있다.

『상서』와 『시경』, 『춘추』, 『춘추좌전』, 『국어』, 『이아爾雅』 등도 성수星宿 등의 천상天象에 관해 매우 풍부한 기록을 실어놓고 있다. 『사기』는 별도로 『천관서天官書』 항목을 두었고, 『한서』도 『천문지天文志』를 따로 두었다. 이를 두고 명말청초의 대학자 고염무顧炎武는 『일지록日知錄』 「천문」에서 이같이 언급한 바 있다.

> 하·은·주 3대 당시에는 모든 사람들이 천문을 잘 알고 있었다. 『시경』 「빈풍·칠월」에 나오는 '7월에 대화성(大火星)이 흐른다' 는 구절은 농부가 한 말이다. 『시경』 「당풍·주무(綢繆)」에 나오는 '삼성(三星)이 창문에 있다' 는 구절은 부인이 한 말이다. 『시경』 「소아·점점지석(漸漸之石)」에 나오는 '달이 필수(畢宿)에 가려 있다' 는 구절은 변경을 지키는 병사가 한 말이다. 『춘추좌전』 「노희공 5년」에 나오는 '용미성(龍尾星)이 희미해졌다' 는 구절은 동요에 나오는 말이다. 그러나 후세에는 문인학사에게 이같은 것을 물어도 대답을 못하는 자가 생겨나게 되었다.

고염무는 『시경』과 『춘추좌전』 등에 나오는 천문지식에 관한 기록을 보고 크게 경탄한 나머지 후세인들의 빈약한 천문지식을 질타하고 나섰던 것이다. 중국에서 천문에 관한 지식이 일찍부터 높은 수준에 달할 수 있었던 것은 말할 것도 없이 일찍부터 농경문화를 가꿔온 데 있었다. 농사의 풍흉을 미리 점쳐 유사시를 대비키 위해서는 천상을 정밀하고도 근면하게 관측하지 않을 수 없었다. 이것이 일찍부터 놀라운 천문지식을 보유케 된 근본이유였던 것이다.

고대 사람들이 천문을 관측할 수 있었던 도구는 오직 눈밖에 없었다. 그럼에도 그들은 인간의 눈으로 관측이 가능한 범위 내에서 천상의 현상을 정밀하게 관측해냈다. 이는 지금까지도 유효하다. 당시의 사람들이 만들어낸 천상의 기본 운행체제는 금·목·수·화·토 등 5개의 행성을 기본으로 한 것이었다. 이를 흔히 '5위五緯'라고 했다. 이 5위에 해와 달을 합치면 소위 '7정七政'이 된다. 이를 '7요七曜'라고도 했다. 당시 사람들이 얼마나 천체를 정밀하게 탐사했는지는 동일한 행성에 대한 명칭이 무수히 많은 사실을 통해서도 쉽게 파악할 수 있다. 금성은 '명성明星' 또는 '태백太白'으로 불렸다. 이는 금성이 발하는 빛이 은백색이고 광도가 높은 특징을 정확히 표현한 것이다. 금성은 '계명啓明'으로도 불렸다. 이는 새벽녘에 동쪽 하늘에서 관측되는 금성의 특징을 드러낸 것이다. 금성은 또 '장경長庚'으로도 불렸다. 이는 황혼 무렵에 서쪽 하늘에서 관측되는 금성의 특징을 형용한 것이다.

오행 중 가장 중시된 것은 목성이었다. 이는 '세성歲星'으로 불렸다. 이 명칭은 목성이 12년에 태양 주변을 일주하고 매년 순행할 때마다 하나의 특정한 성공구역星空區域을 경과한다고 판단한 데 따른 것이었다. 이를 근거로 역사를 기록하는 기준년도인 기년紀年이 만들어졌다. 기년은 사서를 기록하는 데 가장 기본적인 기준점이 되었다. 사관들이 세성을 중시한 것도 바로 이 때문이었다.

수성은 '진성辰星'으로 불렸다. 당시의 '수水'는 수성을 가리키는 것이 아니라 항성 중의 '정성定星 : 營室星'을 가리키는 말이었다. 화성은 '형혹熒惑'으로 불렸다. 이는 붉게 빛나는 것이 마치 사람을 혹하게 만들기 때문이라고 생각한 데 따른 것이었다. '화火'도 지금의 화성을 가리키는 것이 아니라 항성 중의 '대화성大火星 : 전갈좌의 α성'을 의미했다. 토성은 '진성鎭星' 또는 '전성塡星'으로 불렸다.

당시 사람들은 5성을 비롯한 '7요'의 운행을 관측할 때 항성을 기준으로 삼았다. 이는 항구적으로 변치 않는 항성 간의 위치를 기준으로 삼으면 '7요'가 운행할 때 통과하는 위치를 정확히 예측할 수 있다고 판단한 데 따른 것이었다. 오랜 기간에 걸친 관측을 통해 당시 사람들은 황도黃道 : 태양이 1년에 운행하는 궤도와 적도赤道 : 지구상의 적도가 아니라 지구에서 바라본 天球上의 적도 부근의 28개 성수星宿 : 이웃한 별들의 집합를 기준 좌표로 삼았다. 이를 흔히 '28수宿'라고 불렀다. '28수'는 다음과 같이 동서남북의 4방에 각기 7수씩 배치되었다.

동방 창룡(蒼龍) 7수 : 각(角), 항(亢), 저(氐), 방(房), 심(心), 미(尾), 기(箕)
서방 백호(白虎) 7수 : 규(奎), 누(婁), 위(胃), 묘(昴), 필(畢), 자(觜), 삼(參)
남방 주작(朱雀) 7수 : 정(井), 귀(鬼), 유(柳), 성(星), 장(張), 익(翼), 진(軫)
북방 현무(玄武) 7수 : 두(斗), 우(牛), 여(女), 허(虛), 위(危), 실(室), 벽(壁)

4방으로 나뉘어 7수를 총칭하는 창룡과 백호, 주작, 현무는 통상 '4상四象'으로 불린 것으로 상상 속의 동물을 형상화한 것이다. 이들 '4상'에 배치된 7수는 각 동물의 머리와 몸통, 꼬리에 배치되었다.

동방의 창룡은 각수에서 기수까지가 한 마리의 용으로 상정되었다. 각수는 용의 뿔로 간주되었고, 저수와 방수는 용의 몸, 미수는 용의 꼬리로 파악되었다. 남방의 주작은 정수에서 진수까지가 한 마리의 새로 상정되었다. 유수는 새의 부리로 여겨졌고, 성수는 새의 목덜미, 장수는 새의 모이 주머니, 익수는 새의 날개로 간주되었다. 이는 서양인들이 성좌星座 개념을 도입해 큰곰자리와 전갈자리 등과 같이 명명한 것에 비유할 수 있다.

그러나 지구에서 바라보는 천구天球 전체를 4방으로 나눠 대표적인 항성 '28수'를 찾아낸 뒤 이를 '4상'으로 형상화시킨 동양의 성수星宿 개념이 훨씬 유효한 것임은 두말할 것도 없다. 성수 개념은 성좌 개념보다 훨씬 체계적이고 총제적인 관측을 가능케 해준다. 송대의 소동파는 성수 개념을 이용해 '전적벽부前赤壁賦'에서 이같이 읊은 바 있다.

> 얼마 후 달이 동산 위로 떠올라　少焉月出於東山之上
> 두우 사이에서 배회하고 있구나　徘徊於斗牛之間

여기의 '두우斗牛'는 바로 북방 현무 7수의 머리에 해당하는 두수와 우수를 지칭한 것이다. 28수는 세시歲時와 4계四季를 측정하는 기준이 되었다. 초혼初昏 때 서방 백호의 삼수가 정남방에 있으면 곧 봄이 시작되고, 동방 창룡의 심수가 정남방에 있으면 5월이 시작되었다. 당시 사람들은 28수를 훤히 알고 있었던 까닭에 28수를 인용한 시를 매우 많이 지었다. 『시경』「소아 · 대동大東」에는 그 권여權輿 : 맹아라고 할 수 있는 다음과 같은 시가 실려 있다.

남쪽에 키(箕)가 있건만	維南有箕
가히 키질할 수도 없고	不可以簸揚
북쪽에 표주박이 있건만	維北有斗
가히 술국을 뜰 수 없네	不可以把酒漿

여기에 나오는 키와 표주박은 동방 창룡의 기수와 북방 현무의 두수를 형상한 것이다. 기수와 두수가 함께 남쪽 하늘에 나타날 때는 서로 위치가 엇갈려 기수는 남쪽에, 두수는 북쪽에 위치하게 된다. 기수에 속해 있는 4개의 별은 서로 연결되어 키를 까부는 모양이 되고, 두수에 속해 있는 6개 별은 서로 연결되어 술이나 국을 뜨는 표주박의 모양이 된다.

동양의 성수도 서양의 성좌와 마찬가지로 견우와 직녀에 관한 얘기를 위시해 수많은 일화를 갖고 있다. 28수 가운데 삼수와 심수에 관한 고사는 후대의 문인들이 늘 전고典故로 인용하곤 했다. 삼수는 삼성參星 : 三星으로 불렸다. 이는 삼수에 속해 있는 별이 밝게 빛을 내며 일렬로 배치되어 있는 데서 나온 말이다. 굴지의 글로벌 기업으로 성장한 '삼성'이 심수에 관한 이같은 이치를 알고 작명했는지 여부는 알 길이 없다.

28수 이외에 당시 사람들에게 매우 중요시된 천문학적 개념으로는 소위 '3원三垣'과 '12차十二次'를 들 수 있다. 이는 천구를 보다 체계적으로 관측키 위해 만들어낸 가상적인 천상분류체계이다. '3원'은 크게 자미원紫微垣과 태미원太微垣, 천시원天市垣으로 나뉜다. '자미원'은 북극성을 기준으로 하고 여타 별들을 여기에 귀속시킨 천구상의 구역을 말한다. '자미원'을 기준으로 하여 장수와 익수, 진수 이북에 있는 구역은 '태미원'으로 불렸다. 또 방수와 심수, 미수, 기수, 두수 북쪽에 있는 구역은 '천시원'으로 불렸다.

'12차'도 매우 중요한 천상분류체계이다. 당시 사람들은 '7요'의 운행과 절기의 변화를 설명키 위해 황도 부근의 하늘을 서쪽에서 동쪽 방향으로 성기星紀와 현효玄枵 등의 이름을 붙여 12등분했다. 이것이 12차이다. 매차는 모두 28수 중의 어떤 성수가 배치되어 하나의 표지가 되었다. 예컨대 성기에는 두수와 우수가 배치되어 있고, 현효에는 여수와 허수 등이 배치되어 있다. 매차의 시종始終에 배치되어 있는 성수는 다음과 같이 반드시 이웃한 두 개의 차에 걸쳐 있다.

1. 성기星紀 _____ 두斗, 우牛, 여女

2. 현효玄枵 _____ 여女, 허虛, 위危

3. 추자諏訾 _____ 위危, 실室, 벽壁, 규奎

4. 강루降婁 _____ 규奎, 누婁, 위胃

5. 대량大梁 _____ 위胃, 묘昴, 필畢

6. 실침實沈 _____ 필畢, 자觜, 삼參, 정井

7. 순수鶉首 _____ 정井, 귀鬼, 유柳

8. 순화鶉火 _____ 유柳, 성星, 장張

9. 순미鶉尾 _____ 장張, 익翼, 진軫

10. 수성壽星 _____ 진軫, 각角, 항亢, 저氐

11. 대화大火 _____ 저氐, 방房, 심心, 미尾

12. 석목析木 _____ 미尾, 기箕, 두斗

　서양에서는 황도의 남북 각 8도 이내의 공간을 '황도대黃道帶 : Zo-diac'라 부르고 이를 해와 달, 행성이 운행할 때 지나는 곳으로 파악했다. 그들 역시 서쪽에서 동쪽 방향으로 황도대를 백양白羊과 금우金牛 등의 명칭을 붙여 12등분하고, 이를 소위 '황도 12궁宮'이라고 칭했다. 이는 세부적인 내용에서는 약간 차이가 있으나 대략 동양의 '12차'와 유사하다. 이를 대조하면 다음과 같다.

성기 ⇔ **마갈궁**(摩羯宮 : 염소자리)	**현효** ⇔ **보병궁**(寶瓶宮 : 물병자리)
추자 ⇔ **쌍어궁**(雙魚宮 : 물고기자리)	**강루** ⇔ **백양궁**(白羊宮 : 양자리)
대량 ⇔ **금우궁**(金牛宮 : 황소자리)	**실침** ⇔ **쌍자궁**(雙子宮 : 쌍둥이자리)
순수 ⇔ **거해궁**(巨蟹宮 : 게자리)	**순화** ⇔ **사자궁**(獅子宮 : 사자자리)
순미 ⇔ **실녀궁**(室女宮 : 처녀자리)	**수성** ⇔ **천칭궁**(天秤宮 : 천칭자리)
대화 ⇔ **천갈궁**(天蝎宮 : 전갈자리)	**석목** ⇔ **인마궁**(人馬宮 : 사수자리)

　동양의 12차는 주로 두 가지 용도로 사용되었다. 절기節氣의 표시와 기년紀年의 표시가 바로 그것이다. 절기의 표시와 관련해 당시 사람들은 12차를 이용해 4계에 따른 태양의 위치를 밝힘으로써 절기의 변화를 알 수 있었다. 예컨대 태양이 성기 속에 있으면 동지가 되고 현효 속에 있으면 대한이 되는 식이었다. 이는 이들 12차가 대부분 각자가 소속한 성수와 밀접한 관련을 갖고 있는 데 따른 것이었다. 12차의 하나인 대화가 동시에 대화에 소속된 심성心星 : 大火星의 명칭

으로도 사용된 것 등이 그 좋은 실례이다. 순수와 순화, 순미는 그것이 순鶉라는 이름이 붙은 데서 알 수 있듯이 남방 주작의 성상星象과 관련이 있다. 남방 주작의 7수가 순수와 순화, 순미의 12차에 분속된 것도 바로 이 때문이었다.

당시 사람들은 이같은 천문지식을 기반으로 동양 특유의 절기節氣 체계를 만들어냈다. 이는 정교한 월력月曆체계가 존재한 데서 가능했던 것이다. 중국의 고대인들은 어떻게 이같이 정교한 월력체계를 만들 수 있었던 것일까. 원래 지구에서 바라보는 천상의 변화는 태양의 출몰出沒과 달의 만휴滿虧에 따라 이뤄지기 마련이다. 일찍부터 집약적인 농경문화를 영위해 온 중국인들은 이미 하왕조 때부터 천상의 변화에 대한 정밀한 관측을 시도했다. 당시 그들은 낮과 밤이 교체하는 주기를 '1일'로 잡고 달이 변화하는 주기, 즉 삭망朔望을 '1월'로 잡았다.

원래 '1년'의 개념은 농작물이 성숙하는 때를 기준으로 한 것이다. 후대에 나온 『설문說文』이 '년年'을 '곡식이 익는다'로 해석해 놓은 사실이 이를 뒷받침한다. 우리가 현재 삭망을 단위로 하여 사용하는 역법은 순수한 음력이 아니라 음력과 양력을 종합한 것이다. 음력은 평년 12개월 중 30일로 구성된 6개의 큰 달이 있고 29일로 구성된 6개의 작은 달이 있다. 이같이 계산하면 1년은 354일이 된다. 이는 태양력보다 11일이 적다. 당시 사람들은 이를 몰랐을까. 『상서』「요전」에는 다음과 같은 구절이 나온다.

| 1년은 366일이다.

이는 당시 사람들이 지구의 태양 일주시간을 정확히 파악하고 있었음을 보여주는 것이다. 실제로 사계의 순환주기는 365와 1/4일이므로 12개 삭망월의 일수보다는 대략 11과 1/4일이 많고 3년이 되면 1개월 이상의 시간 차가 나기 마련이다. 이에 3년마다 윤달을 두어 1년의 길이를 평균적으로 대략 태양력과 같게 하여 자연의 계절과 조화를 이루게 했다. 이는 『상서』「요전」에 나오는 다음과 같이 구절이 뒷받침하고 있다.

│ 윤달을 가지고 4계를 정하고 한 해를 이룬다.

동시에 고문헌과 갑골문 등을 통해서도 윤달이 이미 상·주시대에 등장했음을 확인할 수 있다. 그러나 윤달이 처음부터 체계적으로 정립된 것은 아니다. 초기에는 윤달을 두는 데 정해진 제도가 없었다. 윤달은 대략 연말에 두어 13월이라고 했다. 그러나 어떤 때는 1년에 두 번 윤달을 두었다. 그래서 14월이 존재했다. 시간이 지나면서 시차가 많이 나게 되자 3년에 한 번 윤달을 두는 것도 부족해 5년에 두 번 윤달을 두어야 했다. 그러나 5년에 두 번 두는 것은 또 약간 많기 때문에 결국 후세에는 19년에 7개 달의 윤달을 두도록 규정해 윤달의 배치를 고정시켰다. 이로써 춘추시대에 들어와 비로소 1년에 두 번 윤달이 있는 경우가 없게 되었다. 후대로 오면서 윤달은 매우 중시되었다. 이는 『좌전』「노문공 6년」에 나오는 다음과 같은 구절을 보면 쉽게 알 수 있다.

윤달로 때를 바로 잡고 때로써 일을 하며 일로써 생활을 풍요롭게 한다. 백성을 살리는 길이 바로 여기에 있다.

한제국 때에 들어와서는 9월 이후에 윤달을 두고 이를 흔히 '후後9월'이라고 불렀다. 이는 한제국이 진제국의 역법을 좇아 10월을 '세수'로 삼고 9월을 연말로 삼은 데 따른 것이었다. 당시에는 연중에 윤달을 두기도 했다. 윤3월, 윤6월 등이 그것이다. 윤달을 두어야 하는데 두지 않는 것을 '실윤失閏'이라고 했다. 어떻게 적절하게 윤달을 안배하는가 하는 것은 역법상 매우 중요한 과제였다.

중국의 고대인들은 일찍부터 1년을 춘하추동의 4시四時 : 四季로 나누었다. 후대에는 하력夏曆의 정월과 2월, 3월 등 12개월의 순서에 따라 맹춘孟春, 중춘仲春, 계춘季春 등으로 세분했다. 춘추전국시대 사람들은 이러한 명칭을 늘 상응하는 달의 이름으로 대용해 사용했다. 이는 『초사楚辭』「애영哀郢」에 나오는 다음과 같은 구절을 보면 쉽게 확인할 수 있다.

백성들이 이산하여 서로 잃어버리게 되었네
民離散而相失兮
바야흐로 중춘인데 동쪽으로 옮겨가야만 하네
方仲春而東遷

중춘은 하력으로 2월을 말한다. 그러나 상왕조와 서주시대 전기에는 1년을 지금과 같이 4시로 나누지 않고 춘·추 두 때로 나눴다. 후대에 '춘추'가 곧 1년을 뜻하게 된 이유가 바로 여기에 있다. 『장자』

「소요유逍遙遊」에 나오는 다음과 같은 구절이 '춘추'의 이같은 사용례를 잘 보여주고 있다.

| 혜고(蟪蛄)는 춘추를 모른다.

'혜고'는 '조진蜩蟬' 또는 '한선寒蟬'으로도 불렸다. 이는 쓰르라미를 뜻한다. 쓰르라미는 6월 하순부터 8월에 출현하고, 수컷만 복부에 공명실이 있어 소리를 낸다. 그러나 춘추전국시대 사람들은 '혜고'가 봄에 태어나면 여름에 죽고, 여름에 태어나면 가을에 죽는 것으로 생각했다. 그래서 봄과 가을을 모두 알 수 없다고 한 것이다. 여기서 말한 춘추는 곧 1년을 뜻하는 것이다. 역사적으로는 사관이 기록한 사료를 『춘추』라고 했다. 1년의 역사기록의 기본 단위였다. 이는 삼국시대 당시 위나라의 두예杜預가 『춘추좌전』에 주석을 달면서 쓴 다음과 같은 서문을 보면 쉽게 파악할 수 있다.

| 사관은 역사를 기록할 때 반드시 사건의 머리에 그 해를 표시한다.

후세에는 역법이 날이 갈수록 상세해져 춘 · 추 두 시기에서 여름과 겨울이 갈려 나왔다. 이에 춘 · 하 · 추 · 동의 4시가 확정되었다. 그러나 초기에는 4시의 순서가 춘하추동으로 정해진 것도 아니었다. 『묵자』「천지天志」와 『예기』등은 '춘 · 추 · 하 · 동'으로 표시했다. 『관자』는 '춘하추동'과 '춘추하동'을 모두 사용했다. 『관자』가 오랜

시간에 걸쳐 여러 사람의 손을 거쳐 만들어졌음을 시사하는 대목이 아닐 수 없다.

중국의 고대인들은 장기간에 걸친 곡물생산 활동을 차질 없이 진행시키기 위해 계절의 변화와 기후의 변화를 세심히 관찰했다. 이에 마침내 1년을 365와 1/4을 균분하여 입춘立春과 우수雨水, 경칩驚蟄 등의 24절기를 만들었다. 이에 매절기는 대략 15와 1/5일을 차지하게 되었다. 그러나 동지 전후는 대략 14일여가 되고 하지 전후는 16일 남짓 되어 균형을 맞췄다.

24절기는 4계와 기온, 강우 등을 총망라해 만든 것으로 농사계절을 파악한 경험의 결정체였다. 24절기는 각 달마다 두 개의 절기가 편입되는 식으로 구성되었다. 이에 따라 1월은 입춘立春·우수雨水, 2월은 경칩驚蟄·춘분春分, 3월은 청명淸明·곡우穀雨, 4월은 입하立夏·소만小滿, 5월은 망종芒種·하지夏至, 6월은 소서小暑·대서大暑, 7월은 입추立秋·처서處暑, 8월은 백로白露·추분秋分, 9월은 한로寒露·상강霜降, 10월은 입동立冬·소설小雪, 11월은 대설大雪·동지冬至, 12월은 소한小寒·대한大寒으로 구성되었다.

원래 경칩은 계칩啓蟄이라고 했다. 이는 한제국 때 한경제漢景帝의 이름이 계啓인 데 따라 이를 휘諱하여 경칩으로 바뀐 것이다. 『춘추좌전』은 모두 계칩으로 기록해 놓고 있다.

초기에는 24절기를 '절기節氣'와 '중기中氣' 둘로 세분했다. 예컨대 입춘은 정월절正月節, 우수는 정월중正月中이 되었다. 하나의 절기와 하나의 중기를 더하면 거의 30일과 1/2쯤 된다.

24절기는 태양의 황도상의 서로 다른 위치를 근거로 하여 정해진 것이다. 이에 태양이 12차十二次의 어떤 차次에 이르면 어떤 절기가 뒤따르게 된다. 『한서』「율력지律曆志」의 기록에 따르면 2천여 년 전의 천상天象은 태양이 운행하여 성기의 초점初點에 이르면 대설이 되고, 성기의 중앙에 이르면 동지가 되고, 현효의 초점에 이르면 소한이 되고, 현효의 중앙에 이르게 되면 대한이 되었다.

하왕조의 사람들은 일찍이 2분二分 : 춘분과 추분과 2지二至 : 하지와 동지를 4개의 중요한 절기로 파악했다. 『상서』「요전」과 『여씨춘추』, 『맹자』 등을 보면 춘분을 일중日中, 추분을 소중宵中이라고 하고 이를 합쳐 일야분日夜分이라고 한 사실을 알 수 있다. 또 하지를 일영日永 내지 일장지日長至, 동지를 일단日短 내지 일단지日短至라고 했다. 이와 관련해 『춘추좌전』「노희공 5년」은 다음과 같이 기록해 놓았다.

> 무릇 분(分), 지(至), 계(啓), 폐(閉)에는 반드시 운물(雲物)을 적어야 한다.

여기의 '분'은 춘분과 추분, '지'는 하지와 동지, '계'는 입춘과 입하, '폐'는 입추와 입동을 뜻한다. 고전을 제대로 읽으려면 고대인들이 시간을 기록한 법칙을 이해할 필요가 있다. 하루 내의 시간과 1달 내의 각 날짜, 1년 내의 각 월, 이어지는 각 해를 기록하는 방법으로는 기시법紀時法과 기일법紀日法, 기월법紀月法, 기년법紀年法이 있었다. 이는 반드시 간지법干支法을 사용했다.

간干은 10개의 천간天干을 말한다. 갑甲, 을乙, 병丙, 정丁, 무戊, 기己, 경庚, 신辛, 임壬, 계癸 등이 그것이다. 지支는 12개의 지지地支로 이뤄져 있다. 자子, 축丑, 인寅, 묘卯, 진辰, 사巳, 오午, 미未, 신申, 유酉, 술戌, 해亥 등이 그것이다. 10간과 12지를 차례로 조합하면 60개의 간지가 나오는데, 이를 흔히 '60갑자甲子' 또는 '6갑六甲'이라고 했다.

60갑자는 갑자甲子에서 시작해 계해癸亥에서 끝난 뒤 다시 일주한다. 먼저 기시법에 대해 알아보기로 하자. 고대인들은 주로 천색天色을 근거로 하여 하루의 밤낮을 약간의 시간단위로 나눴다. 해가 뜰때를 단旦, 조早, 신晨이라고 했다. 해가 질 때를 석夕, 모暮, 혼昏, 만晩이라고 했다. 고서에는 하루를 표현할 때 항시 조와 석, 단과 모, 신과혼, 혼과 단 등을 병기하여 조석朝夕과 단모旦暮, 신혼晨昏, 혼단昏旦 등으로 표기했다. 태양이 정중正中할 때를 일중日中, 태양이 서쪽에 기우는 것을 '측昃'이라고 했다. 또 일중에 가까운 시간을 우중隅中이라고 했다. 당제국 때의 공영달孔穎達은 『좌전』「노소공 5년」의 소疏에서 그 이유를 다음과 같이 설명해 놓았다.

> 우(隅)는 동남쪽 모퉁이를 말한다. 동남쪽 모퉁이를 지났으나 아직 남중(南中)하지 않았기 때문에 우중이라고 하는 것이다.

중국의 고대인들은 하루에 두 번 식사를 했다. 조식은 해가 뜬 후 우중 이전에 했다. 이 시간대를 흔히 '식시食時'라고 했다. 석식은 일측 이후 해가 지기 이전에 했다. 이 시간대를 '포시晡時 : 餔時'라고 했다. 해가 진 이후는 '황혼黃昏', 황혼 이후는 '인정人定'이라고 했다. 인정 이후는 '야반夜半 : 한밤중'이라고 했다. 『시경』「정풍 · 여왈계명女曰鷄鳴」에 다음과 같은 구절이 나온다.

| 여자는 계명이라 하고 | 女曰鷄鳴 |
| 남자는 매단이라 하네 | 士曰昧旦 |

'계명'은 흔히 '계명축시鷄鳴丑時'로 불렸다. 이는 첫닭이 울 때쯤인 새벽 1시에서 3시 사이를 말한다. '매단昧旦' 또는 '매상昧爽'은 멀리서 동이 트는 모습이 어슴프레 보이기 시작하는 새벽 3시에서 5시 사이를 말한다. 이밖에도 '평단平旦'과 '평명平明'이 있다. 이는 아침 해가 돋아 밝아오는 새벽 5시에서 7시 사이로 날이 샌 이후의 시간대를 말한다.

또 하루는 12개의 시진時辰으로 나뉘었다. 이는 12개의 지지로 표시했다. 24시를 뜻하는 '야반 12시'는 곧 자시子時에 해당한다. 그래서 이를 자야子夜라고 했다. 후대에는 12개의 시진을 다시 둘로 세분해 매 시진마다 '초初'와 '정正'을 두었다. 이에 자초子初는 자시의 시작으로 곧 23시를 뜻하고 자정子正은 24시를 뜻하게 되었다. 오초午初는 낮 11시이고, 오정午正은 낮 12시를 뜻한다.

기월법에서는 달마다 특정한 명칭을 두었다. 한 해의 머리가 되는 달을 '정월正月'이라고 했으나 진제국 때에는 진시황의 이름이 정政이었던 까닭에 '단월端月'로 바꾼 적도 있었다. 『초사』는 정월을 맹추孟陬로 부르기도 했다. 『시』「소아 · 정월」에 나오는 다음 구절을 보면 기월법에서 사용되는 명칭의 다양한 용례를 알 수 있다.

| 정월에 서리가 많이 내리니 | 正月繁霜 |
| 내 마음 시름만 차네 | 我心憂傷 |

여기의 정월은 하력夏曆의 4월을 가리키는 것으로 한 해의 첫달인 세수歲首를 뜻하는 것이 아니다. 4월은 『시경』에서 제除, 9월은 『국어』에서 현玄, 10월은 『시경』에서 양陽이라고 했다. 달마다 각기 별칭을 갖고 있었던 것이다. 당시 사람들은 소위 '월건月建'이라는 개념을 알고 있었다. 여기의 '건'은 '두건斗建'을 의미한다. 이는 구기 모양의 북두칠성의 자루부분이 가리키는 12개의 서로 다른 방위에 따라 해당 월의 절기를 찾는 것이다. 이에 따르면 '자子'는 북쪽, '오午'는 남쪽, '묘卯'는 동쪽, '유酉'는 서쪽이 된다. 따라서 11월에는 자루 부분이 북쪽을 가리키므로 곧 '건자지월建子之月'이 된다.

자루 부분은 매월 이동하여 하나의 방위를 가리키므로 12개월이면 다시 원래의 위치로 돌아오게 된다. 이같은 '두건법'은 오랜 전통을 지닌 것으로 지금까지도 그대로 사용되고 있다. 이같이 순서대로 맞추면 10월은 '건해지월建亥之月', 12월은 '건축지월建丑之月'이 된다. 60갑자 기일법은 멀리 갑골문에도 나타난다. 중국의 고대인들은 기일할 때 때로는 단지 천간만을 적고 지지를 쓰지 않았다.

지지를 가지고 기일을 표시하는 것은 비교적 후대에 나타난 것이다. 그러나 이는 특이한 날들만 허용되었다. 1개월을 기록할 때 매월 첫째 날은 '삭朔 : 초하루'이라고 하고, 마지막 날은 '회晦 : 그믐'라고 했다. 이밖에도 초사흘은 '비朏 : 초승', 큰 달의 16일과 작은 달의 15일은 '망望 : 보름'이라고 했다. 15일과 16일은 곧 보름을 말한 것이다. 보름에서 가까운 날을 '기망旣望'이라고 했다. 소동파의 '전적벽부前赤壁賦'의 맨 앞대목에 다음과 같은 구절이 나온다.

> 임술년 가을 7월 16일에   壬戌之秋 七月旣望
> 소자(蘇子)가 빈객들과 함께   蘇子與客
> 적벽 아래서 뱃놀이하다   泛舟遊於赤壁之下

　당시 사람들은 그달 초하룻날의 간지를 근거로 하여 그것이 그 달의 몇째 날인지를 짐작했다. 간지를 근거로 고서의 잘못을 알아낼 수도 있다. 대표적인 예로 『춘추』 「노양공 28년」에 나오는 다음과 같은 기록을 들 수 있다.

> | 12월 갑인일, 천왕이 붕어했다. 을미일, 초왕 소(昭)가 죽었다.

　갑인에서 을미까지는 모두 42일이다. 따라서 12월 한 달 내에 같이 존재할 수가 없다. 을미일은 다음해 1월의 날짜로 보아야만 한다. 『춘추좌전』에는 이같이 날짜가 잘못 기입된 경우가 제법 많이 나타나고 있다. 이를 통해 알 수 있듯이 절기의 기입은 사서에 실리는 기록의 정확성을 담보키 위해 반드시 필요했다. 사서에 반드시 해당 간지 이외에 춘·하·추·동의 절기를 기입한 이유가 바로 여기에 있었다. 이는 12차의 운행에 대한 정밀한 분석이 있었기에 가능했다. 상왕조의 백성들이 이같이 뛰어난 천문지식체계를 갖게 된 것은 말할 것도 없이 집약적인 농경문화를 일찍부터 발전시킨 데 따른 것이었다. 이미 수준 높은 집약적 농경문화를 이룬 상왕조의 사람들이 자연신을 숭배케 된 것은 당연한 일이었다.

　상왕조 때에는 자연신 이외에도 조상신이 널리 숭배되었다. 당시의 조상신은 크게 선공先公과 선왕先王, 선신先臣으로 나뉜다. 선공은 상왕조 성립 이전의 상족의 조상을 말하고, 선왕은 상왕조 성립 이후의 역대 왕을 지칭한다. 선신은 이윤伊尹 및 함무咸戊 등과 같은 개국공신을 비롯해 반경 때의 지임遲任 및 무정 때의 감반甘盤 등과 같은 현신을 지칭한다.

상왕조 사람들은 선공과 선왕, 선신을 신격화하여 조상신으로 받들었다. 조상신은 득남과 자손의 번영, 농사의 풍년 등에 효험이 높은 것으로 믿어졌다. 당시 사람들은 이같은 소망이 조상신을 통해 '띠'에게 전달된다고 믿었다. 조상신에 대한 제사와 숭배는 후기로 갈수록 더욱 성대해졌다. 이는 왕권의 강화와 깊은 연관이 있는 것으로 짐작된다.

상왕조 사람들의 일상생활은 이들 모든 신에 대한 숭배와 제사로 일관했다. 제사의식은 놀라울 정도로 성대했다. 제사는 사시四時에 걸쳐 주기적으로 행해졌다. 제물로는 소와 양, 돼지, 개, 새, 닭 등이 사용되었다. 술은 필수적이었다. 경우에 따라 소 3백~4백 마리가 일시에 제물로 바쳐지기도 했다. 제사의 규모가 얼마나 크고 성대했는지를 보여주는 대목이 아닐 수 없다. 이를 통해 상나라 문화가 얼마나 종교적이었는지를 쉽게 짐작할 수 있다.

이같은 내용은 모두 갑골 복사에 대한 해독을 통해 확인할 수 있다. 갑골에 새겨진 문자를 보면 해당 시기와 이를 새긴 정인에 따라 그 크기와 모양 배열 등이 다르다. 내용을 보면 왕이 정인에게 복문卜問하도록 한 내용만 간략히 새겨져 있다. 초기의 무자갑골에서 어느 시기에 유자갑골로 발전했는지는 아직 확실히 알려져 있지 않다. 그러나 갑골문이 중국문명에서 나타난 최초의 문자체계이고 상왕조의 공식기록이었던 것만은 분명하다.

갑골문의 문법구조를 보면 '어於'는 전치사로만 사용된 데 반해 이以는 동사 전후로 올 수 있다. 갑골문의 형태는 현대 중국어와 마찬가지로 고립어孤立語의 특징을 지니고 있다. 상왕조 때의 사람들은 오늘날의 중국어와 유사한 언어를 구사했던 것으로 짐작된다. 상왕조를 세운 상족商族은 종족적으로 몽골인 계통에 속한다. 이는 상왕조의 유물 중 청동제의 가면과 진흙으로 만들어진 인형의 얼굴을 보면 쉽게 알 수 있다. 상왕조 때 만들어진 분묘에서 출토된 인골의 두개골과 앞니 역시 몽골인 계통에 속하는 것으로 판명되었다.

당시 상왕실의 제사는 국가대사에 해당했다. 이 제사는 단순히 상왕실만의 행사가 아니었다. 상왕조에 복속했던 주변의 연맹부족이 모두 참여했던 범국가적 행사였다. 이같은 제사는 상왕실뿐만 아니라 지방의 각 부족 내에서도 똑같이 행해졌다. 상왕실은 제관을 파견해 이를 주재케 했다.

고대국가에서 약소 부족의 정치적 복속은 지배부족의 제사를 받드는 것을 뜻했다. 상왕실이 주변의 연맹부족에게 상왕실의 제사를 받들게 하고 유사시에는 이들 연맹부족들로부터 군사력을 징발할 수 있었던 것은 상왕조의 통치력이 상당한 수준에 있었음을 의미한다.

상왕조의 집권층은 왕과 귀족들로 구성되었다. 왕 밑에는 윤尹과 서윤庶尹을 두고 왕을 보좌케 했다. 무巫와 사史, 복卜 등 종교업무를 관장하는 관직도 있었다. 실제로 상왕을 보좌했던 윤도 종교적 관직이었다. 이밖에 군사나 생산 등을 관장하는 많은 관직이 있었다. 이러한 관직은 일반적으로 고정된 귀족의 가족에 의해 세습되었다.

상왕조는 나름대로 체계적인 통치조직을 갖추고 있었다. 갑골 복
사에는 상왕조 때의 관직명으로 보이는 명칭이 많이 보인다. 먼저 무
관武官의 직명으로 '마馬'와 '다마多馬', '사射', '다사多射', '삼백사三百
射', '복服', '다복多服', '율律', '태太', '다태多太', '수戍' 등의 명칭이
나타나고 있다. 또 제관祭官에 관한 직명으로는 '윤尹'과 '다윤多尹',
'작책作冊', '복卜', '다복多卜' 등이 나타나고 있다. 군사적 명칭과 제
관에 관한 명칭이 많이 보이는 것은 당시 국가대사가 바로 제사와
군사였음을 보여준다. 상왕조가 신정神政을 행한 것은 바로 당시의
이같은 시대상을 반영한 결과로 보아야 한다. 그러나 사실 봉건제를
실시한 주왕조 때에도 종교적인 색채가 강한 태사太史와 태복太卜 등
의 관직이 존재했다. 이같은 점을 감안할 때 상왕조를 단순히 노예제
사회로 규정하는 것은 적잖은 문제가 있다.

상왕조는 군사조직도 매우 중요한 통치수단으로 구사했다. 갑골
문에 의하면 상왕조는 5천−1만 3천여 명이 참가했던 대원정을 수없
이 감행했다. 3천여 명의 포로를 일시에 포획하고, 3백여 명의 전쟁
포로를 제사의 희생犧牲으로 사용했다는 기록도 있다. 이는 상왕조가
막강한 무력을 바탕으로 활발한 군사활동을 전개했음을 말해준다.
갑골문에는 다음과 같은 기록이 나온다.

　| 왕은 우군과 중군, 좌군 등 3군을 두었다.

후대의 주왕실은 상왕실보다 2배나 많은 6군을 두었다. 그러나 이
는 형식적인 차이에 불과할 뿐 그 본질에서는 하등 차이가 없었다.

갑골문의 이같은 기록에 비추어 당시 각 씨족 및 부족의 군장들로 이뤄진 제후들 역시 소규모의 군사를 두고 있었을 것으로 짐작된다.

상왕이 보유한 군사의 골간은 귀족의 성원들이었다. 병사의 기본 원천은 평민들이었으나 일부 노비들도 강요에 의해 보병이나 군사적 잡역에 종사했다. 당시 군사는 족을 단위로 했다. 갑골문에는 3족과 5족, 다자족多子族 등에게 출정명령을 내렸던 기록이 많이 나타나고 있다.

왕족은 혈연적으로 가장 가까운 선왕과 현왕의 왕손들로 구성되었다. 왕족집단은 왕의 친위병으로 복무했고, 왕의 유고시에는 왕위계승자를 배출했다. 상왕조 때의 왕위계승법은 주왕조 때와는 달리 형제상속이었다. 또 형제 간에는 적서嫡庶의 구별이 없어 모두 왕위계승의 자격을 가지고 있었다. 상왕도 왕위에 오르기 전에는 왕족집단의 일원에 불과했다. 이 왕족집단이 바로 상왕조의 핵심적인 세력 기반이었던 것이다.

다자족은 상왕실의 자제와 근친을 비롯해 상왕실과 통혼관계에 있던 주변 지배씨족의 자제들로 구성되었다. 이들은 출신지역 또는 출신 씨족명을 좇아 자어子漁, 자화子畵, 자존子尊 등으로 불렸다. 이들을 총칭해 흔히 '다자족'이라고 했다. 다자족은 상나라 도성 근교에서 공동생활을 영위했다. 이들은 평시에는 조상의 제사를 받들면서 상왕의 향연에 참여했다. 유사시에는 상왕의 친위부대로 출동해 주력군단을 형성했다. 왕족 군단과 다자족 군단은 그 조직의 특수성 및 평시의 군사훈련과 친위임무로 보아 대체로 상비군이었을 공산이 크다. 다자족으로 이뤄진 이같은 특수군단 이외의 나머지 군사조직은 대략 광범위한 씨족조직 위에서 형성된 듯하다. 씨족이 기본이었던 상왕조의 사회조직은 '족'으로 구성되었다. 이는 군사적 단위이기도 했다. 평시에 모든 족원은 성읍에 거주하면서 일상생활을 영위하고, 유사시에는 족장의 지휘 아래 군사적 의무를 수행했다.

이밖에도 다부족多婦族이 있었다. 이는 다른 씨족에서 상왕실로 출가해 온 부婦를 말한다. 각 부婦는 그 출신지역 또는 씨족명칭을 좇아 부호婦好 또는 부묘婦妙 등으로 불렸다. 이들을 총칭해 다부多婦라고 했다. 이들은 상왕의 명을 받아 제사를 거행하고, 상왕의 측근에서 업무를 보좌하고, 군사원정 등에도 참여했다. 이들은 대체로 다자와 비슷한 사회적 지위를 갖고 거의 동일한 역할을 수행했다. 이는 원시모계제도의 유풍으로 짐작된다. 당시 상왕조에서는 사망한 어머니에게 특별한 제사를 지내고, 사망한 할머니에게 천간天干의 글자를 따서 칭호를 붙여주는 관행이 남아 있었다.

당시 병사들은 청동제 무기로 무장했다. 사용했던 무기로는 도끼와 큰도끼, 도끼창戈, 투겁창矛, 칼, 화살 등이 있었다. 이밖에도 날 부분이 철로 된 청동도끼와 가죽방패도 있었다. 상왕조 후기에는 전차병이 주력군을 형성했다.

보병은 3백 명으로 이뤄진 1조가 좌군·중군·우군의 각 군의 주축이 되어 3군을 형성했다. 지휘관은 중군에 위치했다. 보병의 무기는 칼과 창, 활이었다. 전차병은 2필의 말이 끄는 병거兵車에 편승해 전투에 참가한 병사들을 말한다. 병거는 나무로 만들어졌다. 차체와 말은 청동제의 장식품으로 장식되었고, 특히 차체에는 동물의 문양이 장식되었다.

각 병거에는 3명의 병사가 동승했다. 우측에는 궁수弓手, 중앙에는 어자御者, 좌측에는 창수槍手가 포진했다. 병거는 5대가 1조를 이뤘다. 병거의 양옆과 뒤에는 보병들이 배치되었다. 전쟁시 출병하는 병사의 수는 3천−5천 명 정도가 보통이었다. 그러나 많을 때에는 3만 명 정도에 달했다.

대체적으로 지역적 분쟁인 경우는 해당 지역의 부족이 상왕의 명을 받아 출동했다. 상왕조와 적대관계에 있었던 주변국과의 대규모 접전에는 상왕의 친위군단 및 주변의 연맹부족 병력이 일시에 동원되었다. 이는 갑골문에 나타나는 '사師'라는 장군의 명칭을 통해 확인할 수 있다. 이 '사'는 대개 '사반師般'과 '사모師母', '사호師好', '사저師貯', '사복師𣄴', '사벽師辟'의 경우와 같이 두 글자의 형태로 나타나고 있다. 이는 출동중인 족명 위에 '사'를 붙인 데 따른 것이다. 이를 통해 상왕조의 군제가 나름대로 매우 정교하게 편성되어 있었음을 짐작할 수 있다.

최근의 연구결과 상왕조의 병거는 서방에서 전해진 것으로 확인되었다. 병거는 기원전 17세기 서아시아에서 처음으로 출현했다. 이 병거는 그 유용성으로 인해 급속도로 전파되었다. 무정시대의 것으로 추측되는 갑골문에 병거에 관한 기록이 나온다. 안양 소둔의 은허에서 발굴된 병거는 서방의 병거와 놀라울 정도로 유사하다. 학자들은 병거가 기원전 13세기경에 서방과 접촉을 가지고 있던 고터키족에 의해 전래되었을 가능성이 높은 것으로 보고 있다.

갑골 복사의 기록에 따르면 상왕조의 군사활동은 매우 활발했던 것으로 나타나고 있다. 이는 주로 복속부족의 배반, 적대관계에 있던 방국과의 충돌, 제사용 포로획득 등이 그 배경이 되었다. 전쟁은 국가대사였기 때문에 군사가 출동할 때는 늘 정문貞問을 통해 길흉을 점쳤고, 종묘에 제사를 올리면서 조상신에게 승전과 수호를 빌었다. 상왕조의 군사는 상왕을 총사령으로 하여 왕족과 다자족, 다부족군단 및 연맹부족에서 동원된 무력으로 구성되었다. 다양한 무관 직명을 비롯해 보병과 전차병으로 구성된 군사편제의 존재는 상왕조의 무력이 매우 막강했음을 시사한다. 이는 상왕조 유지의 기반이 된 것은 물론 주변 적대세력인 방국들의 침략에 대한 강력한 억지력으로 작용했을 것이다.

상왕조의 영토는 대략 하왕조가 통치하던 지역과 비슷했다. 지금의 산동과 산서, 하남, 하북 사이이다. 상왕조가 10여 차례나 끊임 없이 도성을 옮긴 이유는 기록이 남아 있지 않아 확실히 할 수 없다.

상왕조의 대외관계는 주변에 산재한 '방方'과의 관계로 이뤄졌다. 갑골복사에 의하면 상왕 주변에는 대략 40여 개의 '방'이 있었다. 제방祭方과 예방叡方, 용방龍方, 지방旨方, 기방基方, 마방馬方, 토방土方 등이 그것이다. 당시 이를 총칭해 '다방多方'이라고 불렀다. '방'은 상왕조에 복속되지 않은 성읍도시를 의미했다.

상왕조 전기에는 상왕조의 서쪽에 해당하는 산서성 남부의 황토고원과 하남성 북서부에 근거지를 둔 토방土方과 공방邛方 등이 강성했다. 후기로 들어와 동남쪽의 인방人方이 강대해지자 상왕조는 수차례에 걸쳐 외정을 감행할 수밖에 없었다. 상왕조 멸망의 한 원인이 된 동방원정은 바로 이 인방을 제거하기 위한 것이었다. 당시 방국은 산민山民 또는 유목민으로 구성되어 있었다. 이들은 평야에 정착해 사는 상나라 사람들과는 생활양식과 습관이 매우 달랐다.

상왕조와 방국과의 관계는 적대와 화평를 반복했다. 방국 중에는 상왕조의 강고한 군사력과 선진문화에 압되어 상왕조에 복속된 경우도 있었다. 무정시대에 이르러 상왕조와 적대관계에 있던 주방周方이 상왕조에 복속해 주후周侯로 봉해진 것이 그 좋은 실례이다. 이 주방이 훗날 주왕조를 세우는 모태가 되었다.

갑골 복사에는 방국들의 상왕조에 대한 침입보다는 상왕조의 방국들에 대한 원정이 훨씬 많은 것으로 나타나고 있다. 이는 상왕조의 활발했던 군사활동을 의미한다. 그러나 빈번한 군사활동은 방국에 대한 징벌에 있다기보다는 상왕조의 정치군사적 우위 확보와 지배영역의 확대에 그 목적이 있었다. 실제로 상왕조 말기에는 왕명을 받은 방백方伯에 의한 출동이 많았다. 이는 상왕의 왕권이 강화되었음을 시사한다.

상왕조의 통상적인 통치구조는 성읍城邑의 연맹으로 이뤄져 있었다. 중국문명에서 성읍이 등장한 것은 원래 신석기 말기이다. 당시 이미 중원지역에는 무수한 성읍도시가 산재해 있었다. 이들 성읍은 강고한 씨족적 결속과 전통을 기반으로 정치군사적 독립을 이루고 있었다. 상왕조는 정치군사적으로 가장 가력했던 상족商族의 근거지였던 상읍商邑을 중심으로 여러 성읍도시들을 하나로 묶어 고대왕국의 체제를 이뤘던 것이다. 상왕조의 국가조직을 보면 수도 상읍을 중심으로 근접지역은 내복內服, 원격지역은 외복外服으로 구분되었다.

내복지역은 대체로 상읍을 비롯해 군왕의 수렵지 및 상족의 성읍이 전략적 요충지에 배치되어 군왕의 직접적인 지배를 받았다. 외복

지역에는 상왕조에 복속한 연맹부족의 성읍이 산재해 있었다. 이들 연맹부족은 상족의 정치군사적 영도 아래 결속되어 상왕조를 구성했다. 이들은 상왕조에 대한 복속의 표시로 조공을 하고, 상왕실의 제사를 받들고, 점복에 필요한 거북등과 동물뼈 등의 갑골을 헌상하고, 노역을 제공하면서 유사시에는 병력도 제공했다.

상왕실은 연맹부족에 대해 농경에 필요한 협조와 외부침입에 대한 군사적 보호를 책임졌다. 외복지역의 성읍 사이에는 상왕으로부터 '후侯'나 '백伯' 등의 작위를 받고 다른 부족의 동태를 감시하는 성읍이 존재했다. 이를 근거로 상왕조 때 이미 봉건질서가 형성됐다는 주장이 학계 일각에서 제기돼 비상한 관심을 모으고 있다. 상왕조 때 이미 이같은 작호爵號가 존재했다는 것은 적어도 상왕실이 주변의 연맹부족을 대략 주왕조가 실시한 봉건질서와 유사한 체제로 통제했음을 의미한다.

당시 상왕조의 통치체제는 비록 방국연합邦國聯合의 형태를 취하기는 했으나 최고 권력자인 군왕은 상당한 왕권을 행사했다. 이는 군왕을 중심으로 한 지배계층이 형성되어 나름대로 정교한 통치조직을 갖춘 데 따른 것이었다. 학술적으로 상왕조가 하왕조와 달리 중국문명에 나타난 최초의 왕조국가로 평

상·삼성퇴三星堆 유적지 1호 제사갱祭祀坑

가받는 이유가 바로 여기에 있다.

상왕은 국가의 최고 통치권자인 동시에 정인貞人집단의 최고 사제자였다. 상왕만이 당시 상왕조 최고신인 '상띠上帝', 즉 '띠帝'에게 제사를 지낼 수 있었다. 상왕은 자신을 일컬어 '일인一人' 또는 '여일인余一人'이라고 칭했다. 이는 주왕조 때에도 그대로 답습되었다. 이는 상왕이 신정神政의 최고 권위자일 뿐만 아니라 세속적인 권력에서도 상당 수준의 왕권을 행사했음을 시사하는 것이다.

당시 봉건제의 특징을 강하게 띤 상왕조의 사회계층을 보면 맨 아래층에 노비가 있었다. 갑골문에는 원爰, 폐嬖, 집執, 계系, 융戎, 중衆, 해奚, 복僕, 신臣, 첩妾, 축민畜民 등 노비를 지칭하는 명칭이 매우 다양하게 나타나고 있다. 또 전쟁포로들을 농업과 목축업에 종사시킨 기록도 보인다. 이들 노비는 전쟁의 포로 피정복민으로 구성되었다. 노비는 귀족에게 소유되어 소나 말 등과 함께 생산에 사역되었다.

이를 두고 당초 중국의 많은 학자들은 역사상 최초로 확인된 상왕조는 노예제 사회였다는 결론을 내렸다. 그러나 상왕조의 노비는 대부분이 전쟁포로였다. 이는 서양의 노예와는 개념이 달랐다. 원래 노비를 뜻하는 '중衆' 자는 일日 자 밑에 인人 자가 셋이 모여 있는 형상을 본뜬 상형문자이다. 종래 상왕조를 노예제 사회로 규정한 학자들은 이 글자를 두고 햇빛이 내리 쪼이는 곳에서 노예들이 고생스럽게 일하는 모습으로 풀이했다.

그러나 이는 지나치게 맑시즘의 유물사관에 경도된 해석이 아닐 수 없다. 근래에는 '중' 자의 배경이 된 사람들을 두고 서양의 노예와 같은 신분이 아니었을 것으로 보는 견해가 주류를 이루고 있다. 상왕조 때 서양의 고대 그리스 및 로마시대와 같이 노예가 생산의 주된 담당자였고 당시의 사회적 특성이 노예제에 있다는 주장은 중국의 역사를 유물사관에 억지로 끼워맞춘 것이라는 지적을 면키 어렵게 된 것이다.

상왕조를 노예제 사회로 간주하는 주장의 가장 큰 논거는 상왕조 때의 대형무덤에 순장된 유골의 대부분이 노예일 것이라는 추정에 있다. 1950년대 안양의 무관촌武官村 일대에서 발굴된 대형묘에서 순장된 유골이 3백여 구나 발굴되었다. 이후 1976년에 상왕릉商王陵에서는 2천여 명의 순장유골이 나왔다. 이는 당시 순장풍습이 얼마나 크게 유행했는지를 보여주는 것이다.

이들 유골은 산 채로 순장된 것을 포함해 죽임을 당한 후 순장된 것과 산 채로 제물로 바쳐진 것 등 매우 다양했다. 상왕조에는 제사에도 노비가 소와 양 등의 동물과 함께 제물로 희생되었다. 일반적으로 5-1백여 명이 제사에서 제물로 희생된 것으로 분석되고 있다. 갑골문에는 또 '벌제伐祭'에 관한 기록이 나온다. 이는 사람의 머리를 자르는 제사였던 것으로 추정되고 있다. 머리가 없는 1천여 개의 유골이 같은 장소에서 발굴된 적도 있다. 이를 두고 당초 많은 학자들은 노예가 제물이 되어 소와 양 등의 동물과 함께 희생된 것으로 단정했다.

갑골문에 나타난 노비와 관련된 글자가 매우 다양하고 많은 것을 보면 노비의 수도 많았을 뿐만 아니라 그 사역범위도 매우 광범위했음에 틀림없다. 이를 근거로 학자들은 순장당한 사람들 대부분이 노예였을 것으로 단정했던 것이다. 그러나 이러한 해석은 모두 추측에 불과할 뿐이다. 『춘추좌전』에는 군왕이 죽었을 때 자발적으로 순장을 원한 사례 등이 적잖이 기록되어 있다. 심지어는 포로로 잡힌 군주를 희생물로 사용한 기록도 나온다. 따라서 상왕조 때의 순장 유골을 무조건 서양에서 나타난 노예로 단정하는 것은 문제가 있다. 나아가 순장 유골을 토대로 당시 노비들의 사회적 지위와 생산활동을 유추하는 것 또한 적잖은 무리가 있다.

상왕조 때의 노비와 주왕조 때의 노비가 어떤 차이가 있는지에 대한 구체적인 검토도 없이 무턱대고 상왕조 때만 노예로 보는 것은 비과학적이다. 주왕조 때에도 상왕조 때의 노비와 하등 차이가 없는 다수의 노비가 존재했다. 주나라 천자는 노비를 대신들에게 자주 상으로 내렸다. 주왕조 때의 노비는 집안에서 노동하는 경우도 있었으나 주로 농업에 사역되었다. 이 또한 상왕조 때와 하등 차이가 없는 것이다. 주왕조 때의 노비 역시 소와 말처럼 시장에서 매매할 수 있었다. 이는 『주례周禮』「지관地官 · 질인質人」에 나오는 다음과 같은 기록을 보면 쉽게 알 수 있다.

> 질인은 시장의 화회(貨賄)와 인민(人民), 우마(牛馬), 병기(兵器), 진이(珍異 : 진기한 물건)를 관장한다.

'화회'의 '화貨'는 금이나 옥 등의 패물을 뜻하고, '회賄'는 비단이나 베 등 화폐로 쓰인 재물을 의미한다. 여기에 나오는 '인민'을 두고 후한 때의 대유학자 정현鄭玄 : 127-200은 이같이 풀이해 놓았다.

> 인민은 노비이다.

정현의 주석을 통해 알 수 있듯이 물건처럼 매매된 주왕조 때의 노비는 상왕조 때의 노비와 하등 차이가 없는 것이다. 당시 노비매매가 이뤄진 이후에는 계약서를 작성해야 했다. 이런 계약을 '질제質劑'라고 했다. 정현은 이를 두고 이같이 해석해 놓았다.

> '질(質)'은 백성과 우마에 대한 계약이고, '제(劑)'는 병기와 진이(珍異)에 대한 계약이다.

상고시대의 노비는 가축과 같은 대우를 받았던 것이다. 그러나 상왕조 때 나타나는 무더기 순장풍습은 후대의 주왕조 때에도 변함없이 나타나고 있다. 전국시대의 묵적은 『묵자』「절장節葬」에서 당시 유행한 순장에 대해 이같이 기록해 놓은 바 있다.

> 군주가 죽으면 순장을 하는데 많으면 수백 명이고, 적으면 수십 명이다. 장군과 대부가 죽을 경우는 많으면 수십 명이고, 적으면 수 명이다.

이는 무더기 순장이 꼭 상왕조 때에만 이뤄진 것이 아님을 뒷받침하고 있다. 주왕조 때에 이르면 무더기 순장풍습이 약간 줄어들기는 했으나 그 유풍은 그대로 남아 있었던 것이다. 사서를 보면 춘추전국시대에도 일부 나라에서는 여전히 무더기 순장풍습이 성행했음을 쉽게 확인할 수 있다.

『사기』「진본기」에 따르면 춘추시대에 진무공秦武公이 죽었을 때 순장당한 사람이 66명에 달했고, 진목공秦穆公이 죽었을 때에는 모두

177명에 이르렀다. 진목공이 죽었을 때에는 『시경』「진풍・황조黃鳥」
에서 애도하고 있듯이 현량으로 칭송받던 3량三良도 그 속에 포함되
어 있었다. 『사기』「진시황본기」를 보면 진시황의 장례식 때 2세 황
제는 자식이 없는 후궁들을 일률적으로 순장시킨 것은 물론 능묘를
만든 장인匠人들까지 강제로 순장시켰다고 기록해 놓았다. 이같은 기
록은 무더기 순장이 단순히 상나라 때 유독 노비만을 대상으로 이뤄
진 것이 아니라는 주장을 뒷받침하고 있는 것이다.

　이같은 분석을 감안하면 상왕조와 주왕조 때의 노비 모두 전쟁포
로로 잡혀온 사람들이 대종을 이뤘고, 반드시 이들만이 무더기 순장
을 당한 것은 아니라고 보는 것이 타당하다. 이는 『춘추좌전』에 나오
는 수많은 기록이 뒷받침하고 있다. 상왕조와 주왕조 때의 노비에 대
한 정밀한 탐사가 필요한 시점이 아닐 수 없다.

　이같은 여러 측면을 종합적으로 검토해 볼 때 맑시즘의 유물사관
에 근거해 상왕조의 사회구조를 노예제사회로 비정한 그간의 논의
는 적잖은 문제가 있다. 상왕조는 이미 여러 면에서 주왕조의 핵심적
인 특징으로 거론되고 있는 봉건제의 특징을 지니고 있었다. 다만 상
왕조는 주왕조와 달리 신정을 시행했다. 그러나 이 또한 상왕조 후
기로 들어오면 상왕조의 봉건제적 특징을 설명하는 데 중요한 변수
가 되는 것도 아니다. 나아가 상왕조를 노예제 사회로 규정하는 데
결정적인 배경이 되고 있는 노예의 특징도 주왕조의 봉건제 때 나타
나는 노비와 사실 아무런 차이도 없다. 그렇다면 상왕조를 굳이 서양
의 역사 전개과정에 나타난 노예제 사회로 억지로 꿰어맞출 필요
없는 것이다.

인류의 역사는 결코 맑시즘의 유물사관에 의한 계급투쟁으로 전개된 것은 아니다. 맑시즘의 유물사관은 서양의 역사 전개과정을 토대로 하여 만든 것이기 때문에 부분적인 타당성밖에 지니지 못하고 있다. 지금까지 중국의 학자들은 자국의 고대사를 맑스의 유물사관에 무리하게 짜맞추려고 애쓴 나머지 상왕조의 기본적인 특징으로 나타나는 봉건적 신분제와 군사편제 등을 소홀히 취급하거나 애써 무시했다. 이제 유물사관의 선입견을 버리고 보다 과학적인 분석을 토대로 상왕조의 성격을 규명해낼 때가 되었다. 상왕조의 노비가 주왕조의 노비와 하등 차이가 없다는 사실만 인정된다면 중국문명에서 봉건제가 실시된 시기를 일응 상왕조 때로 소급할 수 있다. 이는 중국사에 대해 완전히 새로운 해석을 여는 계기가 될 수 있을 것이다.

이같은 관점에서 보면 상왕조는 일응 봉건제 국가의 원형에 해당한다고 해석하는 것이 타당하다. 그렇다면 중국문명에 나타난 최초 봉건제는 농경문화를 기초로 하여 일정한 수준의 통치조직을 갖 고대왕국 상나라에서 이미 그 기본틀이 마련됐다고 보아야 한다. 족 및 부족연맹의 군장이 상왕조에 들어와 제후가 된 문헌의 이를 강력히 뒷받침하고 있다.

제후국 간의 위계는 대등했다. 그들은 중앙의 상왕에 대 복종하면서 일정한 의무를 졌다. 당시 각 촌락은 씨족이나 되어 있었다. 각 씨족이나 부족은 내부적으로 상하관 뿐이다. 이는 주왕조의 가장 큰 특징으로 거론되고 있 적인 모습이기도 하다.

적 특징은 당시의 지배계층이 상왕은 말할 것도

없고 신분세습적인 왕족과 다자족, 다부족, 각급 관원들로 이뤄져 있었던 사실을 통해서도 쉽게 확인할 수 있다. 봉건제의 가장 큰 특징 중 하나가 바로 신분세습에 의한 자리의 세습이다. 이는 상왕조 때 이미 두드러지게 나타나고 있다. 이를 통해 상왕조가 단순히 노예제의 착취경제를 토대로 한 단순한 부족연맹 차원의 방국연합邦國聯合 국가가 아니었음을 확인할 수 있다.

당시 상왕조의 지배층들은 대개 지상의 대형건물에서 살면서 통치에 종사한 데 반해 일반 평민은 반지하의 움집에서 거주하면서 농경에 종사했다. 평민들은 공물과 요역의 의무를 지고, 유사시에는 전쟁에 병사로 동원되었다. 지배층과 피지배층의 경제적 조건과 물질생활의 격차를 말해주는 것은 이들의 유골이다. 사치스런 부장품과 함께 대형묘에서 나오는 유골은 크고 굵직한 데 반해 평민의 묘에서 나오는 유골은 빈약하기 그지없다. 이는 두 계층의 생활수준과 빈부의 격차를 반영한다. 이 또한 신분세습이 고착된 봉건제의 특징이 아닐 수 없다.

상왕조 때 사람들의 생활거주지는 읍이었다. '읍邑'이라는 글자는 '위囗'와 '파巴' 자로 구성되어 있다. 갑골문에 의하면 '위'는 사람들이 거주했던 일정 지역을 의미한다. '파'는 무릎을 꿇고 있는 사람을 형상한다. '읍' 자의 이같은 구성요소는 읍이 곧 성으로 둘러싸인 일정지역과 거기에 거주하는 사람들로 이뤄졌음을 시사한다.

상왕조 때 나타난 읍의 위치와 구조를 보면 읍은 대체로 수원지에 가까운 강가 또는 언덕에 정사각형 또는 직사각형의 모양으로 건립되었다. 읍은 대부분 황토로 빚어진 성벽으로 둘러싸여 있었다. 그 중앙에는 조상신을 모시는 종묘가 있고 아래 주변에는 궁실과 제기 祭器 저장소, 무기창고, 왕실묘지, 작업장, 농민의 주택이 배치되었다. 읍 주변에는 농경지와 목초지, 임야가 전개되었다.

이들 읍은 자연적으로 발생된 거주지역이 아니었다. 지배씨족의 정치군사적 이해관계와 풍수적 요건 위에 건설된 인위적 거주지였던 것이다. 읍은 크기에 따라 소읍과 중읍, 대읍으로 구분되었다. 소읍과 중읍은 씨족 간의 정치적 혈연관계에 따라 대읍에 종속되었다.

당시 상왕조의 사회구성은 기본적으로 '족族'으로 이뤄졌다. 각 족은 고유의 '씨氏'를 가지고 있었다. 상왕조는 '씨족'을 사회구성의 기본 단위로 삼고 있었던 것이다. 이는 종족宗族을 기본 단위로 삼았던 주왕조와 약간의 차이가 있다. 상왕조 때 나타난 봉건제와 이를 본격적으로 심화시킨 주왕조의 봉건제가 상호 적잖은 차이를 보이게 된 것도 바로 이 때문이라고 할 수 있다.

상왕조가 멸망한 후 주왕조는 조씨條氏와 서씨徐氏, 숙씨蕭氏, 삭씨素氏, 장작씨長勺氏, 미작씨尾勺氏 등 6개 씨족을 노魯나라에 분산시켰다. 이어 함씨陶氏와 시씨施氏, 번씨繁氏, 기씨錡氏, 번씨樊氏, 기씨饑氏, 종채씨終蔡氏 등의 7개 씨족을 위衛나라에 이주시켰다. 이는 상왕조가 기본적으로 씨족을 중심으로 구성되어 있었음을 보여준다. 이는 인구증가로 인해 다른 지역으로 이주하는 족인이 늘어나자 족인들의 뿌리를 유지키 위해 '씨'를 만들어 사용한 사실을 반영하고 있다. 상왕조 때에 들어와 씨족이 대거 출현한 데에는 바로 씨족 구성원의 이웃 지역으로의 팽창이 그 배경으로 자리잡고 있었던 것이다.

인구의 증가와 사회발전으로 부족사회가 분해되어 족인 간의 혈통과 소속을 알리는 성씨가 생성되면서 씨족들 사이에 계층분화가 일어났다. 이는 전문직으로 이뤄진 족인집단을 형성하고 정치군사력을 장악한 소수의 지배계층을 차별적으로 유지시키는 배경이 되었다. 상왕조 사회의 상층구조는 최고의 통치자인 상왕을 정점으로 왕족과 다자족, 다부족, 각급 관리로 구성되어 있었다. 이들 지배층이 누렸던 사회적 지위와 명예, 물질수준은 은허의 유물로 쉽게 알 수 있다.

당시 상왕조는 감옥을 설치하고 10여 종의 형법을 제정해 통치도구로 사용했다. 갑골문에는 '어圄'라는 문자가 나온다. 이는 죄수가 형구를 차고 감옥에 갇혀 있는 모습이다. 갑골문에는 형구의 모양을 본뜬 문자들이 제법 많다. '집執'자는 두 손에 형구를 차고 있는 모양이다. 갑골문을 보면 당시 묵형墨刑과 의형劓刑, 궁형宮刑, 월형刖刑, 살형殺刑의 5가지 형벌을 비롯해 탕형蕩刑과 감형欣刑, 부복剖腹, 활매活埋 등의 형벌이 있었음을 알 수 있다.

이 시기에는 다양한 농작물이 재배되었다. 농경지는 대개 지금의 산서성와 하남성, 산동성, 하북성 지역으로 모두 황하중류와 하류에 위치해 있었다. 이 지역은 기원전 20−15세기경만 하더라도 지금보다 훨씬 따뜻하고 강우량이 풍부했다. 더구나 삼림으로 뒤덮여 있어 동식물이 번성키에 매우 적합했다. 이같은 자연조건 속에서 용산문화의 농경전통을 이어받은 상왕조는 뛰어난 농경문화를 바탕으로 고대왕국을 이룩했던 것이다. 상왕조의 발달된 농경문화는 정교한 천문역법이 있기에 가능했다. 갑골문은 상왕조 역법과 천문에 관해 많은 정보를 전해주고 있다.

　당시 지배자들은 '띠'의 뜻을 헤아리기 위해서라도 천문을 관측하고 점성술을 발전시키지 않을 수 없었다. 역법과 천문의 발전에는 농경시기를 정확히 파악코자 하는 목적 외에도 이같은 정치적 목적이 적잖은 동인으로 작용했다.

　상왕조 때 재배된 농작물로는 수수와 고량, 쌀, 밀, 조 등이 있었다. 이 중 수수와 쌀이 가장 많이 재배되었다. 상왕조가 농경문화를 발전시킨 데에는 외부 문화의 유입도 한 몫을 했다. 밀과 보리의 수입이 그 대표적인 사례이다. 신석기시대의 유물에는 밀이 전혀 발견되지 않고 있다. 그러나 무정시대의 갑골문에 밀에 대한 기록이 처음으로 나타나고 있다. 보리도 밀과 마찬가지로 전혀 알려지지 않았던 곡물이었다. 보리는 연구결과 기원전 13세기 직후에 수입된 것으로 추정되고 있다.

　안양 부근에서 발굴된 옥으로 만든 비승肥贙 역시 서방문화의 유입을 뒷받침하고 있다. 비승은 두 개의 머리와 몸통으로 구성된 괴물 문양으로 원래 수메리 안족이 창안한 것이다. 이는 상왕조가 후기로 접어들면서 남부 시베리아와 외몽골 등지 유목민족을 통해 고대의 서방과 상호 긴밀히 접촉했음을 시사하고 있다.

　상왕조에서 농경의 기반인 토지는 기본적으로 상왕의 소유에 속했다. 인구의 증가로 인해 새로운 농경지가 수시로 왕의 명에 의해 개간되었다. 주요 농기구로는 돌도끼와 뼈삽, 돌괭이, 돌낫, 돌칼 등이 있었다. 나

상 · 청옥인수조신인
靑玉人首鳥身人

무로 만들어진 뇌사未耜도 사용되었다. '뇌사'는 쟁기와 보습의 원시형이다. 원래 쟁기를 뜻하는 '뇌耒'와 보습을 뜻하는 '사耜'는 다른 것이다. 그러나 후대인들은 '뇌'와 '사'를 제대로 구분치 못했다. 『맹자』「등문공 상」에는 다음과 같은 구절이 나온다.

> 진량(陳良)의 무리 진상(陳相)이 그의 아우 신(辛)과 함께 '뇌사'를 등에 지고 송나라에서 등(滕)나라로 갔다.

이를 두고 후대 사람들은 '뇌사'를 하나의 농기구로 생각해 '뇌'는 쟁기의 윗부분, '사'는 쟁기의 아래 부분으로 해석했다. 그러나 '뇌'는 원래 손으로 밭을 갈 때 쓰는 굽은 나무를 뜻한다. 처음에는 천연적인 굽은 나무를 찾아 썼으나 후에는 인공적으로 나무를 구부려 '사용했다. '뇌'는 상단은 구부러졌고 하단은 갈라져 있다. 그러나 '사'는 하단이 하나의 둥근 평판平板으로 이뤄진 별개의 농기구였다. 후대에는 청동판이나 철편鐵片을 박아넣게 됨에 따라 '리犁 : 쟁기'의 전신이 되었다. 그러다가 마침내 후대인들이 '뇌사'를 병칭해 사용케 되자 '뇌사'는 모든 농기구를 뜻하는 일반 용어로 전용되었다.

이밖에도 당시에는 일종의 짧고 작은 낫을 뜻하는 '질銍'과 가래를 뜻하는 '전錢', 호미를 뜻하는 '박鎛' 등이 사용되었다. 김을 매고 땅을 고르는 '전'과 '박'은 흔히 '전박錢鎛'으로 통칭되면서 화폐와 같은 기능을 수행했다. 춘추시대 말기에 들어와 '전박'의 형태를 모방한 화폐가 등장하고 화폐를 흔히 '전錢' 또는 '포布'로 일컫게 된 것은 바로 이 때문이었다. 고대 음운으로 포布와 박鎛은 동일했다.

당시의 농경방식은 집약적으로 이뤄졌다. 은허 소둔지역에서 무더기로 출토된 각종 돌도끼와 돌낫 등이 이를 뒷받침한다. 당시 사회는 '족'을 기반으로 한 씨족공동체로서 아직 소농민층이 형성되지 않았다. 사용되었던 농기구는 모두 투박하고 무딘 석제와 목제, 골제의 농기구였다. 이는 당시의 농경이 집단으로 이뤄졌음을 시사한다. 그러나 당시 사람들은 이미 인분에 의한 시비법施肥法를 알고 있었다. 상읍의 남쪽과 서쪽에서 발견된 수구水溝유적을 통해 당시 관개농경이 널리 이용되었음을 알 수 있다. 시비법의 발달과 관개수로의 이용은 농업생산력이 비약적으로 증가했음을 시사한다.

이는 은허에서 발굴된 움집형태의 곡물저장고를 통해 대략 짐작할 수 있다. 움집의 벽과 바닥은 짚을 섞어 이긴 흙으로 만들었다. 갑골문에 나오는 '름廩'이라는 문자는 바로 이 움집 창고를 뜻한다. 당시에는 이미 여러 종류의 술이 빚어졌다. 쌀로는 단술, 검은 기장으로는 향내 나는 술을 빚었다. 은허의 묘에서는 많은 술통과 술잔들이 출토된 바 있다. 이는 당시 귀족들이 술을 즐겨 마셨음을 시사한다. 술을 빚고 마시는 풍습은 농업생산이 일정 수준에 도달하지 않으면 불가능하다. 당시 따뜻한 기후와 비옥한 토질, 높은 수준의 농경기술, 풍부한 노동력 등으로 많은 수확을 거두었음에 틀림없다.

당시의 농기구 중 중요한 것으로는 땅을 뒤엎는 데 사용된 목제 따비와 김을 매는 데 사용된 석제 호미, 이삭을 자르는 데 사용된 돌낫 등이 있었다. 은허의 왕궁 옆에서 수백 자루의 돌낫이 일시에 출토된 적이 있다. 이는 당시 많은 사람이 집단으로 농업의 생산노동에 종사했음을 말해준다.

상왕조 때에는 농경 이외에도 목축과 수렵이 크게 성행했다. 기후가 지금보다 온난하고 강우량이 풍부했던 까닭에 도처에 산림이 우거지고 늪이 형성되어 있었다. 이같은 자연환경에서 늪에는 물사슴과 사슴, 여우, 코끼리, 산양, 멧돼지, 들소, 호랑이 등이 번식했다. 이는 상왕을 포함한 지배층의 잦은 수렵을 설명해 준다.

갑골문에는 상왕이 한번 수렵에 나가 사슴을 348마리, 멧돼지 113마리, 이리 41마리를 잡았다는 기록이 나온다. 이는 상왕조 때의 수렵이 얼마나 대규모로 빈번하게 이뤄졌는지를 잘 보여준다. 이같이 대량으로 획득한 사냥물은 식용과 제물, 점복용 수골獸骨로 사용되었다. 갑골문은 가축에 대해서도 많은 것을 전해주고 있다. 개와 소, 물소, 양, 닭, 말, 돼지 등이 중요한 가축이었다. 돼지와 닭, 양 등은 식용뿐만 아니라 제사에도 사용되었다. 서북지방에서 수입된 말은 주로 병거를 끄는 데 사용되었다. 물소뼈는 점복용 수골로 자주 사용되었다.

이외에도 이들 동물과 가축으로부터 얻어지는 가죽과 뼈, 기름 등은 일상생활에 없어서는 안 될 필수품이었다. 당시의 수렵과 목축은 농경 다음 가는 중요한 경제적 위치를 차지하고 있었다.

상왕조의 목축업은 오랜 전통을 지니고 있었다. 갑골문에는 상왕조 후기에 단 한번의 제사에 3백~4백 두는 물론 심지어는 2천 두에 달하는 많은 양의 가축을 제물로 사용한 기록이 나온다. 이는 목축업의 발달 없이는 불가능한 것이다. 갑골문에는 가축의 종류와 성별이 엄히 구별되어 있다. 당시 목축업이 크게 발달해 있었음을 시사하는 대목이 아닐 수 없다.

특히 상왕조는 청동기문화가 절정에 달했다는 점에서 그 이전과 뚜렷한 차이를 보이고 있다. 당시에도 이미 부분적으로 철기를 사용키는 했으나 아직 철제농기구가 사용된 흔적은 발견된 바 없다. 근래 상왕조 때의 유적에서 쇠날을 붙여 만든 청동제 도끼가 출토되어 세인의 관심을 모은 적이 있다. 그러나 여기에 사용된 철은 철광에서 채취해 제련한 것이 아니라 운철隕鐵이었음이 확인되었다. 당시 철의 사용이 일반화되지는 않았으나 철에 대한 지식이 있었던 것만은 확실하다.

상왕조 때 청동기에 대한 주조기술은 최상의 수준에 도달해 있었다. 당시의 청동기는 세계 역사상 가장 우수한 것이기도 하다. 청동기 제작은 상왕실에서 직접 통제했다. 이는 상왕조 중기의 도성인 정주와 후기의 도성인 안양 등지에서 발견된 청동기 주조터를 통해 확인할 수 있다.

상왕조 때 주조된 청동의 재료는 주로 산화동과 주석, 납 등이었다. 연료로는 숯이 사용되었다. 주조과정을 보면 먼저 기물의 모형에 따라 진흙으로 거푸집을 만들고 용해된 청동액을 거푸집에 부어넣었다. 이어 용액이 냉각되기를 기다려 거푸집을 떼내어 주조된 청동기를 얻었다. 이같이 하여 얻은 청동기를 모양을 곱게 하기 위해 한번 더 손질해 다듬었다.

당시 청동기 중 대표적인 것으로는 사모무대방정司母戊大方鼎이다. 이 청동기는 높이가 1.3m, 둘레가 1.1m, 직경이 0.8m, 무게가 875kg이나

상·손잡이가 달린 도철문양의 유

된다. 당시 구리를 녹이는 도가니는 투구 비슷한 모양의 붉은색 질그릇이었다. 이는 높은 온도에서도 견뎌낼 수 있는 장점이 있었으나 그용량이 작아 일반적으로 12.5kg의 용액밖에 담지 못했다. '사모무대방정'과 같이 커다란 청동기를 주조하려면 최소한 70-80개의 도가니로 동시에 청동을 녹여야만 했다. 이는 당시의 조건에서 1백-3백명의 숙련된 기능인들이 일시에 달려들어야만 가능한 것이기도 했다. 거푸집을 만들고 운송에 동원된 사람들까지 포함하면 더욱 많은인력이 동원되었을 것이다. 이 거대한 청동기는 형체만 웅장한 것이아니라 몸체에 새겨진 문양도 매우 화려했다.

이 청동기에 사용된 청동은 구리가 84.8%, 주석이 11.6%, 납이2.8%라는 사실이 확인되었다. '사모무대방정'은 귀와 몸체 발 등이각각 따로 주조되었다. 각 부분을 주조하는 데 각각 2개-8개의 거푸집이 사용되었다. 중국의 청동기 제작은 대략 기원전 16-13세기에시작된 것으로 알려지고 있다. 세계 최초의 청동제련과 청동기제작은 기원전 20세기-18세기경 메소포타미아에서 시작되었다. 이후 구리와 아연의 합금으로 제련된 청동의 비법은 세계 각 처로 신속히전파되었다.

종래 서양의 일부 학자는 메소포타미아의 청동제련술이 동터키스탄 또는 남부 시베리아를 통해 중국에 전래된 것으로 추정했다. 이는기원전 17-14세기 사이에 번영한 남부 시베리아 일대의 청동기문화유형이 상왕조의 청동기문화에 나타나고 있는 것을 토대로 한 것이었다. 이들은 이 문화유형의 유입 시기를 대략 기원전 13세기 이후로상정하면서 바이칼호 부근에 거주했던 퉁구스족과 고터키족이 이를 중개했을 것으로 추정했다. 그러나 최근에는 출토 유물에 대한 정밀 분석을 토대로 신석기 말기에 중국에서 청동제련술이 독자적으로 발명되어 상왕조가 이를 발전시킨 것으로 이해하는 견해가 주류를 이루고 있다.

　상왕조의 청동제련술은 대략 두 가지 방법이 사용되었다. 첫 번째 것은 동과 주석 등이 준비되면 도제陶製 용광로 속에 넣고 섭씨 1200도의 열을 가하는 방법이다. 다른 하나는 동과 주석 등을 각기 따로 제련해 기물의 종류에 따라 동과 주석을 적당히 배합하는 방법이다. 이때 동과 주석의 배합률은 동 9에 주석 1의 비율이었다. 청동이 제련되면 용액을 거푸집에 부어 기물을 제작했다. 이 과정을 거쳐 주조된 청동기물로는 제기와 무기, 장식품 등 매우 다양했다.

　하남성 안양 소둔에서 출토된 상왕조 후기의 청동기물은 비록 형태와 문양 등에서는 초기 제품에 비해 단순해졌으나 제련과 주조술 만큼은 중동 및 지중해 연안의 청동기술보다 훨씬 앞선 것이었다. 이는 상왕조의 청동제련술과 주조술이 당시 세계 최고 수준이었음을 증명하는 것이다. 당시 청동제품은 매우 귀한 것으로 취급된 까닭에 평민들의 일상용품과 농기구로는 사용되지 않았다.

상·매문양의 옥규玉圭
규는 도끼나 삽처럼 날이 선 기물이 발전해 온 예기禮器로 옥으로 만든다. 주로 귀족이 지니고 다니면서 신분의 지위를 상징하는 데에 쓰였다.

당시 상왕조에는 많은 수공인이 존재했다. 이는 유적지에서 출토된 청동제의 우수한 무기와 정교한 예술품 등을 통해 쉽게 확인할 수 있다. 상왕조의 대표적인 수공업 제품으로는 청동기물 이외에 토기를 들 수 있다. 상왕조 때의 도성이 있던 정주와 은허에서는 지금도 무수한 토기와 파편이 발견되고 있다. 이는 상왕조 때 도요업이 크게 발달했음을 말해준다.

정주유적에서는 이미 14개의 도요지가 발견된 바 있다. 여기서 만들어진 토기는 고령토를 비롯한 여러 흙을 사용해 섭씨 1천 도 이상에서 구워낸 것이다. 흰색 질그릇은 색깔이 산뜻할 뿐만 아니라 문양도 매우 아름답게 새겨져 있었다. 이들 토기는 그 종류와 색깔에 따라 사용된 흙과 혼합비율도 다르고 굽는 방법도 달랐다. 이는 당시의 도공들이 이미 흙의 선택과 색깔의 배합, 번조燔造, 광택 등 도기 제작의 모든 과정에 매우 전문적인 기술을 지닌 고도의 숙련공이었음을 의미한다.

특히 고령토로 만들어진 원시 자기는 겉면에 푸른색 또는 연둣빛의 유리질 잿물이 얇게 올려져 있고 구조가 치밀단단하다. 분석 결과 당시 자기는 섭씨 1,200도 정도에서 구워진 것으로 밝혀졌다. 자기는 기본적으로 1,100도 이상에서 가능한 것이다. 사상 최초의 자기가 놀랍게도 바로 이 시기에 나왔던 것이다.

당시 방직업도 그 이전에 비교할 수 없을 정도로 크게 발달해 있었다. 갑골문에는 이미 잠蠶, 사絲, 의衣, 포布 등의 문자가 나타나고 있다. 이는 당시 방직기술이 상당히 발달해 있었음을 보여준다. 정교하게 연마된 석제 및 골제 장신구 또한 당시의 수공업 기술이 이미 높

은 경지에 이르렀음을 보여준다. 이는 갑골문에 귀금속을 나타나는
'보寶'와 수공업 기술자를 지칭하는 '공工' 자가 나타나고 있는 사실
을 통해서도 확인할 수 있다.

상·옥우인玉羽人

당시의 대표적인 귀금속으로는 지배
층이 각별히 애호한 연옥軟玉을 들 수
있다. 이는 옥을 몸에 걸치면 몸에 좋
아 장수한다는 속설을 믿은 데 따른 것
이었다. 당시 지배층은 반드시 옥을 패
용하면서 특별한 일이 없는 한 옥을 몸
에서 떼어내지 않았다. 예복을 착용할
때는 두 쌍의 패옥을 허리의 좌우에 각
각 1쌍씩 찼다. 매쌍의 패옥은 모두 명주끈으로 연결되어 있었다. 상
단에는 형珩 : 衡이라는 반원형의 옥이 하나씩 달려 있고 가운데에는
거琚와 우瑀라는 옥이 매어 있었다. 양쪽의 황璜 사이에는 충아衝牙라
는 또 하나의 옥이 달려 있었다. 길을 걸으면 충아와 두 개의 황이
서로 부딪혀 청아한 소리가 났다.

주왕조가 개국할 당시 상왕조의 유민을 각 제후에게 분배한 바 있
다. 이때 노나라의 백금伯禽과 위나라 강숙康叔에게 분배된 유민 중에
는 승공繩工과 주기공酒器工, 기공旗工, 도공陶工, 부공金工, 마영공馬纓工이
있었다. 이는 상왕조 때 일상생활의 필수품과 무기를 제작하는 전문
직업의 씨족이 존재했음을 보여준다. 상왕조 때 나타난 뛰어난 도기
와 공예물, 청동기물 등은 모두 이같은 전문 수공인 계층에 의해 이
뤄진 것이다.

갑골문에는 상왕이 수시로 전국을 순시하러 나가면서 많은 말과 소, 양을 기증받거나 징수했다는 기록이 나온다. 사실 당시에는 많은 대외원정이 있었다. 이 원정을 통해 많은 포로와 막대한 양의 전리품 등이 상읍으로 유입되었을 것이다. 이와 반대로 도성에서 지방으로 물자가 이동한 기록은 발견되지 않고 있다. 정주와 안양 등지에서 출토된 점복용 구갑 등은 모두 먼 곳에서 가져온 것들이었다. 청동기 재료도 먼 곳에서 구해 왔던 것으로 추정된다. 이러한 사실들은 당시 이미 장거리 교역이 활발히 행해졌음을 짐작케 해준다.

상왕조 때 만들어진 각종 생산기구와 생활용구, 반지하의 움집, 농경방식 등은 용산문화의 전통과 양식을 그대로 이어받은 것이다. 그러나 청동기물을 비롯해 갑골문과 순장, 병거의 사용 등은 용산문화의 전통과 괴리되어 있다. 이를 이유로 상족은 동쪽에서 온 정복자 집단으로 보는 견해가 한때 유력하게 피력된 바 있다.

그러나 탕왕에서 19대 반경盤庚에 이르기까지의 역사는 분명치 않다. 이 시기에 상족이 도성을 5번이나 옮긴 것과 관련해 유목민적 습성, 다른 부족과의 갈등, 홍수의 범람, 새로운 농경지의 개간 등 여러 가능성이 제기됐으나 아직 확실한 것은 알 수 없다. 갑골문 등에 상왕조의 역사가 분명히 나타나는 시기는 반경이 부족을 이끌고 은허殷墟: 하남성 안양로 천도한 이후의 약 270여 년간이다. 은허에서 발굴된 많은 유적과 유물은 상왕조 후기의 역사를 명백히 밝혀주고 있다.

상왕조는 정치적으로 뛰어난 지배체제를 구성하고, 군사적으로 전차병을 중심으로 막강한 무력을 보유하고, 사회경제적으로 농경에 기반한 계층사회를 형성하고, 문화적으로 찬란한 청동기문화를 이룬 동아시아 최초의 국가였다. 그러나 상왕조의 성립은 결코 앙소문화와 하남용산문화의 연장선상에서만 나타난 것은 아니었다. 상왕조의 뛰어난 청동기문화는 동이계의 영향이 강했던 산동용산문화의 토대 위에서 나타난 것이다. 산동용산문화는 중원문화의 중핵이 된 하남용산문화와는 상당한 차이가 있다. 앞으로 심도 있는 연구가 진척되면 상족의 뿌리와 상왕조의 봉건제적 특성 등이 자연스럽게 해명될 것이다.

2 동이론

【동이계가 세웠다는 증거가 없다】

초기 상왕조의 역사에 대해서는 불분명한 점이 매우 많다. 갑골문의 기록도 이 시기에 관해서는 별다른 도움을 주지 못하고 있다. 앞으로 상족의 기원에 대한 규명은 보다 많은 연구성과가 축적된 뒤에나 가능할 것이다. 다만 문헌상으로는 대략 그 기원을 짐작해 볼 수 있다. 상왕조 개국에 관한 기록은 『서경』「상서商書」를 비롯해 『시경』「상송商頌」, 『사기』「은본기」 등에서 찾아볼 수 있다.

이들 기록에서는 아직까지 상왕조의 시조인 설契 : 偰, 卨이 동이계 종족이라는 증거를 찾을 길이 없다. 그의 어머니 간적簡狄은 유융씨有娀氏 : 산서성 운성현 일대 부족의 딸로 제곡帝嚳의 둘째 부인으로 나오고 있다. 간적은 일찍이 사람들과 함께 목욕을 갔다가 제비가 알을 떨어뜨리는 것을 보고 이를 받아 삼켰다가 이내 잉태하여 아기를 낳았다. 그 아기가 바로 상왕조의 시조가 된 설이다. 설은 장성한 뒤 우를 도와 치수사업에 큰 공을 세웠다. 이에 사도司徒가 되어 백성들의 교화를 담당했다. 이때 순이 설에게 이같이 명했다.

> 백관이 화친하지 않고 5품이 화목하지 못하니 그대가 사도(司徒)를 맡아 5교(五教)를 정중히 전파하고 백성들을 너그럽게 감화토록 하라.

이어 순은 설에게 상商：하남성 상구현 땅을 봉지로 내리고 자子 성을 하사했다. 그의 봉지가 상이었던 까닭에 그의 후손들은 이후 상족商族으로 불리게 되었다.

신화학적으로 볼 때 설의 탄생설화는 크게 난생설화와 치수전설로 나눌 수 있다. 난생설화는 동이계 부족사회에서 개국시조와 관련돼 많이 나타나고 있다. 이 설화의 특징은 자신들의 개국조를 하늘에서 내린 신비한 알에서 태어난 것으로 묘사해 신성神性을 부여하는 데 있다. 고대사회에서는 동서를 막론하고 새를 신성시하는 관습이 있었다. 설의 탄생설화에 나오는 제비는 신의 사자를 상징하는 것으로 설의 신성을 나타내 주고 있다. 백성들의 교화를 담당했다는 전설은 설을 미화하기 위해 후대인이 만들어냈을 공산이 크다. 설의 치수전설 역시

현조사희도玄鳥賜喜圖
간적簡狄은 고대 전설 속의 제곡의 비妃로 현조의 알을 삼키고 설(상의 시조)을 낳았다고 한다.

하왕조 우의 경우와 같이 그의 초인적 능력과 재능을 칭송하기 위해 만들어졌을 것이다.

설의 신비한 출생과 관련한 이같은 설화는 중국을 비롯한 동아시아 고대사회에서 광범위하게 존재한 것으로 특정 부족의 정치군사적 팽창과 밀접한 관련이 있다. 최근 중국의 고고학계는 그간의 고고학적 성과를 토대로 대략 상왕조의 존속시기를 기원전 1600-1046년으로 추정하고 있다. 이는 17대 31왕의 5백50년간에 걸친 매우 장구한 기간이다. 상왕조는 황하 중류에서 활동했던 작은 부족에서 발전한 것으로 추정되고 있다.

설 역시 이 부족에서 두각을 나타낸 뒤 중앙으로 진출했을 공산이 크다. 사서에는 설이 요·순·우의 시기에 두루 등용된 것으로 기록돼 있다. 설이 죽은 후 그의 아들 소명昭明이 그 자리를 이었다. 소명이 죽자 그의 아들 상토相土가 이를 계승했다. 상토는 무공이 뛰어난 국왕이었다. 그는 마차를 발명해 국세를 해외까지 떨쳤다.

상족의 시조인 설로부터 그 후손인 상토相土까지는 불과 3대의 짧은 기간이었으나 그들은 활동 중심지를 5번이나 옮겼다. 이후 상토의 뒤를 이은 창약昌若으로부터 탕에 이르는 11대 기간 중에는 또 3번이나 활동 중심지를 옮겼다. 그러나 상족은 이같이 많은 이동에도 불구하고 대략 지금의 산동성과 하남성 경계지역의 황하 양안을 벗어나지 못했다.

전설에 의하면 상토 때에 들어와 상족의 세력이 강대해져 그 영향력이 동쪽으로는 태산 부근까지 이르렀다고 한다. 상족이 세력을 크게 확장하고 있을 때 하왕조에서는 왕해王亥라는 인물이 보위에 앉아

상 탕왕상湯王像

있었다. 왕해는 우마차를 발명해 수레의 기능을 대대적으로 향상시킴으로써 생산활동과 교통에 많은 이익을 가져다 준 인물로 전해지고 있다. 왕해는 비단과 소를 화폐로 삼아 부락들을 대상으로 장사를 벌여 후에 유역有昜 부족에게 지극한 환대를 받았다고 한다.

이후 왕해의 아우 왕항王恒이 유역 부족을 대파해 우마차를 빼앗고 유역 부족의 토지와 재물을 약탈했다. 이때 상족은 상토의 뒤를 이어 창약昌若, 조어曹圉, 명冥, 진振 : 核, 미微 : 上甲微, 보정報丁, 보을報乙, 보병報丙, 주임主壬, 주계主癸, 천을天乙이 부자상속에 의해 차례로 뒤를 잇게 되었다. 천을이 바로 상왕조를 세운 탕湯이다.

하나라에서 왕해 이후 다시 몇 대가 지난 후 마침내 상족 내에 웅대한 기백과 지략을 갖춘 인물 탕이 등장했던 것이다. 원래 '탕'은 잔혹함을 없앴다는 뜻을 지니고 있다. 탕이 나타날 즈음 상족의 세력은 매우 흥성했다. 이때 마침 상족이 하왕조를 대신하는 흐름이 형성되었다.

탕왕의 이름은 예로부터 여러 가지로 전해져 왔다. 성탕成湯을 비롯해 이履와 천을天乙, 태을太乙 등이 그것이다. 탕은 원래 자이고 흔히 성탕이라고 불렸다. 탕은 시조 설의 14세손에 해당한다. 사서에는 탕이 9척의 거구에 용모가 뛰어나고 매우 인자한 인물로 그려져 있다.

탕은 걸이 폭정을 하는 사이에 민심을 얻어 점차 세력을 확장시켜 나갔다. 작은 나라들은 하나라를 버리고 점차 탕을 섬기기 시작했다. 마침내 걸이 지배하는 하나라에 더 이상 희망이 없음을 깨달은 이윤 伊尹과 비창費昌 등의 신하들이 잇달아 탕에게 귀순했다.

이윤은 중국 역사상 최고의 명신으로 평가받는 인물이다. 그렇다면 이윤은 어떤 인물이었을까. 전설에 따르면 옛날 유신씨有莘氏가 다스리던 나라가 있었다. 그 나라 안의 이수伊水의 강가에 한 여인이 살고 있었다. 그녀는 마침 임신중이었다. 이때 꿈 속에서 한 신령이 나타나 이같이 말했다.

> 절구에서 물이 솟아나오면 동쪽으로 달아나거라. 그러나 결코 뒤를 돌아보아서는 안 된다.

이튿날 여인이 절구를 보았다. 그러자 과연 절구에서 물이 솟아나오는 것이 보였다. 그녀는 이웃 사람들에게 자신이 꿈 속에서 들은 말을 알려준 뒤 서둘러 동쪽으로 달아났다. 그러나 10리쯤 달아났을 때 결국 궁금증을 참지 못해 마침내 고개를 돌려 마을을 바라보았다. 마을은 벌써 온통 물에 잠겨 있었다. 그러나 그 순간 그녀의 몸은 갑자기 속이 빈 뽕나무로 변해버렸다. 이는 마치 『성경』에 나오는 소돔과 고모라를 연상케 하는 설화가 아닐 수 없다.

얼마 후 한 여인이 그곳을 지나다가 이 뽕나무를 발견하고는 가까이 다가갔다. 그러자 뽕나무 안에서 아이의 울음소리가 점점 크게 들렸다. 그녀가 뽕나무 안을 들여다 보자 빈 뽕나무 안에 큰 소리로 울고 있는 갓난아기가 하나 있었다. 뽕나무로 변해버린 여인의 뱃속에 있던 아기가 태어난 것이다.

그녀는 이내 이 아기를 군주에게 바쳤다. 군주는 대궐 주방의 요리사로 하여금 이 아이를 기르게 하였다. 아기의 이름은 발견된 지역인 이수의 지명을 좇아 '이윤'으로 지었다. 요리사에 의해 길러진 이윤은 요리 기술도 뛰어났지만 학문도 깊었다. 사마천은 『사기』에서 이윤의 이름은 아형阿衡이라고 했다. 그러나 『손자병법』은 지摯라고 했고, 공안국孔安國도 이를 지지했다. 아형은 관직이름으로 후대의 재상에 해당한다.

당시 이윤은 탕을 만나고자 했으나 방법이 없자 유신씨有莘氏 : 하남성 개봉현 동남쪽 부락의 잉신媵臣이 되었다. 이는 제후의 딸이 시집갈 때 데리고 가는 남자 노복奴僕을 말한다. 이윤은 잉신이 되어 정鼎과 조俎 : 제물을 담는 기구를 메고 탕에게 갔다. 그는 음식의 맛을 예로 들어 정치를 논했다. 『사기』「은본기」와 이에 대한 주석은 당시의 상황을 이같이 기록해 놓았다.

> 이윤은 처사(處士)였는데 탕이 사람을 시켜 그를 맞아들이고자 했으나 다섯 번이나 거절한 뒤 비로소 탕에게 가서 그의 신하가 되어 소왕(素王 : 덕이 높으면서도 제왕의 자리에 나아가지 않은 사람)을 비롯해 법을 엄히 하는 법군(法君)과 독단적인 전군(專君), 전권을 위임한 수군(授君), 천하를 위해 노력하는 노군(勞君), 논공행상이 공평한 등군(等君), 교만하게 군림하는 기군(奇君), 나라를 망친 파군(破君), 수비에 치중하며 덕을 쌓지 않는 고군(固君), 어린나이에 보위에 오른 삼세사군(三歲社君) 등 9주(九主 : 9가지 유형의 군주)에 대해 얘기했다.

이 기록을 통해 알 수 있듯이 이윤은 이때 탕에 의해 즉각 중용되지는 않았다. 당초 탕은 그의 정견을 그다지 높게 신뢰하지 않았던 것이다. 이에 실망한 이윤은 탕을 떠나 하나라의 걸왕을 다시 찾아가 한동안 벼슬을 살았다. 그러나 폭정을 목격한 이윤은 천하에 자신을 맡길 사람은 탕밖에 없다는 생각을 하여 다시 탕에게 돌아왔다. 이후 이윤은 마침내 실력을 인정받아 걸을 토벌하는 데 결정적인 공헌을 하게 되었다.

탕은 이윤을 우상右相, 중훼仲虺를 좌상左相으로 등용했다. 『서경』과 『시경』을 보면 두 사람은 후대에 뛰어난 재상의 표상으로 칭송되었음을 알 수 있다. 이 시기는 하왕조의 걸이 민중들로부터 반대에 봉착해 있던 때였다. 이때 탕은 널리 인정仁政을 펼쳐 민심을 끌어모았다. 탕은 자신의 도성을 상에서 박亳 땅으로 옮긴 후 하왕조를 멸망시키기 위한 준비작업에 들어갔다. 이때 마침 탕은 교외로 나갔다가 사방에 그물을 치고 이같이 축원하는 사람을 만났다.

| 천하의 모든 것이 내 그물로 들어오라.

그러자 탕이 이같이 탄식했다.

| 어허, 한꺼번에 다 잡으려고 한단 말인가.

그리고는 3면의 그물을 거두게 하고는 다음과 같이 축원케 했다.

왼쪽으로 가고 싶은 것은 왼쪽으로 가게 하고, 오른쪽으로 가고
싶은 것은 오른쪽으로 가게 하소서. 내 명을 따르지 않는 것만
내 그물로 들어오게 하소서.

제후들이 이 소식을 듣고 크게 칭송했다.

탕의 덕이 지극하다. 그 덕이 금수에까지 이르렀다.

이 기간에 탕은 이윤과 중훼라는 두 인물의 보좌를 받아 수많은
부락들을 정복해 국력을 더욱 강화시켜 나갔다. 탕이 박 땅에 도성을
정하면서 천도의 정황을 고한 『제고帝誥』를 지었다고 하나 그 내용은
현재 전해지지 않고 있다.

이때 하나라의 걸은 변방 소국인 민산岷山에서 바친 두 명의 미희
에게 빠져 왕비 말희를 홀대했다. 이로 인해 왕실 내부에서는 크고
작은 분란이 잇달아 일어났다. 일설에는 자신을 홀대하는 걸에게 화
가 난 말희가 하왕조의 국가기밀을 탕에게 알려주었다고 한다. 마침
내 탕은 박 땅을 중심으로 하여 하왕조를 멸망시킬 계획을 세웠다.
그러나 탕은 곧바로 하왕조를 치지 않고 우선 인근에 있었던 10여
개의 종족과 소국들을 차례로 병탄했다.

탕은 갈葛: 하남성 수현 북쪽 땅의 추장이 하늘에 제사를 올리지 않는
다는 이유를 들어 그를 가장 먼저 정벌했다. 이때 탕이 이윤에게 말
했다.

내가 전에 말했듯이 맑은 물을 바라보면 자신의 모습을 볼 수 있

는 것처럼 백성들을 살펴보면 그 나라가 제대로 다스려지는지 아닌지를 알 수 있소.

이윤이 말했다.

현명하십니다. 남의 훌륭한 말을 귀담아 듣고 따른다면 도덕이 발전할 것입니다. 군주가 백성을 자식처럼 여긴다면 훌륭한 인물들이 모두 왕궁으로 몰려들 것입니다. 더욱 노력하십시오.

이때 탕이 갈백葛伯에게 말했다.

그대가 천명을 공손히 받들어 제사지내지 않는다면 큰 벌을 내릴 것이며, 결코 사면은 없을 것이다.

그리고는 곧 『탕정湯征』을 지었다고 한다. 이는 현재 전해지지 않고 있다. 그러나 사실 『탕정』 등은 후세의 유자들이 만들어낸 허구일 공산이 크다.

당시 하나라의 걸왕이 폭정을 하며 주색에 빠져 지내자 제후국인 곤오씨昆吾氏 : 하남성 복양현 일대가 마침내 반란을 일으켰다. 이에 탕이 군사를 일으켜 제후들을 인솔하자 이윤도 함께 따라 나섰다. 탕은 직접 도끼를 들고 곤오씨를 정벌하고 나서 걸까지 정벌코자 했다. 이에 탕왕이 백성들에게 말했다.

나같이 보잘 것 없는 사람이 감히 난을 일으키려고 하는 것이 아니오. 하왕조가 많은 죄를 지었기 때문이오. 그대들이 나를 원망하는 소리를 들었소. 그러나 하왕조가 죄를 지었으니 나는 상제의 뜻이 두려워 정벌하지 않을 수 없는 것이오. 하나라가 죄를 많이 저질러 하늘이 그를 벌하라고 명하신 것이오. 지금 여러분 가운데 말하기를, '군주가 우리를 긍휼히 여기지 않아 농사를 그만두고 전쟁에 참여하게 되었다'고 하거나, 혹 묻기를, '하왕(夏王)이 죄를 지었다는데 어떤 죄를 지었는가'라고 하는 사람이 있을 것이오. 하왕은 백성들의 힘을 소진시키고 나라의 재물을 약탈하여 백성들이 나태해지고 서로 화목하지 않게 만들었소. 결국 사람들이 이르기를, '저 태양은 언제나 지려는가. 나는 차라리 너와 함께 사라지겠다'고 하는 지경에 이르게 되었소. 하왕조의 덕이 이와 같으니 지금 내가 정벌해야만 하오. 내가 하늘의 정벌을 대신하도록 도와준다면 그대들에게 큰 상을 내릴 것이오. 내 말을 믿어도 되오. 나는 결코 약속을 저버리는 사람이 아니오. 만일 그대들이 내 말을 따르지 않는다면 그대들의 가솔을 데려다가 죽이거나 노비로 삼고, 결코 용서하지 않을 것이오.

이어 영사令師에게 알려『탕서湯誓』를 짓게 했다.

당시 걸과 탕은 모두 11차례에 걸쳐 격전을 벌였다. 걸이 유융有娀 부족의 허虛 땅에서 패하여 명조鳴條로 달아나자 하나라 군사들이 지리멸렬해졌다. 탕이 삼종三嵕—山 : 산동성 정도현 북쪽을 정벌해 많은 보물을 획득했다. 이에 탕의 신하인 의백義伯과 중백仲伯이『보전寶典』편을 지었다. 탕이 하나라를 정벌한 뒤 하나라의 사직을 옮기려고 했다. 그러나 이 일이 여의치 않자『하사夏社』편을 지었다.『사기』는 이때 이윤이 바른 정사를 펼치자 제후들이 복종케 되어 마침내 천자의 자리에 올라 천하를 평정케 되었다고 기록했다. 이 기록이 맞는다면 당시 탕은 걸을 완전히 토벌키에 앞서 이미 천자의 자리에 오른 셈이 된다. 이는 후대의 주무왕이 천자의 자리에 오르는 과정과 차이가 있다.

당시의 상황과 관련해 다음과 같은 전설이 전해져 내려 오고 있다. 양측 군사가 명조에서 최후의 결전을 벌여 걸의 군사가 패했을 때 탕의 군사가 도성 가까이 이르자 걸은 성문을 굳게 잠근 채 싸움에 응하지 않았다. 이때 탕 앞에 불의 신 축융이 나타나 탕에게 이렇게 말한 뒤 사라졌다.

> 하나라는 이제 덕이 다했으니 가서 공격해라, 내가 도와줄 것이다. 천제가 나를 시켜 도성의 서북쪽에 불을 일으키도록 명령했다.

축융이 사라지자 과연 도성 한 모퉁이에서 불이 일어났다. 도성 안의 군사들이 당황해 혼란에 빠지자 탕은 이 틈을 타 일제히 공격해 도성을 함락시켰다. 걸은 제대로 싸워보지도 못하고 왕비 말희와 애첩들을 이끌고 남소南巢로 도주했다. 걸은 이미 노쇠한 데다가 울분을 참지 못하고 마침내 이곳에서 최후를 마쳤다. 이것이 하나라 최후와 관련한 전설이다. 이는 하나라가 비록 전설상의 왕조라 할지라도 나름대로 고대 왕국의 원형에 가까운 조직을 갖췄을 것이라는 전제에서 보면 전혀 근거 없는 것만도 아닐 것이다.

당시 탕왕이 박 땅으로 돌아가는 길에 태권도太卷陶 : 산동성 정도현 大㘴 땅에 이르자 중훼仲虺가 고명誥命을 지었다. 탕왕은 박으로 돌아와 『탕고湯誥』를 지어 제후들을 계고했다. 『사기』「은본기」는 당시의 상황을 이같이 기록해 놓았다.

> 3월에 왕이 동교에 나가 여러 제후 군국들에게 이르기를, '백성을 위해 공을 세우지 못하거나 자신의 직무에 최선을 다하지 않는다면 내가 그대들을 징벌할 것이니 원망하지 말라'고 했다. 왕은 또 이르기를, '정도(正道)를 행하지 않으면 그대들의 나라가 존재하지 못하도록 할 것이니, 그때 가서 나를 원망치 말라'고 했다.

사마천은 이때 이윤이 『함유일덕咸有一德』을 짓고 사공司空 고단咎單이 『명거明居』를 지었다고 주장했다. 그러나 당시 이윤이 정무에 복귀한 것은 태갑太甲 이후이므로 이는 사실과 약간 다르다. 얼마 후 탕왕은 역법을 개정하고 복색을 바꿔 백색을 숭상하였다. 원래 하왕조는 흑색을 숭상했고 후대의 주왕조는 적색을 숭상했다.

전설에 따르면 당시 탕은 상나라를 개국하자마자 곧바로 재난을 만나게 되었다. 7년 동안 가뭄이 계속되었던 것이다. 백성들이 도탄에 빠져 천하가 뒤숭숭해졌다. 탕이 급히 하늘에 기우제를 지냈지만 아무런 효험이 없었다. 이에 탕이 사관史官에게 점을 치게 했다. 그러자 사람을 제물로 바쳐야 한다는 점괘가 나왔다. 탕은 자신을 희생할 생각으로 마침내 제사를 드리는 날 거친 베옷을 입고 흰 띠풀을 몸에 둘렀다. 그리고는 백마가 끄는 흰색 수레를 타고 제단이 있는 상림桑林 땅으로 갔다. 탕은 머리카락과 손톱을 깎아 몸을 단정히 한 후 땔나무 위에 앉았다. 좌우의 제관들이 막 제단에 불을 붙이려 할 때 갑자기 천둥과 번개가 치면서 순식간에 큰 비가 쏟아지기 시작했다. 탕의 정성에 감동한 천제가 단비를 내려 7년 가뭄을 끝낸 것이다. 이로써 탕은 건국 이후 최대 위기를 넘기고 상나라의 기반을 튼튼히 닦게 되었다. 이후 탕은 제도와 전례를 정비해 13년 동안 재위했다.

하나라의 마지막 군주인 걸과 상나라의 개국조인 탕은 늘 망국과 개국의 모델로 거론되었다. 덕 있는 자에게 천하를 양보하는 것을 선양禪讓이라고 한다. 그러나 정반대로 덕을 상실한 폭군을 몰아내고 덕 있는 사람이 보위에 오르는 것을 방벌放伐이라고 한다. '방벌'에 의한 상왕조의 개국은 이후 두고 두고 논란이 되었다. 역사상 최초로 이뤄진 무력에 의한 폭군방벌은 요·순의 치세와 우의 하나라 개국 당시와 같은 선양이 사실상 종식되었음을 의미한다. 이는 동시에 이 때에 이르러 국가 단위의 권력구조가 확고히 정착되어 본격적인 왕조가 등장케 되었음을 뜻한다.

그러나 사실 폭군 걸에 관한 전설은 액면 그대로 믿기 어렵다. 하왕조의 실체가 의심스러울 뿐만 아니라 하왕 걸이 멸망하는 과정이 은나라의 마지막 군주인 주紂의 멸망과정과 너무 흡사하다. 이로 인해 많은 학자들은 하나라 걸의 멸망을 놓고 후대인들이 만든 허구로 보고 있다.

사서의 기록을 종합해 볼 때 후대인들이 탕왕을 미화키 위해 이같은 전설을 만들어냈을 가능성을 배제할 수 없다. 사실 절묘하게도 걸에게는 폭군이 될 만한 여러 가지 요건이 정밀하게 설정되어 있다. 요사스런 애첩과 참소를 일삼는 간신, 잔학한 군주 등이 그것이다. 이는 후대에 나타나는 망국 군주의 전형이기도 하다. 이같은 점에 비추어 하나라의 걸은 후대에 망국의 군주를 경계키 위해 만들어낸 허구의 인물일 가능성이 큰 것이다.

탕의 건국 영웅으로서의 이미지도 걸의 폭군 이미지처럼 정형화

상·끈모자를 쓴 석용石俑
은허 부호묘婦好墓 출토,
꿇어앉아 있는 남자 형상.

되어 있는 점에 주목할 필요가 있다. 인자한 천성과 백성을 위한 헌신, 폭군에 의한 수난 등이 이후 대부분의 개국조 전설에 빠짐없이 등장하고 있다. 이같은 점에 비추어 탕의 건국 영웅으로서의 이미지는 후대에 만들어낸 허구일 가능성이 높은 것이다.

이와 관련해 일부 학자는 7년 가뭄의 와중에 나타난 탕의 헌신적인 모습을 그의 피살을 미화시킨 것으로 해석하고 있어 주목을 끌고 있다. 천재지변으로 국난이 일어나면 왕은 희생의 제물이 되어 종종 죽임을 당했고, 탕 역시 여기에서 예외가 될 수 없었다는 것이다. 사실 『삼국지』「위서·동이전」에는 부여扶餘에서 흉년이 들었을 때 왕을 죽였다는 기록이 나온다. 그러나 이를 두고 탕이 살해당했다고 단정하는 것은 적잖은 문제가 있다. 고도로 발달한 농경문화를 보유한 중원지역과 수렵과 유목 등을 위주로 한 변경지역을 같은 차원에서 논할 수는 없다. 고문헌과 고고학적 출토자료에도 이를 뒷받침할 만한 기록이나 유물이 전혀 없다. 이를 주장하기 위해서는 보다 치밀한 자료가 뒷받침되어야 할 것이다.

상왕조의 건국주인 탕왕이 마침내 세상을 떠났을 때 태자 태정太丁이 뒤를 이어 즉위하지 못하고 곧바로 세상을 떠났다. 이에 태정의 동생 외병外丙이 즉위했다. 그가 바로 외병제外丙帝이다. 외병제가 즉위한 지 3년 만에 세상을 떠나자 외병제의 동생 중임中壬이 즉위하여 중임제中壬帝가 되었다. 그러나 『서경』「이훈伊訓」을 보면 외병과 중임에 관한 기록이 나오지 않고 있다. 갑골문에도 이들에 관한 기록이 없다.

중임이 즉위한 지 4년 만에 죽자 이윤은 태정의 아들 태갑을 즉위시켰다. 태갑은 성탕의 직계 장손으로 태갑제太甲帝가 되었다. 태갑제 원년에 이윤은 「이훈」과 「사명肆命」, 「조후祖后」를 지었다. 태갑제가 즉위한 지 3년이 되자 포악해져 탕의 법령을 지키지 않고 도덕을 문란케 만들었다. 이윤이 그를 이궁離宮인 동궁桐宮으로 내쫓고 3년 동안 섭정하면서 제후들의 조회를 받게 했다.

태갑제가 3년 동안 동궁에 머물면서 자신의 과오를 회개하자 이윤은 태갑제를 영접해 그에게 정권을 되돌려 주었다. 이에 제후들이 모두 상왕조에 복종하게 되었다. 이윤이 태갑제의 공적을 칭송하기 위해 『서경』「태갑훈太甲訓」3편을 짓고 태종太宗이라는 칭호를 올렸다. 태종이 죽자 아들 옥정沃丁이 즉위했다. 옥정제 때 이윤이 세상을 떠났다. 그를 박毫에 장사지내고 고단이 이윤의 행적을 통해 후세인을 깨우치게 하기 위해 「옥정」을 지었다.

옥정제가 세상을 떠나자 동생 태경太庚이 즉위했다. 그가 바로 태경제太庚帝이다. 그가 붕어하자 아들 소갑小甲이 즉위했고, 소갑제가 붕어하자 동생 옹기雍己가 즉위했다. 이때 상왕조의 국세가 쇠미해졌다. 이에 제후들 가운데 조회에 참석치 않는 자가 나오게 되었다. 옹기제가 붕어하자 동생 태무太戊가 즉위했다. 그가 바로 태무제이다. 태무제는 즉위하여 이척伊陟을 상국으로 삼았다. 마침 박에서 뽕나무와 닥나무가 함께 자라기 시작하더니 하룻밤 사이에 한아름이 넘게 커지는 불길한 일이 일어났다. 태무제가 두려워하며 이척에게 그 영문을 묻자 이척이 이같이 대답했다.

> 신이 듣건대 요사스러움도 덕행을 이기지는 못한다고 합니다. 군왕이 행한 정치에 잘못은 없었는지요. 군왕은 덕행의 수양에 힘쓰십시오.

태무제가 이척의 말대로 하자 불길한 징조인 뽕나무가 말라 죽었다. 이척은 대신 무함巫咸 : 점치는 방법을 창안한 인물에게 모든 공을 돌려 그를 칭찬했다. 무함은 왕가王家의 사무를 잘 처리하면서 『함애咸艾』와 『태무太戊』를 지었다. 태무제가 태묘에서 이척을 칭송하면서 그를 신하 이상으로 대우하려고 하자 이척이 사양하면서 『원명原命』을 지었다. 태무제 때에 와서 상왕조가 다시 흥하게 되자 신하들이 태무제를 중종中宗으로 칭했다.

중종이 붕어하자 아들 중정中丁이 즉위했다. 중정제中丁帝는 도읍을 오隞 : 하남성 형양현 경내 땅으로 옮겼다. 상왕조는 이후 하단갑제河亶甲帝에 이르러 다시 상相 : 하남성 내황현 동남쪽 땅으로 천도한 데 이어 조을祖乙 때에 이르러 또 다시 형邢 : 하남성 하진현 땅으로 옮긴 바 있다. 중정제가 세상을 떠나자 동생인 외임外壬이 즉위했다. 이후 외임제가 죽자 동생 하단갑이 즉위했다. 하단갑제의 시기에 상왕조의 정치가 다시 쇠락해졌다.

하단갑제가 붕어하자 아들 조을祖乙이 즉위했다. 조을제가 즉위하자 상왕조가 다시 부흥했다. 이때 무함의 아들 무현巫賢이 정무를 담당했다. 조을제가 죽자 아들 조신祖辛이 옥갑제玉甲帝로 즉위했다. 옥갑제가 죽자 옥갑의 형 조신의 아들인 조정祖丁이 즉위했다. 조정제가 죽자 옥갑제의 아들인 남경南庚이 즉위했다. 남경제가 죽자 조정제의 아들인 양갑陽甲이 즉위했다. 왕위계승이 문란해지자 상왕조가 다시 쇠퇴하기 시작했다.

상왕조는 초기에 왕위를 형제상속했다. 탕왕의 장자였던 태정太丁이 탕왕보다 일찍 사망했기 때문에 탕왕이 사망한 뒤 태정의 동생인 외병外丙과 중임仲任이 차례로 왕위를 계승했다. 외병과 중임이 왕위를 계승한 후 몇 해 안 가 사망했다. 이에 태정의 아들 태갑太甲이 왕위를 계승해 네 번째 왕이 되었다. 태갑은 왕위에 오른 뒤 이윤의 간언을 듣지 않아 왕위에서 폐출되었다. 몇 년이 지나 과오를 뉘우치자 이윤은 그에게 왕위를 회복시켜 주었다.

이에 대해 태갑이 연금된 곳을 탈출해 이윤을 죽이고 왕위를 다시 차지했다는 이설도 있다. 어느 설을 따르든 태갑이 왕위를 회복한 뒤 상왕조가 비로소 안정된 것만은 확실하다. 태갑으로부터 태무太戊에 이르기까지 6왕의 제위기간은 안정된 국면이 지속되었다. 상왕국의 초기에 왕위를 형제상속하고 중임의 뒤를 이어 큰 형의 아들인 태갑이 왕위를 이은 것은 왕실 내에서 가장 어른이 왕위를 이었음을 보여준다. 이는 왕권이 아직 충분히 강화되지 않았음을 시사하는 것이다.

왕권이 강화된 상왕조 말기에 이르러 비로소 왕위상속이 장자가 뒤를 잇는 부자상속으로 바뀌었다. 상왕조는 중정제 이후 제위계승 문제로 오랫동안 혼란이 계속되었다. 이에 제후들이 조회를 오지 않게 되었다.

　　이후 왕실 내부에서는 왕위를 둘러싼 싸움이 계속되었고 귀족들 내부의 모순도 격화되었다. 서민들이 이곳 저곳으로 유리流離하자 상왕조는 쇠퇴의 길을 걷게 되었다. 이때 상왕조로부터 떨어져 나가는 제후국들도 있었다. 상왕조는 중정제 이후 네 번째 왕인 조을祖乙 때에 일시 재흥키도 했다. 갑골문에는 태을과 태갑, 조을에게 함께 제사를 지내고 조을을 '중종中宗' 이라고 칭한 기록이 나온다. 조을에 대한 제사에 3백 두나 되는 소와 양을 제물로 사용한 기록도 보인다. 상왕실 내부의 왕위쟁탈전은 중정제로부터 양갑제에 이르기까지 그치지 않았다.

　　양갑제가 붕어하자 동생인 반경盤庚이 즉위했다. 그가 바로 중흥의 군주인 반경제이다. 반경제가 즉위할 당시 상왕조는 도읍을 하북河北의 조가朝歌에 두고 있었다. 당시 상왕조는 이미 5차례나 천도하면서 정해진 거처가 없었다. 상왕조 백성들은 모두 이를 걱정하며 다시 이동하려고 하지 않았다. 그러자 반경제가 제후들과 대신들을 설득해 마침내 도읍을 은殷 : 하남성 안양현 땅으로 옮겼다. 이로써 상왕조의 새로운 통치 기반을 닦게 되었다. 이후의 상왕조를 은殷왕조라고도 부른다.

　　반경제가 죽자 동생 소신小辛이 즉위했다. 사마천은『사기』에서 소신이 즉위한 후 은왕조가 다시 쇠락해지자 백성들은 반경을 사모하여『반경』3편을 지었다고 주장했다. 그러나『상서』는 반경이 다섯 번째로 천도하자 관민이 모두 원망하며『반경』을 지었다고 기술해 놓았다.

　　소신제가 세상을 떠나자 동생인 소을小乙이 즉위했다. 그가 바로

소을제小乙帝이다. 소을제가 죽자 아들 무정武丁이 즉위했다. 무정제는
은왕조를 크게 부흥시켰다. 그는 무훈을 많이 세운 명군이었다. 왕위
에 오르기 전 그는 일찍이 민간에서 생활했기 때문에 서민들이 생산
노동에서 겪는 고초를 잘 알고 있었다. 그는 즉위한 뒤 감반甘盤과 부
열傳說을 상으로 등용하고 통치를 공고히 하기 위해 많은 노력을 기
울였다. 당초 무정제는 상왕조를 부흥시키고자 했으나 아직 자신을
보좌해 줄 인물을 찾지 못했다. 이에 그는 3년 동안 아무 말도 하지
않고 정사를 총재冢宰 : 후대의 수상에게 일임한 채 나라의 기풍을 유심
히 관찰했다.

이때 무정제는 꿈속에서 성인을 만났다. 그의 이름은 열說이었다.
무정제가 꿈속에서 본 성인의 모습을 대신과 관리들 속에서 찾아보
았으나 찾을 길이 없었다. 이에 백관들에게 명하여 재야에서 열심히
찾아보게 했다. 그러자 드디어 부험傳險 : 傅巖 땅에서 열을 찾아냈다.
이때 열은 죄를 짓고 노역에 끌려나가 길을 닦고 있던 중이었다. 사
람들이 열을 무정제에게 알현시켰다.

이에 무정제가 그와 얘기를 나눠보니 그는 과연 성인이었다. 이에
곧바로 그를 등용하여 상국으로 삼자 은왕조가 훌륭히 다스려졌다.
무정제는 부험이라는 지명에서 성을 따와 그를 부열傳說이라고 불렀
다. 무정제가 성탕에게 제사를 올린 다음날 꿩이 날아와 정鼎의 손잡
이에 앉아 울었다. 무정제가 이를 불길하게 여기자 대신 조기祖己가
이같이 말했다.

| 무릇 하늘이 인간을 감찰하는 데에는 그들의 도의를 기준으로

삼습니다. 하늘이 내려준 수명에 길고 짧음은 있으나 결코 하늘
이 인간을 요절시키는 경우는 없으며, 인간의 행동 때문에 스스
로 자신의 수명을 단축시키는 것입니다. 아, 군왕이 백성을 위해
힘껏 일하는 것이야말로 하늘의 뜻을 계승하는 것입니다.

무정제가 정사를 바로잡고 은덕을 베풀자 천하의 백성들이 모두
즐거워하고 상왕조가 다시 흥하게 되었다. 이때 무정제는 이를 배경
으로 인접해 있는 종족과 나라를 쉼없이 공격했다. 상왕국 주위에 있
던 독립된 종족이나 나라를 갑골문에서는 방方이라고 칭했다. 당시
지금의 산서성과 섬서성 북부로부터 내몽골 자치구의 하투河套 : 오르
도스 이북지역에 걸쳐 활동했던 토방土方은 다른 유목종족과 연합해
상왕국을 자주 침입했다. 무정제는 그들에게 대항하기 위해 3천−5
천 명에 달하는 대군을 여러번 동원했다.

무정제는 지금의 산서성과 내몽골 자치구 및 그 이북지역에서 활
동했던 강대한 유목종족이었던 귀방鬼方과 3년 동안의 전쟁 끝에 승
리를 거두었다. 이밖에도 무정제는 은왕조의 서북쪽에 있는 강방羌方
을 치기 위해 1만 3천여 명의 병력을 동원한 데 이어 남방의 형초를
쳐 장강유역까지 세력을 확장했다. 그는 59년간 보위에 있으면서 상
나라의 국위를 만방에 떨쳤다.

무정제가 죽자 아들 조경제祖庚帝가 즉위했다. 당시 대신 조기는 무
정제가 꿩이 정鼎의 손잡이에 날아들어 울었던 일을 계기로 삼아 덕
정을 베푼 일을 기리기 위해 그를 고종高宗이라 칭하고 『고종융일高
宗肜日』과 『고종지훈高宗之訓』을 지었다. '융일'의 '융肜'은 제사지낸 다
음날 지내는 제사를 말한다. 사마천은 조경제가 고종을 제사지낸 뒤

그의 덕행을 기려『고종융일』을 지었다고 주장했다. 그러나『서경』은 조경제가 융제肜祭를 지나치게 후하게 지내려 하자 조기가 이를 간한 것으로 기록해 놓았다. 고종은 후대인들로부터 은왕조에서 가장 뛰어난 군왕으로 숭봉되었다.

조경제가 죽자 동생 조갑祖甲이 즉위했다. 그러나 그는 음란한 행동을 일삼았다. 이에 상왕조가 다시 쇠퇴하기 시작했다. 조갑제가 세상을 떠나자 그의 아들 늠신廩辛이 즉위했다. 늠신제가 죽자 동생 경정庚丁이 즉위했다. 경정제가 죽자 아들 무을武乙이 즉위했다. 이때 은왕조는 다시 박 땅을 떠나 하북으로 천도했다.

무을제는 무도했다. 그는 우상을 만들고 이를 '천신天神'으로 불렀다. 그는 '천신'과 도박을 하면서 옆 사람에게 심판을 보게 하고는 천신이 지면 천신을 모독했다. 또한 가죽으로 주머니를 만들어 그 속에 피를 가득 채운 후 높이 매달아 활로 쏘고서 이를 '사천射天'이라고 했다. 무을제가 황하와 위수 사이로 수렵을 갔다가 갑자기 천둥이 치자 그 소리에 놀라 죽고 말았다. 이에 아들 태정太丁이 즉위했다. 태정제가 죽자 아들 을乙이 즉위했다. 을제乙帝 : 帝乙가 즉위하자 은왕조는 더욱 쇠퇴해졌다.

을제의 큰아들이 바로 미자微子 계啓이다. 미자는 미微 : 산서성 노성현 동쪽 땅을 봉지로 받았다. 계는 모친이 정후正后가 아니었기 때문에 태자가 되지 못했다. 을제의 작은 아들은 이름이 '신辛'이었다. 그는 모친이 을제의 정후였기 때문에 태자가 되었다. 을제가 죽자 아들 신이 즉위했다. 그가 바로 신제辛帝 : 帝辛로 은나라 마지막 군왕인 주紂이다. '주'라는 시호는 의로움과 선함을 해친다는 뜻을 지니고 있다. 이는 말할 것도 없이 후세인들이 붙인 것이다. 후세에 은나라의 주왕은 하나라의 걸왕과 더불어 폭군의 대명사가 되었다.

은왕조의 마지막 두 왕인 을제와 신제는 전쟁을 일삼았다. 을제는 여러 차례에 걸쳐 장강과 회하 사이에 자리잡고 있었던 동이족을 공격해 승리를 거두기도 했다. 신제 주紂는 가혹한 법률과 형벌을 많이 만들어 놓고 귀족들과 더불어 술판을 벌이고 방종한 생활을 했다. 은왕조는 말기로 오면서 왕권이 크게 강화되었다. 당시 전에 정치에 참여했던 옛 귀족들과 각 제후국의 대표들은 소외되고 주왕의 뜻을 따르는 사람들이 크게 등용되었다. 이에 귀족 사이의 갈등과 모순이 격화되었다.

이러한 상황에서 주는 직접 군사를 이끌고 가 동이족과 큰 전쟁을 벌였다. 약 1년 반에 걸친 악전 끝에 승리를 거두었지만 인력과 재력의 소모가 많은 데다 서민들의 부담이 가중되어 나라가 크게 피폐해졌다.

원래 은왕 주는 문무를 겸비한 인재였다. 그는 하나라의 걸과 같이 맹수와 격투를 할 정도로 힘이 장사였다. 게다가 총명하고 언변 또한 뛰어났다. 문무를 겸비한 그는 얼마든지 자신의 능력으로 중흥을 꾀할 수 있었다. 그러나 그는 그렇게 하지 않았다. 그가 신하의 간언을 듣지 않은 것은 자신의 재주에 대한 지나친 자신감에서 비롯된 것으로 볼 수 있다. 그는 자신의 재능을 신하들에게 과시하고 천하에 명성을 떨치려고 하였다. 게다가 그는 술과 음악을 지나치게 좋아했다. 망국의 조짐이 아닐 수 없다. 결국 은왕조는 그의 대에 이르러 망하고 말았다.

당시 은왕 주는 스스로를 천제에 비유해 천왕天王을 칭했다. 이는 하나라의 걸이 스스로를 태양에 비겼던 것에 비유할 수 있다. 그는 자신의 뛰어난 재능을 개인의 쾌락을 위해 사용하면서 총명한 머리만 믿고 신하들을 무시했다. 그는 시종 자신의 잘못을 은폐하는 궤변을 늘어놓아 충신들의 직언을 피하는 모습을 보였다.

은왕 주 역시 하나라 걸과 마찬가지로 화려하고 사치스런 궁궐을 세웠다. 그는 조가朝歌 : 하남성 기현 땅에 백성들을 동원해 금은보화를 저장키 위한 '녹대鹿臺'를 세웠다. 전한제국 초기의 가의賈誼가 쓴 『신서』를 보면 녹대의 모습이 상세히 묘사되어 있다. 이에 따르면 주는 녹대를 7년간에 걸쳐 지었다. 건물의 길이가 3 리里 : 1천3백m에다 높이가 1천 척尺 : '1천척'은 3백m을 넘어 구름이 내다보일 정도였다고 한다.

은왕 주는 이밖에도 경실瓊室과 요대瑤臺를 지었다. 아름다운 옥으로 치장한 궁궐을 더 지었고, 사구沙丘라는 넓은 정원을 만들어 그곳에 온갖 진기한 짐승을 모아다 놓았다. 또 그는 악사 사연師涓에게 음탕한 음악을 작곡케 하고, 조가朝歌 근방의 기녀원妓女院인 북리北里에서 추는 저속한 춤과 음탕하고 퇴폐적인 가락을 새로 만들게 했다. 세금을 무겁게 부과해 녹대를 돈으로 채우고 하북성 곡주현 동북쪽에 세운 창고 거교鉅橋를 곡식으로 가득 채웠다.

이때 그는 사구에 수많은 악공들과 광대들을 불러들인 뒤 술로 연못을 채우고 빽빽하게 들어찬 나무들처럼 고기를 매달아 놓고는 질탕하게 놀았다. 그는 걸이 만든 '주지酒池'에 '육림肉林'을 더한 셈이다. 이를 두고 후세인들은 '주지육림酒池肉林'이라고 칭했다. 주는 주지육림 사이에 벌거벗은 남녀들을 풀어놓고 그 안에서 서로 쫓아다니게 하면서 밤이 새도록 술을 마시며 놀았다.

당시 은왕 주에게는 달기妲己라고 하는 애첩이 있었다. 달기는 원래 유소씨有蘇氏 부족장의 딸이다. 그녀는 상왕조의 공격을 받은 유소씨가 은왕 주의 환심을 사기 위해 후궁으로 바치면서 주의 애첩이되었다. 은왕 주는 달기를 지극히 총애한 나머지 그녀의 말이면 무엇이든 들어주었다. 후세인들이 달기를 천하의 요녀妖女로 생각한 것도무리가 아니었다. 달기가 명대 때 나온 『봉신연의封神演義』에서 구미호로 등장하는 것이 그 좋은 예이다.

이에 따르면 주는 사냥을 갔다 오는 길에 여신 여와의 사당을 참배케 되었다. 주는 사당 안에서 여와의 아름다운 초상을 보고 음심을품었다. 천상의 여와가 이를 알고 분노하여 무엄한 주에게 벌을 내리기로 결심했다. 이에 구미호를 보내 주의 후궁이 되기 위해 도성으로향하던 유소씨의 딸 달기를 잡아먹고 대신 그녀의 모습으로 둔갑케했다. 달기로 변신한 구미호는 주의 애첩이 되어 온갖 간교한 짓을다하며 마침내 은왕조를 망하게 만들었다.

『봉신연의』가 달기를 구미호로 묘사한 것은 수천 년 동안 주가 얼마나 폭군의 전형으로 매도되었는지를 보여주는 것이다. 중국인들은오랫동안 간신과 요녀의 상징인 구미호를 통해 폭군의 이미지를 형상화시켜 왔다. 우리나라의 경우도 크게 다르지 않았다. 조선조 때폭군으로 몰려 쫓겨난 연산군과 광해군의 총희였던 장록수張綠水와김개시金介屎 모두 후대에 구미호로 매도되었다.

당시 은왕 주는 자신의 포학한 행동으로 인해 백성들의 원망이 높아가고 제후들도 점차 등을 돌리게 되자 형벌을 강화해 포락지형炮烙

之刑까지 만들어냈다. '포락지형'은 죄인으로 하여금 숯불 위에 가로 놓인 기름칠한 구리기둥 위를 걷게 하는 것이다. 구리기둥 위를 걷는 죄인은 숯불 위로 떨어지지 않기 위해 안간힘을 써보지만 결국 숯불 위에 떨어져 서서히 죽을 수밖에 없다. 달기는 주와 함께 이를 보며 즐거워했다. 당시 그가 고안한 형벌 중에는 '포락지형' 이외에도 '육포肉脯'라는 형벌이 있었다. 이는 사람을 죽여 포를 뜬 뒤 햇볕에 말린 것을 말한다. '육해肉醢'는 인육을 잘게 썰어 젓갈을 담는 형벌이다. '사갱蛇坑'은 사람을 뱀이 들어 있는 구덩이에 떨어뜨려 죽이는 형벌이다.

이때 기姞를 시조로 하는 주족周族은 호시탐탐 기회를 엿보고 있었다. 주족의 우두머리는 바로 후세에 성군으로 칭송받은 주문왕이었다. 주문왕은 성이 희姬이고 이름이 창昌이었다. 그는 서쪽지역 제후들의 우두머리였기 때문에 서백西伯으로 불렸다. 서백은 모든 성군이 그렇듯이 천성이 인자해 백성을 자신의 몸처럼 소중히 했다. 이에 폭군 주에게 실망한 선비들과 백성들이 그에게 모여들게 되었다.

이때 은왕 주는 서백을 견제할 생각으로 곧 그를 비롯해 구후九侯 : 鬼侯와 악후鄂侯 : 邗侯를 3공으로 삼았다. 이때 구후는 자신의 아름다운 딸을 주에게 주었다. 그러나 주는 구후의 딸이 음탕한 짓을 싫어하자 노하여 그를 죽이고, 구후는 죽여서 포脯를 떠 소금에 절였다. 악후가 이를 만류하며 격렬한 어조로 따지자 그도 포를 떠 죽였다. 서백 희창이 이 소식을 듣고 혼자 탄식했다. 숭후호崇侯虎가 이 사실을 알고 주에게 고자질하자 주는 곧 서백을 유리羑里에 가두어 버렸다. 얼마 후 서백의 신하인 굉요閎夭 등이 미녀와 진기한 보물, 준마 등을 구해

주에게 바치자 주는 곧 서백을 방면했다. 서백은 출옥하자마자 낙수 서쪽의 땅을 바치며 포락지형을 없애 줄 것을 청했다.

은왕 주가 이를 윤허하고 서백에게 궁시부월弓矢斧鉞을 하사했다. 이는 서백에게 주변 제후국을 정벌할 수 있는 권한을 준 것이다. 이로써 서백은 마침내 서방 제후들의 우두머리가 되었다. 당시 주문왕은 우虞 : 산서성 평격현 동북쪽와 예芮 : 섬서성 동관 서북쪽 두 나라의 분규를 현명하게 조정해 제후들의 칭송을 받았다. 이에 그에게 귀속한 나라가 40여 국을 헤아리게 되자 마침내 주족은 정치외교면에서 우위를 점하게 되었다.

당시의 상황과 관련한 또 다른 전설에 따르면 당시 은왕 주의 곁에 있는 간신들이 서백을 참소해 유리羑里에 감금케 했다. 이때 은왕 주는 인질로 도성에 와 있던 서백의 아들 백읍고伯邑考를 끓는 물에 넣어 삶아 죽인 뒤 그 고기로 장조림을 만들어 서백에게 보냈다. 서백이 성인이면 이를 알고 안 먹을 것이고, 그리 되면 이를 구실로 그를 죽이고자 했던 것이다. 만일 서백이 이를 모른 채 먹는다면 평범한 인간이니 두려워할 것도 없고, 그의 명성을 폭로하는 계기로 삼자는 술책이었다. 마침내 서백이 고기를 먹자 은왕 주가 안도의 한숨을 내쉬며 말했다.

> 제 아들을 잡아먹는 성인도 있다더냐. 도대체 어떤 놈이 희창을 성인이라고 했단 말인가.

주는 통쾌해하며 서백의 명성을 무너뜨린 데 만족한 나머지 이내 그를 풀어주었다. 성인으로서의 정당성을 잃은 서백은 더 이상 경계의 대상이 아니라고 생각한 것이다. 당시 서백은 자식의 살로 만든 고기인 것을 알면서도 후일을 기약키 위해 눈물을 머금고 이를 먹었다. 이러한 서백의 행동은 오히려 그의 비범함과 명성을 더욱 떨치게 만들었다. 유리에서 풀려난 서백은 처절했던 당시의 상황을 반추하며 국력을 키워 상왕조를 정벌코자 결심했다.

이상이 주문왕이 위기를 벗어난 상황과 관련한 또 다른 전설의 개략적인 내용이다. 『사기』는 이를 채택치 않았다. 후세인이 주문왕을 미화키 위해 만들어낸 허구로 보는 것이 옳을 것이다. 당시 서백은 정치와 군사 일을 잘 맡아 주나라를 강국으로 만들 인재를 널리 찾았다. 이때 바로 후세에 흔히 강태공姜太公으로 불리는 여상呂尙을 만나게 되었다. 여상과 관해서는 예로부터 여러 얘기가 동시에 전해졌다. 가장 그럴 듯한 내용은 『사기』의 기록이다. 『사기』「제태공세가」는 여상과 관련해 이같이 기록해 놓았다.

> 여상은 동해(東海 : 강소성과 산동성의 바닷가) 근처 사람으로 그의 선조는 일찍이 사악(四嶽 : 요·순 때 사계절을 관장한 벼슬로 사방 山嶽의 巡狩를 담당)이 되어 우임금이 물과 땅을 정리하는 것을 도와 크게 공을 세웠다. 그들은 우(虞)와 하 시대에 여(呂 : 하남성 남양시 서쪽) 또는 신(申 : 하남성 남양시)에 봉해졌다. 성은 강씨였다. 하와 상왕조 때에는 그 방계의 자손이 신과 여 땅에 봉해지기도 하고 또 평민이 되기도 했는데, 강상(姜尙)은 그 후예로 본래의 성은 강씨였으나 그 봉지를 성으로하여 여상(呂尙)이라고 부른 것이다.

여상은 이름이 '상尚', 자가 자아子牙인 것으로 알려져 있다. 여상과 관련한 또 다른 전설에 따르면 당초 여상은 나이가 70에 이르도록 알아주는 사람을 만나지 못해 오직 글공부만 열심히 했다. 그의 아내는 글공부만 하는 무능한 여상을 힘겹게 먹여 살릴 수밖에 없었다. 하루는 그의 아내가 일을 나가면서 멍석에 깔아놓은 보리가 비에 젖지 않도록 단속할 것을 당부했다. 그러나 여상은 방안에서 공부하느라 소나기가 쏟아지는데도 이를 몰랐다. 여상의 아내가 일을 마치고 돌아와 보니 멍석에 널어놓은 보리가 모두 물에 떠내려가 버렸다. 화가 난 그의 아내가 방문을 박차고 나가 버렸다. 그러자 여상이 이같이 탄식했다.

> 조금만 참으면 될 것을, 이제 80이 되면 운이 트이는데 그것을 못참고 떠나가다니 안타깝다.

혼자가 된 여상은 위수의 강가로 집을 옮겨 반계라는 곳에서 매일 낚시를 하고 앉아 있었다. 이때 그는 미끼를 끼우지도 않은 채 곧은 낚시 바늘을 물에 드리웠다. 그는 물고기를 잡는 데 관심이 있었던 것이 아니었다. 자신을 알아줄 군주가 오기를 기다리고 있었던 것이다.

이때 공교롭게도 주문왕이 꿈을 꾸게 되었다. 꿈속에서 천제天帝가 나타나 현인을 보내줄 것을 약속했다. 주문왕이 곧 사람들을 시켜 꿈속에서 본 현인을 찾게 했다. 그러나 도무지 찾을 길이 없었다. 이에 점복을 관장하는 태사太史를 불러 점을 치게 했다. 그러자 점괘가 이같이 나왔다.

> 사냥할 것은 용(龍)과 이(螭 : 이무기)도 아니고, 호(虎)와 비(羆 :
> 큰 곰)도 아니고, 패왕지보(覇王之輔 : 패왕의 보필)이다.

태사가 곧 주문왕에게 위수 근처로 사냥을 나가면 반드시 현인을
만날 것이라고 일러주었다. 이에 주문왕이 사냥을 나갔다가 과연 위
수渭水 : 渭河로 지금의 섬서성 중부를 흐름 북쪽으로 나아가던 중 위수의 지
류인 반계磻溪에서 낚시를 하고 있던 여상을 만나게 되었다. 여상에
게 다가간 주문왕은 천하의 정세에 관해 몇 마디 대화를 나누었다.
주문왕은 여상의 얘기를 듣고는 크게 기뻐하며 이같이 말했다.

> 우리 선대인 태공(太公) 때부터 이르기를, '장차 성인이 주나라
> 에 올 것이니 주나라는 그로 인해 일어날 것이다'라고 했습니
> 다. 선생이 진정 그분이 아닙니까. 우리 태공이 선생을 기다린지
> 오래 되었습니다.

이에 그를 '태공망太公望'이라고 칭한 뒤 곧 수레에 함께 타고 돌아
와 국사國師로 모셨다. '태공망'은 주문왕의 선대인 '태공'이 바라던
사람이라는 뜻을 지니고 있다. 그러나 한제국이 들어설 때까지도 여
상이 주문왕을 만나게 된 과정에 관한 일화는 이 일화 이외에도 매
우 많았다. 사마천도 『사기』를 저술하면서 이에 대한 확신을 갖지 못
했다. 이에 그는 주문왕과 여상이 위수 가에서 만나는 일화를 『제태
공세가』에 실으면서도 끝내 확신이 서지 못한 나머지 여러 일화에
대한 개략적인 설명을 덧붙여 놓았다.
이에 따르면 당시 태공망 여상은 박학다식하여 은왕 주를 섬겼으

나 은왕 주가 포악무도하자 이내 그의 곁을 떠나버렸다. 이후 제후들에게 유세했으나 알아주는 이를 만나지 못했다. 이에 마침내 서쪽으로 가서 서백에게 의지하게 되었다고 한다. 사마천은 이 설도 매우 유력하다고 판단해 개략적인 골자를 「제태공세가」에 실어놓았다.

「제태공세가」에 실려 있는 또 다른 일화에 따르면 당초 여상이 처사로 바닷가에 은거할 당시 마침 서백이 유리羑里 : 하남성 탕음현 북쪽에 구금되었다. 이때 평소 여상을 알고 있던 산의생散宜生과 굉요閎夭가 그를 불러냈다. 이때 여상이 이같이 말했다.

> 내가 듣기에 서백은 현명하고 또 어른을 잘 모신다고 하니 어찌 그에게 가지 않겠는가.

이에 세 사람은 곧 미녀와 보물을 구해 은왕 주에게 서백의 죄값으로 바쳤다. 이에 서백은 구금에서 풀려나 주나라로 돌아올 수 있게 되었다. 「제태공세가」는 이밖에도 당시 여상이 곤궁한 나머지 주문왕을 만나기 위해 위수 가로 낚시질을 나간 일화를 실어놓기도 했다.

사서에 나오는 여러 일화를 종합해 볼 때 주문왕이 여상을 만나게 된 것은 은왕 주의 시기를 받아 유리羑里에서 갇혀 있다 돌아온 뒤였다고 보는 것이 타당하다. 그렇다면 여상이 주문왕을 위수 가에서 만나게 되었다는 설화는 여상이 산의생 및 굉요와 함께 계책을 내 주문왕을 구해냈다는 설화와 완전히 배치케 된다. 과연 어떤 설화가 역사적 사실에 부합하는 것일까. 내용구성은 다르나 여상이 지우知遇를 만나지 못해 고생을 하다가 마침내 주문왕을 만났다는 골자는 모두 동일하다. 후세인들의 태공망 여상에 대한 존경심이 이같이 여러 편의 일화를 만들어냈을 것이다. 어느 설화가 역사적 사실에 맞는지 여부를 논하는 것 자체가 큰 의미가 없다. 두 설화 모두 주문왕과 여상을 미화키 위해 만들어낸 설화일 뿐이기 때문이다.「제태공세가」에 나오는 기록의 이면을 보면 오히려 여상이 제발로 서쪽으로 주문왕을 찾아갔다는 일화가 역사적 사실에 가까울 공산이 크다.

당시 여상의 전처는 여상이 크게 몸을 일으켰다는 소문을 듣고 그를 찾아가 잘못을 빌며 재혼을 간청했다. 그러자 여상이 그릇의 물을 땅에 쏟아부은 뒤 이를 주워담을 것을 주문하면서 이같이 일갈했다.

> 이미 엎지러진 물을 다시 담을 수는 없소. 우리 사이도 이와 같소.

이에 여상의 전처는 후회와 수치심을 참지 못하고 그날 밤 목을 매어 자진하고 말았다. 여상이 전처를 버린 이 이야기는 훗날 널리 유행하여 여러 얘기를 만들어냈다. 이 얘기는 여성들의 정절을 고취하는 데 크게 이용되었다. 명대 이후『봉신연의』의 유행으로 여상은 매우 인기 있는 인물이 되었다. 그는 지혜롭고 도술이 뛰어난 인물의 전형으로 중국 민중들에게 각인 되었다. 그러나 이는 당시의 신흥 왕조인 명나라의 건국을 정당화하려는 목적 하에 만들어진 것이다.

주문왕이 한창 흥기할 때 은왕 주는 비중費中을 등용해 국정을 담당케 했다. 비중은 아첨을 잘하고 사리사욕만 채울 줄 아는 소인배였다. 은왕조의 백성들이 모두 그를 미워했다. 이때 은왕 주는 훗날 진

秦나라의 선조이며 비렴蜚廉의 아들인 오래惡來를 등용했다. 그는 다른 사람을 비방하기를 좋아했으므로 제후들은 이 때문에 은왕조와 더욱 사이가 멀어졌다.

서백이 귀국해 드러나지 않게 덕을 베풀고 선정을 행하자 많은 제후들이 주를 등지고 서백을 추종하게 되었다. 서백의 세력이 점점 강해짐에 따라 은왕 주의 위세는 줄어들었다. 이에 왕자인 비간比干 : 주의 庶兄과 叔父라는 설이 대립이 간언을 했으나 주는 듣지 않았다. 상용商容은 사람됨이 어질어 백성이 그를 따랐으나 주는 그를 등용하지 않았다. 서백이 주에게 충성한 기饑 : 耆나라를 정벌해 멸망시켰다. 은왕 주의 신하인 조이祖伊가 이 소식을 듣고 두려운 생각이 든 나머지 급히 주에게 가 이같이 고했다.

> 하늘이 이미 우리 상왕조의 명을 단절시켰기 때문에 혜안의 소유자가 미래를 투시해 보고 거북껍질로 점을 쳐봐도 우리의 앞날이 길할 것임을 보장할 수가 없습니다. 이는 선왕들이 우리 후손을 보우하지 않는 것이 아니라 군왕이 음란하고 포악함으로써 스스로 하늘과의 관계를 끊어버린 것이고, 때문에 하늘이 우리를 버린 것입니다. 우리는 백성이 편히 먹지도 못하게 했고, 하늘의 뜻을 헤아리거나 이해하지도 못했으며 법도를 따르지도 않았습니다. 지금 우리 백성들 중 군왕의 멸망을 원치 않는 사람이 없으니 모두들 말하기를, '하늘은 어찌하여 재앙을 내리지 않고, 대명(大命)을 받은 사람은 어찌하여 나타나지 않는가'라고 했습니다. 이제 군왕은 어찌하겠습니까.

그러자 은왕 주는 이를 귀담아 듣지 않았다.

당시 서백은 여상을 얻은 뒤 매사를 그와 의논하며 너그러운 정사를 펼쳤다. 서백이 공평한 정치를 하며 우虞 : 산서성 평륙현 북부나라와 예芮 : 섬서성 대려현 동남쪽나라의 분쟁을 해결하자 사람들이 서백을 크게 칭송했다. 서백이 이내 숭崇 : 섬서성 노현 동쪽과 밀수밀수 : 감숙성 영대현 서남쪽, 견이犬夷 : 犬戎으로 섬서성 빈현과 기산 일대 등의 나라들을 정벌하고 풍읍豊邑 : 섬서성 서안시 서남쪽을 크게 건설했다. 이로써 천하의 3분의 2가 그에게 귀순케 되었다. 이는 여상의 계책에 의한 것이었다.

이때 서백은 과감하게 도성을 기岐에서 풍경豊京으로 옮겼다. 이는 풍하灃河의 서쪽 언덕에 위치했다. 이어 은왕조를 공벌키 위한 마지막 준비를 끝냈다. 그러나 결전을 앞두고 서백이 갑자기 세상을 떠나고 말았다. 당시 뒤를 이어 보위에 오른 주무왕은 경거망동하지 않았다. 그는 먼저 풍하 동쪽 언덕에 새로 도성을 세웠다. 이것이 호경鎬京이다. 풍경과 호경은 매우 가깝고 주무왕이 호경에 거처한 후 풍경에는 여전히 주왕실의 종묘가 남아 있어 서주의 제왕들은 늘 풍경에 거주하거나 국사를 처리했다. 이에 사가들은 줄곧 두 곳을 통칭하여 풍호豊鎬라고 했다.

주무왕은 호경으로 천도한 뒤 적극적인 공벌준비에 나섰다. 얼마후 마침내 동쪽으로 출병해 맹진에서 군사훈련을 하기로 결정했다. 맹진의 열병 당시 8백여 제후국이 가세했다. 그러나 주무왕은 다시 2년의 세월을 기다렸다. 그 사이 은왕 주는 충신 비간을 죽이고, 기자와 태사太師 자비疵를 옥에 가두었다. 조야를 막론하고 모두 위기감을 느끼고 있었다. 당시 은왕 주는 날이 갈수록 더욱 무도해졌다. 미자微子가 몇 번이나 간했으나 주왕이 들으려 하지 않자 태사太師 및 소사少

師 강羌과 상의하고 은왕조를 떠났다. 그러자 비간은 이같이 말했다.

| 신하는 죽더라도 군왕에게 충간을 해야 한다.

그리고는 계속 은왕 주에게 간했다. 이에 주가 대노했다.

| 성인의 심장에는 구멍이 7개나 있다고 들었다.

이에 좌우에 명하여 비간을 해부케 한 뒤 그의 심장을 꺼내보았다. 기자箕子가 이 소식을 듣고 두려운 나머지 미친 척하여 남의 노비가 되고자 했으나 주가 그를 잡아 가두었다. 이때 태사와 소사는 은왕조의 제기祭器와 악기樂器를 가지고 주나라로 달아났다.

이에 마침내 주무왕이 상왕조에 대한 토벌의 군사를 일으켰다. 그런데 주무왕이 막 군사를 이끌고 출발하려 할 때 두 노인이 나타나 주무왕이 탄 말의 고삐를 잡으며 정벌을 만류했다. 이들은 고죽국孤竹國이라는 작은 나라의 왕자 백이伯夷와 숙제叔齊 형제였다. 두 사람은 도덕을 생명처럼 소중히 여기는 사람들이었다. 이들은 주무왕을 찾아와 이같이 간했다.

| 주왕은 비록 폭군이나 모든 제후들의 군주입니다. 신하로서 군주를 치는 일은 옳지 못합니다. 폭력은 또 다른 폭력을 불러 올 뿐입니다. 정벌을 멈추고 덕치를 베풀도록 하십시오.

그러나 주무왕은 이를 듣기는커녕 오히려 두 사람을 즉시 추방했다. 훗날 주무왕이 상왕조를 멸망시킨 후 그들은 타락한 세상을 비관하여 수양산首陽山에 들어가 고사리를 캐어 먹다가 일생을 마쳤다. 주무왕의 군사는 상왕조의 성들을 파죽지세로 함락시키고 마침내 도성으로 가는 길목인 맹진孟津의 황하 나루터에 이르렀다. 주무왕이 맹진에 이르자 상왕조를 저버리고 주나라로 모여든 제후가 8백 명이나 되었다. 제후들이 주무왕에게 즉시 토벌할 것을 청하자 주무왕은 이같이 반대했다.

| 그대들은 천명을 모르고 있소.

이때 세찬 눈보라와 비바람이 몰아쳤다. 홀연히 사해의 해신海神과 황하의 신 하백이 사람으로 변해 하늘의 뜻이 주나라에 있음을 말하고 도와줄 것을 약속했다. 과연 신들이 떠나자마자 날이 개고 물결이 잔잔해졌다. 이에 대군이 무사히 황하를 건널 수 있었다.

이와 관련해 『회남자』에는 주무왕이 은왕 주를 정벌키 위해 맹진을 건널 때 큰 파도가 역류하고 질풍이 일어나 누런 도끼와 흰 깃발을 휘둘러 이를 진정시켰다는 일화가 나온다. 당시 주무왕은 은왕 주를 치기에 앞서 3일 동안 비가 줄기차게 내리는 것을 흉조로 여기며 몹시 두려워했다. 이때 태공망 여상은 오히려 그 비가 병기를 닦아주는 길조吉兆라고 대답했다. 이에 주무왕이 크게 고무되었다.

마침내 주무왕은 병거 3백 대, 용사 3천 명, 무장한 병사 4만5천 명을 이끌고 대대적인 정벌에 나섰다. 주무왕의 군사가 조가 근교의 목야牧野 : 하남성 급현 부근에서 출전맹세를 위해 대회를 열었다. 이 대회에서 주무왕은 은왕 주의 죄목을 성토하고 정벌의 명분을 만들었다. 주는 주무왕의 군사가 목야에서 모여 조가로 접근하고 있다는 소식을 접하고는 황급히 군사 17만 명을 모아 70만 대군이라고 큰소리치며 목야로 진군했다.

주무왕의 군사가 조가 부근에 이르자 은왕 주도 대군을 이끌고 영격에 나섰다. 양측의 군사가 목야에서 대치케 되었다. 이에 중국 역사상 최초의 대규모 전쟁인 목야 전투가 시작되었다. 주무왕이 먼저 여상에게 명하여 용사 몇 명을 보내 싸움을 이끌도록 했다. 여상의 명을 받은 용사들이 주왕을 한 입에 삼켜버릴 듯한 태세로 앞을 향해 내달았다. 이어 주무왕의 정예부대인 용사 3천 명이 병거 3백 대를 앞세우고 돌격하기 시작했다.

당시 은나라의 군사는 본래 노비를 모아 만든 오합지졸이었다. 주나라의 군사가 쳐들어오자 이들은 맞서 싸우기는커녕 창을 거꾸로 쥐고 자신들을 괴롭히던 장령들을 향해 공격키 시작했다. 70만 대군이라는 은왕 주의 군사는 일거에 와해되고 말았다. 은왕 주는 이미 대세가 기울었음을 알고 성 안으로 도주했다. 은왕 주는 녹대에 올라 사방에서 밀려오는 주나라 군사를 보고는 이내 봉궁관封宮官 주승朱升에게 이같이 당부했다.

> 만일 성이 함락되면 천자의 존엄이 뭇 소인배들에게 욕보이게 될 것이니 그 치욕은 차마 견딜 수 없을 것이다. 이에 자진코자 한다. 이 몸이 세상에 남아 있으면 다른 이들이 이를 기념으로 삼을 것이니 불에 타 죽는 것이 오히려 깨끗할 것이다. 장작을

> 가져다가 성루 아래에 쌓도록 하라. 짐은 이 성루와 함께 타겠다.

그리고는 이내 분신했다. 일설에는 숲에서 목을 매어 죽었다고도 한다. 그러나 『사기』「주본기」의 기록을 좇아 분신자살한 것으로 보는 것이 타당할 듯하다.

당시 은왕 주의 총애를 받았던 달기 역시 주무왕에 의해 참수를 당했다. 그러나 일설에는 그녀가 스스로 자진했다고도 하고 주무왕에 의해 전리품으로 이윤에게 하사되었다고도 한다. 그녀의 죽음을 둘러싼 세인들의 관심이 여러 얘기를 많들어 냈을 것이다. 이에 마침내 주나라가 천하를 차지하게 되었다.

사서는 당시 목야전투가 얼마나 참혹했는지 피가 강물이 되어 흐르고 그 위로 병장기가 둥둥 떠다닐 정도였다고 기록해 놓았다. 당시 주무왕은 은왕 주의 목을 베어 대백기大白旗:행군할 때의 지휘용 깃발에 매달았다. 그는 이어 기자를 풀어주고 비간의 묘에 봉분을 해주고, 상용이 살던 마을을 표창했다. 그는 또 주의 아들 무경武庚:자는 祿父에게 봉토를 나눠주고 은나라의 제사를 잇게 했다.

주왕조가 들어서자 주나라 사람들은 상왕조 때 군주를 '띠帝'라고 부른 것과 달리 '왕王'으로 칭했다. 상왕조 때 군주를 '띠'라고 부른 것은 진시황 이후 천자의 명칭을 '황제皇帝'로 높인 것과는 차원이 다른 것이었다. '황제'의 '제帝'는 열왕列王 위에 군림하는 사실상 최고 통치권력자를 의미하는 데 반해 상왕조 때의 '띠'는 하늘과 인간을 매개하는 정인貞人의 우두머리를 뜻했다. 그러나 이는 엄밀히 구

329

분되는 것은 아니다. 상왕조 때의 '띠' 역시 세속적인 군왕을 뜻하는 말로 통용되었고 '황제'의 '제帝' 역시 일정 부분 주술적인 의미를 지니고 있었다.

원래 상왕조는 동방세력을 대변했다. 이에 대해 주왕조는 서방세력을 대변했다. 주족은 오늘날 중국 민족의 직접 조상이 된다. 상왕조의 문화는 동이계가 그렇듯이 샤머니즘을 바탕으로 종교적이며 신비적인 경향이 강했다. 주왕조의 문화는 이에 비해 현실적이며 이성적인 경향이 짙었다. 따라서 은나라의 주나라로의 교체는 단순한 왕조교체 이상의 의미를 지니고 있었다.

우선 중국문명이 다원주의에서 중원을 중심으로 한 일원주의로 변화해 나간 점을 들 수 있다. 주왕조가 성립한 이후 중국은 한족漢族 중심의 정치와 문화를 추구해 나갔다. 이를 흔히 중화주의中華主義라고 한다. 두 번째로 주왕조의 등장은 중국에서 본격적인 인문주의 및 합리주의적인 관념이 대두되었음을 의미한다. 중국문명은 주왕조가 성립하면서 그 색책을 분명히 하게 된 것이다. 이는 후술하는 바와 같이 주왕조가 천명론을 내세워 은왕조에 대한 찬탈행위를 호도하고 종법제에 기초한 봉건제를 제도화하여 천자를 정점으로 한 통치권위를 확고히 한 사실과 밀접한 관련이 있다.

✳ ✳ ✳

한동안 상왕조는 흔히 동이계 종족의 나라로 알려져 왔다. 실제로 우리나라의 일부 학자는 이를 확신하며 특서特書하고 있다. 사실 중국 학계에서는 아직 상족의 발상지에 대해 이견이 분분한 실정이다.
상족의 발상지는 동이족이 흥기한 산동반도이고 점차 중부지역으로
이동팽창했다는 견해가 가장 눈길을 끈다. 이에 대한 반론도 만만치
않다. 이들은 갑골문에 기록되어 있는 상족의 옛 거주지인 천읍상天
邑商과 대읍상代邑商, 중상中商, 상商이 모두 지금의 하남성 내의 상구商丘
와 심양沈陽, 기현淇縣 부근의 안양安陽지역인 점을 들어 산동반도설을
부인하고 있다. 아직 이에 대한 결론이 나지 않고 있다. 다만 상족의
발상지가 중국 동쪽의 산동성 일대 아니면 중부의 하남성 지역으로
좁혀진 것만은 사실이다.

　상족의 발상지와 관련해 상족이 과연 동이족인가 하는 점도 여전
히 합의점을 찾지 못하고 있다. 일부 우리나라 학자들은『삼국지』
「위서 · 동이전」등의 기록을 들어 상족이 우리의 먼 조상과 연결된
것으로 주장하고 있다. 사실 이 기록을 보면 부여扶餘는 상왕조의 달
력을 쓰고 말발굽이 갈라지는 점을 치는 등 상왕조의 풍속과 유사한
점이 많았다. 상왕조가 종교적인 색채가 강한 것도 이같은 주장을 뒷
받침하고 있다. 그러나 이는 보다 정밀한 고고학적 자료가 뒷받침되
어야만 할 것이다.

　현재 중국 학계 내에서 상족은 동쪽의 흑도문화권에서 일어났다
는 데 별다른 이견이 없는 상황이다. 이는 현 중국민족의 근간을 이
룬 화하계와 대립되는 것이다. 이로 인해 상족을 동이계의 일부로 간
주하는 견해가 지금까지도 수그러들지 않고 있다. 그러나 앙소의 채
도문화와 용산의 흑도문화는 독자적 기원을 갖고 대립되었던 문화
가 아니다. 채도문화에서 흑도문화로 발전했다는 것이 정설이다.

상대 귀족 복식
이러한 좁은 소매의 직조무늬는 상대 귀족이 입던
복식으로, 이 그림은 출토된 옥인玉人의 복식에 근
거하여 복원 제작된 것이다.

또한 갑골문자의 문법구조를 보면 현재 중국어 문법과 비슷하고
우랄 알타이 어법과 다르다. 전통시대의 중국 사람들 역시 하왕조의
시조 우와 상왕조의 시조 설, 주왕조의 시조 후직을 모두 같은 황제
의 후손으로 보았다. 언어와 습관, 문자 등이 모두 같은 것으로 생각
했던 것이다. 이런 사실을 종합해 볼 때 상족은 우랄 알타이어를 사
용한 동이족이 아니라 고대 중국민족의 근간을 이룬 화하족의 먼 조
상으로 보는 것이 타당할 듯하다. 그러나 동이족과 매우 밀접한 관계
를 맺고 있었던 것만은 분명하다.

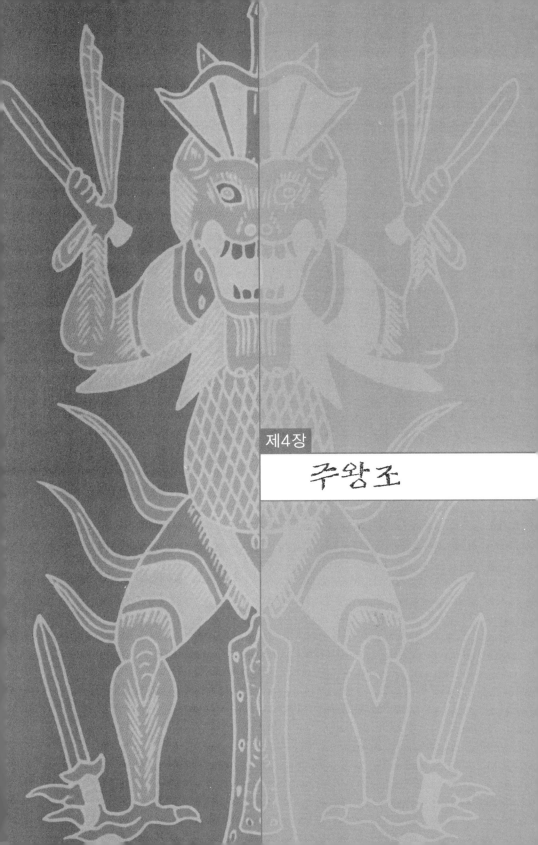

제4장

구왕조

1
주대론
【봉국연합의 봉건국이었다】

주왕조 초기의 역사를 알기 위해서는 청동기 명문에 대한 탐사가 필수적이다. 이는 상왕조의 역사를 알기 위해서는 반드시 갑골문을 먼저 연구해야 하는 것과 같다. 주왕조 초기에 만들어진 청동기 '영이＾盂ᵃ'에는 명문이 1백80여 자에 달한다. 주왕조 말기의 청동기 '모공정毛公鼎'에는 명문이 무려 5백 자에 달한다. 그러나 일반적으로 1백 자 정도로부터 3백 자 정도에 달하는 것이 상당히 높은 비율을 차지하고 있다. 주왕조 때 만들어진 금문에 사용된 글자 수는 갑골문보다 훨씬 많다. 이토록 귀중한 자료를 과거에는 제대로 고려에 넣지 못했다. 중국의 고대사를 연구할 때 갑골학 못지 않게 소위 '금문학金文學'이 중시되는 이유가 여기에 있다. 최근에는 죽간과 목간을 연구하는 소위 '간독학簡牘學'이 각광을 받고 있다. 이는 진한秦漢시대에 공용문서로 널리 사용된 죽간 등을 통해 당시의 통치제도 등을 연구하는 분야를 말한다. '갑골학'과 '금문학', '간독학' 모두 종이가 널리 사용되기 전의 문서체계를 연구해 당시의 시대사를 규명한다는 점에서 궤를 같이 한다고 할 수 있다.

금문은 역사적 사실을 비교적 구체적으로 기록해 놓고 있다. 주왕조 때 만들어진 청동기의 금문에는 공훈을 찬양하고 포상받은 것을 칭하는 내용들이 많다. 전쟁의 규모와 하사된 전답 등의 수효에 대해서도 구체적으로 기록한 것이 매우 많다. 주왕조 때 만들어진 금문은 상왕조 때 만들어진 갑골문만큼이나 주왕조의 역사를 연구하는 데 빼놓아서는 안 될 매우 귀중한 사료이다.

주왕조 때의 금문은 대개 '자자손손 길이 보배로이 간직할지어다'로 끝나고 있다. 이는 명문을 새긴 청동기가 후세에 길이 전해지기를 염원해 새겨넣은 것이다. 이를 통해 주왕조 때의 금문은 갑골문과는 달리 당초부터 역사기록의 성격을 띠고 만들어졌음을 알 수 있다. 금문은 갑골문에 비해 연월일을 제대로 밝힌 것이 매우 많다. 날짜를 기록한 순서는 월일년의 순서로 된 것도 있고, 연월일의 순서로 된 것도 있다. 그러나 후대에는 후자가 널리 채택되었다.

상왕조와 주왕조의 역사에 대한 후대의 기록은 주로 죽간이나 비단에 쓰여졌다. 오늘날 볼 수 있는 것은 주로 『서경』과 『시경』 등에 보존되어 있는 자료들이다. 『서경』은 상왕조와 주왕조, 춘추시대의 문헌들을 묶은 것이다. 그 중에는 하왕조와 같이 전설시대의 역사를 회상한 부분도 있다. 『시경』은 주왕조로부터 춘추시대에 이르는 시기에 나온 시들을 묶어놓은 것이다. 『서경』과 『시경』은 후세의 정치사상과 문학 등에 지대한 영향을 미쳤다.

『서경』에는 상왕조 및 주왕조의 역사와 관련해 제법 믿을 만한 내용을 담은 것이 20여 편이나 실려 있다. 이 자료들은 기본적으로 모두 당시에 쓰여진 것들이다. 『서경』은 금문에 비해 표현형식이 매우 세련되어 있고 역사를 기록한다는 의식이 선명히 부각돼 있다. 『시경』은 「소아」 74편과 「대아」 31편, 「주송」 31편 등으로 되어 있다. 이 시들은 기본적으로 주왕조 때 나온 것들이다. 이외에도 각 지역의 민요를 모은 「국풍」 160편이 있다. 『시경』에 실려 있는 시는 일반적인 역사기록과 다르기는 하지만 일부 시는 매우 중요한 역사적 사실을 담고 있어 귀중한 사료로 활용되고 있다.

갑골문과 금문, 『서경』, 『시경』 등은 각기 독립적으로 역사적 사실을 기록해 놓았다. 이로 인해 연대 측정에 적잖은 어려움이 있다. 그러나 주왕조 말기인 기원전 841년부터는 정확한 기년紀年이 나타나게 된다.

과거 전통시대의 중국인들은 유가의 경전인 『서경』과 『시경』 등의 영향을 받아 주왕조를 가장 이상적인 왕조로 생각해 왔다. 이는 주왕조 때 전중국을 하나로 통합시킨 사상과 제도의 기본틀이 마련된 사실과 무관치 않았다. 이에 중국인들은 주왕조를 사상 최초로 전중국을 정치적으로 통합한 왕조로 인식해 왔다. 실제 주왕조 초기에 만든 금문도 주왕周王을 천명의 수임자로서 천하를 통치한 존재로 기록해 놓았다.

그러나 이는 중국인들이 자신들의 직접적인 조상이 바로 주족周族에 해당한다고 굳게 믿은 사실과 무관치 않다. 중국인들의 이같은 생각을 담아놓은 것이 바로 『서경』이다. 이는 말할 것도 없이 후대에 나온 것이다. 『서경』의 기본적인 특징은 주왕조를 극히 미화해 놓은 데 있다. 따라서 『서경』의 내용을 그대로 믿을 수는 없다. 주왕조는 엄밀히 말해 방국연합의 기초 위에 서 있던 상왕조의 연장에 지나지 않았다. 주왕조의 실질적인 지배영역도 도성인 호경鎬京과 그 주변 지역인 소위 왕기王畿에 지나지 않았다.

그럼에도 전통시대의 중국인들은 주왕조를 극히 이상적인 왕조로 미화한 유가의 영향을 받아 마치 주왕조 때 천하가 하나로 통합된 것으로 간주했다. 시대가 지날수록 주왕조가 더욱 미화된 것은 바로 이 때문이었다. 이같은 풍조에 결정적인 공헌을 한 것은 말할 것도 없이 주왕조의 건국을 미화하고 나선 유가들이었다. 은왕조의 멸망 및 주왕조의 건국에 대해 후세 사가들의 중화주의적 관점에 입각한 첨삭添削이 이뤄진 것도 바로 이 때문이었다.

역사는 흔히 '승자의 기록'이라고 한다. 중국의 후대 사가들이 중국인의 뿌리를 주왕조에서 찾는 전통을 수천 년간에 걸쳐 답습해 온 만큼 은·주 교체기에 관한 문헌의 분석에는 신중을 요한다. 앞서 언급한 바와 같이 은왕조는 이미 주왕조 이전에 봉건제적 기반 위에서 왕조를 이끌어 왔다. 고고인류학적 관점에서 볼 때 은왕조와 주왕조는 근본적인 차이가 없었던 것이다.

그러나 후세 사가들의 가필加筆이 이뤄진 문헌을 토대로 한 문헌학적인 관점에서 분석할 때는 얘기가 완전히 달라진다. 주왕조의 건국에 따른 봉건질서의 확립은 공자와 같은 사상가들에 의해 획기적인 사건으로 평가받았다. 공자는 주왕조의 개국공신인 주공周公 단旦을 성인으로 간주했다. 훗날 진시황은 신분세습의 봉건제를 타파하고 사상 처음으로 능력에 따른 관인官人 통치체제인 제왕정帝王政을 세웠다.

역대 중국 왕조는 모두 진시황이 마련한 제왕정을 답습했음에도 불구하고 진시황을 만고의 폭군으로 매도하면서 봉건질서를 구축한 주공 단을 성인으로 숭앙했다. 이는 모두 유가사상을 유일한 통치사상으로 내세운 데 따른 것이었다. 이같은 기조는 지난 1960-1970년대에 일어난 문화대혁명 때에 이르러 완전히 역전되기는 했으나 지금까지도 중국문명의 저류에 도도히 흐르고 있다. 이같은 관점에서 볼 때 주왕조에 대한 탐색은 곧 역사시대 이후에 전개된 중국문명의 뿌리를 탐사하는 작업이 되는 셈이다. 주왕조에 대한 기본 이해가 전제되지 않은 채 역사시대 이후의 중국문명을 탐사하는 것은 마치 수면 위에 드러난 파문으로 심연深淵의 깊이를 재는 것과 같다.

최근 중국고대사 연구에서 두드러진 경향 중 하나로 소위 '의고주의疑古主義에 대한 반동'을 들 수 있다. 이는 1920년대 고힐강을 필두로 하는 고사변파古史辨派가 하·은·주 3대를 모두 신화와 전설의 세계로 내몰았던 것에 대한 반동이다. 중국문명을 단절이 아닌 연속의 시각에서 이해하려는 움직임은 종래 변혁기적 성격이 강조돼 온 전국시대의 연구에도 예외없이 적용되었다. 이는 최근 출토된 자료와 제자백가의 문헌을 정밀히 분석한 결과 전국시대에도 주술적인 세계관이 잉존仍存하고 이전 시대의 사유체계가 잉연히 존재하고 있다는 사실을 확인한 데 따른 것이었다.

중국문명은 그 원형을 형성하는 신석기시대부터 역사시대 이후의 문명을 특징짓는 주왕조의 시기에 이르기까지 수많은 문화유형을

하나로 융합시켜 동아시아 전체를 아우르는 독특한 문명으로 전개
되어 왔다. 중국문명은 결코 현대 중국인의 직계 조상들만이 참여해
일궈온 문명이 아니었던 것이다.

이는 중국문명의 원형으로 간주되어 온 주왕조의 시기에도 예외
없이 적용된다. 서쪽에 치우쳐 있으면서 전국시대 후반기를 주도했
던 진秦나라는 말할 것도 없고 춘추시대 중반기를 호령했던 진晉나라
모두 서쪽 융적戎狄의 문화를 깊이 흡입하고 있었다. 동쪽의 제齊나라
와 북쪽의 연燕나라 모두 조선朝鮮을 비롯한 동이東夷와 긴밀한 교류
를 나누고 있었다. 남쪽의 월越나라와 초楚나라 역시 남만南蠻과 불가
분의 관계를 맺으며 일세를 풍미했다. 오히려 춘추전국시대로 들어
오면 중국문명의 뿌리로 간주된 주왕조의 봉건질서는 껍데기만 남
아 있었다.

그럼에도 불구하고 후세의 사가들은 춘추전국시대를 8백 년에 걸
친 주왕조의 유구한 역사가 흥망의 우여곡절을 겪는 와중에 나타난
일회성 혼란기 정도로 치부했다. 그 대표적인 실례가 바로 사마천의
『사기』였다. 이는 말할 것도 없이 역사의 왜곡이었다. 그러나 역대
중국의 사가들은 이를 중국사에 대한 기본 관점으로 삼아 유사한 왜
곡을 끊임없이 자행해 왔다.

그러나 객관적으로 볼 때 주왕실이 낙읍雒邑 : 하남성 낙양으로 천도
하기 이전의 역사인 소위 서주西周시대는 사실 신석기시대 이래 동시
다발적으로 전개된 다양한 문화유형을 하남성 일대의 중원문화로
축소시켜 놓은 시기에 불과했다. 그보다는 오히려 흔히 동주東周시대
로도 불리고 있는 춘추전국春秋戰國시대야말로 축소된 중국문명을 다

시 다양한 이민족의 참여 속에 훨씬 수준 높고 폭넓은 본래의 문화 유형으로 되돌려 놓는 결정적인 시기로 작용했다.

중국문명은 수백 년을 주기로 하여 한족 중심의 중원문화로 응축 되었다가 주변 이민족이 중원의 주인이 되는 것을 계기로 사방의 다 양한 문화와 접목해 확대심화하는 순환과정을 반복했다. 제왕정이 계속된 20세기 초 청나라 말기까지 이같은 순환과정이 중단된 적은 한번도 없었다. 21세기에 들어선 지금도 이같은 순환과정은 계속되 고 있다. 다만 20세기 말기부터 나타난 특이한 양상으로는 중국의 고 구려 공정작업에서 드러났듯이 전래의 패턴과는 약간 다른 양상이 추가된 점을 들 수 있다.

중국은 북방 이민족의 침입으로 인해 중원지역을 포함한 북중국 을 상실했거나 전중국의 영역을 잃었던 북조대北朝代와 오대五代, 원대 元代, 청대淸代의 시기에는 사방 이민족의 역사 및 문화를 중국문명사 에 적극 편입시켰다. 그러나 한족이 중심이 되는 한대漢代와 송대宋代, 명대明代와 같은 때에는 중원의 역사만을 중국문명사로 간주하는 응 축된 모습을 보였다. 그런데 지금 한족이 중심이 된 현대 중국은 과 거의 한대와 송대, 명대와 달리 동쪽 만주와 북쪽 몽골의 역사 및 문 화를 중원문화에 적극 편입시키려는 모습을 보이고 있다. 이것이 바 로 과거와는 현격히 다른 점이다.

그렇다면 현대 중국을 이끌고 있는 자금성紫禁城의 지도자와 '동북 공정' 등에 참여한 사가들은 그만큼 중국문명사에 대한 이해의 심도 가 깊어지고 스케일이 커진 것일까. 오히려 그 정반대로 보는 것이 옳다. 그들 역시 중국문명사를 중원중심의 문명사로 이해하려는 전래의 입장에서 한 치도 벗어나지 못하고 있다. 그러나 그들은 오히려 응축 일변도로 치달은 전래의 중원중심 문명사관을 주변국의 역사문화에 대한 해석에도 마구 적용시키려 하고 있다. 이는 말할 것도 없이 초고속 성장을 거듭하고 있는 현대 중국의 자신감을 반영한 것이기도 하다.

중국 역사상 이같은 일이 전개된 적이 전혀 없었던 것은 아니다. 한대 초기의 한무제漢武帝 때와 당태종唐太宗과 측천무후則天武后 시절의 당나라 때에도 바로 이같은 모습이 나타났다. 한무제와 당태종 등은 막강한 경제력과 무력을 바탕으로 주변국의 역사와 문화를 모두 중원중심의 문명사에 강제로 편입시키고자 했다. 우리 민족의 영역이 요서遼西지역에서 요동遼東지역으로 축소되었다가 마침내 한반도로 밀려들어 오게 된 것도 바로 이들이 이같은 움직임을 보였을 때 이뤄졌다.

반세기 넘게 한반도에서 남북이 대치하고 있는 현재의 상황에서 북한이 갑자기 붕괴되었을 때 고구려의 고지에 안동도호부安東都護府를 설치했던 1천4백 년 전의 악몽이 재현될지도 모를 일이다. 그런데도 김부식은『삼국사기』에서 한반도의 남쪽만을 통합한 신라의 행보를 두고 '삼한일통三韓一統' 운운하며 이를 '삼국통일'로까지 미화하는 어리석음을 저질렀다.

이를 통해 알 수 있듯이 서주와 동주의 전시기를 포함한 주왕조의 역사를 개관할 때는 반드시 중원문화를 대표하고 있는 주왕실의 움직임과 사방 이민족이 참여한 열국들의 움직임을 총체적으로 파악해야만 한다. 그렇다면 주왕조가 구축한 봉건질서는 과연 어떤 것이

길래 사가들이 중원문화의 골간骨幹으로 특서特書했던 것일까.

결론부터 미리 말하면 주왕조 때 처음으로 확립되었다고 하는 봉건질서는 사실 신석기 시대에 확연히 그 모습을 드러낸 농경문화의 결과물에 지나지 않았다. 앙소문화와 용산문화, 상왕조의 문화는 고고학적으로 볼 때는 각기 신석기문화와 금석병용기金石並用期문화, 청동기문화의 특징을 보이고 있다. 문화인류학적으로는 각기 씨족 및 부족사회, 부족연맹

서주 · 청동호

및 추방사회, 방국연합邦國聯合국가에 해당한다. 그러나 그 밑바닥을 관류貫流한 공통된 문화는 바로 집약적인 농경을 특징으로 하는 농경문화였다.

집약적인 농경문화를 이루기 위해서는 경작지 부근에 대규모 노동력을 확보한 집단이 정주定住하며 때에 맞춰 규칙적으로 경작에 동원될 수 있어야만 한다. 그 모집단이 바로 씨족인 것이다. 이는 수천년간에 걸쳐 집약적인 농경문화를 이룬 중국문명의 기본 요소이기도 했다. 20세기 초에 마오쩌뚱毛澤東이 고식적인 노동자 프롤레타리아 혁명노선을 버리고 농민혁명으로 방향을 바꿔 중국혁명을 성사시킨 것도 바로 중국문명의 본질을 통찰한 데 따른 것이었다. 이를 통해 알 수 있듯이 씨족을 근간으로 한 집약적인 농경문화는 수천년 동한 한번도 변경되지 않았던 것이다. 급속한 산업혁명이 이뤄지고 있는 현대 중국도 기본적으로는 이 농경문화의 전통에서 벗어나지 않고 있다.

주왕조는 농경문화에 기초해 있던 만큼 토지를 가장 중시했다. 토지는 모두 주왕의 소유였다. 그러나 이같은 '왕토王土' 사상은 명목적인 이론에 불과했다. 토지의 실제 소유권은 제후들과 그의 일족인 경대부의 손에 있었다. 읍 주변의 농경지는 읍명을 따 송전宋田, 허전許田, 조전曹田 등으로 불렀다. 이를 총칭해 읍전邑田이라고 했다. 이는 이들 농경지가 지배씨족의 공유지임을 나타낸 것이다.

그러나 이 씨족 공유지가 씨족구성원 간에 어떻게 분유分有되었는지는 확실히 알 길이 없다. 일설에 따르면 주족이 은왕조를 뒤엎었을 때 자신들의 감독 하에 있는 땅을 공전公田이라 하고, 나머지 토지는 일반 농민에게 분배해 경작케 하면서 이를 사전私田으로 칭했다고 한다. 그러나 당시 이 사전의 토지소유권은 여전히 지배층에 있었다. 일반 농민은 경작권만 보유해 자손에게 전할 수 있었다. 주왕조 때의 농민은 결코 토지를 소유한 적이 없었다.

이들 사전이 농민에게 어떻게 분배되고 경작되었는지에 대해서도 자세히 알 길이 없다. 다만 맹자는 주왕조 때 정전제井田制를 실시한 바 있다고 주장했다. 맹자는 정전제와 관련해 일정한 토지를 8가家의 농민에게 균분해 경작케 하고 나머지 중앙부분은 8가의 농민이 공동으로 경작해 그 수확을 지대地代형식으로 지배층에 납부했다고 주장했다. 그러나 이같이 체계적인 '정井'자형의 토지경작제가 실제로 시행되었는지 확인할 길이 없다. 그보다는 오히려 맹자 자신이 토지제도에 관한 자신이 견해를 피력키 위해 이같이 주장했을 공산이 크다.

현재 학자들은 서주시대에 들어와 완비된 정전제를 크게 두 가지 계통으로 분류하고 있다. 8가를 정井으로 하는 유공전有公田과 구부丘

賦를 정으로 하는 무공전無公田이 그것이다. 정전제 하에서 농민은 전지세와 부역의 부담을 졌다. 서주시대 중기에 귀족 사이에서는 이미 토지의 개인 소유제가 출현했다. 춘추시대에 나타난 진晉나라의 작원전作爰田과 노나라의 초세무初稅畝 등의 제도는 정전제가 와해되고 토지의 개인 사유제가 널리 보편화되는 상황에서 실시되었다.

주왕조 때의 농경지는 대개 성읍 주변에 위치해 있었다. 이를 전田이라고 했다. 이를 경작한 계층은 피지배층의 일부인 토착민이었다. 이들 농민들은 흔히 서민庶民으로 불렸다. 『시경』을 보면 이들 서민들은 정월에 농기구를 수리하고, 2월에 기장, 보리, 수수 등의 곡식을 파종하고 10월에 이를 수확했다. 주왕조 때 사용된 농기구도 상왕조 때와 크게 다르지 않았다. 주왕조 때에도 뛰어난 청동제 기물이 대량으로 만들어졌지만 농기구로는 활용되지 못했다. 당시의 농기구는 무겁고 투박한 석제나 목제였던 까닭에 경작지는 대개 씨족원 전체가 나서는 집약적인 농경방식으로 경작되었다.

부녀들은 밭에서 삼, 칡, 뽕 등을 재배하고 양잠, 베짜기, 염색 등에 종사했다. 파종기와 수확기에는 술과 음식을 준비해 농사를 도왔다. 사서는 이를 두고 소위 '남경여직男耕女織'으로 표현해 놓았다. 주왕조는 '남경여직'의 성별에 따른 분업을 토대로 한 농경사회였다. 이는 농업을 기본으로 한 자급자족의 경제였음을 뜻한다.

당시 주왕은 모든 땅의 소유자이기는 했으나 사실 이는 하나의 명목에 불과했다. 주왕이 직접 통치하는 직할지는 소위 왕기王畿에 지나지 않았다. 제후들과 경대부들도 역시 저마다 영지를 갖고 있었다. 이는 모두 세습할 수 있었다.

제후와 경대부들은 토지의 비옥도에 따라 정기적으로 농민들에게 일정한 농토를 나눠 주었다. 노동력이 있는 농민 한 사람이 받을 수 있는 농토의 면적은 대략 중질의 땅 1백 무畝에 휴경지 1백 무였다. 농민들은 나눠 받은 토지의 일부를 경작하고 나머지 땅은 휴경지로 두면서 윤작을 했다.

당시 농촌공동체의 농민들은 일족이 한 곳에 모여 살았다. 그들이 모여 사는 곳을 읍邑 또는 사社라고 했다. 그 주변에는 광활한 들판이 있었다. 주왕조 때 농업생산은 현저히 증대했다. 이는 우경耦耕과 밀접한 관련이 있다. 우경은 두 사람이 협력해 쟁기로 땅을 가는 것을 말한다. 이같이 하여 땅을 비교적 깊이 갈 수 있었고 노동 능률도 높일 수 있었다. 일부 지역에서는 지력地力이 떨어진 땅을 오랫동안 버려두던 관행을 고쳐 일정한 기간을 주기로 하여 돌아가며 경작하는 휴경제를 채택함으로써 생산량을 크게 증대시켰다. 당시의 농작물로는 벼와 조, 기장, 보리, 콩 등이 있었다. 농민들은 뽕나무와 삼, 과실나무도 재배했다. 주왕조 때에는 상왕조 때에 비해 농작물의 종류도 크게 늘어났다. 후대에 나오는 주요 작물은 이 시기에 거의 다 등장해 있었다.

주왕조 때 역시 상왕조 때와 마찬가지로 수공업과 상업도 크게 발달했다. 당시의 수공업은 대체로 상왕조 때의 수공업을 계승해 발전시킨 것이었다. 특수한 기술을 요하는 청동제품과 귀금속은 주왕실과 각 제후들에게 소속된 공방工坊에서 제작되었다. 공방에서 일하는 '공인工人'을 총칭해 흔히 '백공百工'이라고 했다.

갑골문에는 수공업 기술자를 지칭하는 '공工' 자가 나온다. 이

'공' 자는 당시 생활에 필요한 기물을 제작하는 계층을 말한다. 주왕조는 개국 초에 수공업 기술을 가진 은왕조의 유민을 제후에게 분배했다. 노나라의 백금伯禽과 위나라 강숙康叔에게 분배된 유민 대부분이 수공업 기술자들이었다. 색씨索氏: 노끈을 만드는 공인와 장작씨長勺氏, 미작씨尾勺氏: 술그릇을 만드는 공인, 도씨陶氏: 질그릇을 만드는 공인, 시씨施氏: 깃발을 만드는 공인, 번씨繁氏: 말굴레장식품을 만드는 공인, 기씨錡氏: 쇠를 깎는 줄이나 가마를 제작하는 공인, 번씨樊氏: 울타리를 만드는 공인, 종규씨終葵氏: 망치를 만드는 공인 등 9종은 수공업자들이었다.

은왕조 때 발달했던 토기와 공예, 예술, 무기, 청동기물의 제작 등은 모두 이같이 특수분야에서 전문적으로 종사한 수공인 계층에 의해 이뤄졌다. 주왕조는 상왕조 때부터 특정 수공업 기술을 습득한 이들을 적극 수용해 수공업을 크게 발전시켰다. 주왕조 때의 수공업 기술을 대표하는 것으로는 건축을 들 수 있다. 성읍은 상왕조 때와 마찬가지로 강하에 가까운 언덕과 구릉지에 조성되었다. 성읍 안에는 종묘와 관실官室, 대사臺榭, 원유園囿, 부고府庫, 객관客館 등이 목조로 축조되었다. 이들 목조 건축물은 주왕조 때의 토목건축 기술이 매우 높은 수준에 이르렀음을 말해준다.

당시의 수공업 수준은 청동제품과 옥기玉器를 통해 대략 짐작할 수 있다. 이는 조상신에 대한 제례祭禮가 극히 중시된 사실과 무관치 않았다. 당시의 제사의식과 전례는 매우 성대했다. 전례와 의식에 사용된 옥기는 당시 고도로 발달한 장인들의 제작솜씨를 유감 없이 보여주고 있다. 직물과 방직 수준 역시 대단히 높았다. 당시의 대표적인 직물로는 견絹과 마麻 등을 들 수 있다. 서주시대의 청동기 금문에는 당시 주왕이 신하들에게 면冕과 의衣, 석舃 등을 자주 하사한 사실이 기록되어 있다. 이는 모두 고급직물로 당시의 방직기술을 가늠케 해준다.

당시 수레의 제작도 특히 발달했다. 수레는 귀족들이 타고 다니는 데 이용되었을 뿐만 아니라 군사상의 장비로도 매우 중시되었다. 이를 통해 주왕조 때의 수공업 기술과 공예 수준이 상왕조 때 못지 않았음을 알 수 있다.

주왕조 때의 상업 역시 수공업과 마찬가지로 성읍을 중심으로 발달했다. 당시의 성읍은 정교政敎와 군사행정의 중심지였던 까닭에 지배층과 서민들이 함께 거주하는 인구 밀집지역이었다. 이같은 성읍은 주공 단의 동방원정을 계기로 봉건제가 확산됨에 따라 서쪽에서 동쪽으로 황하 강변을 따라 확대되는 양상을 보였다.

당시 주로 노비와 소, 말, 병기, 진귀한 보배와 같은 상품들이 교환되었다. 주왕조는 시장을 효율적으로 관리키 위해 따로 관원을 두었다. 당시의 화폐는 이전과 마찬가지로 여전히 조가비를 사용했다. 계산 단위는 붕朋이었다. 이는 조가비 묶음을 상형문자로 표시한 것이다. 서민들 사이의 매매는 대부분 물물교환이었다.

고고학적 발굴조사에 따르면 호경을 중심으로 한 위수渭水지역과 황하의 분수지역, 낙양과 안양 사이의 삼각지대, 성주成周의 낙읍지역, 산동반도 일대 등의 9개 지역에 성읍이 밀집해 있었다. 이들 지역은 모두 당시에 농업이 발달하고 교역이 활발했던 곳이다.

주왕조 때의 교통로를 보면 호경에서 정치군사적 부도副都인 낙읍에 이르는 간선도로가 있었고, 낙읍을 기점으로 하여 사방으로 교통로가 나 있었다. 동으로는 황하, 동남으로는 회수, 남으로는 장강에 달했다. 당시 북방에는 연나라와 진晉나라가 있었다. 연나라는 춘추 시대까지 중원과 그다지 밀접한 정치적 관계를 맺지 않았기 때문에 교통로가 뚫려 있었는지 여부는 확실히 알 수 없다. 그러나 진晉나라 는 제나라와 교섭이 많았던 역사적 사실에 비추어 동쪽 제후국들과 연결되는 교통로를 가졌을 것으로 짐작된다.

인구가 밀집한 성읍을 연결했던 교통 로의 발달은 주왕조 때의 상업 발달에 크게 기여했다. 고고학적 성과와 『시경』 및 『서경』, 『주례』 등에 나타난 기록을 종합해 볼 때 당시의 상업이 매우 성했 음을 짐작할 수 있다. 『시경』에 실린 시 중에는 농가의 부녀자들이 짠 베와 비 단, 삼, 실 등을 시장에 내다 팔았다는 내 용이 나온다. 이는 당시 고정된 시장이

서주·큰 벼슬을 가진
옥으로 만든 새

형성되어 서민들이 서로 상거래를 했음을 시사한다.

청동기 명문에 '패貝' 자가 많이 출현하고 있는 것도 당시 조가비 화폐가 유통수단으로 사용되었음을 보여주는 것이다. 상고商賈와 무 역貿易, 부세賦稅 등의 뜻을 지닌 매賣, 매買, 고賈, 부賦, 공貢, 무貿 등의 한 자가 만들어진 것도 이와 무관치 않을 것이다.

당시 대표적인 생활 필수품으로 소금이 있었다. 소금은 산염山鹽과 해염海鹽이 산출되는 특정 지역에서 소비지역으로 이송해야만 했다. 청동기 제작의 원료가 된 아연과 구리를 비롯해 사치품의 소재인 금

과 은, 옥 등도 제한된 특정지역의 산물인 까닭에 반드시 소비지역으로 운송해야만 했다. 이같은 원료를 수송하고 제품을 다시 지배층을 비롯한 소비자에게 공급키 위해서는 유통업이 일정 수준 이상 발달하지 않으면 안 되었다. 『시경』에는 난봉꾼이 행상인으로 가장해 부녀자와 노니는 것을 묘사한 시가 나온다. 성읍과 성읍을 중심으로 한 근거리 상업과 더불어 원격지 무역을 중개하는 상업활동이 활발히 전개되었음을 짐작케 해주는 대목이 아닐 수 없다.

당시 주왕조의 영역은 모두 9주로 나눠져 있었다. 『주례』에 따르면 연주兗州는 칠·무늬, 청주青州는 소금·삼·주석·소나무·괴석, 서주徐州는 꿩·오동·경磬, 양주는 금·은·동·대나무·상아, 형주荊州는 금·은·동·우모羽毛, 예주豫州는 칠·삼·모시, 양주梁州는 옥석·여우가죽, 옹주雍州는 낭간琅玕 : 옥돌 등을 주왕에게 바쳤다. 또 주변의 이민족 중 섬에 사는 도이島夷는 가죽옷, 산동성 내의 내이萊夷는 압사壓絲, 회하 주변의 회이淮夷는 빈주蠙珠 : 진주 등을 바쳤다.

『주례』의 이 기록이 얼마나 사실에 부합하는지는 자세히 알 길이 없다. 다만 제후들이 자국에서 나는 토산품을 주왕실에 공납하고, 주변 이민족 중 일부도 주왕실에 토산품을 공납한 것만은 분명하다.

주왕조 때에도 사회를 구성하는 기본 단위는 성읍城邑이었다. 이는 상왕조 때 출현하기 시작해 전국시대 말기까지 그대로 유지되었다. 본래 읍은 간단한 방어시설만을 갖춘 소규모 취락에서 성벽으로 둘러싸인 도시형태의 대취락을 포함해 왕도王都에 이르기까지 사람이 모여 사는 모든 곳을 총칭하는 말이었다. 그러다가 춘추시대로 들어오면서 읍은 주로 작은 취락만을 지칭케 되었다. 이에 제후들이 거주하는 곳은 따로 국國으로 불리게 되었다.

주왕조 때의 성읍은 발달 정도에 따라 규모상의 차이가 있기는 하나 그 출발점은 어디까지나 독립적인 자연취락이었다. 당시 대다수의 성읍은 소규모의 자연취락으로 이뤄져 있었다. 이는 지리적 조건에 의해 크게 제약받을 수밖에 없었던 당시의 농경문화와 불가분의 관계가 있었다. 혈연적 유대를 바탕으로 소규모의 관개농경을 영위하는 촌락공동체가 바로 자연취락의 진면목이었다.

당시 화북지역에서는 이같은 성읍이 고립적으로 형성돼 도처에 산재해 있었다. 이런 성읍들이 춘추시대 중기를 기점으로 권력의 집중화 과정 속에서 점차 그 독립성을 상실하고 중앙에 예속되었다. 그러다가 마침내 전국시대 말기에 들어와서는 중앙에 직속된 현縣으로 재편돼 나간 것이다. 상왕조부터 춘추시대 전기까지는 일응 동질적인 성읍사회로 단순화시킬 수 있다.

중국사 연구에 가장 뛰어난 업적을 이룬 일본의 소위 교토학파京都學派는 상왕조부터 춘추시대 전기까지의 국가형태를 고대 그리스의 폴리스polis에 비견되는 도시국가로 해석했다. 교토학파의 대표주자인 미야자끼 이치사다宮岐市定는 중국의 고대 도시국가를 소규모의 농업도시로 규정했다. 이는 전세계 모든 나라의 고대사를 〈씨족성읍 → 도시국가 → 영토국가 → 대제국〉의 발전과정으로 이해한 데 따른 것이다.

그러나 이는 고대 그리스에서 로마공화국으로 발전하는 서양의 고대사를 토대로 한 것으로 진시황의 천하통일로 대제국이 형성된 뒤에도 줄곧 씨족성읍의 기본 단위가 유지된 중국의 특수성을 무시

351

한 것이다. 교토학파의 주장은 독립적인 제후들의 제휴로 이뤄진 방국연합邦國聯合체제인 상왕조 때에는 어느 정도 설득력을 지니고 있다. 그러나 종법제를 기반으로 하는 봉건제가 실시된 후 각 성읍 간에 상하관계가 심화되는 주왕조의 시기에는 이 도식을 적용키 어렵다.

이에 대한 반론으로 제기된 것이 바로 '읍제국가론邑制國家論'이다. 현재 일본의 중국 사학계에서는 이 견해가 주류를 이루고 있다. 이는 각 성읍 간의 상하관계를 중시하는 입장이다. 이들은 서주에서 춘추시대 전기까지의 국가는 주위의 전야 및 봉강封疆지역인 방邦까지 포괄하는 영토국가의 성격을 지니고 있다고 분석했다. 이들은 도시국가보다는 '성방국가城邦國家' 내지 '성읍국가城邑國家'로 규정하는 것이 타당하다고 주장하고 있다.

원래 서주시대의 제후국은 대부분이 피정복민의 반발을 무력으로 진압키 위해 설치된 것이다. 군사거점으로서의 성격이 강했던 것이다. 주왕조 초기에 제후들의 봉지를 바꾸는 소위 이봉移封현상이 자주 일어난 것도 바로 이 때문이었다. 그러나 점차 주왕실의 약화되고 종법제에 의한 주왕실과 제후들 간의 유대가 느슨해지면서 모든 제후국들이 서서히 독자적인 세력으로 부상하기 시작했다. 이 과정에서 약소국에 대한 겸병현상이 나타나기 시작했다. 이에 서주시대 초기만 하더라도 무려 1천5백여 개로 추정되던 제후국이춘추시대 초기에 이르면 170여 개 국으로 격감케 되었다.

이를 통해 알 수 있듯이 주왕조 역시 상왕조 때와 마찬가지로 기본적 사회구성 단위는 성읍이었으나 그 성격만큼은 큰 차이가 있었다. 『춘추좌전』 등의 문헌에 보이는 주왕조의 성읍은 크기와 위치,

거주한 지배씨족의 정치적 기능에 따라 크게 3종류로 구분할 수 있다. 우선 제후가 거주하는 중심적 읍인 국國과 국 이외의 중요 성읍인 도都가 있고, 마지막으로 국과 도 이외에 단지 읍邑이나 비鄙로 불리는 일반 읍이 있었다. 비는 국을 중심으로 위치한 방향에 따라 동비, 서비, 남비, 북비 등으로 세분되었다.

이들 읍은 각 읍의 지배자인 귀족 간의 혈연관계에 따라 상호 관계가 차등적으로 형성되었다. 제후는 주왕실로부터 제후에 임명될 때 제사를 지낼 수 있는 분사권分祀權을 부여받았다. 제후가 경대부를 주변에 분봉할 때 역시 분사가 이뤄졌다. 주왕조의 도성인 호경과 제후들의 국, 경대부의 도에는 모두 종묘가 설립되었다. 이들 성읍은 종법질서에 따라 종주宗周와 종국宗國, 종읍宗邑 등으로 불렸다.

이들 성읍은 상왕조와 마찬가지로 중앙에는 조상신을 모신 종묘가 있고 그 주변으로 귀족의 궁실과 저택, 무기와 제기를 보관하는 건물, 공인들의 작업장, 묘지, 서민들의 주택이 차례로 배치되었다. 성읍 주변에는 교郊로 불리는 농경지와 목야牧野, 임야林野 등이 있었다.

성읍은 자연적으로 형성된 것이 아니라 지배층의 정치군사적 입장과 종교적 요인 등을 고려하여 인위적으로 조성되었다. 종묘가 먼저 건립된 데 이어 황토로 만든 성벽이 세워지고, 마지막으로 기타의 건물이 들어섰다. 이는 주왕조 때의 성읍이 정치군사적 요인이 감안된 지배층 위주의 세력기반이었음을 시사한다. 이를 통해 주왕조 때의 성읍은 피지배층인 평민의 이해관계와는 거리가 멀었음을 알 수 있다.

춘추전국시대에는 제후국이 자립해 영토주권 국가로 변모하면서 주왕실과 제후 간의 종법질서가 붕괴되었다. 이에 '국'은 군주가 지배하는 전영역을 의미하는 국가國家의 의미로 변모되고, '도'는 군주가 거주하는 도성都城으로 변해 정치·군사·행정적 중심지로 발전했다. '비'는 일반 읍 내지 변경지역을 의미하게 되었다.

서주시대 이래 춘추시대 중기까지 주왕조의 기본 사회질서는 바로 이같은 성읍 간의 상하관계와 성읍 내의 씨족적 질서를 기반으로 하고 있었다. 따라서 주왕조 때의 열국들을 분석하기 위해서는 국의 내부 권력구조, 국 또는 도의 비읍鄙邑에 대한 지배양식, 각 성읍의 기본 구성요소인 씨족조직의 성격 등을 살펴보아야 한다.

열국의 외면적인 구도 중 가장 큰 특징은 바로 국과 야野의 엄격한 구분에 있다. 국은 본래 구읍에 새롭게 성벽을 축조해 건설한 신읍이 주류를 이뤘다. 이는 노나라가 삼황오제 중 한 사람인 소호의 도성인 '소호지허少昊之墟'에 도성을 두고, 위衛나라가 은허에 국읍을 설치했다는 문헌의 기록을 통해 대략 짐작할 수 있다. 당시의 국읍國邑은 자연재해의 위험이 적고, 교통이 편리하고, 주변 지역을 쉽게 제어할 수 있는 하천 주변의 구릉지대에 조성되었다. 국읍을 둘러싼 성곽을 경계로 하여 그 밖으로 넓게 펼쳐진 광대한 들이 바로 '야'로 통칭되는 지역이다. 비鄙로 일컬어지는 원야의 여기저기에 점점이 존재하는 소취락이 이른바 비읍鄙邑이다. '야비野鄙'는 '비읍'의 별칭이기도 하다.

비읍 중에는 국읍을 축소한 형태인 도都가 있었다. 이들 도읍都邑은 제후의 일족이 다스리던 곳으로 주변의 작은 비읍을 속읍으로 갖고 있었다. 일국의 지배권이 미치는 '야'의 끝에는 산림과 계곡 등의 천연적인 장애물이 타국과의 경계로 설정되기도 했다. 춘추시대 전기까지만 하더라도 관새關塞를 특별히 수비하지도 않았을 뿐만 아니라 일국의 식읍이 타국의 경계를 넘어 존재할 정도로 국경의 개념이 명확치 않았다. 이로 인해 국과 국 사이에는 어느 쪽에도 속하지 않는 극지隙地가 존재했다. 극지가 비읍을 이탈한 농민들에 의해 개간되어 취락이 나타나게 되면 영유권을 둘러싼 국가 간 분쟁이 일어나기도 했다.

국과 야 사이에는 교郊가 존재했다. 현재 학계에서는 국과 교 등의 범위를 놓고 의견이 통일되어 있지 않다. 내성內城까지만 국으로 보아야 한다는 견해로부터 외곽外廓, 즉 외성外城까지 포함시키는 견해와 교郊까지 확장하는 견해, 봉강封疆까지 포함해야 한다는 견해에 이르기까지 매우 다양하기 그지없다. 현재 춘추시대 초기 단계까지는 외곽 이내를 국으로 보아야 한다는 견해가 주류를 이루고 있다.

주왕조의 사회는 크게 지배층인 경대부卿大夫와 피지배층인 일반 서민 및 노비로 구성되어 있었다. 지배층의 정점에는 천자인 주왕이 있었고 그 밑으로 제후들과 경대부, 사士 등이 있었다. 토지와 백성에 대한 지배권을 수여받은 제후들은 각기 봉지 내에서 독자적으로 성읍을 조성했다. 이를 봉국封國 또는 국國이라고 했다. 각 제후국마다 제후를 정점으로 한 제후의 일족이 지배층을 형성했다. 이들을 국인國人이라고 했다.『춘추좌전』과『국어』등에 나오는 제인齊人과 진인晉人 등은 바로 이들 국인을 지칭하는 말이다.

이들 국인들은 자신들이 섬기는 제후를 보필하며 종묘제사와 군사, 외교 등에 참여했다. 정사에 참여하는 이들 국인들을 통칭해 흔

히 대부大夫라고 했다. 대부는 상대부上大夫와 중대부中大夫, 하대부下大夫
로 세분되었다. 대부들 중 제후를 가까이서 보필하며 일반 국정을 통
괄한 사람은 특히 경卿으로 칭했다. 경에는 맡은 직무에 따라 상경上
卿과 하경下卿, 정경正卿과 부경副卿 등의 구별이 있었다. 큰 제후국의
경과 대부는 작은 제후국의 경대부보다 한 등급 높게 평가되었다. 대
국의 상대부는 소국의 경과 같은 대우를 받았다.

이들 경대부의 직은 모두 세습되었다. 경을 포함한 대부계층은 제
후들로부터 토지를 지급받아 성읍을 조성했다. 이를 국과 구별하여
도都라고 칭했다. 도에는 대부의 일족이 다시 제후의 종묘에서 분사
分祀된 종묘를 설립해 제사를 지내고, 도와 관련된 정치 · 외교 · 군사
등의 업무를 장악하며 지배층을 형성했다. 이들은 통상 도의 명칭을
붙여 호칭했다. 제인制人과 비인費人, 포인蒲人 등이 그 예이다.

당시 두 겹의 성벽으로 둘러싸인 국國의 내성內城 안에는 제후들의
궁전과 종묘를 비롯해 국의 중추적 기능을 담당하는 중요 시설이 들
어서 있었다. 내성과 외곽外廓 사이의 넓은 지역에는 향鄕이 있었다.
지배층을 형성하는 국내 거주인들은 향에서 살며 비읍에 거주하는
야인野人, 즉 비인鄙人과 대비되어 국인國人으로 불렸다.

현재 학계에서는 국의 구성원을 둘러싸고 여러 견해가 대립하고
있다. 대개 국인의 핵심 구성원을 사士로 보는 것이 일반적이지만 경
대부를 포함해 심지어 제후까지 포함시키는 견해도 있다. 이밖에도
국인을 단순히 국내 거주자 전체를 지칭하는 것으로 파악하는 견해
도 있다. 그러나 『춘추좌전』에 나오는 노인魯人과 정인鄭人 등은 사실
일반적인 사士를 지칭하는 것이 아니라 제후와 경대부를 지칭하는

경우가 매우 많다. 사는 전국시대에 들어가 그 역할이 두드러지기 시작한다. 서주시대의 국인은 대략 경대부를 지칭하는 것으로 보는 것이 타당하다.

국의 구성원 중 최고 우두머리는 물론 흔히 공公으로 통칭되는 국군國君이다. 국사에 대한 최종적 결정권은 공이 쥐고 있었다. 그러나 춘추시대의 군주인 공은 상비군과 관료집단을 장악한 전국시대의 군주와는 거리가 멀었다. 이들은 오히려 국 전체의 대표자로서 공동체 수장에 가까웠다. 이를 토대로 당시의 국은 군사와 제사를 집단적 과제로 공유하는 이른바 '융사공동체戎祀共同體'였다는 견해가 등장해 현재 많은 지지를 받고 있다. 『춘추좌전』「노성공 13년」조에 다음과 같은 구절이 나온다.

| 국가 대사는 제사와 군사에 있다(國之大事, 在祀與戎).

당시 사람들은 종법제라는 중국 특유의 혈연조직 하에서 인간사의 길흉화복은 모두 조상신의 의사에 달려 있다는 주술적 세계관을 지니고 있었다. 이는 회맹會盟 당사자들이 희생을 바치고 삽혈歃血하면서 맹약을 어기는 자에게 조상신의 저주와 보복이 내릴 것을 다짐하는 제후들의 회맹의식을 통해 대략 확인할 수 있다. 국의 유지와 번영을 기하기 위해 조상신에 대한 제사는 필수적이었다.

당시 제사를 계속 지낼 수 있다는 것은 곧 씨족의 존속을 의미했고, 제사의 단절은 국의 멸망을 의미했다. 춘추시대에 공으로 통칭된 국군의 권위는 바로 씨족공동체의 제사에서 비롯되었다는 것이 일반적인 견해이다. 국의 운명을 좌우하는 최고신인 '티엔'과 함께 신계神界에 거주하면서 후손에게 영향력을 발휘할 수 있는 존재는 공의 조상신인 선공先公이었다. 선공을 제사지낼 수 있는 유일한 인물은 말할 것도 없이 국군인 공이었다.

망명한 공이 타국에서 우대를 받은 것도 조상 제사의 중심적 존재인 그를 해칠 경우 그의 조상신으로부터 재앙을 입을까 두려워했기 때문이다. 춘추시대에 각국이 타국 군주의 망명이나 시해사건에 강한 관심을 기울이며 빈번히 군사를 출동시킨 것도 같은 맥락에서 이해할 수 있다. 출정식을 갖거나 전쟁터에서 귀환해 포상을 할 때 이를 종묘 앞에서 거행한 것도 그곳이 바로 조상신이 강림하는 장소였기 때문이다.

공과 더불어 국의 지배층을 구성한 계층은 경대부卿大夫였다. 이들 경대부는 공으로부터 분여받은 비읍을 기반으로 하여 자신의 일족 자제에게 녹을 주어 이들을 양육했다. 이들은 유사시에 군주의 명을 받아 일족 자제로 구성된 병단을 이끌고 전쟁에 참여했다. 이들은 시간이 흐르면서 점차 식읍의 일부를 본읍으로 삼아 독자적 기반을 구축해 나갔다. 대부들 중 국의 최고 직책을 관장하는 명문 씨족의 장을 특히 '경卿'이라고 했다. 그는 국정을 총괄하는 집정執政과 더불어 군 사령관직을 겸임했다.

공과 경대부 이외에 국의 기저를 이루는 최하위 지배층이 바로 사士였다. '사'는 공과 경대부의 후손으로 점차 시간이 지나면서 공경과의 혈연관계가 소원해짐에 따라 말단의 지족支族으로 전락한 자들을 말한다. 이들은 춘추시대까지만 하더라도 국인의 중핵을 이루었다. 훗날 전국시대에 들어가서는 뛰어난 지식과 식견을 토대로 세습적인 경대부를 압도해 국가의 핵심 권력층으로 부상했다. 현재 학계에서는 '사'의 범위와 관련해 대부의 최하층인 소위 '하대부下大夫'까지 포함시켜야 한다는 주장이 제기돼 관심을 모으고 있다. 그러나 이는 『논어』 등에 '하대부'와 '사'가 엄연히 구별돼 기록된 점에 비춰 다소 무리한 주장이 아닐 수 없다.

당시 국인은 직접 생산을 담당하는 소위 서인庶人과 엄격히 구분되었다. 국인은 국외의 전지田地를 보유해 이를 경제적 기반으로 삼는 영주이기도 했다. 그들은 경대부의 집사인 소위 가재家宰로 일하거나 하급관리 등으로 활약했다. 국인은 전쟁이 일어나면 전사戰士가 되었다. 비읍에 거주하는 야인野人도 전쟁에 동원되기는 했으나 이들은 강제로 징발되어 주로 전사를 보조하는 천역에 종사했다. 춘추시대 후기에 들어와 봉건제의 신분세습이 허물어지고 보병전이 대두하기 이전까지만 하더라도 야인은 결코 전사가 될 수 없었다. 따라서 적어도 춘추시대 전기까지만 하더라도 국인층은 전사로서의 강한 자부심을 지니고 자발적으로 참전했다. 이들은 참전 자체를 일종의 특권이자 당연한 의무로 여겼던 것이다.

국인들이 모여 사는 향鄕은 공경에 의해 통제되는 국의 하부구조였다. 향은 전쟁이 일어날 때 공경을 장군으로 삼아 참전하는 전투조직으로 기능했다. 전투에서 명령전달 수단으로 중시된 것은 깃발이었다. 깃발은 '종족'을 기본 단위로 하여 구성되는 각 부대의 지휘자인 족장을 표시했다. 깃발에 그려진 도안은 각 씨족의 조상신을 상징했다. 이처럼 당시 열국은 군사를 집단적 과제로 공유하는 씨족공동체로서의 성격을 강하게 지니고 있었던 것이다.

국인이 중시된 것은 그들이 국의 기층을 형성하는 것은 물론 유사시에는 전사가 되어 국을 보위하는 핵심적인 인적 기반이 되었기 때문이다. 국인이 공위公位의 계승이나 폐립을 결정하고, 외교에 간여하고, 세족世族 간의 항쟁이나 공과 세족 간의 대립에 간여할 수 있었던 것도 바로 이 때문이었다. 이들의 향배는 승패의 갈림길이 되었다. 국의 대사에 대한 최종 결정권은 물론 공경에게 있었지만 그 결정과정에 국인의 지지 여부가 매우 중요한 변수로 작용했다. 때로는 공경 자신의 지위까지도 좌우할 만큼 커다란 변수로 작용했다. 이에 공경은 국인의 동향을 무시한 채 멋대로 정책을 결정할 수 없었다. 『춘추좌전』을 보면 당시 국의 주요 정책을 결정하는 과정에서 공경 등이 국인들과 자주 결맹형식의 맹약을 맺는 사례를 쉽게 찾아볼 수 있다.

당시 공경들이 국인들과의 결맹을 통해 자신들의 지위를 보장받았다는 사실은 이들의 권력기반이 매우 취약했음을 시사한다. 공경 세족은 국인에 대해 결코 일방통행식의 통제를 할 수 없었다. 이들은 오직 제사와 군사라는 국 전체 성원이 공감하는 과제를 제시할 때에만 국인들의 지지와 복종을 기대할 수 있었다.

이를 두고 교토학파의 일부 학자는 국인을 고대 그리스에서 민회를 구성한 자유민으로 상정하는 견해를 제시했다. 그러나 이는 표면적인 유사성을 지나치게 강조한 데 따른 것으로 동서 문명 간의 차이를 간과했다는 지적을 면키 어렵다. 굳이 주왕조 때의 국인을 고대 그리스의 자유민에 비유할 필요가 있는지 반문하지 않을 수 없다.

주왕조 때의 비읍은 본래 농경 가능한 곳에 형성된 자연취락이자 자립적 생산체였다. 비읍의 이같은 성격은 경대부의 식읍으로 예속된 뒤에도 전혀 변함이 없었다. 지리적 입지조건에 따라 비읍의 규모에는 당연히 적잖은 차이가 있었다. 국읍과 같은 대읍은 1천 호 이상의 인구를 지탱할 만한 경지를 주변에 갖고 있었다. 반면 『논어』에 나오는 소위 '십실지읍十室之邑'과 같이 겨우 10호 정도의 단출한 비읍도 있었다. 그러나 후자의 경우는 매우 예외적인 경우에 불과했다. 전자 역시 보편적인 성읍의 형태는 아니었다.

자연관개에 의존했던 당시 대다수의 비읍은 하천에 연하여 있는 산지와 평야의 접점이나 그 근처에 주로 위치했다. 현재 학계에서는 비읍의 규모와 관련해 많게는 3백 호에서 적게는 20호에 이르기까지 다양한 견해가 대립하고 있으나 대략 30−40호 수준으로 추정하는 견해가 설득력을 얻고 있다.

비읍에 대한 국내 공경의 지배는 읍내의 기존 공동체 질서를 거의 그대로 온존시킨 채 비읍 단위로 할당된 일정량의 공납과 역역力役을 공동체의 수장을 통해 거둬들이는 방식으로 이뤄졌다. 이를 두고 맑시즘에 입각한 일군의 학자들은 노예제 사회의 총체적 수탈체제로 분석하고 있다. 그러나 당시의 공경은 비읍에 대해 영유권과 수취권만을 행사했다. 이는 각 비읍마다 강고한 씨족조직이 존재한 데 따른 것이었다. 씨족공동체 질서를 무시하고 읍내 구성원에게 강도 높은 지배력을 행사하려 들 경우 강한 반발에 부딪칠 우려가 컸다. 나아가 철기 농기구가 등장하지 못한 당시 상황에서는 생산력을 제고시키기 위해서라도 비읍 구성원의 노동력을 총동원하는 집약적인 농경에 의존할 수밖에 없었다.

당초 토지신이나 조상신에게 바칠 곡식을 마련키 위해 전씨족원이 공동경작하던 제전祭田은 열국의 다툼이 격화되면서 경대부의 식읍지로 변해갔다. 이에 제전에서 나온 수확물은 경대부에게 바쳐졌다. 그러나 이때에도 공동경작의 지도감독과 수확물의 보관 등은 공동체 수장의 전통적 지배에 의존해 이뤄졌다. 공경은 해당 비읍을 관할하는 가신인 읍재邑宰를 파견해 수확물만 징수해 갔을 뿐이다. 따라서 이같은 지배양식을 두고 노예제 사회의 총체적 수탈체제로 파악하는 것은 분명 지나친 것이다.

당시 비읍의 백성들은 이밖에도 축성이나 궁궐의 조영造營 및 보수 등을 위해 노동력을 제공했다. 『시경』에는 이들 비읍의 백성들이 씨족장의 지휘감독 아래 생산에 종사하면서 공납과 역역의 의무를 집단적으로 수행하는 모습을 그린 시가 다수 실려 있다. 춘추시대 초기까지만 하더라도 비읍의 백성들은 비교적 균등한 토지를 분여받아 경지를 공동으로 경작하는 공동체 생활을 영위했던 것이다. 그러다가 서주시대 후기에 들어와서는 비읍이 복수의 공경에 의해 분할지배되는 현상이 나타났다. 그러나 그것이 비읍의 기본 구조를 바꾸지는 못했다.

당시에는 피정복민일지라도 비교적 신분이 높은 씨족은 곽내郭內에 거주하여 국인의 일부를 구성했다. 이는 『논어』에 나오듯이 노나라 국내에 주왕실과 동성인 희성의 수호신을 모신 주사周社와 은왕조의 유민들인 토착씨족의 수호신을 받드는 박사毫社가 병존해 있던 사실 등을 통해 쉽게 알 수 있다. 곡부성에 대한 발굴조사 결과 은왕조 계통과 주왕조 계통의 무덤이 각기 다른 장례 풍속으로 장사지낸

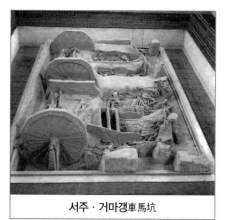

서주 · 거마갱車馬坑

사실이 확인되었다. 이는 당시 각 국의 국내에 다양한 사람들이 함께 거주했음을 증명하는 것이다. 일찍이 공자는 스스로를 은나라 유민이라고 말한 바 있다. 일부 학자는 이를 토대로 유가사상은 산동 일대에 잔존해 있던 상왕조의 조상숭배 신앙으로부터 발전한 것이라는 대담한 주장을 내놓았다. 그러나 앞서 살펴보았듯이 원래 조상숭배 신앙은 그 기원이 멀리 신석기시대까지 소급되고 있다. 공자의 단편적인 언설과 곡부성의 발굴결과를 토대로 이같이 주장하는 것은 억견이라는 비난을 면키 어렵다.

당초 주왕조의 군사조직은 좌 · 우 · 중의 3군三軍으로 이뤄져 있었다. 이는 주왕실의 직접 통치 하에 있는 3씨족으로 구성된 소위 3향三鄕를 근간으로 한 것이었다. 3군제는 개국 이전에 주족이 주변의 이민족과 부단히 교전하면서 얻은 경험을 토대로 하여 만들어낸 것으로 산지와 고원 등지의 험난한 지형에서 신속한 기동할 수 있는 특징이 있었다. 주왕조는 개국 후 은왕조 유민의 반란을 진압하고 낙읍에 정치군사적 도시를 건설하면서 광대한 정복지를 다스리기 위해 종래의 군사조직을 개편했다. 이에 3향이 6향으로 확대되고, 전시에는 6향을 근간으로 한 6개의 씨족군단이 조직되었다. 이것이 바로 '주6군'周六軍이다.

각 군단은 '오伍'와 '양兩', '족族', '사師', '여旅', '군軍' 단위로 구

성되어 있었다. '오'는 군단의 최소 단위로 5명의 병사로 구성되어 공사마空司馬의 지휘를 받았다. 5개의 '오'는 1개의 '양'이 되어 양사마兩司馬의 지휘를 받았다. 4개의 '양'은 1개의 '족'을 이루고, 5개의 '족'은 1개의 '사'를 구성했다. '여'는 5개의 '사'로 구성되고, 군단의 최대 단위인 '군'은 5개의 '여'로 만들어졌다. 1군의 병력은 1만2천5백 명이었다. 이들 '주6군'에 대한 통수권은 주왕이 쥐고 있었다. 이는 주왕조 때 만들어진 청동기의 명문과『서경』및『시경』등의 기록을 통해 쉽게 알 수 있다. 이들 '주6군'이 주왕조 중앙군의 주력군단을 형성했다.

또 다른 중앙군으로는 8군으로 구성된 정주군鄭州軍을 들 수 있다. 이들은 주로 주나라에 동화된 은왕조의 유민들로 구성되었다. 정주군은 주왕의 통솔 하에 낙읍지역에 주둔하면서 남쪽 회이淮夷의 준동을 제압하는 역할을 맡았다. 청동기 명문에 의하면 주왕조는 중앙군으로 정주의 8군 외에도 은8군殷八軍을 두었다. 은8군 역시 주왕조에 동화된 은왕조의 유민들로 구성되어 은왕조의 옛 땅에 주둔했다. 이들은 동이東夷의 준동을 제압하는 역할을 맡았다.

주왕조 때의 지방군으로는 각 제후가 소유한 병력을 들 수 있다. 『주례』에 의하면 대제후는 3군, 중제후는 2군, 소제후는 1군을 각기 소유할 수 있었다. 변방에 위치한 제후들은 주변 이민족의 침공에 대비해 더 많은 병력을 소유했다. 특히 견융이 자주 준동했던 분수汾水 유역 일대에는 주왕실이 직접 수많은 병력을 배치시킨 것은 물론 주왕이 수시로 순시하며 방비상태를 점검했다.

주왕조의 군사는 상왕조 때와 마찬가지로 보병과 전차병으로 구성되었다. 보병과 전차병 모두 농민 출신의 장정들로 충원됐다. 보병은 주로 청동제의 과戈와 순극旬戟, 극戟, 모矛, 월鉞, 대도大刀, 궁弓, 노弩, 검劍 등으로 무장했다. 『시경』과 『서경』의 기록에 의하면 이들 농민들은 농한기에 수렵을 통한 군사적 훈련을 정기적으로 받았음에 틀림없다. 후대에 수렵을 '강무講武'로 표현케 된 것도 여기서 유래한 것이다.

주왕조 전차병의 구성은 은왕조 때와 유사했다. 주족은 개국 이전만 하더라도 병거를 갖고 있지 않았다. 주왕조의 전차병은 개국 후 은왕조를 본떠 새로이 구성한 것이다. 각 병거는 4필의 말이 이끌었고, 3명의 병사가 동승했다. 우측에는 궁수弓手, 중앙에는 어자御者, 좌측에는 창수槍手가 포진했다. 대개 병거의 기동성을 활용키 위해 사령관이 병거에 직접 탑승해 전투를 지휘했다. 병거는 선봉에 나서 적진을 돌파하는 데 많은 역할을 했다. 청동제의 장식품으로 치장된 병거의 위용은 병거를 소유치 못했던 이민족에게 커다란 위압감을 주었을 것이다.

서주시대 때만 하더라도 변방의 제후들은 이민족의 침입을 격퇴하거나 이민족의 땅을 개척할 때 왕사王師 : 천자 직속의 중앙군의 도움을 받았다. 그러나 주왕실에 조근朝覲의 의무를 게을리했을 때에는 왕사의 징벌을 받았다. 이를 통해 알 수 있듯이 '주6군'의 중앙군은 실제로 주왕조의 봉건제를 뒷받침했던 실질적 통치수단의 하나였다. 사인들은 평시에는 경대부에 협조해 하급관리로 일하면서 서민들을 다스리고 수확기에는 농민들로부터 세금을 징수하는 일을 맡았지만 전쟁시에는 주력군으로 활동했다.

당시 주왕조는 봉건질서를 유지하기 위해 군사조직 이외에도 예禮와 형刑을 적극 활용했다. '예'는 사士 이상의 집권층을 통제키 위한 것이고, '형'은 노비와 서민들을 다스리기 위한 것이었다. '사' 이상의 집권층은 비록 '형'에 의한 직접적인 통제를 받지 않았으나 높은 도덕적 의무를 지고 있었다.

피지배계층으로 생산을 담당하고 있던 서민庶民은 농민과 수공업자, 상인들로 구성되어 있었다. 이들 대부분은 오래 전부터 해당 지역에 거주하고 있던 토착민과 주왕조에 정복된 은왕조의 유민들로 구성되었다. 주왕조 초기의 사회는 지배층으로 구성된 정복 씨족과 피지배층으로 전락한 피정복 유민의 이원적 사회로 구성되었다. 그러나 시간이 지나면서 이들 피정복 유민은 점차 주족의 정치적 지배에 포섭되어 주나라 백성으로 동화되었다.

당시 서민의 대종을 이루고 있던 농민은 토지소유권은 갖지 못했고 오로지 경작권만 보유했다. 이들은 농경에 종사하며 조세를 납부하고 경대부 등 지배층을 위해 종묘와 궁실, 성곽 등을 수축하거나 보수하는 데 노동력을 제공했다. 농한기에는 군사훈련을 받고 전쟁이 발발하면 지배층을 따라 참전했다. 그러나 이들은 귀족들에게 노비와 같이 예속되어 복종만 하고 있었던 것은 아니었다. 지배층의 학정이 도를 넘어 참을 수 없을 지경이 되면 반기를 들었다. 대표적인 예로 서주시대 말기에 주여왕周厲王이 백성들의 폭동으로 도주한 사건을 들 수 있다. 이에 현명한 제후들과 경대부는 백성들의 잠재적 위험성을 알고 상당한 선정을 베풀기도 했다.

당시 농민들은 사유재산을 소유할 수 있었으나 농사와 요역에 쫓

주공의 측경대測景臺

측경대는 고대에 해의 그림자를 측량하던 것으로 사시四時를 검증하고 연도를 계산하는 천문기구다. 이는 주공이 만들었으며, '규표圭表'라고도 부른다. '규'란 지상의 흙더미고, '표'는 규 위에 곧게 서 있는 기둥을 말하는데, 규표로 그림자를 측량하였기 때문에 입간측영立杆測影이라고도 부른다. 사진 속의 측영대는 지금의 하남성 등봉登封지역에 있는 것으로 당唐 개원開元 10년(723년)에 세워졌으며 주공 때의 토규土圭를 차용했는데, 흙 대신 석규石圭와 석표石表로 바꾸어 세워졌다. 현재 석표 위에는 '주공 측경대周公測景臺'라는 다섯 글자가 새겨져 있다.

겨 따로 저축할 여유가 없었다. 이들이 가뭄과 홍수 등의 자연재해가 발생한 경우를 제외하고는 전지를 떠나지 못한 이유가 여기에 있었다. 이들 농민들은 주왕조의 생산을 전담한 핵심 계층이었다. 이는 주왕조뿐만 아니라 현대에 이르기까지 농경문화에 기반한 중국문명의 기본적인 특성이기도 하다.

주왕조 때의 상인들은 주로 상왕조의 유민들로 구성되었다. 후대에 '상인商人'이라는 말이 나오게 된 것은 바로 여기서 비롯된 것이다. 이를 통해 은왕조의 유민들은 농업보다 상업에 종사하는 사람들이 매우 많았음을 짐작할 수 있다. 당시 은왕조의 유민들은 왜 농업이나 수공업 대신 상업을 선택했던 것일까. 그 이유는 자세히 알 길이 없으나 대략 자발적으로 상업에 종사했던 것이 아닐까 생각된다. 당시 농업과 수공업은 주왕실과 제후 내지 경대부들에게 직접적으로 예속돼 있었던 반면 상업은 비교적 자유로웠다. 이것이 은왕조 유민들의 정서와 맞아 떨어진 것으로 보인다.

우리나라에도 유사한 예가 있었다. 조선조 때의 '개성상인開城商人'
이 바로 그들이다. 이들은 개성 인삼 등을 기본 상품으로 하여 당시
조선 내의 인삼시장을 석권한 것은 물론 중국과의 교역을 독점해 막
대한 재산을 축적했다. 개성 사람들은 본래 고려조의 도성인 개성의
백성이었다는 것을 커다란 자부심으로 삼고 있었다. 이들은 비록 새
왕조인 조선조에 적극 가담하기를 꺼려했다. 그렇다고 새 왕조를 거
부한 것은 아니었다. 도학道學을 중시한 조선조 성리학의 세계에서
상업을 통해 재화를 축적하는 것은 크게 비루한 것으로 여겨졌다. 개
성 사람들이 스스로 상인이 되어 권력과는 담을 쌓은 채 재화를 축
적하는 데 열중한 데에는 고려조 유민의 반항심리가 크게 작용했다.
개성상인들 역시 상왕조의 유민과 유사한 심정을 지닌 채 상업에 종
사했을 공산이 큰 것이다.

주왕조 때 상왕조의 유민들이 대거 상업에 종사함으로써 지배층
의 상인 천시 경향이 더욱 짙어졌다. 『논어』와 『맹자』, 『순자』 등을
보면 춘추시대 전기에 이미 사士, 농農, 공工, 상商 등 4개 층의 서열화
작업이 확정되었음을 알 수 있다. 이는 주왕조 초기에 상왕조의 유민
들이 대거 상업에 종사한 사실과 무관치 않았다.

상인과 달리 은왕조 유민 중 무기와 일상 생활용품을 제조하는 기
술을 지닌 수공인은 지배층의 공인工人으로 흡수되었다. 당시 주왕실
은 혹시 있을지도 모르는 은왕조 유민들의 반란을 미연에 방지키 위
해 미리 이들을 소집단으로 나눠 노·위 등 여러 제후국에 분치分置
시켰다. 후대에 노나라 주민의 대다수가 은왕조 유민의 자손으로 구
성되었다는 사실에 비춰 볼 때 은왕조 유민이 주왕조의 서민층 구성

에 얼마나 중요한 배경이 되었는지를 짐작할 수 있다.

주왕조 때 역시 상왕조 때와 마찬가지로 농민과 수공업자, 상인 등으로 이뤄진 서민 아래에는 노비가 있었다. 주족이 은왕조를 멸망시킨 후 은왕조의 서민과 노비들은 모두 주왕조의 노비가 되었다. 주무왕은 일찍이 99개 나라를 정벌해 대량의 포로를 획득했다고 한다. 이들 대부분이 노비로 전락했을 것이다. 주성왕 때에는 북쪽에 있는 귀방鬼方과의 전쟁에서 승리해 일거에 1만 3천여 명을 포로로 잡아 노비로 삼았다. 그러나 전쟁포로의 경우에는 상대편이 보상을 할 경우 노비를 면하게 하여 회송할 수 있었다. 평민도 중죄를 짓거나 채무자가 되면 노비로 전락했다.

주왕조 때 나온 청동기 명문에는 주왕 등이 노비를 하사한 기록이 많이 나온다. 그 중에는 '적신狄臣 : 북쪽 이민족 포로출신 노비를 지칭'1천 가를 일시에 상으로 내렸다는 기록도 있다. 당시 노비 5명의 값이 말 1필과 명주실 1타래에 해당했다.

그러나 주왕조 때에는 상왕조 때에 비해 노비나 전쟁포로를 학살하는 일이 훨씬 줄어들었다. 순장 역시 그 수가 현저히 감소했다. 이는 주왕조 때에 들어와 생산에 투입되는 노비의 노동력이 상왕조 때에 비해 훨씬 증대된 데 따른 것으로 보인다. 금문에는 노비를 강제로 생산노동에 투입시킨 기록이 많이 보인다. 노비는 제사에 희생되는 소수의 경우를 제외하고는 대부분 주인을 위해 의복과 용구, 병기, 악기, 제기 등의 생산에 종사했다. 일부는 시역廝役, 비첩婢妾, 양마養馬 등의 천역에 종사했다. 또 일부는 농경이나 수공업에 종사키도 했다.

주왕실의 제후와 경대부들은 많은 노비를 소유했으나 그 수효는 정확히 알 수 없다. 노비의 대부분이 귀족의 가사와 사생활에 종사한 까닭에 생산에 투입된 수효는 그다지 많지 않았다. 주왕조 때의 노비는 경제적으로 큰 역할을 하지 못한 것으로 간주해도 대과는 없을 것이다.

2
천명론
【반란을 합리화하기 위한 이론이었다】

　아직도 많은 학자들이 주왕조의 통치체제를 두고 귀족의 전제정專
制政으로 해석하고 있다. 그러나 이는 잘못이다. 이같은 주장은 전제
정에 대한 서양의 잘못된 역사관을 그대로 답습한 데 따른 것이다.
앞서 언급한 바와 같이 중국문명권의 제왕정 하에서는 폭군정暴君政
은 나타날 수 있으나 결코 전제정은 나타날 수 없었다. 중국문명권
내에서는 통치사상사적 측면뿐만 아니라 통치제도사적 측면에서도
전제정이 발붙일 여지가 전혀 없었다.

　주왕조가 다스린 시기는 전형적인 봉건정이 실시된 시기였다. 주
왕조 때 처음으로 확립되었다고 하는 봉건질서는 신석기시대 이래
두텁게 형성되기 시작한 씨족집단 내의 질서가 통치질서로까지 확
대적용된 결과로 볼 수 있다. 이는 오랫동안 농경문화를 가꿔온 우리
나라의 경우에도 다르지 않았다. 남송대에 성립한 성리학을 교조적

으로 받아들인 조선조의 경우도 비록 표면적으로는 능력 본위의 사대부 정치를 구가했으나 내부적으로는 씨족단위를 근간으로 한 봉건질서의 유제遺制에서 자유롭지 못했다.

온갖 사상이 백화제방百花齊放하는 전국시대에 유가는 크게 환영받지 못했다. 전국시대는 법가法家와 병가兵家, 종횡가縱橫家의 시대였다. 그런데도 유가사상가들은 봉건질서에 고집스럽게 매달리며 '존왕양이尊王攘夷'의 기치를 내세워 난세를 평정코자 했다. 주왕조 초기의 봉건질서를 이상적인 통치질서로 간주한 유가사상은 태생적인 한계로 인해 약동하는 난세의 시기에는 적합지 않았던 것이다.

유가사상은 전국시대 말기에 이상주의 경향을 극대화한 공자좌파孔子左派 맹자가 인의예지仁義禮智를 골자로 하는 사단론四端論을 제시하는 단계에 이르러서는 더욱 더 호응을 얻지 못했다. 진시황이 후대에 '분서갱유焚書坑儒'를 자행한 만고의 폭군으로 매도된 것도 따지고 보면 바로 고지식한 유생들의 반시대적인 복고주의에서 비롯됐다고 할 수 있다.

유가사상이 한무제 때 유일무이한 통치사상으로 채택된 것은 기본적으로 한고조 유방劉邦의 천하통일을 성군의 위업으로 미화하고 나선 데 따른 것이었다. 당시 유가사상가들은 진秦제국 때의 참화를 입지 않기 위해서는 황제의 통치권력과 적극 손을 잡지 않으면 안된다는 사실을 깨닫고 있었다. 이들 유가사상가들을 대표한 인물이 바로『춘추공양전春秋公羊傳』에 밝았던 동중서董仲舒였다. 그는 미신적인 재이설災異說을 황제의 덕치와 연결시켜 한제국을 적극 옹호하고 나섬으로써 황제권皇帝權의 강화를 도모하고 있던 한무제의 비위를 맞췄다. 여기서 바로 유가사상만을 유일무이한 통치사상으로 인정하는 한무제의 '유가독패儒家獨霸' 선언이 나오게 되었다.

사실 춘추전국시대에 각 제후국이 종묘사직의 유지에 집작했던 것도 따지고 보면 씨족의 보존과 불가분의 관계를 맺고 있었다. 삼황 오제의 전설을 통해 알 수 있듯이 씨족의 상징인 성씨를 내리는 것은 곧 씨족의 영속적인 생명력을 인정하는 행위였다. 이는 『춘추좌전』「노은공 8년」의 다음과 같은 구절을 통해 쉽게 확인할 수 있다.

> 천자는 건덕(建德)할 때 그의 출생지명을 좇아 성(姓)을 하사하고 봉토(封土)에 따라 씨(氏)를 내린다. 제후는 신하에게 그의 자(字)로써 시호를 정하는데 후손들은 그 시호로써 씨족의 이름으로 삼는다. 또 대대로 벼슬하여 공이 있으면 그 벼슬로 족명을 삼거나 봉읍(封邑)의 이름으로 족명을 삼기도 한다.

'건덕'은 원래 '덕 있는 사람을 제후로 삼는다'는 뜻이나 여기의 '건덕'은 '조상신의 덕을 계승한 씨족집단의 장을 제후로 봉한다'는 뜻으로 해석하는 것이 옳다. 그렇다면 천자가 이성의 씨족집단을 굳이 제후에 봉한 이유는 무엇일까. 덕을 계승한 씨족이란 곧 많은 노동력을 동원할 수 있는 일정 수준 이상의 강력한 무력을 지닌 씨족을 지칭한다. 상왕조 이래 전쟁과 제사는 국가대사로 인식되었다. 이는 주왕조 때에도 그대로 유지되었다. 특히 춘추전국시대에 들어와 씨족의 생명력인 덕의 유지를 위해서는 조상 제사와 함께 씨족의 존립을 보장하는 무력의 보유가 필연적으로 요구되었다. 주왕조 때의 '건덕'은 바로 제사를 통한 씨족의 번식과 그에 수반된 무력을 아울러 내포하고 있었던 것이다.

천명天命과 천덕天德의 수임자를 자처했던 주왕실의 왕권은 기본적으로 제사권과 군사권에 대한 통제로 이뤄졌다. 이는 씨족집단의 존재를 전제로 한 것이다. 하나라의 건국시조 우에 대해 성씨를 내리게 된 배경을 설명한 『국어』 「주어」의 다음과 같은 구절을 보면 이를 쉽게 확인할 수 있다.

> 하늘이 우(禹)의 공적을 높이 사 그로 하여금 천하를 얻도록 도와주고, 요는 그에게 사(姒)라는 성과 유하(有夏)라는 씨를 내렸다. 이는 그가 치수의 위대한 공적을 이용해 천하에 만물이 풍성히 생장토록 했기 때문이다.

여기서 알 수 있듯이 우는 치수사업의 공으로 하늘로부터 천자의 지위와 함께 사姒라는 성씨를 부여받았다. 본래 씨족의 생명력으로 작용했던 사성賜姓이 이제는 세속적인 치수사업의 성공에 대한 보상으로 나타난 것이다. 당초 주왕조는 상왕조에 대한 반기 및 천하 찬탈을 정당화하기 위해 천명을 내세운 바 있다. 이는 덕 개념의 세속화 현상에 따른 것이기도 했다.

이에 주왕조의 사람들은 은왕조의 사람들과 같이 주술적인 의미를 지닌 '상띠上帝'나 '띠帝'를 더 이상 찾지 않게 되었다. 주왕조 때 부각된 '티엔天'은 이미 조상신의 성격을 벗어던져 버렸다. 이제 어떤 씨족의 후예라고 해서 당연히 덕을 자임할 수 없게 된 것이다. 이 같은 상황에서는 필역적으로 다른 방법을 통해 천덕天德을 얻어야만 했다. 여기서 바로 천명이 찬연히 빛을 발하게 된 것이다. 이는 『국어』「진어晉語」에 나오는 다음과 같은 구절에 잘 나타나 있다.

> 천도는 특별히 친한 사람이 없고 오직 덕행이 있는 자만을 골라 복을 내린다.

소위 '천도무친天道無親'과 '유덕시수唯德是授'로 요약되는 이 2개의 개념이 바로 주왕조가 반역을 합리화한 논리적 근거가 되었다. 주왕조의 천명론을 특징짓는 이 2개의 개념은 이후 다양한 용어로 변용되어 사용되었다. 많은 사서와 경서에는 '천도무친'이 '천명무상天命無常'과 '황천무친皇天無親', '민심무상民心無常' 등으로 변용돼 표현되었다. 또 '유덕시수' 역시 '유덕시보唯德是輔', '유덕시거唯德是擧', '유덕시복唯德是福' 등으로 변용돼 표현되었다.

구한말 수운水雲 최재우가 일으킨 동학이 사람이 곧 하늘이다라는 뜻으로 내세운 '인내천人乃天'의 구호 역시 주왕조가 내세운 '천도무친'의 변용에 지나지 않았다. 이는 맹자의 역성혁명론易姓革命論에 바탕한 것으로 이제 민심이 변했으니 천명도 변한 것이라는 뜻을 내포하고 있었다. 조선왕실의 입장에서 볼 때는 일종의 반역선언으로 해석될 만한 구호였다. 주왕조가 상왕조에 반기를 들며 자신들의 찬탈을 정당화했을 때부터 '천명론'은 이미 모든 반역자들이 자신들의 반역행위를 합리화하기 위해 도용 내지 남용할 소지를 안고 있었다.

실제로 유가사상가들은 진제국을 무너뜨린 한고조 유방의 천하쟁취를 천명론을 끌어들여 정당화함으로써 제국 통치의 이데올로그 Ideologue : 이념가로 부상할 수 있었다. 후한제국 말기에 당대 최고의 유학자인 유흠劉歆은 왕망王莽이 세운 신新나라를 천명론을 끌어들여 정당화했다. 이는 무력을 배경으로 중원을 제압한 이민족에게도 자신들의 침공을 합리화할 수 있는 최상의 이론적 배경이 되었다. 중국문명권의 모든 왕조가 왕조교체를 이룰 때마다 주왕조가 내세웠던 천명론을 어김 없이 끌어들여 자신들의 반역을 합리화했다. 이는 비단 왕조교체에만 적용된 것도 아니었다. 왕실 내에서 일어나는 소위 '동성혁명同姓革命'의 경우에도 그대로 원용되었다. 모든 보위찬탈자들은 자신들의 찬탈행위를 천명론을 통해 합리화했던 것이다.

이를 통해 알 수 있듯이 주왕조가 자신들의 반역행위를 천명론을 내세워 합리화한 이래 본래 덕이 없는 자조차 보위를 차지한 뒤에는 마치 천덕天德 및 천명을 받은 양 행동했다. 이는 주왕조 이래 천자가 되기 위해서는 반드시 유덕자有德者여만 한다는 공감대가 형성된 데 따른 것이었다. 이에 그 어떤 천자라도 덕이 없을 때에는 항시 폐위될 수 있었고, 그 어떤 왕조도 덕을 잃었을 때에는 덕을 지닌 새 왕조에 천하의 강산을 넘겨주는 것이 옳은 것으로 평가되었다. 이는 주왕조 때 들어와 사람들이 주술적 신의 성격을 띤 '띠'와 '상띠'를 버리고 이신론적理神論的 신의 성격을 띤 '티엔'을 숭상한 흐름과 무관치 않았다.

춘추전국시대에 들어와 제자백가는 '티엔'에 대해 각기 다양한 해석을 내렸다. 도가의 경우는 '티엔' 위에 '따오道'를 상정해 '티엔'이 '따오'의 구체적 표현인 것으로 해석했다. '따오' 개념의 출현은 이신론적 신의 성격을 띤 '티엔' 개념에서 유신론有神論의 색채를 완전히 탈색시킨 그야말로 완벽한 무신론無神論의 세계가 등장했음을

주공의 성왕 보필을 나타내는 화상석畵像石

의미했다. 이는 곧 생장소멸生長消滅의 순환과정을 끊임없이 반복하는 우주만물의 이치를 뜻하는 것이었다. 전국시대의 법가와 병가는 도가의 이 논리를 채택해 자신들의 이론을 정치하게 다듬어 나갔다.

유가 역시 '따오' 개념을 도입해 '티엔'을 새롭게 정의하고 나섰다. 유가는 도가와 달리 '따오'를 '티엔'의 상위 개념으로 상정하지 않고 같은 수준에 있는 동일한 개념으로 상정했다. '천도天道'라는 개념이 등장케 된 이유가 바로 여기에 있었다. 그러나 결과적으로 보면 유가가 내세운 '천도' 개념 역시 도가와 마찬가지로 '티엔' 개념에서 유신론의 색채를 탈색시키는 결과를 초래했다.

주왕조 때의 최고신은 '티엔天'이었다. '티엔'은 본래 주족의 수호신이었다. 주족이 주왕조를 세우자 '티엔'이 상왕조 때의 최고신인 '상띠'를 누르고 최고신이 되었다. 주왕조도 상왕조와 마찬가지로 최고신과 조상신을 계보화했다. 주왕실은 상왕조가 부덕해 최고신을 저버린 까닭에 패망케 되었다고 선전했다. 주왕실은 자신들의 반역을 합리화하기 위해 최고신과 조상신의 뜻이 일치하지 않을 수도 있다는 사실을 적극 부각시켰다.

원래 상왕조의 최고신인 '상띠'는 유독 상족만을 보호하는 신이
었다. 그러나 주왕조의 '티엔'은 주족만을 보호하는 것이 아니라 종
족과 왕조를 초월해 존재하는 최고신이었다. 상왕조의 최고신은 독
단적이었던 반면 주왕조의 최고신은 일면 독단적이기는 했으나 분
명 이성적인 면이 존재했던 것이다. 이같은 변환은 주족이 상왕조에
반기를 든 사실을 정당화하기 위해 부심한 사실과 무관치 않다.

상왕조 때의 '띠'는 비록 창조자의 개념은 없었으나 자연과 인사
를 주재하는 최고신으로서 자연신과 조상신의 성격을 겸했다. 상왕
자신을 포함한 정인에 의해 부단히 행해진 점복은 형식상 '띠'의 의
지를 확인하는 것이었으나 실제로는 왕의 행위를 정당화하기 위한
것이었다. '띠'의 절대성을 강조하는 것은 곧 왕권의 절대화를 의미
했다.

일부 학자는 주왕조 때의 제사가 정치의 중요한 일부였다는 점을
지나치게 강조한 나머지 주왕조 역시 상왕조와 마찬가지로 신권정
치를 펼친 것으로 해석했다. 그러나 주왕조 때의 최고신인 '티엔'은
상왕조 때의 '띠'와 달리 이미 조상신의 색채가 탈색되어 있었다.
'티엔'에 대한 제사를 주관하는 주왕 역시 '띠'를 제사지낸 상왕과
달리 샤만의 성격이 완전히 배제되어 있었다. 이 점이 상왕조와 주왕
조가 많은 것을 공유하면서도 커다란 차이점을 보이게 된 근본 배경
이라고 할 수 있다.

종래 상왕조 및 주왕조의 성격 등과 관련해 다양한 이론이 제기된
바 있다. 맑시즘에 입각한 일군의 학자들은 소위 '아시아적 생산양
식'과 '노예제 사회', '가산제 국가家産制國家' 등 다양한 이론을 제시

했다. 그러나 이는 중국의 고대사를 맑시즘의 유물사관에 억지로 꿰어맞추기 위해 만들어낸 편벽된 이론에 불과하다. 이들은 신석기시대부터 집약적 농경문화를 일궈온 중국문명의 특수성을 무시함으로써 이같이 잘못된 주장을 펼친 것이다.

주왕조 때에는 조상신이나 자연신에 대한 제사를 벗어난 통상적인 종교가 발전하지 못했다. 계층의 분화는 현저했지만 서양문명에 현저한 계급 개념의 노예는 존재하지 않았던 것이다. 중국문명은 방대한 규모의 정치적 통합을 통해 왕조체제로 발전했다는 점에서 다른 문명과 커다란 차이를 보이고 있다. 중국의 고대문명은 조직과 통합의 산물이라는 평가가 나온 것도 바로 이 때문이다.

이는 똑같은 최고신이지만 주왕조 때의 '티엔'은 상왕조 때의 '띠'와 달리 유신론의 색채가 탈색된 사실과 밀접한 관련이 있다. 유가 최고의 경전으로 불리는 『역경易經』은 '티엔'을 인격신에서 우주만물의 이치인 '천도' 개념으로 전환시킨 이론서에 해당한다. 유가와 도가는 『역경』을 통해 상호 사상적 유대를 맺고 있다. 삼국시대 위나라의 왕필은 『역경』을 주석하면서 '따오'를 강조하는 도가와 '티엔'을 강조하는 유가는 사실 '무無'에 대한 해석상의 차이에서 논지를 달리하게 된 것으로 갈파한 바 있다.

원래 천명론은 이념적인 통치사상의 창달을 통해 주나라의 통치를 영속화하고자 하는 의도에서 나온 것으로 어떤 이론적인 배경에서 나온 것이 아니다. 철저히 주왕조의 찬탈행위를 합리화하고 자신들의 통치를 영속화하고자 하는 허구적 공론인 것이다. 그럼에도 불구하고 유가사상가들에 의해 천명론은 시간이 갈수록 더욱 정치하게 다듬어져 마침내는 중국문명을 특징짓는 중요한 이념적 키워드로 작용하게 되었다.

그렇다면 천명론의 출발은 과연 어디서부터 시작했던 것일까. 당초 주왕조 때의 최고신 '티엔'은 상왕조 때의 '띠'와 마찬가지로 우주 삼라만상을 창조한 인격신이었다. '티엔'은 주족에 의해 천지자연의 법칙을 운행하고, 인간사를 제어하고, 유덕자에게 천명을 내리는 최고신으로 받들어졌다. 주왕조의 건국을 미화해 놓은 『서경』은 이 '티엔'이 주문왕에게 포악한 상왕 주를 멸하고 주왕조를 개국하는 천명을 내린 것으로 기록해 놓았다.

『서경』의 이같은 기록은 말할 것도 없이 주왕조의 찬역을 호도한 것에 지나지 않는다. 주왕조는 자신들의 반역을 정당화하기 위해 천명으로 포장된 교묘한 논리를 전개했던 것이다. 이같은 논리는 은왕조 유민의 반란을 무력으로 평정하고 회유하는 연설문에 대거 등장하고 있다. 물론 주왕조가 내세운 천명론은 나름대로 매우 정연한 논리구조를 갖고 있었다.

주왕조의 천명론은 우선 천명이 하왕조에 있었다는 얘기로부터 시작한다. 하나라의 걸桀이 조상 전래의 천덕天德을 잃고 실정失政하게 되자 천명은 상왕조의 개국조인 탕에게 옮겨갔다. 상왕조가 성립한 것은 탕이 천명을 좇아 하나라의 걸을 멸했기 때문이라는 논리가 도출된다. 이어 상왕조는 은殷나라로 이름을 바꾸면서 천덕을 행했으나 마지막 군주인 주紂 때에 와서 다시 실정케 되자 천명이 주문왕에게 옮겨가게 되었다는 것이다. 은왕조의 유민들이 듣기에도 그럴 듯한 논리가 아닐 수 없다.

그러나 주왕조는 이같은 논리를 전개하면서 과연 누가 천명을 받았는지를 판단할 수 있는 객관적인 기준을 전혀 제시하지 않았다. 나아가 과연 천명이 작용했기 때문에 새 왕조가 서게 된 것인지를 검증할 수 있는 객관적인 기준에 대해서도 전혀 언급하지 않았다. 이는 곧 무력을 배경으로 반기를 든 세력이 새 왕조를 개창한 뒤 스스로 천명을 받았다고 떠벌일 경우 이를 제지할 길이 없음을 의미한다.

실제로 이같은 우려는 현실로 드러났다. 춘추시대에 이미 초무왕楚武王은 장강 일대의 광대한 땅을 차지한 뒤 스스로 왕호를 칭하면서 천명론을 원용했다. 전국시대에 들어와서는 모든 나라가 왕호를 칭했다. 진시황이 천하를 통일한 후 무수히 등장한 새 왕조 모두 예외 없이 천명을 들먹이며 자신들의 창업을 미화했다. 새 왕조의 개창 단계로까지 나아가지 못하고 중간에 좌절당해 반적叛賊의 무리로 낙인찍힌 반란군의 수괴들도 하나같이 천명을 들먹였다. 심지어 일제도 구한말에 대한제국을 병탄할 때 천명론을 들먹였다. 이완용을 비롯한 을사오적乙巳五賊 역시 천명론을 내세우며 자신들의 매국행위를 호도했다.

이를 통해 알 수 있듯이 주왕조가 내세운 천명론은 비록 천덕과 천명 등의 개념을 동원해 그럴 듯한 말로 포장하기는 했으나 그 본질 만큼은 반란에 불과한 것이다. 이를 군신君臣 간의 의리론으로 논하면 신하가 군주를 죽이고 보위를 찬탈한 소위 '시군찬위弑君篡位'에 해당하는 것이다. 주왕조가 내세운 천명론의 이같은 문제점을 적확히 파악한 사상가들이 바로 한비자를 비롯한 법가法家사상가들이었다.

　　법가사상가들은 설령 하나라의 걸이나 은나라의 주와 같은 폭군이 나타날지라도 신하된 자들은 결코 천명 등을 들먹이며 군주를 몰아내서는 안 된다고 역설했다. 그렇다면 법가사상가들은 왜 이처럼 폭군을 옹호하고 나섰던 것일까. 이들은 그같이 할 경우 약육강식의 무법천지가 나타나 백성들이 도탄에 빠지게 된다고 주장했다. 이들이 이같은 주장을 하게 된 근본 이유는 폭군의 출현은 수백 년 역사에 한두 번 정도에 불과하다고 본 데 있었다.

　　고고학적으로 볼 때 하나라는 왕국의 실체가 없는 만큼 하나라의 걸은 주왕조가 자신들의 반역행위를 미화하기 위해 만들어낸 가공의 인물일 가능성이 높다. 특히 하나라 걸의 패덕悖德행위가 은나라 주의 패덕행위와 너무나 닮아 있다는 점을 감안할 때 이같은 의구심은 더욱 높아질 수밖에 없다. 설령 하나라의 걸이 실존 인물일지라도 그가 과연 그토록 패덕한 폭군이었는지를 뒷받침할 만한 구체적인 증거가 없다. 하나라의 걸은 주왕조가 은나라의 주를 몰아내면서 자신들의 반역행위를 역사적 맥락에서 미화키 위해 만들어낸 가공의 인물일 공산이 매우 큰 것이다.

　　은나라의 주 역시 폭군이었다는 사실을 구체적으로 입증할 만한 증거가 전혀 없다. 은나라의 주가 폭군이었다는 주장은 주왕조의 일방적인 주장에 불과한 것이다. 주왕조 때 만들어진 청동기 명문은 기본적으로 주왕조의 일방적인 주장을 담고 있다. 이를 액면 그대로 믿을 수는 없는 일이다. 후대에 찬집된『서경』역시 기본적으로 주무왕의 찬역을 천명을 수행한 행위로 규정하고 있다. 후대의 유가사상가들은 이를 아무런 의심도 하지 않고 모두 역사적 사실로 간주했으나 사실 이는 적잖은 문제가 있다.

오히려 객관적 사실을 종합적으로 분석하면 정반대의 해석이 가능하다. 만일 은나라의 주가 그토록 패덕한 행위를 하여 민심을 잃었다면 주왕조의 건국 초기에 왜 수많은 은왕조의 유민들이 주왕조에 반기를 들고 나섰는지를 이해할 길이 없게 된다. 주왕조의 천명론에 따르면 은나라 백성들은 패덕한 행위를 일삼은 은나라의 마지막 군주 주를 과감히 버리고 주문왕과 주무왕을 따랐어야만 한다.『서경』 등은 실제로 그같이 묘사해 놓았다.

그렇다면 그토록 흔쾌히 심복했던 은나라 유민들이 왜 갑자기 주무왕이 죽자마자 대거 반기를 들고 나선 것일까. 주왕조가 내세운 천명론으로는 은나라 유민들의 이같은 역설적 행위를 도무지 해석할 길이 없다.

원래 은왕조를 뒤엎은 주무왕은 물론 그의 부친인 주문왕 모두 은왕 주의 총애를 입었던 인물이다. 은왕조 때 나온 청동기 명문과 갑골문을 보면 이를 쉽게 확인할 수 있다. 은왕 주는 주족周族의 위세를 크게 두려워한 나머지 주문왕에게 서백西伯의 작위를 내리면서 적극 회유하고 나섰을 공산이 크다. 그럼에도 이미 주문왕과 주무왕은 오랫동안 축적된 무력을 배경으로 상왕조를 뒤엎고 보위를 찬탈코자 하는 역심逆心을 버리지 않았던 것이다.

당시 주문왕은 만일 반기를 들 경우 과연 얼마나 많은 세력을 끌어들일 수 있을지 확신이 서지 않아 결단을 미루고 있다가 은왕 주의 견제에 걸려 결국 당대에 뜻을 이루지 못하고 죽었을 공산이 크다. 사서에 주문왕의 죽음에 대한 구체적인 설명이 없는 것이 이를 뒷받침한다. 나아가 그의 뒤를 이은 주무왕은 더욱 힘을 키워 반군 세력에 걸림돌이 될 만한 소국들을 차례로 점령한 뒤 마침내 반란에 동조하는 세력을 대거 규합해 참혹한 유혈전 끝에 승리를 얻었다고 보는 것이 옳다. 역대 중국 왕조의 교체기 때 나타나는 통상적인 상황에 비추어 이같이 보는 것이 역사적 진실에 훨씬 가깝다.

삼국시대 당시 조조와 조비로 이어지는 위나라가 후한의 마지막 황제 한헌제漢獻帝로부터 보위를 이어받아 새 왕조를 열 때의 상황도 이와 크게 다르지 않았다. 비록 유혈사태는 빚어지지 않았지만 조조가 위공魏公에 이어 위왕魏王으로 승작陞爵할 때 이미 대부분의 사람들은 새 왕조가 개창될 것을 의심치 않았다. 조조는 위왕이 되었을 때 자신을 추종하는 많은 신하들이 제위帝位에 오를 것을 권하자 자신을 주문왕에 비유해 이같이 말한 바 있다.

| 만일 천명이 나에게 있다면 나는 주문왕(周文王)이 될 것이다.

조조는 자신의 말과 같이 당대에는 제위에 오르지 않았다. 천하통일의 위업을 아직 이루지 못했기 때문에 자식인 조비가 천하를 통일한 뒤 제위에 오를 것을 염두에 두고 이같은 말을 한 것이다.

주문왕과 주무왕의 보위 찬탈 과정을 거의 그대로 답습한 경우로는 사실 조조와 조비 부자보다 위나라를 찬탈할 사마씨 일족을 거론하는 것이 훨씬 타당할 것이다. 사마씨 일족은 사마의司馬懿를 필두로 하여 그의 두 아들인 사마사司馬師와 사마소司馬昭를 거쳐 손자인 사마염司馬炎에 이르는 3대에 걸쳐 교묘하고도 잔인한 방법으로 위나라를 뒤엎고 진晉나라를 세웠다. 사마사는 조비의 손자인 위나라 황제 조방曹芳을 내쫓고, 사마소는 조비의 또 다른 손자인 위나라 황제 조모曹髦를 척살弑殺했다. 이 와중에 사마사와 사마소는 조씨의 위나라에 충성하는 제갈탄諸葛誕과 관구검毌丘儉의 군사를 격멸함으로써 장차 위나라의 찬탈과정에 걸림돌이 될 만한 핵심세력을 완전히 일소했다. 사마소의 아들 사마염은 바로 이같은 토대 위에 허수아비에 불과한 위나라 황제 조환曹奐으로부터 제위를 선양받아 마침내 진晉제국을 세웠다.

사마씨의 찬위과정은 간교하고도 잔악했다. 그럼에도 불구하고 후세 사가들은 사마씨의 시군찬위를 오히려 천명에 따른 것으로 미화했다. 사마염은 천하를 통일한 후 교만하고 음란한 모습을 보였다. 그럼에도 그는 덕정을 베푼 제왕으로 미화되었다. 정반대로 사마씨에 의해 억울하게 쫓겨나거나 죽임을 당한 위나라 황제 조방과 조모 등은 모두 우매하고 방자한 인물로 매도되었다. 사마씨에게 순순히 보위를 양보한 조환만이 천명을 안 군주로 평가되었다.

이같은 실례를 통해 거꾸로 추론하면 주문왕과 주무왕의 부자 2대에 걸친 주왕조 건국과정은 자신들을 총애한 은왕 주에 대한 '찬역簒逆'과정이었다고 해석할 수 있다. 은나라 유민들이 주무왕이 죽자마자 대거 반기를 들고 일어난 사실이 이를 뒷받침한다. 폭군으로 묘사된 은왕 주의 패덕행위 역시 아무런 구체적인 증거가 없는 주왕조의 일방적인 주장에 불과할 뿐이다.

이는 비단 주왕조 때에만 일어났던 일도 아니다. 『조선왕조실록』을 보면 폭군으로 몰려 쫓겨난 조선조의 연산군燕山君과 광해군光海君

역시 하나라의 걸이나 은왕 주보다도 더욱 패덕한 인물로 묘사되어 있다. 정반대로 이들을 좇아내고 보위에 오른 중종中宗과 인조仁祖는 천덕을 행한 성군으로 묘사되어 있다. 그러나 객관적으로 볼 때 오히려 연산군과 광해군은 군권君權과 국가보위에 관해 뚜렷한 통치철학을 지닌 인물인 데 반해 중종과 인조는 시기심이 많은 범용凡庸한 인물에 지나지 않았다. 특히 인조의 경우는 자식인 소현세자昭顯世子에게 보위를 빼앗길까 노심초사한 나머지 자식을 비명횡사케 만들었다는 비난을 받는 인물이다.

이를 통해 알 수 있듯이 주왕조가 내세운 천명론은 문화적으로 앞서 있던 은왕조의 유민들을 심리적으로 회유키 위해 만들어낸 일종의 변명에 가까운 것이었다. 주왕실이 언급한 천명론이 은왕조 유민들의 반란을 진압하고 이들을 회유하는 연설문에 가장 많이 나타나고 있다는 사실이 이를 뒷받침하고 있다.

천명론은 기본적으로 주왕조의 통치를 합리화하고 이를 통해 은왕조의 유민을 포섭코자 하는 고도의 정략에서 연유한 것이다. 사실 주왕실의 이같은 의도는 정확히 맞아 떨어졌다. 이는 은왕조의 유민들로 구성된 정주8군과 은8군이 주나라의 국방에 큰 공헌을 한 사실을 통해 쉽게 알 수 있다. 주공 단에 의해 반란이 평정된 후 은왕조의 유민들은 다시는 주왕실에 대해 반기를 들지 않았다. 당시 노나라의 일반 백성들 중 상당수는 은왕조의 유민들로 구성되어 있었음에도 불구하고 아무런 저항도 하지 않았다.

이는 곧 주왕조의 천명론을 통한 은왕조 유민들에 대한 포섭책략이 주효했음을 뜻한다. 왜 은왕조의 유민들은 반란이 실패한 뒤 주왕실이 내세운 천명론에 동조하며 주왕조에 적극 협조하고 나섰던 것일까. 여기에는 대략 2가지 원인이 작용했다고 보인다.

첫째, 주왕실이 천명론을 적극 홍보하고 나선 점을 들 수 있다. 주왕실은 은왕조의 유민들을 단순히 포섭하는 데 그치지 않고 새로운 통치사상과 세계관을 제시해 마침내 이들의 지지를 얻어낸 것이다. 은왕조의 유민들은 기본적으로 인격신인 '상띠'가 우주만물을 주재하며 인간의 길흉화복을 관장하는 것으로 생각했다. 비록 '티엔'이 주족의 최고신이기는 하나 은나라 유민들의 입장에서 볼 때 '상띠'를 '티엔'으로 바꿔 생각하는 것은 아무 무리가 없다. 이는 로마에 의해 정복당한 고대 그리스인들이 로마인들의 최고신인 '쥬피터'를 자신들의 최고신인 '제우스'와 동일시한 것에 비유할 수 있다. 은나라 유민의 입장에서 볼 때 '상띠'와 하등 다를 바 없는 '티엔'의 명에 의해 새 왕조를 개창했다는 주왕조의 천명론을 계속 일종의 변명으로만 치부키는 어려웠을 것이다.

둘째, 주왕실이 은왕조의 유민들을 동화시키기 위해 매우 다양한 정책을 펼친 점을 들 수 있다. 주왕실은 막강한 무력을 바탕으로 홍수와 가뭄 등을 대비한 치수사업과 농사를 위한 관개수리 등을 활발히 전개하면서 상호 통혼 등을 적극 권장했다. 특히 은왕조 유민들에게 일종의 특혜로 보일 만한 일련의 조치를 취했다.

대표적인 실례로 은왕조의 유민들로 이뤄진 송宋나라의 군주를 공公, 후侯, 백伯, 자子, 남男의 5등급의 관작 중 가장 높은 '공'으로 삼은 점을 들 수 있다. 춘추시대 말기까지 열국의 제후들 중 송나라 군주인 송공宋公의 작위가 가장 높았다. 춘추시대에 들어와 소위 춘추5

패春秋五覇로 불리는 패자覇者들이 대거 등장했음에도 불구하고 이들의 작위는 겨우 '후' 정도에 지나지 않았다.

첫 패업을 이룬 제환공齊桓公도 자체적으로는 '공'을 표방했지만 이는 주왕실이 인정한 공식 작호가 아니었다. 그는 어디까지나 '제후齊侯'에 지나지 않았다. 두 번째 패업을 이룬 진문공晉文公 역시 '진후晉侯'에 지나지 않았다. 춘추5패의 한 사람으로 거론되는 진목공秦穆公의 경우는 그보다 한 단계 낮은 '진백秦伯'에 불과했다. 초장왕楚莊王의 경우는 스스로 왕호를 달았으나 주왕실이 내린 공식 작호는 '초자楚子'에 불과했다. 주왕실의 조정에서 일했던 상경上卿을 제외하고는 전국시대 초기까지 열국의 제후 중 '공'의 작호를 가졌던 사람은 '송공'밖에 없었다. 은나라 유민들로 구성된 송나라에 대한 주왕실의 대우 역시 각별했다. 다른 제후들과 달리 주왕은 송공을 맞을 때 군신의 예가 아닌 빈객賓客의 예로 맞이했다. 이를 통해 은왕조 유민들에 대한 주왕실의 회유책이 매우 적극적으로 전개되었음을 대략 짐작할 수 있다.

결국 주왕조는 은나라 유민들로부터 우주 삼라만상의 주재자인 '티엔'의 뜻에 따라 새 왕조를 개창했다는 취지의 천명론을 인증받는 데 성공했다. 이후 '티엔'이 매년 정기적으로 성대한 제사를 받게 됨에 따라 주왕 역시 천명을 받은 '티엔'의 자손, 즉 '티엔즈天子'로 숭앙되었다. '티엔즈'는 '티엔'을 대신하기 때문에 그의 지배영역 역시 천하, 곧 전세계여야만 했다. 이같은 사상을 가장 잘 반영한 것이 『시경』「소아·북산北山」에 나오는 다음과 같은 구절이다.

> 넓은 하늘 아래 땅으로 왕의 땅이 아닌 곳이 없고, 사방의 땅이
> 끝나는 곳까지 사는 사람들로 왕의 신하가 아닌 자가 없다(普天
> 之下, 莫非王土, 率土之濱, 莫非王臣).

하늘 아래의 모든 땅은 '티엔즈'인 주왕의 땅이고, 거기에 거주하는 모든 백성은 주왕의 신민臣民이라는 것이다. 이로써 주왕의 지배영역은 단순히 주왕조의 정치군사적 영향력이 미치는 지역뿐만 아니라 주변의 모든 이민족이 사는 곳을 총망라한 전세계로 확대되었다. 여기서 바로 〈티엔天 → 티엔밍天命 → 티엔즈天子 → 티엔샤天下〉의 도식이 성립되었다.

천명론이 이제는 주왕실의 무력정벌을 합리화하는 데 그치는 것이 아니라 주왕을 '티엔즈'로 격상시켜 주왕실의 신성성을 확보하고 주왕조 통치의 정통성을 확립하는 이론으로 작동케 된 것이다. 역대 중국 왕조가 줄기차게 천명론을 내세운 이유가 바로 여기에 있다. '티엔'을 인격신으로 섬긴 서민들은 말할 것도 없고 제후들과 경대부 등의 지배층마저 이를 적극 수용하는 지경에 이르게 되자 주왕과 주왕실은 전례없는 카리스마를 확보하게 되었다.

훗날 춘추시대로 접어들어 주왕실의 정치군사적 역량이 현저히 약화되었음에도 불구하고 왕호를 자칭한 초나라를 포함해 그 어떤 제후국도 주왕실의 권위에 감히 도전하려 하지 않았다. 중국의 역대 왕조가 모두 주왕조 때 만들어진 〈티엔天 → 티엔밍天命 → 티엔즈天子 → 티엔샤天下〉의 도식을 적극 내세움에 따라 주변의 이민족들 역시 이를 수용하는 방향으로 나아갔다. 중국의 역대 왕조는 주변의 이민

족이 이 도식을 받아들일 경우 소위 엿과 채찍에 해당하는 기미책 羈縻策을 구사해 늦추고 당기면서 중화질서의 외곽을 지키는 번병藩屛 으로 편입시켰던 것이다.

번병이 되기를 거부하거나 이를 전략적으로 수용했던 주변의 이 민족들 역시 중원을 점거한 뒤에는 이 도식을 적극 활용해 중화질서 의 새로운 주인임을 자처했다. 역사상 중원 중심의 중화질서에 가장 강력한 반발을 보였던 이민족으로는 몽골족을 들 수 있다. 몽골족은 이미 중국의 '티엔즈'에 해당하는 최고 통치권자의 칭호로 '칸汗: Khan'이라는 칭호를 사용하고 있었다. 이는 우리말의 크다는 뜻을 지 닌 '한'과 어원이 같은 것이기도 하다. 세계 대제국을 이룬 쿠빌라이 칸은 현재의 북경인 연경燕京을 제국의 수도로 삼은 뒤 몽골족 전래 의 '칸' 칭호와 중국 전래의 '티엔즈' 칭호를 결합한 '티엔즈·칸天 子汗'이라는 새로운 칭호를 만들기도 했다.

바다를 격해 대륙과 떨어져 있었던 일본 역시 중원 중심의 중화질 서에 강력 반발했다. 그들은 중국의 '티엔즈'를 결코 인정치 않으려 고 했다. 이에 그들은 스스로 '텐노오天皇'라는 새로운 칭호를 만들어 사용하면서 '텐노오'가 '티엔즈'보다 한 단계 높다고 주장했다. 왜 왕倭王으로 불리던 일본이 이같은 칭호를 만들어 쓰게 된 것은 한반 도에서 고구려와 백제가 멸망한 뒤 많은 유민들이 일본으로 건너가 면서 나타난 것이다.

원래 만주를 호령했던 고구려 사람들은 스스로를 천손天孫으로 생 각했다. 한강유역에서 흥기했던 백제의 주류층도 고구려와 정통성을 다투면서 천손임을 자부했다. 고구려의 왕들은 비록 '대왕大王'이라는 칭호를 사용키는 했으나 이는 어디까지나 '티엔즈'를 자처한 중국과의 충돌을 피하기 위한 것일 뿐이다. 그들은 '티엔즈'의 번병이 되기를 거부하면서 '티엔즈'가 한반도로 그들의 힘을 뻗치려는 것을 제어하는 역할을 수행했다. 그 결과가 바로 중국 역대 사상 최고의 명군주로 손꼽히는 당태종과 연개소문의 일전으로 나타났던 것이다. 이 싸움은 연개소문의 승리로 끝났다.

그러나 백제가 멸망한 뒤 연개소문의 자식들 사이에 내분이 일어나고 뒤이어 당군唐軍과 한패가 된 신라가 당군과 함께 협공에 나서자 마침내 고구려는 패망하고 말았다. 고구려의 유민들이 몇십 년 뒤 발해를 세워 고구려의 후신임을 자처했으나 고구려 때의 웅혼한 기상을 되찾기는 힘들었다. 당시 많은 고구려의 유민들이 배를 타고 동해바다를 건너 일본으로 건너갔다. 이에 앞서 많은 백제 유민들을 받아들였던 일본은 이들 고구려 유민들을 적극 수용하면서 고구려와 백제의 유민들이 갖고 있던 천손의 개념을 받아들였다. 그 결과 몇십 년 뒤 일본은 최초의 역사서인 『일본서기』를 펴내면서 '일본'이라는 새로운 국명과 함께 '텐노오'라는 칭호를 쓰기 시작했던 것이다.

베트남의 경우도 '티엔즈'의 번병이 되기를 거부한 나라 중의 하나이다. 베트남은 오랫동안 중국의 변방으로 편입돼 있다가 10세기경 처음으로 독립한 뒤 스스로 황제를 칭했다. 베트남은 중국에 국서를 올릴 때만 중국과의 충돌을 피해 '베트남브엉越南王 : Việt Nam Vương'이라는 칭호를 썼다. 이는 바다를 사이에 두고 있는 일본과 달리 중국이 마음만 먹으면 침략할 수 있다는 약점 때문에 부득이 그같이 한 것이다. 그러나 베트남은 황제라는 칭호를 한번도 포기한 적이 없다. 베트남인들이 세계 대제국을 세운 몽골의 기마군단을 물리친 데 이어 20세기 중엽에 프랑스를 대신하여 참전한 미국을 물리칠 수 있었던 것도 바로 번병이 되기를 거부한 강인한 독립정신에서 비롯된 것이다.

중국문명권에서 수천 년 동안 기본 질서로 통용된 소위 중화질서의 핵심이 바로 주왕조가 천명론을 내세우면서 만들어낸 〈티엔天 → 티엔밍天命 → 티엔즈天子 → 티엔샤天下〉의 도식에 있었다. 현재 대영제국의 뒤를 이어 세계를 호령하고 있는 미국을 상대로 21세기의 동풍東風을 만들어 나가고 있는 중국은 향후 더욱 힘이 강해질수록 전래의 이 도식을 주변국에 강요할 가능성이 높다. 이를 가장 먼저 강요받을 지역이 바로 한반도이다. 위정자들의 대오각성이 절실히 요구되는 시점이 아닐 수 없다.

이를 통해 짐작할 수 있듯이 주왕조가 내세운 천명과 천덕 개념은 이후 전개되는 중국문명의 특징을 결정짓는 매우 중요한 계기로 작용했다. 중국문명이 인류 역사상 가장 먼저 무신론에 입각해 인간의 이성적 합리주의를 깊이 확신케 된 배경이 바로 여기에 있었다. 그 상징이 바로 '천도'와 '천명', '천덕' 등으로 나타났던 것이다.

주왕조 때 만들어진 금문에는 주문왕이 덕정을 펼치자 하늘이 의덕懿德을 내려 그를 도왔다는 기록이 나온다. 이는 주문왕이 펼친 큰 덕의 연원이 '천덕'에 있고, 주문왕은 큰 덕을 펼침으로써 마침내 '천명'을 받게 되었음을 말한 것이다. 이는 주왕조 초기만 하더라도 인덕人德에 비해 천덕이 여전이 절대적 우위에 있었음을 시사한다.

인덕이 천덕과 동등한 수준에 오르게 되는 것은 춘추시대에 들어가서야 비로소 가능케 된다.

주왕조가 통치권위의 근거를 천명을 받은 주문왕과 주무왕의 수명受命에 두고 후왕後王에게 선왕이 베푼 덕의 계승을 강조한 것은 천명 역시 생명력을 지니고 전승된다는 관념을 반영한 것이다. 그렇다면 천명은 과연 언제쯤 끊어지게 되는 것일까. 세습적인 왕통이 계속 이어지는 한 천명 역시 계속 유지되는 것일까. 부덕한 인물이 왕통을 잇게 될 경우 천명은 정지될 뿐인가, 아니면 완전히 끊어지는 것인가. 누가 천명이 다한 것을 판단할 수 있는 것일까.

주왕조는 주문왕과 주무왕이 획득한 천명 및 이에 상응하는 천덕이 주왕실을 통해 세습된다는 논리로 해답을 제시코자 했다. 그러나 이는 명백한 모순이다. 본래 오직 덕이 있는 자만이 천명을 받을 수 있다는 주장이 천명론의 핵심논리이다. 이는 천하인의 공감을 얻을 수 있는 뛰어난 주장이기도 하다. 그러나 한번 수명한 천명 및 이에 상응하는 천덕이 혈통에 의해 세습된다는 논리는 자가당착적 모순이 아닐 수 없다.

주왕조가 자신들의 찬탈행위를 논리적으로 완벽하게 정당화하기 위해서는 그 어떤 사람일지라도 천자보다 더 큰 덕을 행하면 얼마든지 천명을 받을 수 있다는 당당한 주장을 펼쳤어야만 했다. 그래야만 천명론도 시종일관하는 논리적 타당성을 확보할 수 있다. 그러나 주왕조는 당당하지 못했다. 주왕조가 내세운 천명론의 치명적인 약점이 바로 여기에 있었다.

새 왕조를 개창하는 소위 창업주創業主에 해당하는 군주들은 대개 탁월한 지략과 용맹, 불굴의 의지 등을 지닌 뛰어난 인물들이었다. 이들은 한 왕조가 매너리즘에 빠진 나머지 부정부패 등이 극에 달해 망국의 조짐을 보일 때 뛰어난 인품과 지략 등을 동원해 당대 최고의 영걸英傑로 부상하곤 했다. 이때 이들 주변에는 수많은 인재들이 구름처럼 몰려들어 새로운 왕조를 개창키 위한 준비작업에 박차를 가했다. 이들은 자신들이 모시는 영걸을 당대 최고의 천덕을 행한 유덕자로 미화하는 작업을 전개하곤 했다. 이를 바탕으로 역성혁명을 통해 새 왕조를 여는 창업주는 늘 전 왕조의 악폐를 일소하며 새로운 나라를 열기 위해 불철주야 노력하는 모습을 보였다.

그러나 그의 자식들이 창업주와 같은 열정과 능력을 지니기란 사실 불가능에 가깝다. 새로 개창한 왕조가 창업 초기에 늘 위험에 처하는 이유가 바로 여기에 있다. 새 왕조가 성공하기 위해서는 영명한 후계자가 잇달아 등장해야만 한다. 그래서 당태종의 통치이념을 담은 『정관정요貞觀政要』에서 '창업보다 수성守成이 어렵다'고 역설한 것이다. 당태종과 조선조의 태종 이방원은 사실 창업과 수성을 동시에 행한 인물이었다. 당나라와 조선조가 수백 년 동안 이어질 수 있었던 것은 창업 초기에 이들이 탄탄한 기반을 닦아놓은 사실과 무관할 수 없다.

주왕조가 창업 초기에 위기에 처한 것은 너무나 당연한 일이었다. 창업주인 주무왕이 죽고 어린 아들 주성왕周成王이 즉위하자 곧바로 크고 작은 반란이 빈발했다. 결국 주성왕의 숙부인 주공 단에 의해 모든 반란이 진압된 후 안정을 되찾기는 했으나 주왕조는 이후 제후들의 도전과 이민족의 침공에 제대로 대처치 못해 계속 약세를 면치 못했다.

그 결과 마침내 도성을 호경鎬京에서 낙읍으로 옮기는 지경에 이르러서는 명목뿐인 왕실로 전락하는 처지가 되고 말았다. 주왕실의 동천東遷 이후 5백여 년 동안 지속된 춘추전국시대는 일응 주왕실이 획득한 천명을 대신하여 새로운 천명을 받을 유덕자를 가려내기 위한 각축전의 시기로 규정할 수 있다. 사마천이 바로 이같은 시각에서 춘추전국시대를 바라본 대표적인 인물이었다.

그러나 명목뿐인 주왕실을 대신해 새로운 천명을 받을 사람을 가려내는 시간치고 5백여 년의 기간은 너무 긴 세월이다. 그렇다면 왜 이토록 긴 시간이 소요된 것일까. 여기에는 여러 원인이 복합적으로 작용했다. 그러나 무엇보다 먼저 주왕조 초기에 열국들이 너무 작은 단위로 세분돼 있었던 점을 들지 않을 수 없다.

이같은 상황에서는 설령 아무리 천자보다 뛰어난 제후가 등장할지라도 천하를 아우를 수 있는 세력으로 성장하는 것은 불가능하다. 천명을 내세워 상왕조를 뒤엎은 주왕조는 당초부터 자신들을 모방한 새로운 세력이 나타날 것을 두려워한 나머지 의도적으로 열국을 작은 단위로 세분해 놓았던 것이다.

그러나 사실 이보다 더욱 중요한 요인이 있었다. 바로 신분세습의 봉건제가 그것이다. 봉건제의 가장 큰 특징은 신분세습에 있다. 신분세습의 정점에는 군왕이 있었다. 당시 제후들은 동성의 제후이든 이성의 제후이든 직간접적으로 모두 주왕실과 깊은 혈연적 관계를 맺고 있었다. 주왕실과 제후들은 씨족집단의 유제遺制인 이같은 혈연관계를 중첩적으로 형성함으로써 자신들의 신분세습을 정당화했다. 적장자상속嫡長子相續의 전통 등이 바로 그 대표적인 예라고 할 수 있다.

장자상속의 전통은 천명론의 입장에서 볼 때 완전히 자가당착적인 모순이 아닐 수 없다. 주왕실은 말할 것도 없고 열국 제후들의 경우에도 사직의 법통을 이어가는 데 가장 합리적인 선택은 적서嫡庶와 장유長幼의 구분에 얽매이지 않고 가장 유덕한 자로 하여금 뒤를 잇게 하는 것이다. 사실 이것이 천명론에 가장 부합하는 것이기도 하다. 그럼에도 주왕실과 제후들은 적장자 상속의 원칙을 내세워 이를 거부한 것은 물론 경우에 따라서는 적장자 상속의 원칙마저 버리고 총희寵姬 소생의 서자를 태자로 세우는 일을 빈번히 행했다. 『춘추좌전』에 기록된 수많은 변란은 바로 여기서 비롯된 것이었다.

이를 통해 우리는 주왕조가 내세운 천명론이 얼마나 모순적으로 운용되었는지를 쉽게 확인할 수 있다. '천도'와 '천덕', '천명' 등은 그 뛰어난 이론에도 불구하고 논리적 일관성을 유지하지 못함으로써 스스로 파탄을 면치 못했다. 주왕조가 천명론의 일환으로 내세운 봉건제가 자체 모순이 심화되어 스스로 붕괴되는 데 소요된 시간은 무려 5백여 년이나 되었다.

그러나 이 장구한 세월은 단순히 천명을 다한 주왕조가 무너지고 새롭게 천명을 받은 진제국이 들어서는 시간으로만 소요된 것은 아니었다. 이 시기는 '천도'와 '천덕'의 개념을 대신한 인간 중심의 '인덕人德'과 '인도人道' 개념이 새로이 등장해 '천명'의 이론을 더욱 정교하게 다듬도록 주문한 기간이기도 했다. 이 작업에는 제자백가가 모두 참여했다. 참으로 위대한 시간이 아닐 수 없다. 중국문명의 사상적 기틀이 바로 이 시기에 만들어졌다.

　이런 의미에서 볼 때 천명론을 내세운 주왕조의 역성혁명은 분명 미완성의 혁명이었다. 춘추시대에 들어와 인사人事는 천명에 의해 결정된다는 숙명론宿命論과 함께 천명은 인사에 따른다는 정명론定命論이 공존했다. 이는 곧 사람이 천명을 만든다는 생각으로 이어지게 되었다. 그러다가 마침내 전국시대 후기에 이르러서는 오직 강대한 무력을 가진 자만이 천명을 받을 수 있다는 사고로까지 연결되었다. 신분세습의 봉건정이 무너지고 능력본위의 관인통치에 기초한 제왕정이 나타나게 된 사상적 배경이 바로 여기에 있었다.

3
봉건론
【씨족의 종법제를 확대시킨 제도였다】

주왕조 초기만 하더라도 주왕의 영도 아래 왕족과 동성 제후는 물론 이성의 제후들 간에 동맹이 수립되었다. 제후들의 봉국 내에서도 공후公侯의 영도 아래 공족과 기타 동성 및 이성의 대부들 간에 동맹이 수립되었다. 이성 제후국들 중에는 주왕실과 인척관계를 맺어 성립된 나라를 비롯해 상왕실의 유족들로 구성된 나라와 새로 황무지를 개척하여 성곽을 쌓고 종묘를 세움으로써 제후국으로 전환된 나라들도 있었다.

주왕조 초기에 가장 중요한 제후국들로는 황하 북쪽 연안의 진晉, 위衛, 연燕 등과 황하 남쪽 연안의 허許, 채蔡, 진陳, 송宋, 조曹, 노魯, 제齊 등이 있었다. 동남쪽의 가장 먼 곳에 있었던 오吳와 비교적 늦게 건립된 진秦, 정鄭도 후에는 중요한 제후국으로 발돋움했다. 주왕조는 각지에 제후들을 봉함으로써 각 제후들이 능력에 따라 크게 발전할 수 있도록 여지를 마련해 주었다. 이는 말할 것도 없이 이같은 봉건을 통해 전국 각지의 제후들로부터 폭넓은 지지를 얻고자 한 주왕실의 의도에서 비롯된 것이었다. 주왕조가 극성한 때에는 그 세력이 남쪽으로는 장강 이남, 동북쪽으로는 하북성의 난하瀛河 서쪽 일대, 서쪽으로는 지금의 감숙성, 동쪽으로는 지금의 산동성까지 미쳤다.

당시 난하의 동쪽지역에는 고조선이 난하유역과 흑룡강 일대를 포함한 광활한 만주와 한반도 지역을 차지하고 있었다. 이 지역에는 고조선의 제후국인 부여와 숙신, 예, 맥, 고죽국, 고구려 등이 있었다. 주왕조는 이러한 고조선의 제후국과도 교류를 가졌다. 이는 주무왕 때 숙신의 사신이 주왕실을 방문해 싸리나무 살대에 돌로 된 살촉을 끼워넣은 화살을 예물로 바친 사실을 통해 쉽게 알 수 있다. 그때 주문왕은 그 화살의 살대에 글자를 새겨 진陳나라에 하사했다. 진나라는 그것을 춘추시대에 이르기까지 국고에 보물로 보관하고 있었다. 또 숙신은 주공 단이 동쪽지역의 정벌전에서 승리하자 사자를 보내 축하키도 했다. 주왕조가 동도인 낙읍을 건설한 후 그곳에서 성대한 대회를 열 때도 많은 고조선의 제후국들이 사자를 보내 이를 축하했다.

당초 주왕조는 개국하자마자 커다란 난관에 봉착했다. 은왕조로부터 획득한 광대한 영토는 험준한 산과 끝없는 늪지, 깊은 삼림으로 덮여 있었다. 오지의 곳곳에는 신석기시대 이래로 거주해 온 토착민들이 주족을 적대시했다. 특히 군사적으로는 패배했으나 문화적으로는 훨씬 우월했던 은왕조의 유민들은 내심 불만을 품고 있었고, 동맹부족은 주왕실에 대해 많은 포상을 바라고 있었다.

주왕조는 바로 이같은 난관을 타개키 위해 새로운 통치질서를 확립했다. 그것이 바로 봉건제의 전면적인 실시였다. 앞서 언급한 바와 같이 봉건제는 은왕조 때 일부 지역에서 실시된 적이 있었다. 주족도 주왕조를 세우기 이전에 일부 지역에 실시했던 흔적이 있다. 그러나 봉건제가 국가 통치체제로 채택되어 전국적으로 실시된 것은 주왕조가 처음이라고 보아야 한다.

주무왕은 은왕조를 무너뜨린 뒤 첫 조치로 주紂의 아들 무경을 은나라 고지에 봉해 그의 조상을 제사케 했다. 이어 자신의 동생인 관숙管叔 선鮮과 채숙蔡叔 도度 등을 주변에 배치해 무경과 은왕조 유민들을 감시케 했다. 이들 은왕조의 유민을 감시키 위해 세운 세 사람을 흔히 3감三監이라고 했다. 이때 주무왕은 홀연히 본거지인 풍읍으로 다시 귀환했다. 일부 학자는 이를 두고 이미 고도의 청동기문화를 보유하고 있던 은왕조의 뒤를 이어 중원을 통치할 자신이 없었기 때문으로 풀이하고 있다.

사실 당시 주왕조는 은나라의 주력군을 목야에서 격파하고 도성인 상읍을 점령하기는 했으나 은왕조에 동조하는 부족들을 모두 복속시킨 것은 아니었다. 은왕조는 비록 멸망키는 했으나 황하 북안 일대와 동쪽의 광대한 지역이 아직 옛 은왕조의 세력범위로 남아 있었다. 이같은 정황에서 풍읍으로 돌아온 주무왕은 2년 만에 홀연히 죽고 말았다. 주왕조의 최대 위기가 바로 이때 닥쳐왔던 것이다.

주무왕의 뒤를 이어 나이 어린 아들 송誦이 보위에 올랐다. 그가 바로 주성왕周成王이다. 아직 국가의 틀도 제대로 잡히지 않은 상황에서 빚어진 주무왕의 돌연한 사망은 주왕조에 커다란 정치군사적 위기를 야기했다. 이때 주무왕의 동생인 주공 단旦이 섭정이 되어 주성왕을 보좌하면서 위기를 벗어나기 위해 진력했다. 그러나 그의 섭정은 3감의 일원이었던 관숙과 채숙이 의심을 샀다.

은왕 주의 아들인 무경은 내심 은왕조 부흥의 기회를 노리고 있던 중 주무왕이 급작스럽게 죽고 나이 어린 주성왕이 등극한 데다가 3 감이 주왕실에 대한 불만을 품고 있는 것을 알고는 이를 적극 활용코자 했다. 이에 주왕조에 합류키를 거부하는 은왕조 유민을 규합한 뒤 산동에 있던 엄奄나라와 회하 하류에 있던 회이淮夷 : 회하 하류의 이민족 등을 합류시켰다. 그리고는 곧 관숙과 채숙의 세력과 연합해 주왕실에 대해 반기를 일으켰다. 이에 주성왕은 태보太保 소강공召康公 : 召公, 召伯 석奭을 보내 여상에게 이같이 명했다.

> 동쪽으로는 바다, 서쪽으로는 황하, 남쪽으로는 목릉(穆陵 : 산동성 임구현 남쪽), 북쪽으로는 무체(無棣 : 산동성 무체현 북쪽)에 이르는 땅에서 다섯 등급의 제후와 9주(州)의 백(伯) 등의 잘못을 제나라가 정벌해도 좋다.

이를 계기로 제나라는 반란을 평정한 후 대국이 되었다. 당시 주공 단은 주족 및 동맹부족으로 이뤄진 원정대를 이끌고 토벌에 나섰다. 이 토벌전은 무려 3년이나 걸렸다. 주공은 이 토벌전에서 먼저 반란에 참여했던 관숙을 죽이고 채숙을 유배보내면서 또 다른 동생 강숙康叔을 위衛 땅에 봉해 은왕조의 옛 땅을 다스리게 했다. 이어 무경을 폐한 뒤 주紂의 서자인 미자微子를 송宋 : 하남성 상구현 땅에 봉해 은왕조의 제사를 받들게 했다.

주공은 여세를 몰아 동쪽으로 진군해 반란에 가담한 엄나라를 멸한 뒤 다시 산동반도의 동북 발해연안 일대까지 진격해 은왕조의 잔여세력을 일소했다. 그 결과 은왕조의 연맹세력이었던 인방人方세력이 완전히 궤멸해 그 판도가 주왕조의 세력 하에 들어갔다. 이로써 주왕조는 비로소 은왕조의 영토를 모두 점령케 되었다. 주공 단은 주왕실의 자제 및 일족을 비롯해 동맹부족장을 이들 지역의 제후로 삼아 은왕조 유민을 감시하고 주변 이민족들의 준동에 대비케 했다. 이때 분봉된 제후국들 중 가장 중요했던 제후국은 노魯, 위衛, 진晉, 제齊 등 4개 국이었다.

강태공상姜太公像
강상은 성이 여씨呂氏고 이름은 망望이다. 일설에는 자字가 자아子牙라고 하는데 통칭 강태공이라 한다. 무왕을 도와 상을 멸한 후 제齊에 봉해지고 제나라의 시조가 되었다.

주공은 자신의 아들 백금白禽을 노나라로 보내 다스리게 했다. 산동의 곡부曲阜를 도성으로 한 노나라는 상족 반란의 중심이었던 엄나라와 주변에 있는 은나라 유민들을 감시하는 것이 주 임무였다. 강숙이 다스리는 위나라는 은나라의 도성이었던 상구商丘를 중심으로 하여 은나라 유민으로 구성된 송나라를 견제하는 것이 주 임무였다. 진나라는 산서성의 태원太原에 근거지를 두고 당시 주왕실에 가장 위협적인 북적北狄의 준동을 막는 임무를 띠고 있었다. 산동의 영구營丘에 도성을 둔 제나라는 동이와 서이徐夷를 감시하는 것이 주 임무였다. 주공 단은 이같이 자신이 가장 신임할 수 있는 제후들을 정치군사적 요충지에 나누어 배치함으로써 은나라 유민 및 주변 이민족들의 준동을 미리 봉쇄코자 했다. 이것이 바로 주왕조가 마련한 봉건제의 기본 취지였다.

당시 각지에 분봉된 제후들은 주왕실의 일족인 동성 제후와 은왕조를 멸망시키는 데 앞장선 연맹부족 출신의 이성 제후들이 주를 이뤘다. 이밖에도 기杞, 증鄫, 설薛 등과 같이 요·순의 자손 자격으로 분봉된 제후들과 은왕조가 망한 뒤 주나라에 복속한 핍偪, 서徐, 임任, 숙宿과 같은 토착 제후들이 있었다. 『순자』에 의하면 당시 희성姬姓의 동성 제후는 모두 53개 국이었다고 한다. 『사기』는 이보다 약간 많은 56개 국이 동성 제후국이었다고 기록해 놓았다. 정확한 숫자를 알 수는 없으나 주왕조 초기에 대략 180여 개의 제후국이 존재했던 것으로 추정된다.

당시 주왕조는 은왕조의 유민과 주변 이민족의 준동에 대비하면서 동시에 여러 제후들을 효과적으로 감시하기 위해 부도副都인 낙읍雒邑 : 하남성 낙양 부근을 건설했다. 주공 단은 토벌전에 참여했던 서제庶弟 소공昭公 석奭으로 하여금 낙읍의 건설을 감독케 했다. 이를 계기로 낙읍은 훗날 당나라 때까지 장안과 더불어 수많은 왕조의 도성이 되었다. 낙읍은 황하의 중요 도하지점이었던 맹진孟津에 가까웠다. 또한 회하유역으로 남하할 때 분기점이 되는 군사적 요충지였다. 낙읍을 기점으로 은왕조의 옛 영지가 시작되었던 까닭에 낙읍을 장악하면 곧 동쪽과 남쪽을 효과적으로 지배할 수 있었다.

주공 단은 낙읍이 완성되자 직접 그곳에 머물며 동방정책에 전력을 기울였다. 낙읍이 서주시대의 전기간을 통해 정치군사적으로 실질적인 중심지가 된 이유가 바로 여기에 있었다. 주왕조 때에는 낙읍을 성주成周, 주왕실의 종묘가 있는 호경을 종주宗周로 칭했다.

광활한 동쪽 영지에 제후들을 분봉하고 정치군사적 거점인 낙읍을 건설함으로써 주왕조의 기본틀이 완성되었다. 그러나 광대한 정복지에 분봉된 수많은 제후들을 효과적으로 제어하는 것은 그리 간단치 않았다. 이를 둘러싸고 주왕실은 다양한 방안을 강구했다. 결국 주왕실은 호경과 낙읍을 중심으로 한 지역을 주왕실의 직할지로 삼아 이를 직접 다스리면서 나머지 지역은 각 제후들이 상호 감시하는 방안으로 제어코자 했다. 주왕실의 직할지는 호경과 낙읍 사이를 흐르는 황하의 남북유역이었다.

주왕조의 봉건제는 직할지와 그밖의 제후국에 대한 통제가 다른 방식으로 이뤄진 데서 그 특징을 찾을 수 있다. 직할지는 태사太師와 태부太傅, 태보太保 등의 3공이 백관을 관할하며 주왕을 보필하는 형식으로 다스려졌다.『주례周禮』에 따르면 3공 밑에 6관六官이 있었다. 6관은 천관天官과 지관地官, 춘관春官, 하관夏官, 추관秋官, 동관冬官으로 구성되었다. 천관은 총재家宰의 책임 아래 서정을 통괄하고, 지관은 사도司徒의 책임 아래 민치와 교육을 담당했다. 춘관은 종백宗伯의 지휘 아래 예악과 제사를 관장하고, 하관은 사마司馬의 지휘를 받아 군사를 맡았다. 추관은 사구司寇 아래에서 재판과 형벌을 관장하고, 동관은 사공司空의 지휘를 받아 토목사업을 맡았다. 이외에도 농업을 관리하는 농사農師, 농정農正, 농대부農大夫 등이 있었다.

『주례』의 이 기록이 사실이라면 당시 6관 체계가 매우 체계적으로 조직되어 운영된 것으로 볼 수 있다. 그러나『주례』의 이같은 기록에 대한 의문은 오래 전부터 존재해 왔다. 당시 실제로 이같이 질서정연한 통치제도가 있었다고 보기는 힘들다는 것이 그 이유였다.

그러나 청동기의 명문에는 나름대로 제법 잘 짜여진 관직명이 나타나고 있다. 임인任人과 준부隼夫, 목牧 등의 명칭이 그것이다. 이들은 관리와 사무, 법집행을 담당했던 것으로 추정되고 있다. 또 호분虎賁과 철의綴衣, 취마趣馬 등은 봉재와 말의 관리 등을 담당했던 것으로 보인다. 이밖에도 좌우휴복서부左右攜僕庶府, 대도소백大都小伯 등의 명칭이 보인다. 이들은 대략 시중과 전달, 보관소의 관리인, 순찰 등의 임무를 수행한 것으로 짐작되고 있다. 사도와 사마, 사공은 모두 서정과 군사, 토목분야의 최고 책임자였다.

이로 미루어 주왕조의 직할지는 직분과 기능, 직위에 따라 차등적으로 조직된 관료들에 의해 체계적으로 운영된 것으로 봐도 좋을 듯하다. 그러나 이같은 관료조직이 직할지 이외의 다른 지역에까지 확대 적용되었는지는 여전히 의문이다. 대략 각 제후국은 도성에 주왕실의 중앙조직을 모방한 관리기구를 두었을 것으로 짐작된다.

주왕실의 제후들에 대한 통어책은 크게 조근朝覲과 순수巡狩로 요약된다. 『서경』과 『주례』, 『예기』의 기록에 따르면 당시 제후들은 일정 기간 반드시 주왕을 배견拜見하고 지역 토산물을 예물로 증정해야만 했다. 이때 제후들은 자국의 실정을 보고하면서 주왕으로부터 시정지침을 받았다. 이같은 보고행사가 끝나면 주왕은 성대한 잔치를 베풀어 제후들의 노고를 위로하면서 군신간의 친목을 도모했다. 『맹자』에 의하면 제후들이 조근을 한 번 이행치 않으면 제후의 작위가 깎이고, 두 번 이행치 않으면 영토를 삭감당하고, 세 번째 이행치 않으면 왕실의 6군에 의해 토벌당했다. 이를 통해 조근이야말로 주왕이 제후들의 충성을 확인할 수 있는 매우 중요한 제도로 작용했음을 알 수 있다.

일부 학자는 『주례』와 『예기』, 『의례』 등의 사료적 신빙성에 강한 의문을 제기하고 있다. 그러나 주왕조 초기에 만들어진 청동기의 명문에 조근을 의미하는 은殷자가 발견되고 있는 점으로 미루어 어느 정도 사실로 믿어도 좋을 듯하다. 당시 조근제도가 체계적으로 실시되었는지는 확실치 않으나 적어도 제후들이 주왕에게 조근의 의무를 지고 있었던 것만은 의심의 여지가 없다.

『주례』와 『의례』, 『예기』는 또 주왕이 전국의 일정 지역을 돌아다니며 제후들의 시정을 감시하고, 민정을 살펴 상벌을 시행했다고 기록해 놓았다. 이를 액면 그대로 믿기는 힘드나 『시경』에 주왕이 제후국들을 순수한 행적을 노래한 내용이 있는 것으로 미루어 주왕이 순수를 통해 제후들을 통제코자 한 것만은 확실하다. 결국 주왕실은 직할지에 대해서는 태보와 태사를 정점으로 한 관료조직을 통해 다스리고, 직할지 이외의 제후국에 대해서는 조근과 순수를 통해 통제코자 했던 셈이다.

주왕조가 시행한 봉건제의 가장 큰 특징은 혈연제도에 기반한 소위 '종법제宗法制'에 있다. 주왕조는 바로 이 '종법제'를 통해 천하를 하나로 묶으려고 했다. 종법제는 주왕실과 제후들 간의 관계를 본가와 분가의 관계로 구성하는 제도를 말한다. 종법제가 가능했던 것은 당시의 사회가 소위 '종족사회宗族社會'로 구성되어 있었던 사실과 밀접한 관련이 있다. 종족제도는 조상의 종묘를 중심으로 형성된 동일 혈족의 제사조직을 말한다.

'종宗'은 그 내부에 다수의 '족族'으로 구성되고, 혈통에 따라 다시 '대종大宗'과 '소종小宗'으로 구분되었다. 적장자의 후손은 대종이고 그 나머지 자손은 소종으로 분류되었다. 종족 내에서 적장자 출신의 대종이 종가를 형성하고, 종가의 가장이 종주宗主가 되어 조상의 제사를 받드는 종묘를 지키면서 다른 족인을 통솔했다.

주왕실의 천자는 모든 동성 제후들의 대종이 되었다. 주왕실의 대종은 적장자 후손을 통해 세습되었다. 나머지 자식들은 제후로 분봉되어 천자에 대해 소종이 되었다. 이성 제후들 역시 주왕실과의 혼인 관계를 통해 소종으로 분류되었다. 주왕은 주왕실이 제후들과 혈연 관계로 맺어져 있었기 때문에 동성의 제후들에 대해서는 백부伯父나 숙부叔父 : 백부와 마찬가지로 나이 차가 많이 나지 않는 동성의 제후로 불렀고, 이성의 제후들에 대해서는 백구伯舅나 숙구叔舅 : 백구와 마찬가지로 나이 차가 많이 나지 않는 이성의 제후로 불렀다.

당시 모든 제후들의 보위 역시 주왕실과 마찬가지로 적장자에 의해 세습되었다. 나머지 아들들은 경대부卿大夫가 되어 본국의 제후에 대해 소종이 되었다. 경대부의 자리 역시 적장자에 의해 세습되었다. 나머지 아들들은 사土가 되어 경대부의 소종이 되었다. 사와 서인庶人의 관계 역시 똑같은 방식으로 대종과 소종의 관계를 이뤘다. 적장자는 시조를 계승한다는 의미에서 흔히 '종자宗子'로 불렸다. 종자를 두고 『예기』 「대전大傳」은 이같이 기록해 놓았다.

> 조상을 공경하므로 종자를 공경하는 것이다. 종자를 공경하는 것은 곧 조상을 공경하는 것이다.

　　종주는 종족을 대표했다. 족인 중 범법자나 종족의 명예를 훼손하는 사람은 축출 또는 처형할 수 있었고, 전쟁시에는 족인들을 이끌고 전쟁에 참여했다. 대종을 제외한 모든 족인은 소종이 되어 종주의 권위와 지시에 복종했다. 조상을 제사지낼 때에는 종주를 물심양면으로 도와주고, 전쟁시에는 종주의 통솔 아래 싸움터로 나갔다. 이것이 주왕조가 만들어낸 종법제의 기본 골자였다.

　　이로써 대종인 주왕실과 소종인 제후들은 왕위와 제후직을 대종인 적장자에게만 상속시키면서 군통君統과 종통宗統을 일치시킬 수 있었다. 본가와 분가의 관계를 이룬 주왕실과 제후들은 설령 1백 세가 지날지라도 이같은 기본 관계를 변경시킬 수 없었다. 주왕조는 주천자를 정점으로 하는 혈연적 신분질서인 종법제를 통해 제후들은 물론 경대부까지 모두 봉건질서 속에 체계적으로 편입시킬 수 있었다.

　　종법제는 성씨姓氏와 매우 밀접한 관련이 있었다. 같은 동아시아에 속해 있으면서도 원래 알타이어를 사용하는 나라는 종법제와 거리가 멀었다. 우리나라를 포함해 알타이어를 사용하는 몽골과 만주 일대에서는 원래 성씨가 없고 오직 이름만 있었다. 그러나 중국은 이미 주왕조가 성립하기 이전에 성과 씨를 세분하는 매우 복잡한 씨족 분류체계를 만들어 놓았던 것이다.

　　원래 중국에서도 당시에는 귀족만이 성씨를 가졌고 평민은 성씨가 없었다. 귀족 중 여자는 성을 부르고 남자는 씨를 불렀다. 이는 씨는 귀천을 밝히고, 성은 혼인을 구별하는 것으로 성과 씨의 역할이 같지 않았기 때문이다.

　　주왕실과 그 동성국인 노, 진晋, 정, 위衛, 우虞, 곽虢, 오, 연 등은 모두 희성姬姓이었다. 제나라는 강성姜姓, 진秦나라는 영성嬴姓, 초나라는 미성芈姓, 송나라는 자성子姓, 월나라는 사성姒姓이었다. 나아가 동성불혼의 원칙에 의해 귀족부녀의 성은 이름에 비해 더욱 중시됐다. 시집가기 전의 여인은 성 위에 맹孟 : 伯, 중仲, 숙叔, 계季를 덧붙여 항렬을 표시했다. 맹강孟姜, 백희伯姬, 중자仲子, 숙희叔姬, 계미季芈 등이 그것이다.

여인이 시집간 후에는 여러 방법을 써서 구별했다. 첫째, 성 위에 자신의 출신국이나 씨를 덧붙이는 방법을 썼다. 제강齊姜, 진희晉姬, 진영秦嬴, 진규陳嬀 등이 그것이다. 둘째, 다른 나라의 군주에게 출가할 때에는 성 위에 남편이 받은 봉국의 이름을 덧붙였다. 진희秦姬, 예강芮姜, 식규息嬀, 강미江芈 등이 그것이다. 셋째, 다른 나라의 경대부에 출가할 때에는 성 위에 남편의 씨나 식읍의 이름을 덧붙였다. 조희趙姬, 공희孔姬, 진희秦姬, 당강棠姜 : 棠公의 아내 등이 그것이다. 넷째, 죽은 후에는 성 위에 남편이나 자식의 시호를 덧붙였다. 무강武姜 : 정무공의 아내, 소희昭姬 : 제소공의 아내, 공희共姬 : 송공공의 아내, 경영敬嬴 : 노문공의 아내, 문강文姜 : 노환공의 아내, 제귀齊歸 : 노소공의 어머니 등이 그것이다.

성에 비해 씨는 더욱 복잡했다. 군주는 씨가 없었으므로 씨를 부르지 않고 국명을 불렀다. 제후는 봉국으로 받은 나라의 이름을 씨로 삼았다. 정첩鄭捷 : 정문공과 채갑오蔡甲午 : 채장공, 제환齊環 : 제영공, 송왕신宋王臣 : 송성공 등이 그 실례이다. 경대부와 그 후손들은 식읍의 이름을 씨로 삼았다. 굴완屈完과 지앵知罃, 양설적羊舌赤, 해호解狐 등이 그것이다. 혹은 거주지명을 씨로 삼기도 했다. 동문양중東門襄仲과 북곽좌北郭佐, 남궁경숙南宮敬叔, 백리맹명시百里孟明視 등이 그것이다. 혹은 관직명을 씨로 삼기도 했다. 복언卜偃과 축타祝鴕, 사마우司馬牛, 악정극樂正克 등이 그 실례이다.

선조의 자나 시호를 씨로 삼는 경우도 있었다. 대표적인 예로 유가 사상의 비조인 공구孔丘를 들 수 있다. 일설에 따르면 그의 조상은 송나라 대부 공손가公孫嘉였고 공구는 공손가의 자가 공보孔父인 데서 '공孔'을 씨로 삼게 되었다고 한다. 중손열仲孫閱 : 노나라 공자 慶父의 후손으로 경보의 자는 仲임과 숙손득신叔孫得臣 : 노나라 공자 牙의 후손으로 아의 자는 叔임, 계손비季孫肥 : 노나라 공자 友의 후손으로 우의 자는 季임, 장신莊辛 : 초장왕의 후손임 등도 같은 경우로 볼 수 있다. 이외에도 무巫와 도陶, 진甄과 같이 전문기술의 업을 씨로 삼는 경우도 있다.

선진시대의 성씨를 검토할 때 몇가지 주의할 점이 있다. 첫째, 부녀자를 부를 때 성 밑에 '씨氏'자를 붙일 수 있었다. 예컨대 무강武姜은 강씨姜氏, 경영敬嬴은 영씨嬴氏, 여희驪姬는 희씨姬氏로 불렸다. 둘째, 어떤 경우는 족族과 씨가 같은 말로 쓰였다. 『전국책』「진책秦策」에 나오는 다음과 같은 구절이 그 대표적인 실례이다.

> 옛날 증자가 비(費)에 살 때 비 사람 중에 증자와 이름과 족이 같은 자가 사람을 죽였다.

살인자는 공자의 제자인 증자가 아니라 같은 지역에 거주한 동명이인이었던 것이다. 중국 고전에는 이같은 사례가 적잖이 나타나고 있다.

셋째, 전국시대 이후에 사람들은 씨를 성으로 삼게 되어 성과 씨

곤복衰服 설명도

곤복(또는 곤룡포)은 고대 군왕의 예복이다. 이 곤룡포는 날실과 씨실이 모두 우로 꼬이는 방식이며 사선으로 짜여졌으며 먼저 염색을 하고 나중에 직조한 것이다. 이것은 중국에서 현재 발견된 것 중 최초의 채색 모직 옷감으로 선진先秦 시기의 모방직과 염색 기술의 수준을 보여주고 있다. 『주례』에 의하면 주대에 이미 곤룡포의 제도가 있었다고 하며, 이 제도는 명대明代까지 이어지는데, 곤룡포는 통치집단의 최고 1급 예복이었다.

가 점차 하나로 되었다. 한제국 이후에는 모두 성으로 일컫게 되었다. 이에 천자에서 서인에 이르기까지 모두 성을 갖게 되었다. 넷째, 후세에는 비한족 계통의 복성이 출현했다. 장손長孫, 우문宇文, 모용慕容, 가서哥舒, 하란賀蘭, 독고獨孤, 탁발拓跋, 울지蔚遲, 호연呼延, 독발禿髮, 걸복乞伏, 복고僕固 등이 그것이다.

당시 주왕실은 이성 제후들에 대해서는 동성불혼의 원칙을 적용함으로써 종법제를 효과적으로 침투시켰다. 『예기』는 동성불혼의 원칙이 주왕조 때 시작되었다고 기술해 놓았다. 한동안 이에 대한 의문이 제기되었으나 왕국유王國維가 갑골문 연구를 통해 상왕조 때에는 동성불혼의 관습이 없었다는 사실을 밝혀냄으로써 『예기』의 사료적 가치가 인정되었다.

동성불혼의 원칙은 다른 문명권에서는 찾아보기 힘든 현상이다. 많은 사람들은 이 원칙이 나오게 된 배경을 두고 근친결혼을 제어코자 하는 데 그 목적이 있는 것으로 풀이하고 있다. 그러나 중국문명에서만 유독 일찍부터 동성불혼의 원칙이 강조된 것은 사실 종법제를 조기에 정착시켜 제후들을 효과적으로 제어코자 하는 의도에서 비롯된 것으로 보아야 한다. 상왕조를 무너뜨릴 때 도움을 준 연합세력들을 이성 제후로 흡수하면서 이들을 희성의 제후들과 혼인시킴으로써 주왕실의 일가로 포섭코자 하는 데 진정한 목적이 있었던 것이다. 천하를 한 가족으로 껴안는다는 뜻을 지닌 소위 '사해일가四海 一家'는 종법제를 바탕으로 천하를 봉건질서에 편제코자 한 주왕실의 이상을 반영한 것이었다.

춘추시대까지만 하더라도 제후들은 다른 나라 제후들의 딸을 비롯해 그 일족인 공녀公女를 정실부인인 적부인嫡夫人으로 맞아들였다. 이때 다른 나라로 시집가는 공녀는 대개 조카나 여동생을 시집갈 때 데리고 갔다. 또한 공녀와 동성인 제후국 중 두 나라에서 여자를 보내 공녀를 시봉侍奉케 했다. 이들 여인을 통틀어 '잉媵'이라고 했다. 따라서 제후들이 이성異姓의 공녀을 부인으로 맞아들일 때는 대략 4명의 '잉'을 동시에 받아들이게 되었다.

이때 정처는 오직 적부인만이 될 수 있고 '잉'은 결코 정처가 될 수 없었다. 그러나 잉의 지위는 첩妾과 달랐다. 첩은 흔히 천첩賤妾이나 폐인嬖人 등으로 불린 데서 알 수 있듯이 매우 낮게 평가되었으나 '잉'은 높은 신분으로 존경받았다. 그러나 전국시대로 접어들면서 '잉'의 제도가 사라지게 되었다. 후대에 흔히 첩을 '잉첩媵妾'으로 통칭케 된 이유가 바로 여기에 있었다.

당시에는 여자가 시집가는 것을 흔히 '귀歸'라고 표현했다. 또 시집가는 여인은 남편의 집을 '가家'로 칭했다. 시집간다는 뜻을 지닌 '가嫁'자 자체가 바로 '유가有家'의 의미에서 비롯된 것이다. 또한 남자가 장가간다는 의미를 지닌 '취娶' 자는 여인을 취한다는 뜻에서 나온 글자이다. 당시의 결혼은 반드시 중매를 통해야 했다. 젊은 남녀의 운명은 전적으로 중매의 손에 달려 있었던 것이다.

남녀의 결혼은 반드시 6례六禮로 불리는 6가지 수속을 거쳐야만 했다. 첫째가 납채納采이다. 이는 남자 집에서 여자 집으로 기러기 한 마리를 구해 예물로 보냄으로써 구혼의 뜻을 전하는 것을 말한다. 둘째가 문명問名이다. 이는 남자 집에서 여자의 성씨를 물은 뒤 집으로 돌아가 길흉을 점치는 것을 말한다. 셋째가 납길納吉이다. 이는 조상의 사당에서 점을 쳐 길조를 얻은 후 여자 집에 경사를 알리는 것을 말한다. 문명과 납길 때에도 반드시 예물을 보내야만 했다. 넷째가 납징納徵이다. 이는 정혼을 알리는 것과 같다. 이때는 비교적 많은 예물로 이뤄진 소위 폐백幣帛을 보냈다. 다섯째가 청기請期이다. 이는 결혼 날짜를 정해 여자 집의 동의를 구하는 것을 말한다. 여섯째가 친영親迎이다. 이는 신랑이 가서 신부를 맞이해 오는 것을 말한다.

이 6례의 형식은 왕실의 결혼은 말할 것도 없고 일반 사士의 결혼에 이르기까지 예외없이 적용되었다. 후대에 성리학이 나타난 이후에는 더욱 철저히 지켜졌다. 6례는 주왕조가 봉건제를 보다 철저히 유지키 위해 내세운 동성불혼의 원칙과 더불어 매우 중요한 가례嘉禮로 자리잡게 된 것이다. 우리나라에서 조선조 이래 동성불혼의 원칙이 수백 년간에 걸쳐 불변의 관습인 양 지켜진 것은 우리나라가 얼마나 성리학을 교조적으로 받아들였는지를 보여주는 것이다. 예로부터 6례의 의식 중 가장 중시된 것은 납징과 친영이었다. 이는 『시경』「대아 · 대명大明」에 나오는 다음 구절을 통해 쉽게 확인할 수 있다.

413

> 큰 나라에 좋은 규수 있으니 하늘이 내린 자매였네
>
> 大邦有子 俔天之妹
>
> 예로써 길일을 잡고 몸소 위수 가로 나가 맞이했네
>
> 文定厥祥 親迎于渭
>
> 배를 만들어 다리를 놓으니 그 빛이 너무도 밝았네
>
> 造舟爲梁 不顯其光

이는 주문왕이 점을 쳐 길조를 얻고는 납징하여 정혼한 후 위수 가에서 태사太姒를 친영하는 장면을 읊은 것이다. 주문왕이 예로써 길일을 잡는다는 뜻을 지닌 '문정文定'이라는 말이 후대에 정혼定婚의 뜻으로 쓰이게 된 것은 바로 이 시에서 비롯된 것이다.

『예기』「혼의昏義」에는 '합근이윤合巹而酳'이라는 구절이 나온다. '합근'은 신랑신부가 2개로 쪼개 만든 표주박인 '근巹'을 각각 하나씩 마주 잡는 것을 말한다. 이때 신랑신부는 표주박에 따른 술로 입술을 헹굼으로써 한몸이 된 것을 내외에 표시했다. 이를 '윤酳'이라고 했다. 후대에 '합근'이 부부의 성혼이 이뤄졌음을 의미케 된 것은 바로 이 구절에서 유래한 것이다.

종법제는 또 친속관계를 효과적으로 규율하기 위해 적서嫡庶 간에 엄격한 차별을 두었다. 이는 상왕조 때에는 전혀 없던 관행이었다. 당시 정처는 '적처嫡妻', 적처의 아들은 '적자嫡子'로 불렸다. 첩의 아들은 '서자庶子'였다. 비록 정처 소생인 적자일지라도 장자가 아니면 서자와 더불어 '중자衆子'로 불렸다. 왕위를 비롯해 경대부의 자리에 이르기까지 오직 적장자만이 세습할 수 있는 권한이 있었다. 나머지 '중자'는 적장자가 없을 경우에 한해 그 자리에 오를 수 있었다.

　　종법제는 이밖에도 매우 복잡하기 그지없는 친족 간의 호칭을 정립해 놓았다. 중국은 말할 것도 없고 성리학을 받아들였던 우리나라 역시 아직까지 주왕조 때 만들어진 종법제의 영향을 크게 받고 있다. 그러나 성리학의 영향을 받지 않은 몽골과 같은 나라는 아직도 시부모와 장인·장모를 구분하는 용어가 아예 없다. 종법제가 이들 지역에는 아무런 영향을 미치지 못했던 것이다. 종법제의 특징은 친속관계가 멀리까지 연결되고 친속의 명칭이 자세하게 나뉘어진 것에 있다.

　　당시 조부는 '왕부王父', 조모는 '왕모王母', 조부의 부모는 '증조부모曾祖父母', 증조부모의 부모는 '고조부모高祖父母', 고조부모의 부모는 '현조부모玄祖父母'로 불렸다. 또 아들의 아들은 '손孫', 손의 아들은 '증손曾孫', 증손의 아들은 '현손玄孫', 현손의 아들은 '내손來孫', 내손의 아들은 '곤손昆孫', 곤손의 아들은 '잉손仍孫', 잉손의 아들은 '운손雲孫'으로 불렸다. 부친의 형은 '세부世父 : 백부', 부친의 동생은 '숙부叔父'로 양자를 합쳐 '백숙伯叔'이라고 했다. 세부의 아내를 '세모世母 : 백모', 숙부의 아내를 '숙모叔母 : 후에는 嬸', 백숙의 아들은 '종부곤제從父昆弟 : 당형제, 종형제'라고 했다.

　　아버지의 자매는 '고姑', 아버지의 백숙은 '종조조부從祖祖父 : 백조부와 숙조부', 그의 아내는 '종조조모從祖祖母 : 백조모와 숙조모'라 했다. 그의 자식은 '종조부從祖父'로 속칭 '당백숙堂伯叔 : 당백과 당숙'으로 통칭하고 그의 아내는 '종조모從祖母 : 당백모와 당숙모'라고 불렀다. 당백숙의 아들은 '종조곤제從祖昆弟 : 재종형제, 종당형제'라고 했다. 조부의 백숙은 '족증조부族曾祖父 : 족증왕부', 그의 아내는 '족증조모族曾祖母 : 족증왕모', 족증조부의 아들은 '족조부族祖父 : 족조왕부', 족조부의 아들은 '족부族父', 족부의 아들은 '족형제族兄弟'라고 했다.

형의 아내는 '수嫂', 동생의 아내는 '제부弟婦'라고 했다. 형제의 아들은 '종자從子'로 '질姪'로 칭하기도 했다. 형제의 딸은 '종녀從女 : 후대에는 姪女', 형제의 손자는 '종손從孫', 자매의 아들은 '생甥 : 후대에는 外甥', 딸의 남편은 '여서女壻 : 子壻, 壻'라고 했다. 아버지 자매의 자녀는 '중표中表 : 表兄과 表弟, 表姊, 表妹'라 했다. 중표는 후대에 나온 호칭이다.

어머니의 부모는 '외왕부모外王父母', 어머니의 형제는 '구舅', 자매는 '종모從母', 어머니의 종형제는 '종구從舅', 어머니 형제자매의 자녀는 '종모형제從母兄弟'와 '종모자매從母姊妹'로 불렸다. 아내는 처妻나 부婦로 호칭되었다. 아내의 아버지는 '외구外舅' 또는 '악부岳父', 아내의 어머니는 '외고外姑' 또는 '악모岳母'로 호칭되었다. 아내의 자매는 '이姨'라고 했다.

남편은 부夫나 '서壻'로 불렸다. 남편의 아버지는 '구舅' 또는 '장嫜'이라고 했다. 남편의 어머니는 '고姑'였다. 시부모를 통칭하여 '구고舅姑' 또는 '고장姑嫜'이라고 했다. 남편의 제수는 '제부娣婦', 남편의 형수는 '사부姒婦'라고 했다. 흔히 이들을 통칭하여 '제사娣姒' 또는 '축리妯娌'라고 했다. 며느리의 부모와 사위의 부모는 서로 '혼인婚姻'이라고 했다. 며느리의 부친이 '혼婚'이고 사위의 부친이 '인姻'이었다. 사위들끼리는 서로 '아婭'라 했다. 후세에는 '연금連襟 : 襟兄과 襟弟'이라고 했다.

이를 통해 알 수 있듯이 주왕조의 봉건제는 기본적으로 신석기시대의 씨족에서 발전된 종족宗族을 기본 단위로 하여 성립된 종법제위에 서 있었던 것이다. 유가에서 말하는 소위 '친친親親'은 바로 주왕조의 종법제를 이상화시킨 개념이기도 했다. '친친'은 가까운 사람을 더욱 가깝게 대한다는 뜻을 지니고 있다. 통치제도사적으로 볼 때 진시황의 천하통일로 신분세습을 기반으로 한 봉건제는 사실상 붕괴되었다. 그럼에도 불구하고 후대의 유가사상가들이 주왕조의 봉건제를 높이 평가함에 따라 21세기에 이르기까지 그 흔적을 남기게 되었다. 그 대표적인 실례가 바로 '동성불혼제'였다. 우리나라가 뒤늦게나마 이를 철폐한 것은 만시지탄이 없지 않으나 다행스런 일이 아닐 수 없다.

4
개국론
【주문왕과 주무왕은 찬역의 인물이었다】

원래 주왕조를 세운 소위 주족周族은 『사기』「주본기」에 따르면 후직后稷으로 시작되었다고 한다. 후직은 당초 농경을 담당하는 관직이었으나 후대에는 주족의 시조 이름으로 전화되었다.

후직은 본래 이름이 기弃 : 棄의 古字이다. 기는 요가 보위에 있을 때 농사農師로 임명되었고, 순의 시대에는 공로를 인정받아 태邰 : 산서성 무공현 땅에 봉해져 호를 후직이라 하고 성을 희姬라고 했다. 후직의 자손으로 이뤄진 주족은 황하의 지류인 위수 중류유역의 황토고원에 있었던 종족이었다. 주족의 시조 기는 곡물신으로 받들어졌다. 주족은 오래 전부터 농업에서 명성을 떨친 종족이었다. '주周'라는 명칭은 기의 후손인 고공단보古公亶父가 일찍이 큰 힘을 기울여 주원周原 : 섬서성 기산 남쪽의 대평원을 개척한 데서 나온 것이다.

주족의 시조 기의 어머니 강원姜原은 삼황오제인 제곡帝嚳의 정실

부인이었다. 그녀는 염제炎帝의 후손으로 알려진 유태씨(有部氏 : 섬서성 무공현 서남쪽) 부족의 딸이었다. 주족의 시조 기 역시 다른 부족의 시조 탄생설화와 마찬가지로 매우 신비스럽게 채색되어 있다. 『사기』와 『오월춘추』 등에 실려 있는 얘기를 종합해 보면 대략 다음과 같다.

하루는 강원이 들에 나가 거인의 발자국을 보았는데 갑자기 마음이 기뻐지면서 그것을 밟고 싶어졌다. 그가 거인의 발자국을 밟자 마치 아기를 가진 듯 배 안이 꿈틀거렸다. 달을 다 채워 아들을 낳았는데 불길하게 생각되어 비좁은 골목에 버렸다. 그러나 말이나 소가 지나가면서 모두 피하고 밟지 않았다. 다시 아이를 수풀 속에 옮겨놓으니 마침 산 속에 많은 사람들이 모여들었다. 다시 장소를 옮겨 도랑의 얼음 위에 버렸으나 날짐승들이 날개로 아이를 덮고 깃을 깔아주었다. 그러자 강원은 신기하게 여겨 아이를 데려다가 잘 키웠다. 처음에 아이를 버리려고 생각했으므로 이름을 '기弃'라고 불렀다.

기는 어린 시절 출중하여 큰 인물의 기개가 있었다. 그는 놀이를 하면서도 삼과 콩을 잘 심었다. 그가 심은 삼과 콩은 모두 잘 자랐다. 성인이 되자 더욱 농경에 힘써 토지의 특성을 살펴 곡식을 심어야 할 곳에 농사를 짓자 백성은 모두 이를 본받았다. 요가 이러한 소문을 듣고 기를 농사(農師 : 농사 총책 관원)로 등용하자 세상 사람들에게 유익한 공을 세웠다. 하루는 요가 이같이 말했다.

> 기여, 백성들이 굶주림에 처해 있소. 그대 후직(后稷)은 모든 곡식의 때를 맞춰 파종하시오.

이어 기를 태邰에 봉하고 희씨姬氏 성을 하사했다. 이같은 얘기는 당연히 액면 그대로 받아들일 수는 없다. 다만 신석기 후기에 나타나는 소위 군장사회의 특징을 일정 부분 보여주고 있는 것으로 풀이할 수는 있을 것이다.

후직이 사망하자 아들 부줄不窋이 즉위했다. 부줄의 임기 말년에 하후씨夏后氏의 정치가 쇠락해지자 농관農官 직稷을 폐지하고 농사에 힘쓰지 않았다. 이에 부줄은 관직을 잃고 융적戎狄이 사는 곳으로 달아났다. 부줄이 죽자 아들 국鞠이 즉위했고, 국이 죽자 아들 공류公劉가 즉위했다.

공류는 융적의 지역에서 살았지만 후직의 사업을 다시 익혀 농경에 힘쓰고 사방으로 다니며 토지의 특성을 살폈다. 그는 위수渭水의 지류인 칠수漆水와 저수沮水로부터 위수를 건너 목재를 채취했다. 그러자 떠돌아다니는 사람도 재물을 지니게 되고, 고향에 머무는 사람도 재물을 축적케 되었다. 이에 많은 사람들이 옮겨와 귀순했다. 주나라는 이때부터 흥성하기 시작했다.

공류가 죽자 아들 경절慶節이 즉위해 도성을 빈豳：邠으로 섬서성 순읍현 서남쪽에 정했다. 이후 경절이 죽자 황복皇僕과 차불差弗, 훼유毁隃, 공비公非, 고어高圉, 아어亞圉, 공숙조류公叔祖類, 고공단보古公亶父가 대를 이어 차례로 즉위했다.

공류로부터 고공단보古公亶父에 이르기까 모두 10대가 줄곧 빈 땅에 거주했다. 고공단보는 서북쪽에 거주하는 융적의 위협을 받게 되자 할 수 없이 종족을 이끌고 기산岐山 밑에 있는 주원周原：섬서성 기산현으로 이주했다. 주왕조의 '주周' 명칭은 이때 나온 것이다. 당시 고공단보는 백성들로 하여금 혈거생활을 버리고 지상에 가옥을 짓게 하고 융적의 침공을 막기 위한 성곽을 쌓게 했다. 이어 백성들을 여러 단위로 나눠 읍에 살게 한 뒤 관원을 두어 이들을 다스리도록 했다.

주족은 고공단보 시기에 주원의 기름진 땅을 이용해 농사를 지었다. 이로써 주족이 흥기할 수 있는 기초가 마련되었다. 이때부터 주족은 상왕실과 관계를 맺게 되었다.

고공단보가 덕을 쌓고 의를 행하자 온 나라 사람들이 모두 그를 받들었다. 이때 흉노족의 선조인 훈육薰育: 猿狁이 고공단보를 공격해 재물을 요구하자 고공단보는 이의 없이 그들에게 재물을 내주었다. 얼마 후 그들이 다시 공격해 땅과 백성을 요구하자 백성들은 모두 분개해 싸우고자 했다. 그러자 고공단보가 이같이 만류했다.

> 백성이 군주를 옹립하는 것은 자신들을 이롭게 하기 위한 것이오. 지금 융적이 우리를 공격하는 까닭은 우리의 땅과 백성 때문이오. 백성이 나에게 속하든 그들에게 속하든 무슨 차이가 있겠소. 백성들이 나를 위해 싸우고자 한다면 이는 그들의 아버지나 아들을 죽여가면서 그들의 군주가 되고자 하는 것이니 나는 차마 그리 할 수 없소.

그리고는 사병을 이끌고 빈을 떠나 칠수와 저수를 건너고 양산梁山: 섬서성 간현 서북쪽을 넘어 기산岐山: 섬서성 기산현과 봉상현 일대 아래로 가 정착했다. 빈 땅에 있던 모든 사람들은 늙은이를 부축하고 어린이를 이끌고 다시 기산 아래로 가 고공단보에게 귀순했다. 이웃나라의 사람들도 고공단보가 인자하다는 소문을 듣고 귀순했다. 그러나 이는 고공단보가 융적에게 패해 이주한 사실을 후세인이 미화해 놓은 것으로 보는 것이 옳다.

당시 고공단보에게는 장남인 태백太伯과 차남인 우중虞仲이 있었다. 그러나 그는 또 유태씨有邰氏의 딸 태강太康과의 사이에서 막내아들 계력季歷을 얻었다. 계력은 장성한 뒤 지임씨摯任氏의 딸 태임太任을 아내로 맞아 주문왕 희창姬昌을 낳았다. 태강과 태임은 모두 유가사상가들에 의해 성모聖母로 칭송받았다.

조선조 중엽에 나타난 거유 이율곡李栗谷은 영남 사림士林의 거두 이퇴계와 더불어 조선 성리학의 양대 산맥을 이룬 기호학파畿湖學派의 조종이다. 그의 생모가 바로 신사임당申師任堂이다. 성씨가 평산 신씨인 그녀의 당호堂號가 '사임당'이다. '사임師任'은 바로 주문왕의 생모인 '태임'을 마음 속의 스승으로 삼겠다는 취지에서 나온 것이다. 유가사상가들에게 주문왕은 말할 것도 없고 그를 낳은 여인들이 얼마나 미화되어 숭상되었는지를 이를 통해 대략 짐작할 수 있다.

이는 주문왕의 탄생과 관련한 전설을 보면 더욱 쉽게 확인할 수 있다. 태임이 주문왕을 낳을 때 붉은 새가 단서丹書를 물고 방으로 날아들었다. 그러자 고공단보가 이같이 말했다.

> 나의 시대에 큰 사업을 일으킬 사람이 있을 것이라고 했는데 그 말은 창에게 해당되는 것이 아니겠는가.

주나라는 이때부터 국세를 크게 떨치기 시작했다. 이에 중원을 장악하고 있던 상왕은 주족이 위세를 떨치고 있는 서부지역을 무력으로 대응키 힘들 것으로 생각해 화친정책의 일환으로 부용국인 지擊나라 군주의 딸인 태임太任을 고공단보의 아들 계력과 혼인시켰다.

이때 태백太伯과 우중虞仲은 고공단보가 계력을 후계자로 삼아 장차 희창에게 보위를 넘기려고 하는 것을 눈치채고 이내 형만荊蠻 땅으로 내려갔다. 형만 땅은 초나라 땅을 지칭하는 말이다. 전국시대 말기에 이르러 진장양왕秦莊襄王의 이름이 자초子楚였던 까닭에 이를 휘諱하여 '초楚'를 '형荊'으로 대치한 것이다. 고공단보의 두 아들이 달아날 당시만 하더라도 형만 땅은 장강 주변의 광대한 중국 남부 지역을 총칭했다. 춘추시대 말기에 흥기한 오吳·월越이 모두 형만 땅에 속해 있었다.

당시 고공단보의 두 아들인 태백과 우중은 형만 땅으로 들어간 뒤 그곳의 풍습을 좇아 문신을 하고 머리털을 짧게 잘랐다. 이는 스스로 오랑캐의 모습을 보임으로써 부친인 고공단보의 부담을 덜어주려는 배려에서 나온 것이었다.

고공단보가 죽자 계력이 뒤를 이었다. 그는 흔히 공계公季 또는 왕계王季로 불렸다. 계력 때 주족은 더욱 강성해져 융적과의 전쟁에서 많은 사람을 포로로 잡아 노비로 충당했다. 이 시기에 주족과 상왕실의 관계는 더욱 밀접해졌다. 계력은 고공단보의 유업을 이어받아 정도政道를 잘 닦고 성실하게 의를 행했다. 이에 제후들이 그에게 순종했다. 계력이 죽자 아들 창이 즉위했다. 그가 바로 서백西伯이다. 서백은 후에 자신의 아들 주무왕이 주왕조를 건립함에 따라 주문왕周文王으로 추숭되었다.

서백이 어진 정사를 펼치며 재사들을 우대하자 천하의 재사들이 모두 서백에게 몰려들었다. 고죽국孤竹國에 사는 백이伯夷와 숙제叔弟도 서백 희창의 소문을 듣고 찾아와 서백을 섬겼다. 태전太顚과 굉요閎夭, 산의생散宜生, 육웅鬻熊 : 鬻子, 신갑대부辛甲大夫 등의 현인들이 모두 서백을 찾아와 섬겼다.

육웅은 훗날 초나라에 봉해진 인물이다. 그가 치국지도治國之道를 논한 『육자』를 지었다고 하나 사실 여부를 알기 어렵다. 신갑대부는 원래 상왕조의 신하로 상왕 주紂를 섬기며 75차례에 걸쳐 간했으나 받아들여지지 않자 주나라로 달아난 인물이다. 당시 서백의 아들 소공召公 석奭이 신갑을 천거하자 주문왕이 친히 그를 영접해 공경으로 삼고 장자長子 : 산서성 장치시 서쪽 땅에 봉했다. 『사기』에 따르면 이때 숭崇 : 섬서성 호현 동쪽나라 군주 호虎가 상왕 주에게 서백 희창을 이같이 무함했다.

> 서백이 선덕을 쌓으므로 제후들이 모두 그에게 기울어지니 장차 군왕에게 불리할 것입니다.

그러자 상왕 주는 마침내 서백을 유리羑里 : 하남성 양음현 북쪽 땅에 가두었다. 굉요 등이 장차 서백이 해를 당할까 두려워한 나머지 상왕 주의 총신인 비중費仲을 통해 많은 뇌물을 상왕 주에게 바쳤다. 이들이 바친 것은 유신씨有莘氏 : 섬서성 합양현 동남쪽 부족의 미녀와 여융驪戎 : 섬서성 임동현 일대 땅의 문마文馬 : 무늬가 아름다운 말, 유웅有熊 부족의 9사駟 : '1사'는 수레를 끄는 네 필의 말 등이었다. 그러자 상왕 주가 크게 기뻐하며 이같이 찬탄했다.

> 이 중 한 가지만으로도 서백을 석방시키기에 충분한데 어찌 이
> 토록 많은 것을 바치는 것인가.

이에 곧 서백을 사면하면서 궁시부월弓矢斧鉞을 내렸다. 이는 주변의 제후국을 정벌할 수 있는 권한을 상징했다. 이때 서백이 남몰래 선행을 행하자 제후들은 모두 그에게 와 공정한 판결을 청했다. 마침우虞 : 산서성 평륙현 경내와 예芮 : 섬서성 대려현 동남쪽 땅 사람들 사이에 송사가 있었다. 우와 예의 사람들은 송사를 해결치 못해 이내 주나라로 찾아갔다. 그들은 주나라 경내에 들어갔다가 농부들이 서로 밭의 경계를 양보하고 백성들이 모두 연장자에게 양보하는 모습을 보게 되었다. 그러자 우와 예의 사람은 서백을 만나기도 전에 크게 부끄러워하며 이같이 말했다.

> 우리처럼 싸우는 것은 주나라 사람들이 부끄러워하는 바이니
> 가서 무엇하겠는가. 부끄럽게만 될 것이다.

이에 그냥 돌아가 서로 양보하며 헤어졌다. 제후들이 이 소문을 듣고 서백을 크게 칭송했다.

이듬해 서백 희창은 견융犬戎을 쳤다. 또 다음 해에는 밀수密須 : 감숙성 영대현 서쪽 땅을 정벌했다. 또 다음 해에는 기耆나라를 쳐서 무찔렀다. 상왕조의 대신 조이祖伊가 이 소식을 듣고 장차 서백 희창이 상왕조를 도모할까 크게 두려워했다 이에 곧 상왕 주에게 서백을 경계할 것을 간했다. 그러나 상왕 주는 오히려 이를 대수롭지 않게 생각했다.

그러자 다음해에 서백은 우邘鄅 : 하남성 심양현 서북쪽 땅을 정벌했다.
그 다음해에는 숭崇 : 섬서성 호현나라를 토벌하는 전쟁도 일으켰다. 숭
나라는 상왕조의 강력한 우방으로 주나라의 동쪽에 있는 강국이었
다. 주문왕은 마침내 자신을 지지하는 제후들을 규합해 숭나라를 공
략하고 숭나라의 백성들을 대거 포로로 잡았다. 주문왕은 여세를 몰
아 상왕조를 도모코자 했다. 이에 동쪽으로 세력을 확장하기 위해 먼
저 지리적으로 동쪽 진출에 유리한 풍豊 : 섬서성 풍수 서쪽 연안의 호현 땅
으로 도읍을 옮겼다.

풍 땅 일대는 수로가 발달하고 땅이 비옥해 농사짓기에 좋은 조건
을 갖고 있었다. 주족의 세력은 주문왕의 만년에 지금의 섬서성 남부
와 하남성 서부에까지 미쳐 마치 상왕조의 도성에 둘러싸고 협공을
가하는 형세를 이루게 되었다. 주문왕은 대내적으로는 부국강병의
정책을 실시하고, 대외적으로는 은덕을 베풀면서 위엄을 떨치는 양
면 전략을 폈다. 그는 죽기 몇 해 동안 서융의 일족인 혼이混夷를 무
찌르고 서쪽 땅을 개척했다. 이어 주나라 부근에 있는 몇 개의 적대
적인 나라를 멸망시켜 위남渭南 땅에 확고한 기반을 마련했다. 얼마
후 다시 우邘 · 기耆 두 나라를 공략해 그 세력을 동쪽까지 넓힘으로
써 마침내 상나라와 경계를 마주하게 되었다.

그러나 주문왕은 여기에 만족치 않았다. 그는 다시 일련의 정복전
을 통해 장강과 한수漢水, 여수汝水 일대까지 세력을 확장했다. 이로써
드디어 천하의 3분의 2를 차지하게 되었다. 은왕조의 도성인 조가朝
歌를 함몰시켜 은왕조를 멸망시킬 만반의 조건을 착실히 갖추게 된
것이다. 그러나 서백 희창은 풍읍으로 천도한 이듬해에 세상을 떠나

고 말았다. 이에 그의 뒤를 이어 태자 희발姬發이 즉위했다. 그가 바로 주무왕周武王이다.

서백 희창은 약 50년 동안 보위에 있었다. 그는 유리에 갇혀 있을 때 64괘卦를 만들었다고 한다. 전하는 얘기에 따르면 복희씨伏羲氏가 괘卦를 만들고, 주문왕이 괘사卦辭:괘의 뜻을 글로 풀어놓은 것를 만들고, 주공 단이 효괘爻卦:팔괘를 놓고 점치는 것를 만들고, 공자가 10익十翼:경문의 의미를 해설한 것을 편찬했다고 한다. 그러나 실제로 서백과 주공, 공자 등이 이같은 것을 만들었을 가능성은 거의 없다고 보는 것이 옳다. 치엔무錢穆과 펑여유란馮友蘭 등과 같은 학자들이 일찍이 이에 대해 강한 의문을 제기한 바 있다.

주문왕이 죽을 때 신하들은 그에게 '문文'이라는 시호를 올렸다. '문'은 세상의 경위經緯가 되었다는 것을 뜻한다. 후대 왕조에 무력으로 나라를 세운 창업주가 '무武'의 시호를 받을 경우 그의 부친 내지 자식이 '문'의 시호를 받은 사례는 매우 많다. 주문왕과 주무왕의 경우는 '문'이 앞서고 '무'가 뒤에 나온 경우에 해당한다. 전국시대 초기에 천하를 호령한 위문후魏文侯와 위무후魏武侯도 같은 경우에 속한다. 그러나 삼국시대 위나라의 조조와 조비의 경우는 각각 '위무제魏武帝'와 '위문제魏文帝'의 시호를 받은데서 알 수 있듯이 '무'가 '문'보다 앞선 경우에 해당한다.

이를 통해 알 수 있듯이 '문'과 '무'는 여러 시호 중에서 가장 높이 평가받는 것 중의 하나이다. 후대에 들어와서는 '명明'과 '성成', '고高' 등의 시호가 더욱 높은 평가를 받았다. 성리학이 성립된 이후는 '숭문천무崇文賤武'의 경향으로 말미암아 군왕에게 '무'의 시호를 내리는 경우가 사라졌다. 성리학을 지극히 숭상한 조선조 때 27명에 달하는 군주 중 '무'의 시호를 가진 군왕이 하나도 없다는 사실이 이를 증명한다.

그러나 신하들에 대한 시호는 이와 달랐다. 무인 출신 신하에 대한 최고의 시호가 바로 '무'였다. 충무공忠武公 이순신이 그 경우에 해당한다. 후대에 들어와서는 신하에 대한 시호도 두 자로 늘어났다. 이에 무인의 경우는 '충忠'자와 '무'자를 결합한 시호가 최상의 시호가 된 것이다. 중국사에서 충무공의 시호를 받은 대표적인 인물로는 삼국시대의 제갈량을 들 수 있다.

서백 희창의 뒤를 이어 즉위한 무왕은 곧 태공망 여상呂尙을 군사軍師 : 군사참모로 삼았다. 주무왕은 이어 주공周公 단旦을 보輔로 삼았다. '보'는 군왕 곁에서 오류를 바로잡는 관원을 말한다. 또 서제庶弟 소공召公 석奭과 필공畢公으로 하여금 자신을 곁에서 돕게 했다. 당시 필공은 주문왕의 능묘가 있는 필畢 : 섬서성 함양시 동북쪽 땅을 식읍으로 받았다. 소공 석은 훗날 주무왕이 주왕조를 건국한 뒤 연燕 땅의 제후로 봉해졌다.

주무왕 9년B.C. 1049에 마침내 은왕조가 동이와 큰 전쟁을 치름으로써 크게 피폐해졌다. 주무왕은 이 기회를 이용해 마침내 은왕조를 치고자 했다. 주무왕이 필 땅으로 가 주문왕에게 은왕조 토벌을 고하는 제사를 올렸다. 이어 군사들을 이끌고 동쪽으로 진군해 마침내 은왕조 도성으로 들어가는 나루터인 맹진孟津에 이르렀다. 이때 주무왕은 나무로 된 주문왕의 위패를 만들어 중군中軍의 수레에 실었다. 주무왕은 주문왕의 위패를 실은 수레를 늘 자신의 곁에 두었다.

당시 주무왕은 군왕을 칭하지 않고 스스로 태자 발發이라고 칭하면서 오로지 세상을 떠난 주문왕의 명을 받들어 은나라를 정벌하는 것이라고 선전했다. 그의 이같은 행동은 후대인들에게 크게 칭송받았다. 그러나 이는 주문왕의 명을 내세워 군사들로 하여금 신령의 가호가 있는 것처럼 믿게 만들기 위한 일종의 사기진작책으로 보는 것이 옳다. 이는 그가 사마와 사도, 사공, 군관 들에게 이같이 말한 사실을 통해 대략 짐작할 수 있다.

> 우리 모두 정중하고 조심스럽게 일합시다. 성실하게 노력합시다. 나는 비록 무지하고 미천하지만 선조의 공덕을 입었소. 상벌을 엄히 하여 장차 그 공적을 보상토록 하겠소.

그리고는 드디어 군사를 일으켰다. 주무왕이 출병해 맹진에 이르렀을 때 8백여 명의 제후들이 자진해 합세했다. 군사軍師 태공망 상보尙父가 곧 제후들에게 이같이 명했다.

> 그대들의 사병을 모아 배를 띄워 출동하도록 하라. 나중에 도착하는 자는 목을 벨 것이다.

주무왕이 강을 건너 중류에 이르렀을 때 흰 물고기가 배 안으로 튀어들어 오자 주무왕이 이를 가지고 제를 올렸다. 상왕조는 흰색을 숭상했다. 주무왕이 흰 물고기를 잡아 하늘에 제사 드린 것은 바로 상왕조를 정벌하겠다는 뜻을 표시한 것이다. 주무왕의 군사가 강을 다 건너자 불덩이가 하늘에서 떨어져 이내 주무왕이 머무는 지붕에 이르러 갑자기 까마귀로 변했다. 그러자 이를 길조로 해석한 제후들이 모두 입을 모아 은나라 토벌을 장담했다.

그러나 주무왕의 해석은 정반대였다. 그는 제후들을 이같이 설득했다.

| 그대들은 천명을 모르오. 아직 정벌할 수 없소.

그리고는 군사를 이끌고 되돌아갔다. 『사기』와 『서경』 등은 주무왕이 계속 진격하지 않은 것은 아직 시기가 무르익지 않았다고 판단했기 때문이라고 기록해 놓았다.

『사기』는 주무왕 11년B.C. 1047에 이르러 은왕 주가 더욱 포악해졌다고 기록해 놓았다. 주무왕은 은왕 주가 왕자 비간比干을 죽이고 기자箕子를 감금했다는 소문을 듣게 되었다. 이때 은나라의 태사太師 자疵와 소사少師 강疆이 주나라로 망명해 오자 주무왕이 드디어 제후들에게 이같이 말했다.

| 상왕조의 죄가 무거우니 이제는 정벌하지 않을 수가 없소.

이에 드디어 병거 3백 대와 용사 3천 명, 갑사甲士 4만5천 명을 이끌고 정벌전에 나섰다. 이해 12월 무오일戊午日, 군사들이 모두 맹진을 건너자 제후들의 군사가 모두 모여 분투를 다짐했다. 주무왕이 곧 『태서太誓』를 지어 많은 병사들 앞에서 고했다.

| 지금 은왕 주는 부인 달기(妲己)의 말만 듣고 스스로 천명을 끊

었다. 비간과 미자, 기자 등 3정(三正)을 내쳐 등용치 않고, 조부
모 이하의 친족을 멀리 하고, 마침내 선조의 음악을 저버린 채
음란한 노래를 만들어 자기 부인만 기쁘게 했다. 이에 나 희발이
삼가 천벌을 집행코자 한다. 그대들은 모두 노력토록 하라.

주무왕의 연합군이 은왕조의 도성을 향해 일시에 진공했다.

이듬해인 주무왕 12년B.C. 1046 2월 갑자일甲子日, 주무왕의 연합군이
순조롭게 진격해 은나라 도성에서 가까운 목야에 당도했다. 주무왕
이 왼손에 황색 도끼를 쥐고 오른손에 흰색의 물소 꼬리털로 장식한
커다란 모旄 : 깃발를 들고 전군에 이같이 하령했다.

참으로 멀리서도 와주었다. 서토(西土)의 사람들이여. 나의 제후
들이여, 사도와 사마, 사공, 아려(亞旅 : 경대부의 다음 관직), 사씨
(師氏 : 병사를 거느린 대부), 천부장(千夫長 : 1천 명을 인솔하는 군
관), 백부장(百夫長 : 1백 명을 인솔하는 군관), 용(庸 : 호북성 죽산
현 동남쪽), 촉(蜀 : 사천성 북부), 강(羌 : 섬서성 일대), 무(髳 : 산서
성 남부), 미(微 : 섬서성 미현 일대), 노(纑 : 호북성 양양 이남), 팽
(彭 : 사천성 팽수현 일대), 복(濮 : 호북성 석수현 남쪽)의 사람들이
여, 그대들은 창을 잡고 방패를 나란히 쳐들고 긴 창을 치켜들
라. 내가 이제 훈시할 것이다.

그리고는 이같이 훈시했다.

옛말에 이르기를, '암탉은 새벽에 울지 않으니 암탉이 새벽에
울면 집안이 망한다'고 했다. 지금 은왕 주는 오직 여인의 말만
듣고 스스로 선조에 대한 제사를 그만 둔 채 혼란에 빠져 여러

형제를 버리고 거들떠 보지도 않는다. 오직 천하 곳곳에서 많은 죄를 짓고 도망쳐 온 자들을 존중하고 신임하여 기용하고 있다. 이들을 대부와 경사(卿士)로 삼아 백성들에게 포악한 짓을 저지르게 하여 나라를 온통 범죄로 문란케 만들었다. 이제 나는 오직 하늘의 벌을 삼가 행할 것이다. 오늘 일을 행하면서 6보(步), 7보 앞서는 과실을 저지르지 말고 걸음을 멈추어 정제(整齊)토록 하라. 노력하라, 병사들이여. 또 공격하면서 4벌(伐), 5벌, 6벌, 7벌 하는 과실을 저지르지 말고 걸음을 멈추어 정제토록 하라. 용사들이여, 힘내라. 용맹을 떨쳐 호랑, 비휴(貔貅 : 표범류의 맹수), 곰, 큰곰 같이 은나라 교외로 진격하라. 귀순해 달려오는 자를 맞아들이고 죽이지 말라. 그리하여 그들로 하여금 우리를 위해 일하도록 만들라. 노력하라, 용사들이여. 그대들이 힘쓰지 않으면 그대들 몸에 죽음이 떨어질 것이다.

여기서 6-7보 앞서는 과실을 저지르지 말라고 당부한 것은 대열을 맞춰 군기를 엄중히 한 가운데 일시에 진군해야 한다는 것을 뜻한다. 4-7벌 하지 않도록 하라는 것은 섣불리 공격에 나서 오랜 시간을 끌도록 하는 일이 없도록 하라는 뜻이다. 주무왕은 이같이 선언한 뒤 제후들을 이끌고 진군했다. 수많은 병거와 군사들이 교외의 넓은 들에 도열했다.

대부분의 사람들이 당시 주무왕이 일장 훈시를 한 뒤 은왕 주와 결전을 벌인 '목야'를 두고 지명으로 착각해 흔히 은왕 주와 주무왕의 운명을 가른 이 전투를 '목야전투'라고 부르고 있다. 그러나 엄밀한 의미에서 보면 이는 잘못이다. 목야는 요즘 말로 말하면 도성의 교외를 지칭하는 말에 불과하다. 당시 도성 밖을 '교郊'라 하고, '교' 밖을 '목牧'이라 하고, '목' 밖을 '야野'라고 했다. 당시 은왕 주는 주무왕의 연합군이 쳐들어 왔다는 보고를 받고 곧 70만 대군을 일으켜 영격에 나섰다.

이에 주무왕이 군사 여상에게 명하여 1백 명의 용사를 이끌고 가 싸움을 도발케 했다. 이는 반드시 싸우고자 하는 의지를 나타내는 일종의 전투 의식으로 당시에는 전투할 때 먼저 힘있는 병사를 내보내 적을 치게 했다. 이어 대군에 명하여 일시에 은왕 주의 군사를 향해 돌격케 했다.

『서경』은 당시 은왕 주의 군사들은 주무왕이 빨리 쳐들어 오기를 바라고 있었으므로 도병倒兵 : 창을 거꾸로 하여 자기편을 공격함하면서 주무왕에게 길을 열어주었다고 기록해 놓았다. 『사기』 역시 이를 그대로 받아들여 은왕 주의 군사가 순식간에 궤멸했다고 기록해 놓았다. 그러나 이는 후세인의 가필로 보인다. 당시 조가의 교외에서 이뤄진 두 진영의 접전은 병사들의 시체에서 나온 피가 강을 이뤄 창과 방패를 띄울 정도로 치열하게 전개되었다. 이 싸움의 승리는 주무왕의 연합군에게 돌아갔다. 주무왕이 승리를 거둔 이유는 오랫동안 치밀하게 준비해 온 데다가 은나라가 국력을 기울여 동이를 토벌하는 데 힘을 소진한 사실 등에서 찾는 것이 좋을 듯하다.

은왕 주의 죽음과 관련해 여러 설이 있으나 『사기』의 기록과 같이 은왕 주가 녹대鹿臺 위로 올라가 불을 지르고는 그 속으로 뛰어들어 자진한 것으로 보는 것이 옳을 것이다. 주무왕이 드디어 입성하여 은왕 주가 죽은 장소에 이르렀다. 그는 직접 은왕 주의 시신을 향해 화살 3발을 날리고 이내 마차에서 내려 보검인 경려輕呂로 시신을 친 뒤 황월黃鉞로 머리를 베어 커다란 백기에 매달았다. 『사기』에 따르면 이때 주무왕은 이미 목을 매어 자진한 달기의 몸에 화살 3발을 날리고 검으로 친 뒤 목을 베어 작은 백기에 매달았다. 그리고는 성을 나와 다시 군진으로 돌아왔다.

다음날 주무왕이 연합군의 병사들을 시켜 도로를 정비하고 사당과 궁宮을 수리하게 했다. 드디어 때가 되어 1백 명의 용사가 한기罕旗를 메고 앞서 나가자 주무왕의 동생 숙진탁叔振鐸이 태상기太常旗를 꽂은 주무왕의 수레를 이끌었다. 주공 단은 큰 도끼를 쥐고, 소공 석은 작은 도끼를 쥐고 주무왕을 좌우에서 시위侍衛했다. 산의생과 태전, 굉요는 모두 검을 차고 주무왕을 호위했다. 주무왕이 성에 들어가 사당의 남쪽, 대 부대의 좌측에 서자 좌우 모두 그 뒤를 따랐다.

주문왕의 아들 모백毛伯:'모'는 하남성 의양현에 위치 숙정叔鄭이 제사지낼 때 쓰기 위해 달밤에 청동거울을 이용해 얻은 깨끗한 물을 받쳐 들었다. 주무왕의 동생 위강숙衛康叔 봉封은 공명초公明草로 엮은 방석을 깔고, 소공 석은 예물을 진헌하고, 상보商父:여상는 제물을 받들고 갔다. 이어 상국相國 윤일尹佚이 축문을 읽었다.

> 은왕조의 마지막 자손 주(紂)는 선왕의 밝은 덕을 모두 없애 신령을 모독하여 제사를 지내지 않았습니다. 또 백성들을 혼미하고 난폭하게 다루었기에 그 죄악을 상제에게 명백히 알립니다.

뒤이어 주무왕이 고했다.

> 신은 왕조를 바꾸라는 중대한 천명을 받아 은왕조를 무너뜨렸습니다. 삼가 하늘의 영명한 명을 받들도록 하겠습니다.

그리고는 재배계수再拜稽首 : 두 번 절하면서 머리를 바닥에 대는 극히 정중한 의식한 뒤 마침내 떠났다. 이때 주무왕의 나이는 대략 60세를 넘지 않았다. 그러나 『사기』는 당시 주무왕이 80세였다고 기록해 놓았다. 이는 역사적 사실과 다르다.

당시 주무왕은 소공 석에게 명하여 기자箕子를 석방케 했다. 은왕 주의 숙부였던 기자는 기箕 : 산동성 태곡 동북쪽 땅에 봉해져 이같은 이름을 얻게 되었다. 주무왕은 또 현신으로 칭송되었으나 은왕 주에게 중용되지 못한 상용商容이 살던 마을을 크게 표창했다.

이때 주무왕은 남궁괄南宮括에게 명하여 녹대의 재물과 거교鉅橋의 곡식을 풀어 가난하고 무력한 백성을 구제토록 했다. 또 남궁괄과 사일史佚에게 명하여 은왕조의 보물인 구정九鼎과 보옥을 전시하도록 했다. 이어 굉요에게 비간의 묘에 봉분을 하도록 하고, 제사를 관장하는 종축宗祝에게 명하여 군중에서 전몰 병사에 대한 추모제사를 지내도록 했다.

주무왕은 이같은 조치를 마무리한 뒤 곧 철군했다. 주무왕은 곧 고대의 성왕을 추념하여 마침내 신농의 후손을 초焦 : 하남성 섬현, 황제의 후손을 축祝 : 산동성 내무현 동남쪽, 요의 후손을 계薊 : 북경시 대흥현 서남쪽, 순의 후손을 진陳 : 하남성 회양현, 우의 후손을 기杞 땅에 각각 봉했다.

또 은왕조의 태사太師 기자箕子를 제후에 봉했다. 원래 기자는 은왕 주의 친척이었다. 당초 은왕 주가 상아 젓가락을 사용했을 때 기자는 이같이 탄식한 바 있었다.

| 그가 이미 상아 젓가락을 사용한 이상 틀림없이 옥잔을 사용할

것이고, 옥잔을 사용하면 곧 먼 지방의 진귀하고 기이한 기물을
사용하려 할 것이다. 장차 수레와 말, 궁실의 사치스러움이 이것
으로 시작하여 진정시킬 방법이 없게 될 것이다.

과연 은왕 주는 황음방탕해져 기자가 간했으나 듣지 않았다. 이에
어떤 사람이 기자에게 떠날 것을 권하자 기자가 이같이 반박했다.

신하된 자가 자신의 간언이 받아들여지지 않는다고 하여 떠나
버리면 이는 군주의 과실을 부추기는 꼴이 되고, 나 자신도 백성
들의 기쁨을 빼앗는 꼴이 됩니다. 차마 그리 할 수는 없습니다.

이에 머리를 풀어제치고 미친 척하다가 잡혀서 노비가 되었다. 그
는 풀려난 후 마침내 숨어 살면서 거문고를 뜯고 스스로 슬픔에 잠
겼다. 이때 기자가 만든 곡을 『기자조箕子操』라고 했다.

『사기』는 당시 기자가 주무왕에게 일러준 치국의 방략을 매우 상
세히 수록해 놓았다. 고전에 자주 인용되는 그 내용을 그대로 옮기
면 대략 다음과 같다. 당시 주무왕은 상왕조를 멸망시킨 후 기자를
방문했다. 이때 주무왕이 기자 앞에서 이같이 탄식했다.

아, 하늘은 묵묵히 하계의 백성들을 안정시키고 또한 서로 화목
하게 하는데 과인은 오히려 하늘이 백성들을 안정시키는 그 상
도(常道)의 순서조차 모르고 있었소.

그러자 기자가 이같이 간했다.

옛날 곤(鯀)이 홍수를 막으면서 오행(五行)의 질서를 어지럽히자

하늘이 크게 노해 홍범(鴻範 : 洪範) 9가지를 주지 않자 상도가 이로 인해 깨져버렸습니다. 곤이 벌을 받자 우가 그의 일을 이어받아 다시 일으켰습니다. 그러자 하늘은 홍범 9가지를 우에게 주니 상도가 다시 순서를 찾게 되었습니다. 그것은 첫째 오행, 둘째가 오사(五事), 셋째가 팔정(八政), 넷째가 오기(五紀), 다섯째가 황극(皇極), 여섯째가 삼덕(三德), 일곱째가 계의(稽疑), 여덟째가 서징(庶徵), 아홉째가 오복(五福)을 누리는 것과 육극(六極)을 피하는 것입니다. 오행은 첫째가 수(水), 둘째가 화(火), 셋째가 목(木), 넷째가 금(金), 다섯째가 토(土)입니다. 물은 만물을 기름지게 하고 또한 아래로 흐릅니다. 불은 불꽃을 왕성하게 하고 또한 위로 솟습니다. 나무는 굽기도 하고 곧기도 하며, 쇠는 마음대로 변형할 수 있고, 흙은 씨를 뿌리고 수확할 수 있습니다. 따라서 물이 아래로 흘러 기름지게 된 것은 짜고, 불꽃이 위로 솟아 왕성해진 것은 쓰고, 나무가 굽기도 하고 곧기도 한 것은 시고, 쇠가 마음대로 변형된 것은 맵고, 흙에서 씨를 뿌리고 수확한 것은 답니다. 오사는 첫째가 모(貌), 둘째가 언(言), 셋째가 시(視), 넷째가 청(聽), 다섯째가 사(思)입니다. 몸가짐은 공손해야 하고, 말씨는 따를 수 있도록 해야 하고, 관찰은 명확해야 하고, 청취는 분명해야 하고, 사고는 예리해야 합니다. 몸가짐이 공손하면 마음은 엄숙해지고, 말씨가 따를 수 있도록 되면 잘 다스릴 수 있고, 관찰이 명확하면 지혜롭게 되고, 청취가 분명하면 계책이 따르기 마련이고, 사고가 예리하면 성스럽게 됩니다. 팔정은 첫째가 식(食), 둘째가 화(貨), 셋째가 사(祀), 넷째가 사공(司空), 다섯째가 사도(司徒), 여섯째가 사구(司寇), 일곱째가 빈(賓), 여덟째가 사(師)입니다. 오기는 첫째가 세(歲), 둘째가 월(月), 셋째가 일(日), 넷째가 성신(星辰), 다섯째가 역수(曆數)입니다. 황극은 군주가 정교(正敎)를 시행하기 위해 세운 준칙을 말하는데, 때가 되어 오복의 도를 구해 백성들에게 시행하면 백성들은 군왕의 준칙을 따르게 되고 군왕은 준칙을 어떻게 유지해야 하는지를 알게 됩니다. 이리 하면 백성들은 사악한 붕당의 풍조를 가지지 않게 되고, 또한 굴종하고 결탁하는 행위도 하지 않게 되어 모두 군왕이 세운 준칙을 지키게 됩니다. 무릇 그 백성들은 그 계획을 가지고 행동하며 아울러 몸가짐도 갖추니 군왕은 응당 그들을 생각게 됩니다. 어떤 사람은 준칙을 지키지 않았더라도 죄를 범하지 않았다면 군왕은 응당 그들을 받아들여야만 합니다. 군왕은 환한 얼굴과 기쁜 모습으로 사람을 대하고 본인 스스로 미덕을 애호한다고 하는 자에게는 작록을 내려야만 합니다. 이런 사람들이 군왕이 세운 준칙을 지킬 수 있습니다. 홀아비, 과부와 같은 약자들을 모욕하지 말아야 하고, 권세가와 같은 고명한 자들을 두려워하지 말아야 합니다. 능력이 있고 아울러 실천이 있는 자들로 하여금 그들의 재능을 발휘하게 한다면 국가는 창성할 것입니다. 무릇 정직한 사람에게는 부를 주고 선한 도로써 잘 접대해야 합니다. 만일 대왕이 정직한 사람들을 국가에 잘 이용하지 못하면 그들은 죄를 범한 것처럼 가장하여 군왕을 떠날 것입니다. 또한 국가에 도움이 되지 않는 사람들에게 군왕이 작록을 하사한다면 군왕의 행위를 죄악으로 몰고 갈 것입니다. 사적인 것에 치우치지도 말고, 간사한 것에 기울지도 말고, 오직 성왕의 정의만을 준수해야 합니다. 아울러 편애하지도 말고 오직 성왕의 정도만을 준수해야 합니다. 악에 치우치지 말고, 오직 성왕의 정도만을 걸어가야 합니다. 사적인 것에 기울지 마십시오. 그래야만 성왕의 길이 넓어집니다. 사적인 것에 기울지 마십시오. 그래야만 성왕의 길이 평탄해집니다. 배반하지 말고, 간사한 것으로도 기울지 마십시오. 그래야만 성왕의 길은 정직해집니다. 군주된 자는 준칙을 지키는 자들을 모아야만 하고, 신하된 자는 준칙을 만든 자들엑 돌아가야 합니다. 군주는 준칙에 따라 행하고 또한 신하들로 하여금 그의 말을 전하게 하여 이로써 백성들을 교육하면 곧 천심을 따르게 됩니다. 무릇 백성들은 준칙에 따라 자신의 의견을 발표하고 군주가 그것을 받아들여 실행하면 곧 천자가 되어 그 광휘를 더하게 됩니다. 이같이 함으로써 천자는 백성들의 부모가 되는 것이고 나아가 천하의 성왕이 되는 것입니다. 삼덕은 첫째가 정직이고, 둘째가 강극(剛克)이고, 셋째가 유극(柔克)입니다. 천하가 평안하면 정직으로 가르치고, 천하가 강포하여 불순하면 강(剛)으로써 다스리고, 천하가 유순하면 유(柔)로써 다스립니다. 깊이 숨겨진 음모는 강으로써 극복하고, 고명한 군자들은 유로써 다스립니다. 이에 군주는 작록과 포상을 공정히 내리고 형벌 또한 공평히 내리며, 좋은 음식도 즐깁니다. 그러나 신하는 작록과 포상을 내리지 않으며, 형벌 또한 내리지 않으며, 좋은 음식을 즐기지 못합니다. 신하가 만일 작록과 포상을 내리고, 형벌 또한 내리며, 좋은 음식도 즐기면 그 해는 집안에 미칠 것이고, 그 흉(凶)은 나라에 미치게 됩니다. 관리들은 모두 부정을 저지르게 되고, 백성들은 각자의 본분을 지키지 못하게 됩니다. 계의는 복(卜)과 서(筮)에 정통한 사람을 뽑아 관리로 임용하여 그들에게 복서를 행하도록 시킵니다. 우선 복을 보면, 어떤 것은 비가 내리는 모습이고, 어떤 것은 비가 그쳐 구름이 위에 떠 있는 모습이고, 어떤 것은 뜬 구름이 이어지는 모습이고, 어떤 것은 안개 모습이고, 어떤 것은 음양의 양 기운이 서로 침범하는 모습입니다. 다음으로 서를 보면 내괘가 있고 또한 외괘가 있으니 이는 모두 7가지가 됩니다. 이 중 복점은 5가지이고 서점은 2가지인데, 이를 추정하고 변화시켜 길흉 여부를 가리게 됩니다. 귀복(龜卜)과 점괘(占卦)를 볼 줄 아는 사람들이 복서의 관직에 임명되는데, 만일 3인이 귀조(龜兆)와 괘상(卦象)을 판단케 되면 의견이 같은 두 사람의 판단을 따라야 합니다. 만일 군왕이 큰 의문이 생기면 내심 깊이 생각한 뒤 관원들과 함께 의논하고, 그 연후에 백성들과 토론을 벌이고, 마지막으로 다시 귀복과 점괘를 쳐봅니다. 군왕이 찬성하면 귀복도 찬성하는 것이고, 점괘도 찬성하는 것이고, 관원들도 찬성하는 것이고, 백성들도 찬성하는 것이 됩니다. 이를 일컬어 대동(大同)이라 합니다. 그러면 군왕 스스로도 강해지고 자손들 또한 흥성해지니, 바로 대길(大吉)인 것입니다. 만일 군왕이 찬성하고 귀복도 찬성하고 점괘도 찬성하면 관리들이 반대하고 백성들이 반대해도 길리(吉利)인 것입니다. 만일 관리들이 찬성하고 귀복도 찬성하고 점괘도 찬성하면 군왕이 반대하고 백성들이 반대해도 길리입니다. 만일 백성들이 찬성하고 귀복도 찬성하고 점괘도 찬성하면 군왕이 반대하고 관리들이 반대해도 길리인 것입니다. 만일 군왕이 찬성하고 귀복도 찬성하지만, 점괘가 반대하고 관리들이 반대하고 백성 또한 반대하면 안으로는 길리이나 밖으로는 흉험(凶險)이 따릅니다. 만일 귀복과 점괘가 모두 사람들의 의견과 상반된다면 조용히 지낼 때에는 길리이나 거동만 하면 반드시 흉험이 따르게 됩니다. 서징은 혹 비가 오고, 혹 맑고, 혹 따뜻하고, 혹 한랭하고, 혹 바람이 부는 그런 조짐을 말하는데, 이 5종류의 기상이 모두 구비되고 순서에 따라 진행되면 모든 초목은 어김없이 무성해집니다. 그 중 어느 한 기상이라도 과다해지면 곧 흉재가 따르고, 아울러 부족해도 역시 흉재가 따릅니다. 아름다운 행위의 징표로 말하면 군주의 자태가 경건하고 엄숙하면 빗물이 때맞추어 만물을 기름지게 하고, 군주의 정치가 맑고 밝으면 햇빛이 대지를 비추고, 군주의 두뇌가 밝고 지혜로우면 기후가 때맞춰 따뜻해지고, 천자의 생각이 좋은 모략을 갖추고 있으면 때맞춰 추위가 다가오고, 군주의 정리(情理)가 통달해 있으면 때맞춰 바람이 생깁니다. 추악한 행위의 징표로 말하면 군주의 행위가 광망하면 자주 비가 내리고, 천자의 행위가 주제 넘으면 자주 가뭄이 생기고, 군주가 향락에 안주하면 자주 무더위가 기승을 부리고, 군주가 행하는 일이 급하면 자주 추위가 찾아오고, 군주의 마음이 어두우면 자주 바람이 몰아칩니다. 군주의 직책은 대단히 중요하여 1년을 위주로 하고, 대신들은 각자 직책이 있어 1달을 위주로 하고, 여러 백관들은 다시 그 직책을 나누어 하루를 위주로 합니다. 연월일이 정상적으로 움직이면 백곡이 풍성해지고, 정치 또한 밝아지며, 어진 신하들은 그 명성을 드높여 국가는 안녕을 누리게 됩니다. 그러나 연월일이 어긋나게 움직이면 백곡이 빈약해지고, 정치 또한 어두워지며, 어진 신하들은 숨게 되어 국가는 안녕을 누리지 못하게 됩니다. 백성은 곧 여러 별들과 같습니다. 별들 중 어떤 것은 바람을 좋아하고, 어떤 것은 비를 좋아합니다. 해와 달의 운행에 겨울과 여름이 있는 것처럼 각각 상규(常規)가 있습니다. 그러나 달이 별을 만나면 바람이 불거나 비가 내리게 됩니다. 오복은 첫째가 수(壽), 둘째가 부(富), 셋째가 강녕(康寧), 넷째가 유호덕(攸好德 : 도덕을 애호하며 생활하는 것), 다섯째가 고종명(考終命 : 천수를 누리고 편히 죽는 것)입니다. 육극은 첫째가 흉(凶 : 8세 이전에 사망)·단(短 : 20세 이전에 사망)·절(折 : 30세 이전에 사망), 둘째가 질(疾), 셋째가 우(憂), 넷째가 빈(貧), 다섯째가 악(惡), 여섯째가 약(弱)입니다.

　　주무왕이 이 말을 듣고 크게 기뻐하며 기자를 조선朝鮮에 봉하고 그를 신하로 대하지 않았다. 성리학을 통치이념으로 채택했던 조선조는 우리 민족의 조상이 기자였던 것으로 간주해 평양에 기자묘를 세우고 대대적으로 숭배했다. 이는 말할 것이 없이 사대주의에서 비롯된 것이다. 다만 기자가 우리 민족의 원형인 옛 조선족의 고지故地에 봉건되었을 가능성은 배제할 수 없다. 당시 주무왕이 기자에게 봉한 조선의 위치를 두고 예로부터 숱한 논쟁이 있었다. 이는 현재까지도 계속되고 있다. 당시의 조선은 강하江河의 이름에서 나온 지명으로 지금의 한반도가 아닌 북경 인근으로 추정하는 견해가 설득력을 얻고 있다. 당시 기자는 주무왕을 배견하기 위해 옛 상왕조의 도성지를 지나다가 궁실은 이미 파괴되어 거기에 곡식이 자라고 있는 것을 보고 크게 슬퍼하며 '맥수麥秀'라는 시를 지어 은나라의 멸망을 탄식했다.

| 보리는 잘 자라 그 끝이 뾰족하고

麥秀漸漸兮

벼와 기장은 싹이 올라 파릇하구나

禾黍油油

저 교동(狡童 : 개구쟁이)아

彼狡童兮

나와 잘 지냈으면 좋았으련만

不與我好兮

이 시에 나온 '교동'은 바로 은왕 주를 가리키는 말이다. 상왕조 백성들이 모두 이를 듣고 눈물을 흘렸다. 당초 주나라 서백 희창이 덕치를 수행해 기飢나라를 멸하자 대신 조이祖伊는 그 화가 장차 미칠 것을 두려워하여 이를 은왕 주에게 고했다. 그러자 은왕 주가 이같이 말했다.

> 내가 태어난 것은 곧 천명을 지니고 있다는 것이 아니겠소. 그가 나를 어찌 할 수 있겠소.

이때 미자는 주왕이 끝내 깨우칠 수 없다고 여겨 목숨을 끊고자 했다. 그러나 도성을 떠난 후 혼자서 결정할 수가 없어 태사太師 기자 箕子와 소사少師 비간比干에게 이같이 말했다.

> 상왕조는 덕정을 펴지 못해 사방을 잘 다스릴 수 없소. 우리 시조 상탕(商湯)은 세상에 여러 공업을 이뤄놓았는데 은왕 주는 술에 빠져 색만 가까이 하다가 결국 상탕의 덕정을 어지럽히고 무

너뜨렸소. 상왕실의 사람들은 노소를 막론하고 모두 초야에서 도둑질하기를 좋아하며 또한 내란과 전란 일으키기를 좋아하오. 조정대신들은 서로 본받아 법도가 없고, 모두 죄를 지어도 언제나 잡히는 법이 없소. 이에 일반 백성 또한 더불어 무리지어 서로 적이 되고 원수가 되어 있소. 지금 상왕조의 전장제도는 모두 상실되려 하오. 마치 물을 건너려고 하는데 나루터와 물가가 없는 것과 같소. 상왕조가 마침내 망하는 때가 지금인 듯하오.

그러자 기자가 이같이 대답했다.

하늘이 엄중히 재앙을 내려 상왕조를 멸하려 해도 은왕 주는 전혀 두려워하지 않고 더구나 원로들의 말씀을 실천하려 하지도 않소. 지금 백성들조차 천지신명에 대한 제사를 경시하고 있는 지경입니다. 지금 진실로 나라를 다스려 나라가 잘 다스려진다면 죽어도 여한이 없을 것이나 만일 죽어서도 끝내 다스려지지 않는다면 오히려 떠나는 편이 나을 것이오.

이에 미자가 마침내 도망을 결심하게 되었다. 당시 비간은 기자가 주왕에게 간했으나 듣지 않자 물러났다가 노비가 된 것을 보고 이같이 말했다.

군주가 과실이 있어도 사력을 다해 간쟁하지 않는다면 백성들만 무슨 죄가 있단 말인가.

그리고는 직접 은왕 주에게 달려가 간했다. 그러자 은왕 주가 대노했다.

> 나는 성인의 마음에 일곱 개의 구멍이 있다고 들었는데 과연 정
> 말로 그런 일이 있을 수 있을까.

이어 왕자 비간을 죽이고는 가슴을 열어 마음을 들여다 보았다.
이때 미자 계가 이같이 탄식했다.

> 부자 간에는 골육지정이 있고, 군신 간은 도의로 맺어져 있다.
> 부친이 과실이 있으면 자식된 자가 여러 차례 간할 것이나 그래
> 도 듣지 않는다면 그를 따라다니며 통곡하면 되지만 신하된 자
> 가 여러 차례 간해도 군주가 듣지 않는다면 그 도의에 따라 떠나
> 는 편이 나을 것이다.

그러자 태사와 소사들이 미자에게 떠날 것을 권했다. 미자가 마침
내 은나라를 떠나버렸다.

주무왕이 은왕 주를 정벌해 상왕조를 무너뜨리자 미자는 종묘 안
의 제기를 가지고 주무왕의 영문으로 가서 죄줄 것을 청했다. 이에
주무왕이 미자를 석방하고 아울러 작위를 종전과 같이 회복시켜 주
었다.

얼마 후 주무왕은 공신과 책사 등에 대해 대대적인 논공행상을 시
행했다. 이에 군사軍師 여상이 가장 먼저 열후에 봉해졌다. 주무왕은
태공망 여상을 제齊나라에 봉하여 영구營丘: 산동성 치박시 임치 서북쪽에
도성을 두게 했다. 동생인 주공 단을 노魯나라에 봉하여 곡부曲阜를
도성으로 삼게 했다. 소공 석을 연燕나라에 봉하자 소공 석은 계薊를

도성으로 삼았다.

주무왕은 또 은왕 주의 아들 무경武庚 : 자는 祿父을 은나라의 옛 땅에 봉하고 관숙管叔 : '관'은 하남성 정주시에 위치과 채숙蔡叔 : '채'는 하남성 상채현에 위치으로 하여금 그를 감시케 했다. 이어 공신과 동성의 일족을 두루 제후에 봉했다. 이어 주무왕은 주공 단을 소호少昊의 옛 터인 곡부에 책봉해 노공魯公으로 삼았다. 주공 단은 봉지로 가지 않고 호경에 남아서 주무왕을 보좌했다.

이때 주무왕은 구정九鼎 : 우임금이 9州의 동을 모아 9주를 상징해 주조한 9개의 鼎을 주나라의 도성으로 옮긴 뒤 주나라의 정치를 정비해 온 천하를 일신시켰다. 이는 여상이 계책에 의한 것이었다.

당시 여상은 봉국인 제나라에 부임할 때 도중에 묵으면서 가는 것이 매우 느렸다. 여관의 주인이 이를 보고 이같이 말했다.

> 내가 듣건대 시기를 얻기는 어려워도 잃기는 쉽다고 했습니다. 손님은 잠자는 것이 매우 편안하니 마치 봉국에 부임하는 사람이 아닌 듯합니다.

여상은 이 말을 듣고 야밤에 입는 옷을 입은 채로 행진하여 여명에 봉국에 닿았다. 이때 내후萊侯가 침공해 와 여상과 영구를 놓고 다투었다. 영구는 내萊 : 萊夷로 산동성 황현 동남쪽에 위치나라 가까이에 있었다. 내후는 주왕조가 이제 막 성립해 먼 나라들까지는 안정시키지 못하는 것을 틈 타 여상과 영토를 다툰 것이다.

여상은 봉국에 도착하자 정치를 가다듬고 그곳의 풍속을 따랐고, 의례를 간소하게 했으며, 상공업을 장려하고 어업생산을 편리하게 했다. 이에 많은 사람들이 제나라에 귀순하여 제나라는 큰 나라가 되었다. 이때 마침 주무왕이 9목九牧의 군주를 소집해 선조 공류公劉의 도성이 있던 빈邠：섬서성 빈현과 순읍현 일대 땅의 언덕에 올라가 상읍을 내려다 보게 되었다. 주무왕은 서쪽으로 돌아와서도 밤늦도록 잠들지 못했다. 주공 단이 주무왕의 처소로 가 그 연유를 묻자 주무왕이 이같이 대답했다.

> 하늘이 상왕조를 옹호하지 않아 마침내 오늘과 같은 성공이 있게 되었소. 상왕조가 하늘의 명을 받아 막 건립되었을 때 임용된 현인이 3백60명이었으나 그 업적은 그다지 두드러지지도 않았고 또한 없어지지도 않은 채 오늘에 이르렀소. 하늘이 주나라를 보우(保佑)하는지 여부를 아직 확신할 수 없는데 어찌 잠 잘 겨를이 있겠소.

연이어 이같이 말했다.

> 하늘이 반드시 주나라를 보우하여 천하의 사람들이 천실(天室 : 도성지)을 따르도록 할 것이오. 은왕 주를 징벌했듯이 모든 악인을 찾아내어 벌할 것이오. 밤낮으로 노력하여 나의 서토(西土)를 안정시키고 일을 공정히 처리하여 그 덕을 사방에 비추겠소. 낙수만(洛水灣)으로부터 이수만(伊水灣)까지는 지세가 평탄하고 험하지 않아 하나라가 정착한 곳이오. 남으로 삼도(三塗 : 하남성 숭현 서남쪽의 太行山과 幌轅山, 崤澠山)를 바라보고 북으로 악(嶽) 주변을 바라보며 황하를 살펴보고 다시 낙수(洛水)와 이수(伊水) 유역을 바라보니 모두 도성을 세울 만한 좋은 곳이라 그냥 내버려 둘 수가 없소.

이에 주무왕은 낙읍雒邑에 주왕조의 부도副都를 세웠다. 이때 그는 낙읍에 두 개의 성을 세웠다. 왕성王城과 성주成周가 그것이다. 왕성은 훗날 주평왕周平王의 천도로 동주東周의 도성이 된 곳이다. 왕성은 하남성 낙양시의 전수瀍水 서쪽 기슭에 있었다. 성주는 춘추시대 말기에 주경왕周敬王이 천도한 곳으로 왕성을 마주하여 전수의 동쪽 기슭에 위치해 있었다.

주무왕은 화산華山의 남쪽에 말을 방목하고 도림桃林 : 하남성 영보현 서쪽에서 섬서성 동관 동쪽 일대의 들판에 소를 방목한 뒤 무

서주 · 기부동호幾父銅壺
1960년 섬서성 부풍 출토, 높이 60cm, 구경 16cm다. 넓은 입에 긴 목을 가졌으며, 두 마리의 짐승머리가 둥근 손잡이를 물고 있다.

기와 병사를 거둬 들이고는 이내 군사를 해산했다. 이에 다시는 무기와 병사를 사용하지 않을 것임을 천하에 포고했다.

상왕조를 멸한 지 2년째 되던 주무왕 14년B.C. 1044에 주무왕이 기자箕子에게 상왕조가 망한 까닭을 물었다. 그러자 기자가 차마 상왕조의 죄악을 낱낱이 말하지 못하고 그저 국가존망의 도리만 말했다. 주무왕 역시 난처해진 나머지 화제를 돌려 천도天道에 대해 물었다.

얼마 후 주무왕이 병이 들어 자리에 누웠다. 아직 천하가 정해지지 않은 까닭에 군신들이 모두 두려움에 떨었다. 이에 태공과 소공이 점을 쳤다. 그러자 주공이 자신을 제물로 하여 3단壇을 설치한 뒤 북쪽을 향해 서서 옥벽玉璧을 머리에 이고, 홀을 손에 들고, 태왕과 왕계王季, 주문왕에게 축사를 올렸다. 원래 옥벽은 신석기시대에 출현했

447

다. 옥벽은 중앙에 둥근 구멍이 있고 전체는 평평하다. 옥벽 중앙에 뚫은 구멍을 '호ɦ'라 하고 주위의 넓은 부분을 '육ĸ'이라고 했다. '육'의 넓이가 '호'의 직경의 1배 이상이 되어야 비로소 '벽ᖚ'이라고 불렀다. 벽은 하늘에 제사를 올릴 때와 같이 중요한 의례에 사용되었다. 이는 하늘을 둥글다고 여긴 고대인들이 둥근 모양으로 된 '벽'을 하늘을 상징한 것으로 간주한 데 따른 것이었다. 주공이 '벽옥'을 머리에 이고 축사를 올린 것이 그 실례이다. 주공이 하늘을 향해 주무왕을 대신해 죽을 것을 청할 당시 사관은 죽간에 써 있는 축문을 주공을 위해 이같이 대독했다.

> 오, 그대들의 현손 발(發 : 주무왕)이 질병에 걸려 괴로워하고 있습니다. 만일 그대들 3왕이 하늘에서 자식을 바쳐야 하는 빚이 있다면 단(旦)이 발의 몸값을 대신하겠습니다. 단은 능력이 뛰어나고 다재다능하여 귀신을 잘 섬길 수 있지만 발은 오히려 단보다 다재다능하지 못하여 귀신을 잘 섬길 수 없습니다. 그러나 저 발은 상제의 조정으로부터 천명을 받아 천하 백성을 어루만져 다스리고 그대들의 자손을 천하에 정착시키니, 천하의 백성들이 그를 경외하지 않는 자가 없습니다. 상제가 내려주신 천명을 실추시키지 않는 것 역시 우리 선왕이 영원히 귀의할 바입니다. 지금 저는 곧바로 큰 거북을 통해 명을 받겠습니다. 만일 저를 허락하면 저는 벽옥과 홀을 들고 돌아가 명을 기다릴 것이나 그렇지 않으면 저는 벽옥과 홀을 감출 것입니다.

주공은 먼저 사관을 시켜 주태왕과 왕계, 주문왕에게 자신이 발 대신에 죽겠다는 내용의 축문을 고하게 하고는 곧바로 점을 쳤다. 복인들은 모두 길조占兆라고 말하고는 점서를 보여주면서 길조를 확인시켰다. 주공이 기뻐하며 안으로 들어가 주무왕을 축하했다.

서주 · 우정禹鼎

이어 주공 단은 축문을 금등金縢 : 쇠로 봉인한 등나무 궤짝에 넣고 이를 지키는 자에게 감히 발설치 말 것을 당부했다. 다음날 주무왕은 완쾌되었다. 그러나 얼마 후 주무왕이 마침내 타계하고 말았다. 이에 태자 송誦이 뒤를 이어 즉위했다. 그가 바로 주성왕周成王이다.

당시 주성왕은 너무 나이가 어렸다. 주공 단은 장차 백성이 이반할까 두려워한 나머지 곧바로 대권을 행사하여 주성왕을 대신해 섭정했다. 주공 단은 섭정할 때 어좌 뒤에 도끼가 새겨진 병풍을 치고 남쪽을 향해 제후들을 접견했다.

그러자 관숙 선을 비롯한 여러 동생들이 이를 의심하여 유언비어를 유포시켰다.

이에 주공 단이 곧 태공망 여상과 소공 석을 불러 이같이 설명했다.

> 내가 오해받을 것을 개의치 않고 섭정하는 것은 천하 백성이 주나라를 이반할까 두려워하기 때문이오. 선왕인 태왕과 왕계, 주문왕이 오랫동안 걱정하고 애쓴 나머지 천하가 오래 지탱되어 왔고, 오늘에 이르러 완성되었소. 주무왕이 일찍이 타계했고, 성왕은 아직 어립니다. 장차 이 상황에서 주나라를 일으키는 것이 내가 섭정하는 이유요.

그리고는 마침내 이들과 함께 주성왕을 보좌하면서 자신의 아들 백금伯禽을 봉지인 노 땅으로 가도록 했다. 이때 주공 단이 백금에게 이같이 훈계했다.

> 나는 주문왕의 아들이고 주무왕의 동생이며, 주성왕의 숙부이다. 그러니 천하에서 또한 신분이 낮지는 않을 것이다. 그러나 나는 한 번 목욕하는 데 머리카락을 세 번 움켜쥐고, 한번 식사하는 데 세 번을 뱉어가면서 선비를 맞이하면서도 오히려 천하의 현인을 잃을까 걱정했다. 너는 노 땅으로 가거든 삼가 나라를 가졌다고 남에게 교만치 말라.

이때 주공 단에게 의구심을 품고 있던 관숙과 채숙이 은왕 주의 아들 무경 등과 합세해 회이淮夷를 이끌고 반란을 일으켰다. 주공은 곧바로 주성왕의 명을 받들어 군사를 일으켜 토벌하고 『서경』 「대고大誥」를 지었다. 마침내 관숙과 무경을 주살하고 채숙을 추방했다. 이어 막내동생 봉封을 위강숙衛康叔에 봉하면서 은나라 유민을 다스리게 했다. 주공은 또 동생 우虞를 당唐: 산서성 기성현 일대 땅에 봉했다. 당은 후에 진晉으로 개칭되었다. 이에 우는 당우숙唐虞叔에서 진당숙晉唐叔으로 호칭이 바뀌게 되었다.

이때 마침 진당숙이 가곡嘉穀: 두 싹이 하나의 이삭으로 된 상서로운 곡물을 얻어 주성왕에게 바쳤다. 이에 주성왕이 이를 병영에 있는 주공 단에게 보냈다. 주공 단이 하사한 벼를 받고 천자의 명을 찬미해 『서경』 「가화嘉禾」를 지었다.

당시 주성왕은 호경에서 주무왕의 묘를 참배하고 풍豐으로 걸어가 주문왕의 묘를 참배하면서 태보 소공 석을 먼저 낙읍雒邑으로 보내 토지를 시찰케 했다. 이때 주공 단은 먼저 주周의 동쪽 낙읍으로 가서 축성하고 도성에 대해 점을 치게 했다. 점괘가 길하게 나오자 마침내 그곳을 수도로 삼았다. 그리고는 구정九鼎을 그곳에 안치했다.

주성왕 7년B.C. 1037 2월 을미일乙未日, 주공 단이 주성왕에게 정권을 돌려주고 북쪽을 향해 신하의 자리에 서서 마치 두려운 듯이 주성왕을 공경했다. 당초 주성왕이 어렸을 때 병이 나자 주공은 곧바로 자신의 손톱을 잘라 황하에 가라앉히고 하신에게 이같이 빌었다.

> 왕은 아직 어려 식견이 없습니다. 하신의 명을 어지럽힌 자는 바로 저 단입니다.

그리고는 축문을 문서보관소에 보관케 했다. 그러자 주성왕의 병이 완쾌되었다. 이윽고 주성왕이 국정을 수행케 되었을 때 어떤 사람이 주공을 참소하자 주공 단이 초나라로 망명했다. 주성왕은 문서보관소를 열어 주공의 축문을 발견하고는 이내 눈물을 흘리며 주공 단을 귀국시켰다. 주공 단은 귀국했으나 주성왕이 장성하여 정사를 방탕하게 처리할까 걱정하여 곧 글을 지어 올렸다.

> 부모가 장구한 세월 동안 이룩한 창업을 자손들은 교만과 사치를 부려 잊어버리고 이로 인해 가업을 망치니 자식된 자가 어찌 삼가지 않을 수 있겠습니까. 이에 옛날 상왕 중종(中宗 : 太戊)은 천명을 엄숙히 받들고 경외했으며, 친히 법을 준수해 백성을 다스렸고 삼가며 두려워했기에 감히 정사를 그만두거나 안락에

빠지지 않고 75년 동안 보위를 지킬 수 있었습니다. 상왕 고종
(高宗 : 武丁)은 오랫동안 부친 소을(小乙)의 명에 따라 성 밖에서
노역을 하였고 하층민들과 함께 생활했습니다. 그가 즉위하자
곧바로 상사(喪事)가 발생했으나 그는 3년 동안 효성스럽게도
말을 하지 않았습니다. 그가 드디어 말을 하자 모두 기뻐했습니
다. 감히 정사를 그만두거나 안락에 빠지지 않고 상왕조를 안정
시켰으며 크고 작은 일에 백성의 원한을 사지 않았기 때문에 고
종은 55년 동안 왕위를 지켰습니다. 조갑(祖甲 : 무정의 아들 帝
甲)은 의롭지 못하게 형 조경(祖庚) 대신 왕위에 오를 수 없다고
생각해 오랫동안 성 밖에서 평민 노릇을 했고, 평민들의 바람을
알았기에 평민들을 보호하고 은혜를 베풀 수 있었습니다. 환과
(鰥寡)를 업신여기지 않았기에 33년 동안 보위를 지킬 수 있었습
니다.

이 내용은 『서경』「주서周書 · 무일毋逸」에 실려 있다. 주공 단은 정
치일선에서 물러난 뒤 이같은 글을 지어 주성왕에게 정사를 부지런
히 돌볼 것을 당부했던 것이다. 이로부터 예악이 바로 잡히고 나라가
흥성해졌다. 이에 백성은 화목했고, 칭송의 노래가 울려퍼졌다. 이때
식신족息愼族 : 중국 동북쪽의 이민족으로 『서경』은 肅愼으로 기록이 와서 조현했
다. 이에 주성왕이 영백榮伯에게 명하여 「회식신지명賄息愼之命」을 짓게
했다.

주성왕이 풍 땅에 있을 때 천하는 이미 안정되었으나 주나라의 관
직과 행정이 아직 정비되지 않았다. 이에 주공 단이 『서경』「주관周
官」을 지어 관직을 분리해 규정하고, 『서경』「입정立政」을 지어 바른
정치를 논했다. 그러자 백성들이 모두 편하게 생각하며 크게 기뻐했
다. 얼마 후 주공 단은 풍 땅에서 병이 들어 자리에 눕게 되자 죽기

전에 좌우에 이같은 유명遺命을 남겼다.

> 반드시 나를 성주(成周) 땅에 묻어 내가 감히 주성왕을 떠나지
> 않는다는 것을 밝혀주시오.

주공 단이 죽자 주성왕이 그를 선왕의 묻혀 있는 필畢 : 섬서성 함양
북쪽 땅에 장사지냈다. 이로써 자신이 감히 주공 단을 신하로 생각지
않았음을 분명히 하고자 했던 것이다.

몇 년 후 주성왕도 마침내 병이 들어 자리에 눕게 되었다. 그는 임
종할 때 태자 교釗가 제왕의 임무를 제대로 완수하지 못할까 염려했
다. 이에 소공과 필공에게 명하여 제후들을 이끌고 가 태자를 보좌하
여 옹립케 했다. 주성왕이 죽자 소공과 필공은 태자 교를 인도해 선
왕의 묘에 참배케 하고 주문왕과 주무왕이 왕업을 어렵게 이뤘음을
거듭 고했다. 그리고는 검약에 힘쓰고 진실한 믿음으로 천하를 통치
할 것을 당부하는「고명顧命」을 지었다. 태자 교가 즉위했다. 그가 바
로 주강왕周康王이다.

주강왕은 즉위하자마자 주문왕과 주무왕의 위업을 제후들에게 두
루 알리고 선정에 질력할 것을 당부하는『서경』「강고康誥」를 지었다.
주강왕은 왕의 명령인 책명策命을 짓는 필공에게 백성 일부를 교외로
옮겨 성주成周의 변경을 지키게 하고는『서경』「필명畢命」을 지었다.

주나라는 주무왕 이후 주성왕周成王과 주강왕周康王의 집권기간인
40여 년 동안 태평성세를 누렸다. 이를 흔히 '성강지치成康之治'라고 부
른다. '성강지치'는 후대에 태평성대를 상징하는 말로 사용되었다.

　주왕조는 이 시기를 맞아 왕조의 기틀을 튼튼히 다지게 되었다. 은나라 유민을 성공적으로 동화시켜 선진문물을 계승하고 주족의 비상한 독창력을 가미해 주왕조의 독특한 문화를 발전시켰다. 대외적으로도 주변의 미개척지에 새로운 제후들을 분봉하고 이민족에 대한 정벌전을 전개해 영토를 계속 확장시켜 나갔다.

　주왕실은 먼저 북쪽 산서성의 분수유역 일대의 곽霍, 순荀, 양揚 땅의 제후들을 교체했다. 이 지역은 상왕조의 문화유적이 다량으로 발견된 지역으로 당시에는 정치군사적 요충지였다. 주왕실이 이 지역 제후들을 교체한 것은 북방지역에 대한 통제가 이뤄졌음을 의미한다. 동쪽으로는 태행산맥을 넘어 타하沱河까지 세력이 확대되었다. 이 지역은 상왕조가 안양으로 천도할 때 산서성 고지의 산융족과 싸워 얻어낸 지역이다.

　그 북단은 주왕조 건국 당시에 소공 석의 자손이 분봉된 연나라가 있었다. 지금의 북경 부근이다.『사기』에 따르면 연나라는 주무왕 때 분봉되었다. 그러나 요녕성의 능원현凌源縣과 하북성의 언후지匽侯旨에서 발견된 청동기 명문에 의하면 주성왕에서 주강왕 사이에 분봉된 것이 확실하다. 이는 곧 소공 석의 자손이 하남성 일대에 머물다가 주성왕 때에 이르러 북경 일대로까지 진출했음을 시사하는 것이다.

　동쪽 산동반도 일부에 위치한 노나라에는 주공 단의 아들 백금이 봉해졌다. 그러나 노나라도 처음에는 산동성의 곡부에 건국된 것이 아니다. 원래는 하남성 중부에 있는 노산현魯山縣에 분봉되었다가 후에 산동으로 봉지가 바뀐 것이다. 노산현은 다시 주무왕의 아들이 봉해져 응국應國이 되었다. 형邢나라도 유사한 경우에 해당한다. 형나라는 당초 섬서성 화현華縣에 있었다. 이후 하남성 온현溫縣의 형대邢臺로 봉지가 바뀐 것이다.

제후들의 분봉은 동남쪽에서도 행해졌다. 동남쪽의 등藤나라와 장蔣나라 사이의 서徐나라 땅은 동이東夷와 회이淮夷가 거주하는 곳으로 상왕조와 깊은 관계를 맺었던 지역이다. 주왕조는 여기에도 주邾와 침沈, 돈頓, 증鄶, 관管, 채蔡 등 많은 동성의 제후국을 배치했다. 이 지역에 동성 제후들을 대거 배치한 것은 말할 것도 없이 동이와 회이의 중앙진출을 저지키 위한 것이었다.

주왕조는 예외없이 서남쪽 방면으로도 약진했다. 주왕조는 주소왕周昭王 때에 이르러 남정을 단행했다. 종주종宗周鐘의 명문에는 주소왕 때 남방의 강국 반反나라를 정벌하여 항복을 받은 사실이 기록되어 있다. 이때 주변의 동이와 남이南夷 26개국의 군주들이 모두 주소왕을 찾아와 항복했다. 『국어』와 『춘추좌전』은 당시 주소왕이 남방 원정 중 남방 군주들의 사술詐術에 걸려 한수에서 익사한 것으로 기록해 놓았다. 이 기록이 맞다면 주소왕은 일단 성공적으로 남방을 개척했으나 이내 저항에 부딪혀 소기의 성과를 거두지 못한 것으로 추정된다.

주왕조의 사방 이민족에 대한 정벌전은 이후에도 계속되었다. 서쪽으로의 진출은 주목왕周穆王 때 본격적으로 이뤄졌다. 주목왕은 당시 섬서성과 감숙성 일대에 거주하고 있던 견융犬戎을 토벌했다. 원래 견융족은 주강왕 때 토벌되어 주나라에 복속하고 있었으나 이때 다시 반란을 일으켰다가 주목왕의 토벌을 받은 것이다. 전국시대 위양왕魏襄王의 묘에서 출토된 『목천자전穆天子傳』에 의하면 주목왕은 황

455

하 유역을 주유하고 곤륜산에서 신녀神女 서왕모西王母를 만나 주유한 것으로 되어 있다. 주목왕의 서정西征과 관련한 이같은 전설은 『초사楚辭』에도 보인다. 이같은 전설은 주목왕의 성공적인 서정을 시사하고 있다. 회하와 양자강 북안에 이르는 지대에서 주목왕 때 제작된 것으로 추정되는 청동기가 발견되었다. 이는 주목왕 때에 이르러 주왕조의 세력이 마침내 서쪽 오지까지 미치게 되었음을 말해 준다.

이를 통해 주왕조의 봉건제는 개국 초기에 완료된 것이 아님을 알 수 있다. 봉건제를 확립키 위한 노력은 이민족 거주지역에 대한 정벌과 제후들을 견제키 위한 이봉移封 등으로 표현된 정치군사적인 목적에 의해 주목왕 때까지 부단히 계속되었다. 주왕조의 영역 확대는 필연적으로 당시 뛰어난 수준을 자랑하던 주왕조의 청동기문화를 사방으로 전파하는 데 결정적인 계기가 되었다. 이는 곧 사방의 이민족 지역을 단일한 중국문명권으로 포섭해 주왕조를 정점으로 한 최초의 중화질서를 구축하는 전기로 작용했다.

서주시대에 나타난 사방 이민족에 대한 명칭은 상왕조 때의 갑골문에 처음으로 나타난다. 융戎과 이夷가 그것이다. 종주종宗周鐘의 명문에는 적狄과 만蠻의 명칭이 보인다. 사용 빈도를 보면 '융'과 '적'이 가장 많고 '만'과 '이'가 그 다음이다. 이들 이민족의 명칭은 사방의 위치에 따라 붙여진 것이 아니라 임의로 붙여진 것이었다. 그러다가 점차 이민족의 거주지역에 따라 동이東夷와 서융西戎, 남만南蠻, 북적北狄으로 호칭케 되었다.

주변 이민족을 지역에 따라 고착된 비칭卑稱을 붙이게 된 것은 춘추시대에 시작되어 한제국 때에 들어와 완결되었다. 주변 이민족에 대한 비칭의 정착은 후대로 들어오면서 중원문화에 대한 자부심과 주변 이민족에 대한 멸시적인 태도가 더욱 강화되었음을 의미한다. 이는 말할 것도 없이 주왕조 때부터 성공적으로 이뤄진 이민족 정벌에 대한 자부심에서 비롯된 것이다.

신석기시대만 하더라도 중원의 앙소문화 및 용산문화에 비교해도 손색이 없을 정도로 뛰어난 문화유형을 만들었던 주변의 이민족들은 어떤 이유로 주왕조 때에 들어와 주왕조의 무력 앞에 힘없이 제압된 것일까. 가장 큰 이유로는 중원문화가 상왕조를 거치면서 비약적인 발전을 거듭하게 된 점을 들 수 있다. 당시 주변 이민족들은 중원에 비해 문화발전의 속도가 매우 완만했다. 이는 중원문화가 상왕조의 건국을 계기로 주변 이민족의 다양한 문화유형을 흡인하여 더욱 수준 높은 문화로 비약한 것과 대비된다.

주왕조 때 견융과 같은 이민족은 주왕조의 지배영역 밖에 거주하고 있으면서 유목遊牧을 위주로 하는 원시적인 경제상태에 머물러 있었다. 장강 일대에 거주했던 동이 및 회수 주변을 장악하고 있던 회이 등의 이민족도 통합된 세력을 이루지 못한 채 여러 곳에 산재해 있었다. 이들 역시 여전히 반목반농半牧半農의 원시적인 경제상태에 머물러 있었다.

대부분의 이민족들은 피혁皮革의 의류를 걸치고, 생식生食을 하고, 혈거穴居를 하는 상태에서 크게 벗어나지 못했다. 이들은 체계적인 국가조직을 만들어내지 못한 채 오직 부족단위의 군장君長과 대인大人의 지휘 하에 신석기시대와 별반 다름없는 부족사회의 단계에 머물러 있었던 것이다. 결국 의식주를 포함한 모든 면에서 커다란 결핍상

457

태에 처한 주변의 이민족들은 고도의 농경문화를 통해 풍부한 경제생활과 높은 수준의 문화생활을 누리고 있는 주나라를 끊임없이 침공해 부족한 의식주를 보충코자 했다. 이것이 바로 주왕조 때의 중원사람들로 하여금 이들을 '인면수심人面獸心'의 금수禽獸로 간주케 만드는 결정적인 계기로 작용했다.

당시 주왕실도 새로운 토지와 노비의 획득을 위해 이민족에 대해 수시로 무력 정벌전을 감행했다. 주왕조의 대외관계는 이들 이민족에 대한 투쟁으로 점철되었다. 주변 이민족에 대한 정벌전은 거의 서주시대 전시기를 통해 계속되었다. 그 기록은 비교적 평화로웠던 주성왕 때부터 보인다. 주성왕의 말기에 만들어진 것으로 추정되는 대우정大盂鼎과 소우정小盂鼎에는 서북쪽의 귀방鬼方에 대한 승전기록이 새겨져 있다. 이 기록에는 주성왕이 포로 1만 3천 명을 노획한 것으로 되어 있다.

그러나 주왕조는 '성강의 치세' 시기를 지나 점차 쇠퇴하기 시작했다. 주강왕이 세상을 떠나자 아들 주소왕 하瑕가 즉위했다. 주소왕은 '성강의 치세'로 불리는 오랜 기간의 평화시기에 축적된 국력에 기초해 주변 이민족과 크고 작은 싸움을 전개했다. 서주시대 중기에 나온 종주정의 명문에는 주소왕이 동남쪽의 이민족을를 정벌해 26개 국을 복속시켰다는 기록이 나온다. 그러나 주소왕은 남쪽으로 순수巡狩했다가 돌아오지 못하고 한수에서 익사하는 참변을 당했다. 『제왕세기』는 주소왕이 죽게 된 배경을 이같이 기록해 놓았다.

| 주소왕은 부덕했다. 그는 남으로 길을 떠나 한수(漢水)를 건너게

되었다. 뱃사람이 그를 미워해 아교로 붙인 배에 왕을 타게 했다. 왕이 배를 타고 중류에 이르자 아교가 녹아 배가 부서지면서 마침내 왕이 물에 빠져 죽었다.

주왕실은 주소왕이 죽었음에도 부고赴告를 내지 않았다. 이는 이 일을 숨기고 싶었기 때문이다. 주소왕의 아들 만滿이 그 뒤를 이어 주목왕周穆王으로 즉위했다. 그러나 주목왕은 즉위할 당시 나이가 이미 50세나 되었다. 주목왕은 백경伯冏을 왕명을 전달하는 태복太僕에 임명하고 그에게 국정을 주의깊게 살피도록 거듭 경계했다. 『서경』「경명冏命」은 당시 주목왕의 당부를 옮겨놓은 것이다. 그러자 천하가 다시 안정되었다.

이때 주목왕이 장차 견융犬戎을 치려고 했다. 그러자 주왕실의 경사卿士로 있는 주공 단의 후예 제공祭公: '제'는 하남성 정주 부근 모보謀父가 간했다.

불가합니다. 선왕은 덕을 밝혔을 뿐 무력을 과시하지 않았습니다. 대저 병력이란 보통 때는 신중하게 보유하고 있다가 적당한 때에 출동시키는 것이며, 단번에 출동해야 위세가 있게 됩니다. 무력을 과시하면 장난이 되고 장난으로 무력을 사용하면 위엄이 없어집니다. 때문에 노래에도 이르기를, '창과 방패를 거둬들이고 활과 화살을 자루에 넣었네. 아름다운 덕을 닦아 온 나라에 실행하고 왕도로써 천하를 보전할 것이다' 라고 한 것입니다.

그러나 주목왕이 이를 듣지 않았다. 당초 주목왕은 이 정벌전에서 대승을 거두었다. 그는 견융의 5추장을 사로잡고 그 부족을 분수 일대로 이주시켰다. 주목왕과 서왕모와 얽힌 전설은 당시 활발하게 전개된 주목왕의 서역 개척에 관한 애기에서 발전한 것이다.

중국의 신화와 전설 중 서왕모에 얽힌 애기만큼 오래되고 심하게 변화된 내용도 찾기가 힘들 것이다. 당나라 때 삼장법사는 서역으로 가 불전佛典을 얻어오면서 훗날 명대에 들어와 『서유기』의 소재가 되었다. 주목왕의 서역 정벌 역시 『목천자전穆天子傳』의 배경이 되었다. 그러나 여기서는 『산해경』에서 괴물로 표현된 서왕모가 천하절색의 미인으로 바뀌어 나타난다.

『산해경』에 따르면 서왕모는 인간이라기보다는 반은 짐승이고 반은 사람의 모습을 한 반인반수의 여신이다. 이 괴물 여신은 중국의 서쪽 끝에 있는 곤륜산에 살았다. 곤륜산은 신들의 거처로 유명한 산이다.

『산해경』에서는 서왕모가 표범의 꼬리와 호랑이 이빨, 쑥대처럼 헝클어진 머리에 비녀를 꽂고, 휘파람을 잘 부는 괴물의 모습으로 그려져 있었다. 원래 중국에서는 휘파람의 악보인 소보嘯譜가 있을 정도로 이미 오래 전부터 휘파람 자체가 음악의 일종으로 여겨졌다.

서왕모는 3마리의 파랑새인 삼청조三靑鳥를 사자로 두었다. 이 새들은 몸빛은 푸르지만 붉은 머리에 검은 눈을 하고 있었다. 이 새들은 주로 서왕모의 음식을 조달하는 역할을 수행했다. 서왕모는 하늘에서 내리는 재앙이나 돌림병과 같은 역질과 코를 베거나 손발을 자르는 등의 형벌의 기운을 관장하는 여신이었다. 서왕모는 죽음을 관장했기 때문에 동시에 죽음을 극복할 수 있는 능력을 지닌 여신으로 여겨지기도 했다. 『산해경』은 곤륜산에 먹으면 늙지도 죽지도 않는 열매가 열리는 나무가 자라는 것으로 묘사해 놓았다. 이는 연원이 매우 오래된 민간전승을 기록한 것이다. 전설시대에 등장하는 예羿가 불사약을 청하러 서왕모를 찾아나선 것이 그 실례이다.

이같은 괴물형상의 서왕모가 매력적인 여신으로 변신케 된 것은 전적으로 주목왕 때문이었다. 주목왕은 8준마가 이끄는 수레를 타고 서쪽으로 여행을 떠나 곤륜산에 이른 적이 있었다. 이때 주목왕은 서왕모를 만나 사랑에 빠진 나머지 귀국할 일조차 잊어버렸다.

한나라 때 나온 작자 미상의 『한무제내전漢武帝內傳』에 따르면 한무제는 장수키를 염원하여 서왕모의 강림을 기원했다. 마침내 칠월 칠석날 서왕모가 9가지 빛깔의 용이 이끄는 수레를 타고 지상에 내려왔다. 한무제는 머리를 조아리며 불사약을 간청했다. 서왕모는 한무제의 정성을 기특히 여겨 불사의 복숭아인 선도仙桃를 내려주었다.

선도는 서왕모가 관리하는 반도원蟠桃園이라는 복숭아 나무 밭에서 딴 것이다. 이곳의 복숭아 나무는 3천 년 만에 열매를 맺고 그것을 한 개라도 먹으면 1만 8천 살까지 살 수 있었다. 서왕모가 선도를 하사할 때 한무제 곁에 동방삭東方朔이 있었다. 동방삭은 반도원에 들어와 몰래 선도를 훔쳐가 3천 갑자甲子 : 1갑자는 60년의 세월을 늙지 않고 살게 된 인물이다. 『서유기』에도 천상의 잔치에 초대받지 못한 손오공이 화가 난 나머지 반도원에 침입해 선도를 거의 하나도 안 남기고 다 따먹는 얘기가 나온다.

서왕모에 대한 시인묵객들의 숭배는 당나라 때에 이르러 절정에 달했다. 시인들이 공공연히 그녀에 대한 열애를 노래하면서 서왕모의 삼청조는 사랑을 전하는 전서구傳書鳩로 그 모습이 바뀌었다.

서왕모 전설에서 재미난 것은 삼청조가 곤륜산 서쪽의 삼위산三危

山에 산 점이다. 삼위산은 세 개의 높은 산봉우리를 말한다. 단군신화에 나오는 환웅이 강림한 곳도 태백太白이다. 지금의 중국 서북방 돈황 근처의 산이라는 설도 있으나 동이계 종족의 활동무대였던 산동 및 발해만 일대의 서쪽일 가능성도 있다. 중국 학계에서는 서왕모가 동이계 종족의 형신刑神이었다는 설이 제기된 적도 있다. 원래 동이계 종족의 서쪽 지역신이었던 서왕모가 중국 영토가 확대되면서 방향이 바뀌어져 서쪽 변방의 여신으로 변했다는 것이다.

그러나 후세에 서왕모와의 염문설로 이름을 남긴 주목왕의 치적은 그리 대단한 것이 아니었다. 오히려 그의 치세 때 제후들 중에는 주목왕을 따르지 않는 자들이 다수 나오게 되었다. 이에 상국 보후甫侯: '보'는 하남성 남양현 서쪽에 위치가 주목왕에게 간하자 주목왕이 『서경』「보형甫刑」에 나오는 형법을 다음과 같이 제정케 했다.

원고와 피고가 오면 옥관(獄官)은 사청(辭聽 : 소장을 살핌)과 색청(色聽 : 안색을 살핌), 기청(氣聽 : 기를 살핌), 이청(耳聽 : 말을 들으며 들음), 목청(目聽 : 눈으로 살핌) 등의 5사(五辭 : 5가지 심리 방안)를 하시오. 5사가 믿을 만하면 5형(五刑)에 따라 판결하고, 5형을 판단할 근거가 부족하면 5벌(五罰 : 다섯 종류의 벌금)에 따라 처벌하시오. 범법자가 5벌로 판결한 것에 불복하면 위세를 믿은 관(官)과 개인적 은원에 따라 행동하는 반(反), 총희를 통해 이익을 추구하는 내(內), 뇌물을 주는 화(貨), 개인적 친분을 통해 청탁하는 내(來) 등의 5과(五過 : 다섯 종류의 과실)를 적용하시오. 그런데 5과는 특히 공(公)을 내세운 관원의 위세를 빌려 사리를 챙기는 관옥(官獄)과 연줄을 통해 이익을 추구하는 내옥(內獄)이 문제요. 이런 경우는 관원의 죄가 범죄자와 같으므로 실증을 조사하고 확인해 처벌토록 하시오. 5형을 적용하기에 문제가 있으면 사면하고, 5벌을 적용할 때 의문점이 있으면 용서하는 등 면밀히 살펴 알맞게 판결하시오. 조사가 정확해야 백성의 신임을 얻을 수 있고, 심문할 때는 근거가 있어야 하오. 조사가 확실치 못한 사안은 의심스러운 대로 처리하지 말아야 할 것이고, 모두들 하늘의 위엄을 엄숙하게 공경해야 하오. 경형(黥刑 : 이마에 죄명을 써넣는 형벌)의 죄를 지었으나 의문점이 있으면 사면하고, 1백 환의 벌금에 처하며 그 죄를 소상히 조사하시오. 의형(劓刑 : 코를 베는 형벌)에 해당하는 죄를 지었으나 의심이 가면 사면하고 벌금 2백 환을 물리고 그 죄를 소상히 조사하시오. 빈형(臏刑 : 종지뼈를 자르는 형벌)의 죄를 지었으나 의문점이 있으면 용서하고 벌금 3백 환에 처하고 그 죄를 철저히 조사토록 하시오. 궁형(宮刑 : 거세하는 형벌)에 해당하는 죄이나 미심쩍으면 용서하여 벌금 5백 환을 물리고 그 죄를 소상히 살피도록 하시오. 대벽형(大辟刑 : 사형과 교수형)의 죄를 지었으나 의심스러우면 용서하고 벌금 1천 환을 물린 뒤 그 죄를 명백히 조사하시오.

형벌에 관한 내용이 매우 상세하다. 대략 후세인이 만들어낸 것으로 짐작된다.

주목왕이 재위 55년째 되던 해에 세상을 떠났다. 이에 그의 아들 예호繄扈 : 伊扈가 뒤를 이어 보위에 올랐다. 그가 주공왕周恭王이다. 주목왕 이후에 들어와 주왕조의 세력이 크게 약화되었다. 이에 이들 주변의 이민족들이 다시 강성해져 주나라 변경을 겁략키 시작했다. 어떤 경우는 도성인 호경 부근까지 침공해 주왕실을 위협했다. 이들 이민족의 침공은 서주시대 말기인 주선왕周宣王 때에 들어와 주왕실의 반격으로 약간 잠잠해졌으나 이는 일시적인 것에 불과했다.

한번은 주공왕이 경수涇水 : 영하성 육반산에서 발원해 감숙성과 섬서성을 지나 황하로 유입 일대로 출유出遊하자 밀강공密康公 : '밀'은 하남성 밀현 동남쪽에 위치이 배행케 되었다. 이때 3명의 미녀가 중매를 거치지 않고 밀강공과 사통했다. 그러자 밀강공의 모친『열녀전』에 따르면 성이 隗氏임이 자식에게 이같이 훈계했다.

> 너는 반드시 그들을 천자에게 바쳐야 한다. 무릇 짐승은 3마리가 모여 무리를 이루고, 사람은 3명이 모여 무리를 이루고, 여인은 3명이 모여 미모로써 사람의 눈을 부시게 만드는 것이다. 천자가 출렵하여 3마리 야수를 잡으면 그는 이것을 모두 자기 것으로 할 수 없다. 제후는 중대한 행동을 할 때 중인(衆人)들과 함께 상의해 결정해야 한다. 천자가 여인을 취할 때 같은 부친이 낳은 3명의 자매를 취하지 않는 법이다. 무릇 사람의 눈을 부시게 만드는 것은 사람을 홀리는 미물(美物)이다. 그런데 3명의 미물이 모두 너에게 왔으니 네가 무슨 덕으로 이를 받으려 하는 것이냐. 천자가 아직 이를 누리지 않고 있는데 하물며 너같은 소추(小醜 : 소인배)야 더 이상 말할 것이 있겠느냐. 소추가 '미물'을 향휴하면 결국 스스로 망하고야 마는 법이다.

그러나 밀강공은 미녀를 바치지 않았다. 그러자 마침내 1년 후 주공왕이 밀국을 멸망시켰다. 이때 주왕조는 이미 쇠퇴하고 왕실과 국민들 사이에 갈등이 불거졌다. 이 사이 주공왕이 오히려 죽고 그의 아들 간巖이 주의왕周懿王으로 즉위했다. 이때 주왕실에 대한 백성들의 원성이 극에 달했다.

그러자 이를 두려워한 대신들 중 일부는 주의왕에게 백성들을 혹독하게 대하지 말 것을 간했다. 그러나 주의왕은 오히려 사람을 파견해 백성들을 감시하고 언론을 탄압했다.『한서』「흉노전」은 당시의 상황을 이같이 기록해 놓았다.

> 주의왕 때 주왕실이 점차 쇠하고 융적이 번갈아 침략하자 중국
> 은 괴로움을 당했다. 이에 시인들은 이러한 고통을 시로써 표현
> 키를, '집도 절도 없이 다 무너져 버린 것은 험윤(獫狁 : 흉노족)
> 때문일세'라고 했다.

주의왕이 죽자 주공왕의 동생 벽방辟方이 주효왕周孝王으로 즉위했다. 주효왕이 죽자 제후들이 다시 주의왕의 태자를 옹립했다. 그가 바로 주이왕周夷王이다. 주이왕이 죽자 그의 아들 호胡가 뒤를 이어 보위에 올랐다. 그가 혼암昏暗한 군주로 유명한 주여왕周厲王이다. 당시 주여왕이 포학무도하자 국인國人들이 그의 잘못을 비난했다. 이에 대신 소목공邵穆公 : 소공 석의 후손으로 『사기』의 召公 호虎가 주여왕에게 백성들의 원성을 그대로 전하자 주여왕이 대노한 나머지 곧 위衛나라의 신무神巫를 불러 자신의 과실을 말하는 사람을 적발케 했다. 위나라 무당이 와서 보고하자 주여왕이 곧 고발당한 사람을 죽여버렸다. 이에 백성들이 감히 다시는 왕의 잘못을 말하지 못하고 도로에서 만나면 피차 눈짓으로 뜻을 전할 뿐이었다. 이에 주여왕이 매우 기뻐하면서 소목공에게 이같이 말했다.

> 내가 이제 능히 비방을 차단했으니 그들이 다시는 감히 입을 열
> 어 비방치는 못할 것이오.

암군의 행보가 여실히 드러나는 대목이 아닐 수 없다.

당시 주여왕은 30년간 재위하면서 크게 이익을 밝히면서 소인배인 영국榮國 : 畿內의 제후국의 이공夷公 : 『묵자』와 『여씨춘추』는 夷終을 총신했다. 이에 주왕실의 대신인 예국芮國 : 섬서성 대려현 동남쪽의 제후 양부良夫가 이같이 탄식했다.

주왕실이 대략 쇠미해질 것이다. 영공(榮公)은 재리를 독점키를 좋아하면서도 대난(大難)이 올 것을 모르고 있다. 이익이란 백물(百物)에서 나오는 것으로 천지 간에 생성되는 것이다. 만일 어떤 자가 이를 농단하면 이를 통한히 여기는 사람이 매우 많게 된다. 천지 간의 백물이 만들어낸 재리에 사람들이 모두 취용하니 어찌 이를 가히 농단할 수 있겠는가. 재리를 독점하여 백성들을 화나게 하고도 내난을 방비치 않고 이같은 방법으로 왕을 교사하면 왕의 통치가 능히 오래 갈 수 있겠는가.

그러나 주여왕은 마침내 영이공을 경사卿士로 임용해 국사를 주관케 했다. 이에 제후들이 다시는 조공하러 오지 않게 되었다. 주여왕이 날로 포악하고 교만해지자 백성들의 주여왕에 대한 원성이 더욱 높아졌다. 이때 소목공이 주여왕에게 이같이 간했다.

이는 말을 못하게 억지로 막은 것입니다. 백성의 입을 막는 것은 물을 막는 것보다 심각합니다. 물이 막혔다가 터지면 피해자가 대단히 많은 것처럼 백성들 또한 마찬가지입니다. 때문에 물을 다스리는 자는 수로를 열어 물이 흐르게 하고, 백성을 다스리는 자는 그들을 이끌어 말하게 해야 합니다. 그래서 천자는 정무를 처리할 때 공경(公卿)에서 일반 관원에 이르기까지 정치의 득실을 읊은 시(詩)를 지어 바치게 하고, 악관에게는 악곡을 지어 바치게 하며 사관에게는 전대(前代)의 정치를 적은 사서(史書)를 바치게 하고, 악사에게는 잠언(箴言)을 바치게 하는 것입니다. 또한 수(瞍 : 눈동자가 없는 맹인)에게는 시편을 낭송케 하고, 몽(矇 : 눈동자는 있으나 실명한 사람)에게는 음악 없이 시를 읊게 하고, 백관(百官)은 간언하게 하고, 백성은 왕에게 간접적으로 의견을 전달케 하고, 좌우 시종은 간언을 살피는 책임을 다하게 하고, 친척은 왕의 과실을 보완하고 살피게 하며, 악사와 사관은 악곡과 사실(史實)로써 천자를 바르게 인도하고, 늙은 신하에게는 이 모든 것을 정리케 하는 것입니다. 그런 후에 왕이 이들을 헤아려 보고 취사하면 정치는 잘 행해지고 사리에 위배치 않게 됩니다. 백성에게 입이 있는 것은 대지에 산천이 있어 여기에서 재물 등이 나오는 것과 같고, 또한 대지에 평야와 습지, 옥토가 있어 입을 것과 먹을 것이 여기서 나오는 것과 같습니다. 백성들이 마음껏 말하도록 하면 정치를 잘하는지 여부가 모두 반영돼 나오는 것입니다. 좋은 일은 밀고 나가고, 잘못된 일은 방지해야 합니다. 이는 대지에서 재물과 의식(衣食)을 생산하는 것과 같습니다. 무릇 백성이 속으로 생각하여 입으로 말하는 것은 속으로 많이 생각한 후 말하는 것입니다. 그런데 그들의 입을 막으면 찬동하는 자가 몇이겠습니까.

그러나 주여왕은 이를 듣지 않았다. 이에 마침내 감히 나라 정사에 대해 말하는 자가 없게 되었다. 신민들의 침묵은 무서운 결과를 예고하고 있었다. 마침내 3년 뒤 더 이상 참을 수 없게 된 백성들이 무장 폭동을 일으켜 왕궁으로 쳐들어 갔다. 이를 흔히 '국인폭동國人暴動'이라고 한다. 사상 최초로 백성들이 힘을 모아 무장 폭동을 일으킨 것이다. 이는 동서고금을 통틀어 처음으로 나타난 민중혁명이었다.

'국인폭동'이 일어나자 주여왕은 황급히 황하로 도주해 이내 체(彘 : 산서성 곽현 경내) 땅으로 숨어들었다. 이때 주여왕의 태자 정靜은 소목공

호의 집에 숨어 있었다. 백성들이 그 소문을 듣고 드디어 그 집을 포위했다. 이에 소목공 호가 이같이 말했다.

> 전에 내가 누차 왕에게 간했지만 왕이 이를 듣지 않아 이같은 재난에 이르게 되었소. 지금 태자를 죽인다면 왕은 나를 원수로 생각하고 원망할 것이 아니겠소. 대저 군주를 모시는 사람은 위험에 처해도 군주를 원망치 않는 법이며, 군주가 자신을 책망해도 노하지 않는 법인데, 하물며 천자를 섬기는 것이야 더 이상 말해 무엇하겠소.

그리고는 자신의 아들에게 태자를 대신케 한 뒤 태자를 몰래 빼돌렸다. 이에 주나라에서는 왕이 없는 상태에서 주왕실의 상국인 소공 호와 주공周公 : 주공 단의 둘째 아들의 후손으로 이름이 전해지지 않음 두 사람이 함께 정무를 처리케 되었다. 사마천은 이를 공화共和로 규정했다. '공화'와 관련해 주여왕이 도망한 후 제후들은 공백共伯 : 하남성 휘현 북쪽에 위치 화和를 추대해 국정을 맡도록 하고 주공과 소공으로 하여금 일상의 행정사무를 주관케 했다는 설도 있다.

공화 원년은 기원전 841년에 해당한다. 『사기』「12제후연표」는 이때부터 기년紀年을 확실하게 명기하기 시작했다. 이것이 중국역사상 최초의 공식 기년이다. 후대에 나타나는 연호年號는 기년 자체를 황제의 통치와 관련시켜 재세기간 자체를 미화시킨 일종의 명호名號라고 할 수 있다. 연호는 한무제 때 비로소 생겨났다. 한무제는 자신이 즉위한 해를 '건원建元 원년B.C. 140'이라고 칭했다. 이는 진시황이 군왕의 명호를 한단계 높여 '황제皇帝'를 칭한 것에 비유할 만했다.

한무제가 연호를 만든 이후 제왕이 즉위하면 곧 연호를 바꾸는 것이 하나의 제도로 정착되었다. 이를 개원改元이라고 했다. 같은 군후 가 재위할 때도 개원할 수 있었다. 한무제는 원광元光, 원삭元朔, 원수元 狩, 원정元鼎, 원봉元封, 태초太初, 천한天漢, 태시太始, 연화延和 등으로 개원 했다. 그러나 명청대에 들어와서는 기본적으로 개원을 하지 않았다. 이는 연호로써 얼마든지 황제의 성덕을 기릴 수 있다고 판단한 데 따른 것이었다. 이로 인해 황제의 명호 자체가 사실상 연호와 통합되 는 현상이 빚어졌다. 명세종이 '가정제嘉靖帝', 청고종이 '건륭제乾隆 帝' 등으로 불린 것 등이 그 대표적인 실례라고 할 수 있다.

당시 주왕조는 주여왕의 도주로 인해 군주가 없는 일종의 '공위 시대空位時代'를 맞이했다. '공위시대'는 중국의 전역사를 통틀어 오 직 이때가 유일했다. 당시 주왕조에서는 주여왕이 도주한 후 다시 돌 아오지 않자 공경이 집권을 한 '공화'의 시기가 14년 동안 지속되었 다.

공화 14년B.C. 838, 주여왕이 마침내 체彘 땅에서 세상을 떠났다. 이 때 태자 정은 소공의 집에서 장성했다. 소공과 주공이 마침내 그를 왕으로 옹립했다. 그가 바로 주선왕周宣王이다.

주선왕이 즉위한 후 몇 해 동안 해마다 큰 가뭄이 들었다. 이런 상 황에서도 국가적으로 별로 큰 문제는 발생치 않았다. 주선왕은 즉위 한 후 천무千畝 : 산서성 개휴현 경내의 적전籍田을 돌보지 않았다. '적전' 은 천자가 몸소 경작하는 제전祭田으로 백성들에게 농경을 독려하기 위해 마련한 것이다. 이에 서괵西虢 : 섬서성 보계현의 문공文公 : 주문왕의 친 동생 虢仲의 후손이 이같이 간했다.

> 백성의 중대 임무는 농사에 있고 상제를 받드는 쌀이 여기서 나오니 백성들이 끊임없이 이어가는 것은 이에 의존하는 것입니다. 조정백관의 공급도 이에 의해 지탱되며, 평화로이 협조하고 단결하며 친밀한 관계 또한 여기서 나오는 것이고, 국가의 재정 수입도 여기서 징수되며, 국력의 강대한 번영창성하는 것도 여기서 기초한 것입니다. 지금 군주는 선왕의 대업을 이으려 하면서도 오히려 선왕이 이뤄놓은 농사 사업을 버리고, 귀신을 제사 지내는 양식을 결핍케 만들고, 백성의 재력을 곤궁케 하니 어찌 신령의 비호를 얻어 백성을 부릴 수 있겠습니까.

그러나 주선왕은 이를 듣지 않았다.

마침 주선왕 22년B.C. 806에 노무공魯武公이 장자 괄括과 어린 아들 희戱를 이끌고 가 주선왕을 조현했다. 이때 주선왕이 희를 노나라 태자로 삼고자 했다. 그러자 번중산보樊仲山父 : '번'은 호북성 향번서 번성진에 위치가 이같이 만류했다.

> 지금 천자가 제후의 후계자를 세우면서 연소자를 부추기면 이는 제후에게 제도를 어기라고 가르치는 것입니다. 만일 노나라가 이를 좇으면 다른 제후들도 이를 본받을 것이니 장자를 세우는 선왕의 훈명(訓命)은 이내 폐기되고 말 것입니다. 만일 노나라가 듣지 않으면 조정이 노나라에서 세운 장자를 죽일 것입니다. 이는 스스로 선왕의 훈명을 버리는 것입니다. 태자를 세우면서 연소자를 세우는 이 일의 결과는 그를 죽여도 잘못이 있게 되고, 죽이지 않아도 잘못이 있게 됩니다. 천자는 신중히 이 일의 결과를 살펴보기 바랍니다.

그러나 주선왕은 끝내 희를 노나라의 태자로 삼았다. 노무공은 귀국한 뒤 얼마 안 돼 죽고 말았다. 그러자 노나라 사람들이 주선왕이 세운 노의공魯懿公 희를 죽이고 괄의 아들 백어伯御를 새 군주로 옹립했다.

이 일이 있은 지 10년 뒤인 주선왕 32년B.C. 796 봄에 주선왕이 마침내 군사들을 이끌고 가 노나라를 정토한 뒤 노의공의 동생 칭稱을 노효공魯孝公으로 세웠다. 주선왕의 노나라 내정에 대한 이같은 간섭은 제후들에 대한 주왕실의 권위를 회복하고 점차 강성해지고 있는 제후들을 견제키 위한 것이었다. 그러나 주선왕의 노나라 국정간섭은 제후들의 많은 불만을 야기했다. 이후 제후들이 점차 주왕실의 명령에 복종치 않게 되었다.

주선왕은 주왕조의 권위를 높이기 위해 주변의 여러 종족과 나라에 대한 침략을 감행했다. 초기에는 전쟁을 승리로 이끌었으나 마지막으로 강융姜戎과의 전쟁에서는 패했다. 조융條戎과 분융奔戎과의 싸움에서도 패했다. 주왕조는 주선왕 때 한 때 외형적으로는 융성하는 기상이 보이는 듯했으나 주변 각 종족들과의 모순 및 주왕국 내의 갈등이 해소되지 않았다. 게다가 끊임없는 전쟁으로 주왕조의 인력과 제력을 대량 소모케 되었다.

주선왕 39년B.C. 789에 서쪽에 있는 강융姜戎 : 四嶽의 후예로 西戎의 일종이 주선왕의 명을 거역했다. 이들은 훗날 삼국시대에는 서강西姜으로 불린 서쪽의 이민족이었다. 이에 대노한 주선왕이 어가를 휘몰아 친히 강융을 쳤으나 이내 천무千畝 : 산서성 개휴현 땅에서 대패했다. 주선왕이 이어 남국南國 : 장강과 한수 사이에서 군사를 잃자 마침내 태원太原 : 산서성 양곡현에서 병사를 징발코자 했다. 태원은 강융과 가까운 곳이었다. 이곳에서 병사를 징발키 위해서는 인구와 물산 등을 자세히 알아야만 했다. 그러나 이 일이 쉬운 일이 아니었다. 이에 태재 번중산보樊仲山父가 간했다.

> 옛날에는 공개적으로 인구통계를 내지 않고도 오히려 인구의 다소를 파악했습니다. 조정에는 호적을 관장하는 관원이 있으니 백성의 생로병사에 관한 숫자를 합계해낼 수 있을 것입니다. 족성(族姓)의 하사를 주관하는 사상(司商 : 大司樂)은 나라의 성씨에 관한 수를 합계하고, 교화를 주관하는 사도(司徒)는 군사의 숫자를 합계하고, 형옥을 관장하는 사구(司寇)는 범인과 사형인의 수를 합계하고, 6축의 목양을 주관하는 목관(牧官)은 자신의 관할 내의 사람 수를 합계하고, 백공(百工)은 장인의 변동하는 숫자를 합계하고, 장인(場人)은 장원(場院)과 과수원의 수입과 저장을 관장하고, 늠인(廩人)은 국고의 양곡의 출입상황을 관장합니다. 이같이 각자 맡은 바 책임을 지니 전국 인구의 다소 및 생로병사에 관한 숫자, 출입왕래하는 정황을 모두 알게 됩니다. 이를 고려치 않고 전쟁으로 인해 인구를 감소케 하고 인구숫자를 조사하면 이는 스스로 인구가 적은 것을 폭로하는 것입니다. 군주는 정무를 다루면서 오히려 천하에 자신의 국력이 약소함을 폭로하고, 제후들은 장차 이로 인해 마음이 떠나 소원해질 것입니다.

그러나 주선왕은 끝내 이를 받아들이지 않았다. 이 일이 있은지 얼마 후 주선왕이 죽자 그의 아들 열涅이 뒤를 이어 보위에 올랐다. 그가 바로 서주의 마지막 군왕인 주유왕周幽王이다. 주유왕은 우매하고 포학했다. 주유왕이 즉위하자 연이어 흉년이 들고 강렬한 지진까지 겹쳤다. 이에 백성들은 안정된 생활을 하지 못하고 도처에 유랑인이 늘어났다.

마침내 주유왕 2년B.C. 780에 도성 호경鎬京이 있는 한수漢水와 위수渭水, 낙수洛水 등 삼천三川 일대에서 동시에 지진이 발생했다. 주왕실의 태사太史 백양보伯陽父가 이같이 말했다.

> 주나라는 장차 망할 것이다. 무릇 천지의 기운은 그 질서를 잃지 않아야 하는데 만일 그 질서를 잃었다면 이는 사람이 어지럽힌 것이다. 양기가 아래로 숨어 나올 수 없고 음기가 눌러 양기가 올라올 수 없으면 지진이 발생하게 된다. 지금 3천 유역에 지진이 일어난 것은 양기가 그 자리를 잃고 음기에 눌렸기 때문이다. 양기가 자리를 잃고 음기 아래에 있으면 수원(水源)은 막히게 되고, 수원이 막히게 되면 나라는 반드시 망하게 된다. 무릇 물이 잘 흐르고 땅이 윤택해야 백성들에게 도움이 되는 것이다. 땅이 윤택하지 않으면 백성들의 재용(財用)이 부족하게 되니 어찌 망하지 않을 수 있겠는가. 예전에 이수(伊水)와 낙수(洛水 : 하나라는 이수와 낙수 사이인 하남성 등봉현 동남쪽에 위치)가 고갈되어 하나라가 망했고, 황하가 고갈되어 상왕조가 망했다. 오늘 주왕조의 덕도 하나라 상왕조 말기와 같아 그 하류의 수원이 다시 막혔고, 막혀 버렸으니 이제 반드시 고갈될 것이다. 나라는 반드시 산천에 의지하는 것이니, 산이 붕괴되고 하천이 고갈되는 것은 망국의 징조이다.

이해에 과연 경수涇水와 위수渭水, 낙수洛水의 삼천이 모두 마르고 기산岐山이 무너져 내렸다. 얼마 후 여러 종족들이 끊임없이 주왕조를 공격했다. 이 와중에서 왕실 내부에서는 왕위계승을 둘러싼 분쟁이 일어났다. 망국의 조짐이 완연히 드러난 것이다.

주유왕 11년B.C. 771에 이르러 마침내 주유왕이 왕후인 신후申后와 태자 의구宜白를 폐하고 총희 포사褒姒를 왕후로 책립하고 포사의 아들을 백복伯服을 태자로 삼았다. 이에 격분한 신후의 아버지 신후申侯 : '신'은 하남성 남양시 북쪽는 증국鄫國 : 하남성 방성 등과 내통해 군사를 이끌고 주왕실을 공격했다. 이미 주왕실로부터 마음이 멀어진 제후들은 원군을 파견치 않았기 때문에 주유왕은 여산 기슭에서 피살되었다.

이때 주왕조의 도성은 완전히 파괴되었고 진귀한 물건은 모두 약탈당했다. 이는 기원전 771년의 일이다. 당시 견융은 호경을 함락했으나 오래 점령하지 않고 곧 물러갔다. 이에 진문후晉文侯와 위문후衛文侯, 진양공秦襄公 등이 제후가 상호 협력해 태자 의구를 옹립했다. 그가 바로 주평왕周平王이다.

주평왕은 종주가 견융의 침입에 의해 불타고 견융의 침입가능성이 상존하자 마침내 즉위 이듬해인 기원전 770년에 동쪽의 낙읍으로 도성을 옮겼다. 이를 흔히 '동천東遷'이라고 한다. 이는 도성을 동쪽으로 옮겼다는 뜻이다. 후세 사가들은 동천 이전의 주왕조를 서주西周, 그 이후를 동주東周로 나누어 불렀다.

중국사에서는 공교롭게도 동쪽으로 도읍을 옮겨 왕조를 유지한 적이 또 한번 있었다. 진시황 이후에 천하를 2번째로 통일한 한漢제국도 왕망의 신新나라로 일단 망했다가 15년 뒤에 신나라가 무너지자 도읍을 장안에서 낙양으로 옮겨 왕조를 계속 유지시킨 바 있다. 이에 장안에 도성을 두었던 시기를 서한西漢시대, 그 이후를 동한東漢시대라고 한다. 시간적인 선후에 주목한 서한을 전한前漢, 동한을 후한後漢이라 부르기도 한다. 한제국은 '동천'을 통해 왕조의 역사를 무려 2백 년 동안이나 더 이끌 수 있었다.

이에 반해 주왕조의 경우는 '동천'을 통해 무려 5백여 년 동안이나 더 지속되었다. 그러나 동주東周는 비록 5백여 년이나 지속키는 했으나 이미 왕실의 위엄이 땅에 떨어져 제후들에 대한 통제력을 완전히 상실케 되었다. 그동안 부단히 성장해온 제후국이 주왕실의 간섭과 통제를 배제하고 노골적으로 독자노선을 걸으며 상호 항쟁하기 시작한 것이다. 후세의 사가들은 '동주시대'라는 말보다 '춘추전국시대'라는 말을 즐겨 쓴다. 주왕실의 '동천'으로 시작된 동주의 개막은 곧 춘추시대의 개막이었던 것이다.

이로써 서주시대는 11대 12왕의 290여 년 만에 끝나고 말았다. 주무왕이 은나라를 뒤엎고 주왕조를 개창한 기원전 1046년부터 주평왕이 낙읍으로 동천하기 직전인 기원전 771년까지가 바로 서주시대였다. 과거에는 공자가 노나라의 역사서 『춘추』를 쓴 때를 춘추시대의 개막으로 보았다. 『춘추』는 노은공 원년주평왕 49년 : B.C. 722부터 시작한다. 이를 춘추시대의 개막으로 보는 견해가 오랫동안 주류를 이뤄왔다. 그러나 현재 학계에서는 주평왕의 동천이 이뤄진 기원전 770년부터 춘추시대가 개막된 것으로 보는 데 아무런 이견이 없는 상황이다.

예로부터 주왕조를 개창한 주족의 뿌리와 문화 등에 대해 많은 논란이 있었다. 춘추시대의 공자는 『논어』에서 은왕조는 하나라의 법도를 따랐고, 주나라는 은왕조의 제도를 답습했다고 기록해 놓았다. 『예기』와 『맹자』에서도 하 · 은 · 주 3대의 법도는 모두 같았다고 기술해 놓았다. 당시 사람들은 하 · 은 · 주 3대의 종족과 문화를 동일한 것으로 보았던 것이다.

그러나 19세기에 이르러 다양한 이견이 나타나기 시작했다. 일부는 은왕조의 형제상속 등을 이유로 은·주 두 왕조의 문화 및 종족적 배경은 완전히 다르다고 주장했다. 다른 일부는 더 나아가 종족이 다른 두 왕조의 교체는 일종의 혁명에 해당한다고 평가했다. 그러나 이후 용산문화가 앙소문화에서 나타난 사실이 확인되자 은·주 두 왕조는 같은 종족의 주도권 장악을 둘러싼 권력투쟁으로 이해되었다. 이는 현재 중국 학계의 주류적인 견해이다.

춘추시대 말기에 공자가 '존왕양이尊王攘夷'를 기치로 내걸고 주왕조 초기의 봉건질서 회복을 주창한 것은 중원세계의 내분을 틈탄 주변 이민족들의 끊임없는 침공을 저지키 위한 호소였다. 그러나 춘추전국시대에 들어와 당연시된 제후들의 자립은 엄밀히 따지면 주왕조 초기부터 시작된 것이기도 했다.

종법제는 개국 초기의 당면과제였던 은왕조 유민에 대한 통제와 주변 이민족에 대한 방비에 어느 정도 성공한 것이 사실이다. 그러나 종법제에 따른 내적인 지배체제는 철저하지 못했다. 주왕은 명목상 천하의 주인이었으나 실제 운영면에서는 일정한 한계가 있었다. 주왕의 통치력은 실제로 주왕실에 소속된 직할지에 한정되었고, 직할지 이외의 영역은 제후들의 직접적인 통치력이 미치는 곳이었다. 제후국이 실질적인 통치자는 바로 제후들이었다.

주왕조 초기만 하더라도 제후들은 주왕실과 맺어진 끈끈한 혈연관계를 토대로 공동운명의 의식을 공유했다. 그러나 시간이 지나면서 친속관계가 소원해지면서 형식상의 군신관계만 남게 되었다. 오히려 각지에 분봉된 제후국들은 선주민이 이룩한 전통과 문화 등을 적극 수용해 상이한 조건과 환경에 따른 정책을 펼쳐 나갔다. 각 제후국들 내에서는 주왕실의 문화와 유리된 토착성이 강한 문화가 자라나게 되었다. 이로써 각 제후국의 정치군사적인 발전과 팽창도 각국의 사정에 따라 다양한 양상으로 전개되었다.

주왕실의 약화는 이같은 경향을 더욱 가속화시켰다. 이는 조근을 통한 군신간의 관계를 붕괴시키는 단초가 되었다. 마침내는 종법제를 기반으로 성립된 주왕조의 기본질서인 봉건제가 뿌리 채 흔들리는 지경에 이르게 되었다. 이는 예교질서의 붕괴로 나타났다. 이미 서주시대 말기에 막강한 무력을 보유한 일부 제후국은 주왕실의 간섭을 전혀 받지 않는 사실상의 독립국의 모습을 띠게 되었다. 이같은 경향은 주선왕 때부터 표면화했다. 주유왕周幽王 때에 들어와 견융이 쳐들어와 호경을 점령하고 주유왕을 죽이는 지경에 이르게 되자 주왕조는 더 이상 버티지 못하고 붕괴되고 만 것이다. 주유왕의 아들 주평왕이 비록 낙읍으로 천도해 무너진 주왕실을 다시 일으켜 세우기는 했으나 이는 전적으로 일부 제후들의 도움에 의한 것이었다. 이를 계기로 이제 주왕은 더 이상 제후들을 호령하는 위치에 서지 못했다. 서주시대가 종언을 고하고 동주시대가 시작되었다는 것은 곧 명목상의 천자가 지배하는 세계가 도래했음을 의미했다. 춘추전국시대의 시대사적 의미가 바로 여기에 있다.

이상 서주시대에 관한 다양한 분석을 통해 중국문명의 핵심이 된 중원문화는 수천 년간에 걸쳐 끊임없이 유지돼 온 집약적인 농경문화에 토대하고 있음을 거듭 확인할 수 있다. 중국문명은 중원문화뿐만 아니라 주변 이민족의 다양한 문화가 끊임없이 유입되어 하나로 용해되었다가 다시 확산되는 패턴이 반복되는 과정에서 만들어졌다. 이는 신석기시대 이래 현대에 이르기까지 한번도 변한 적이 없다. 이를 정확히 통찰해야만 기후와 지리조건이 상이한 광대한 지역에 걸쳐 동시 다발적으로 일어난 다원적인 문화유형이 왜 하나로 융합돼 중국문명이라는 독특한 문명양식을 만들어냈는지를 제대로 이해할 수 있다.

중국문명은 주변지역과 깊은 관련을 맺고 발전해 왔고 앞으로도 그같은 방향으로 진행될 것이다. 춘추전국시대가 시작되는 동주東周시대 이래 청대에 이르기까지 중국의 역대 왕조는 한반도를 비롯한 주변 민족과의 부단한 교류를 통해 중국문명을 정치하게 다듬어 왔다. 현대 중국 역시 그러한 작업을 계속하고 있다. 20세기 후반기에 중국이 한국과 일본의 경제발전 모델을 토대로 개혁개방 정책으로 나아가 경제대국으로 도약한 것 등이 그 실례이다. 다만 현대 중국이 역사해석과 관련해 전개하고 있는 방향은 크게 잘못돼 있다고 할 수 있다. 대표적인 실례로 소위 '동북공정'이라는 기치 아래 고구려사를 중국의 지방사로 편입시키고 있는 작업을 들 수 있다. '동북공정'은 현재 중국이 전래의 건국신화를 재조명하고 있는 작업과 맥을 같이 하는 것이기도 하다.

21세기에 들어와 중국은 다가오는 2008년의 베이징올림픽을 앞두고 황제와 치우가 싸움을 벌였던 탁록涿鹿 일대를 대대적으로 정비하고 나섰다. 2천여 년 동안 조용하기만 하던 하북성의 작은 마을이 최근 중국 언론의 집중적인 관심의 대상이 된 것은 바로 베이징올림픽의 성화가 채화될 유력지로 부상한 데 따른 것이다. 현재 황량한 탁록의 들판 한가운데 세워진 '중화삼조당中華三祖堂' 안에는 수천 년 동안 한족의 직계조상으로 숭배된 황제와 더불어 치우와 염제의 상이 나란히 놓여 있다. 새로운 21세기 중국인의 조상이 갑자기 황제 한 사람에서 세 사람으로 늘어난 것이다.

중국은 왜 갑자기 21세기에 들어와 수천 년 동안 단일 직계조상으로 숭배했던 황제 이외에도 황제에게 도전했다가 패해 멸시의 대상이 되었던 치우까지 공동조상으로 내세우는 것일까. 이는 기본적으로 중국정부가 강력히 내세우고 있는 '다민족일체론' 기조에 따른 것이다. 지난 세기에 잃어버린 '중화질서'를 21세기 동북아 신국제질서의 기본 질서로 재운용하겠다는 강력한 의지의 표현이 아닐 수 없다. '동북공정'과 '중화삼조당'의 등장은 현대 중국이 장차 수천년간에 달하는 중국문명의 흐름을 어떤 방향으로 이끌고 나갈 것인지를 극명하게 보여주고 있는 셈이다.

'중화삼조당'은 단군신화를 두고 소모적인 논쟁을 일삼고 있는 우리와 너무나 대조적이어서 씁쓸하기만 하다. 우리는 고구려 유민이 세운 발해를 민족사에서 제거한 김부식의 전철을 밟고 있는 것이나 아닌지 심히 우려치 않을 수 없다. 우리야말로 장차 단군신화의 차원을 넘어 고구려의 후손임을 자랑스럽게 생각했던 만주족의 신화를 비롯해 멀리 몽골의 신화까지 아우르는 작업을 전개할 필요가 있다. 소위 '알타이문화'를 대표할 수 있는 나라로는 사실상 이제 우리나라밖에 남아 있지 않기 때문이다. 단군신화를 비롯한 우리의 고대 신화 및 전설은 물론 고조선의 역사유적 등에 대한 국가 차원의 대대적인 발굴과 정비가 절실히 필요한 시점이 아닐 수 없다.

    21세기 동북아시대의 성패는 중국과 한국의 향후 행보에 달려 있다고 해도 과언이 아니다. 중국의 역사문화에 대해 보다 깊이 있는 이해가 절실히 요구되는 시점이 아닐 수 없다. 중국신화 및 전설에 대한 탐사는 바로 그같은 이해를 가능케 해주는 가장 기본적인 작업에 해당한다.

부 록

1. 하왕조 세계표(B.C. 2070−1600)

```
            3太康

1禹 --- 2啓 --- 4仲康 --- 5帝相 --- 6少康 --- 7帝予 --- 8帝槐 --- 9帝芒 --- 10帝泄 ---

   --- 11不降 --- 14孔甲 --- 15帝皐 --- 16帝發 --- 17帝癸(桀)

   12帝扃 --- 13帝廑
```

2. 은왕조 세계표(B.C. 1600−1046 : 괄호안은 B.C. 임)

```
                        王亥

契 --- 昭明 --- 相土 --- 昌若 --- 曹圉 --- 冥 --- 王恒 --- 上甲微 --- 報乙 --- 報丙 ---

   ---    報丁    ---    示壬    ---        示癸

-------------------------------------------------------------------------

                        8小甲

          6沃丁    9雍己    11仲丁

-- 1湯(天乙, 太乙) --- 2太丁 --- 5太甲 --- 7太康 --- 10太戊 --- 12外壬 --- 14祖乙(中宗) --
```

481

                    3外丙   13河亶甲

                    4中壬

                19陽甲

                20盤庚(1300전후가 상나라 前後期의 분기점)

                21小辛   24祖庚   26廩辛

--- 15祖辛 --- 17祖丁 --- 22小乙 --- 23武丁(高宗：1250-1192) ---25祖甲 --- 27庚丁 ---

    16沃甲 --- 18 南庚

--- 28武乙(1147-1113) --- 29文丁(1112-1102) --- 30帝乙(1101-1076)

                                            --- 31帝辛(紂：1075-1046)

3. 서주왕실 세계표

弃(后稷) --- 不窋 --- 鞠 --- 公劉 --- 慶節 --- 皇僕 --- 差弗 --- 毀隃 --- 公非 ---

-- 高圉 --- 亞圉 --- 公叔祖類 --- 古公亶父 --- 季歷(王季, 公季) --- 文王 -----------

-- 武王   ---   成王   ---   昭王   ---   穆王   ---   共王   ---   懿王 --

(1046-1043) (1042-1021)   (1020-996)   (995-977)   (922-900)   (891-886)

---   夷王   ---   厲王   ---   共和(841-828) ---

     (885-878)   (877-841)

                            孝王

                        (899-892)

---   宣王   ---   幽王

     (827-782)   (781-771)

| 신동준 |

1956년 충남 천안생
경기고등학교 졸업
서울대 정치학과 및 동대학원 졸업(정치학박사)
동경대 동양문화연구소 객원연구원
서울대, 외국어대, 국민대, 덕성여대 강사(현)
21세기 정치연구소 소장 겸 孟坡講院 원장(현)

저서
『통치보감』, 『관중과 제환공』, 『치도와 망도』
『역사대장정』, 『연산군을 위한 변명』
『덕치 · 인치 · 법치』, 『통치학원론』, 『삼국지통치학』, 『조조통치론』

역서
『난세를 평정하는 중국통치학–후흑학』, 『자치통감–삼국지』
『오월춘추』, 『전국책』, 『국어』.

논문
「선진 유법가의 치도관과 치본관의 비교연구」
「역대 대통령 통치행위에 대한 치도론적 비교연구」
「몽양주의에 관한 치도론적 분석」
「중도주의 이념정립에 관한 치도론적 고찰」

| 중국문명의 기원

초판1쇄 / 2005년 11월 30일

지은이 **신동준**
펴낸이 **여국동**
펴낸곳 **도서출판 인간사랑**
인 쇄 **백왕인쇄**
제 본 **은정제책사**

(411- 815) 경기도 고양시 일산구 백석동 1178-1
TEL (031)901-8144, 907-2003
FAX (031)905-5815
e-mail/igsr@Yahoo.co.kr
e-mail/igsr@Lycos.co.kr

출판등록 1983. 1. 26. / 제일-3호

정가 15,000원

ISBN 89-7418-186-X 03910